Hubertus Halbfas   Unterrichtswerk für die Sekundarstufe I

Religionsbuch

für das neunte und zehnte Schuljahr

Teil 1   9. Schuljahr

Inhalt

Inhalt

10. Schuljahr

Weitere Informationen, Anregungen und Internetadressen zu diesem Buch über

http://religionsbuch.de

Die beiden Feste

Korf und Palmström geben je ein Fest.

Dieser lädt die ganze Welt zu Gaste:
doch allein zum Zwecke, dass sie – faste!
einen Tag lang sich mit nichts belaste!
Und ein – Antihungersnotfonds ist der Rest.

Korf hingegen wandert zu den Armen,
zu den Krüppeln und den leider Schlimmen
und versucht sie alle so zu stimmen,
dass sie einen Tag lang nicht ergrimmen,
dass in ihnen anhebt aufzuglimmen
ein jedweden »Feind« umfassendes – Erbarmen.

Beide lassen so die Menschen schenken
statt genießen, und sie meinen: freuen
könnten Wesen (die nun einmal – *denken*)
sich allein an solchen gänzlich neuen
Festen.

Christian Morgenstern

Und mit diesen Worten schloss Teriaq seinen Bericht:
»Die Menschen sind einsam und leben ohne Freude, weil sie kein Fest zu feiern verstehen. Nun haben mir die Adler das heilige Geschenk des Festes gegeben, und ich habe gelobt, alle Menschen an der Gabe teilhaben zu lassen.« Vater und Mutter lauschten verwundert und schüttelten ungläubig das Haupt; denn wer niemals sein Blut heiß und nie sein Herz in Erregung schlagen fühlte, kann des Adlers Geschenk mit seinen Gedanken nicht erfassen …

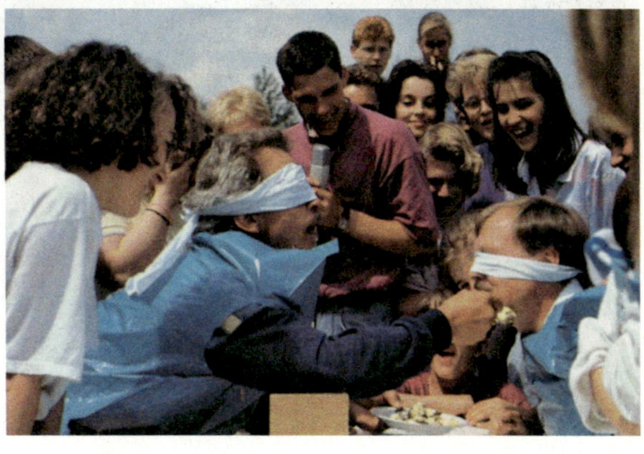

»Es ist ganz einfach
ohne Liebe weiterzuleben:
Du musst dich nur mit Schönheit
umgeben die dich erfreut
und dich nie müde macht«

Also umgab ich mich
mit immer mehr Schönheit
Doch sie erfreute mich nicht
sondern ich fand sie
eintönig
und war traurig
So ging ich wieder zum Weisen
Der aber sagte:

»Es ist ganz einfach:
Immer aufs Neue
kann Schönheit
nur den erfreuen
der auch die Liebe hat«

Erich Fried

Vergiss

Vergiss
dass dein Zimmer
Wände hat
leg seinen Raum
an dein Herz

Die Luft hat
eine duftige Melodie
Sing sie

Kommt ein Freund
bist du doppelt da
Er geht
und bleibt zurück

Rose Ausländer

Die barocke Kirche

Die Wieskirche bei Steingaden in Oberbayern.

Rechte Seite: Gian Lorenzo Bernini (1598–1680), Kapelle der hl. Teresa (Cornaro-Kapelle), S. Maria della Vittoria, Rom.
Bernini zeigt die spanische Mystikerin Teresa von Avila in verzückter Ekstase. Sie ist auf einer Wolke dahin gesunken und zugleich wird sie von ihr in den Himmel emporgehoben. Es wird genau jener Moment geschildert, den Teresa in ihrer Autobiographie so beschreibt: »Der Schmerz war so groß, dass ich klagend aufschrie, aber gleichzeiti fühlte ich eine so unendliche Süße, dass ich dem Schmerz ewige Dauer wünschte. Es war die süßeste Liebkosung der Seele durch Gott.«

Der neue Aufschwung in Rom

Während in Deutschland noch die Konfessionen miteinander stritten, sammelten sich in Rom neue Kräfte, um auf die Reformation mit einer Gegendemonstration zu antworten. Hier dachte man nicht daran, die Vorwürfe der protestantischen Seite zu beantworten, sondern verteidigte besonders jene Lehren, welche die Reformatoren verworfen hatten. Hatte Luther die Autorität des Papstes bezweifelt, sollte nun umso deutlicher dessen Ansehen und Anspruch herausgehoben werden. Mit dem Reliquienkult war auch die Verehrung der Heiligen abgelehnt worden: also sollten die Heiligen das Volk noch stärker berühren. Und je radikaler die reformierten Kirchen auf Bilder und Schmuck verzichteten, umso eifriger war in Rom die Kirche bemüht, die Kunst mit all ihren Möglichkeiten zu nutzen.
Dieses Selbstbewusstsein stellte sich am deutlichsten im Petersdom dar. Zwei Menschenalter nach der Reformation ragte zwar Michelangelos Kuppel über die Stadt, doch um 1600 bot sich immer noch kein geschlossenes Bild. Dem unfertigen Bau einen Rahmen zu geben, schaffte erst der geniale Gian Lorenzo Bernini (1598–1680). Als Papst Urban VIII. Gian Lorenzo Bernini 1623 empfing, sagte er: »Es ist Euer großes Glück, Maffeo Barberini als Papst zu erleben, aber Wir

sind sogar noch glücklicher, dass der Cavaliere Bernini in der Zeit unseres Pontifikats lebt.« Damals war Bernini gerade 25 Jahre alt. Im folgenden Jahr wurde er Baumeister an St. Peter.

Bernini gelang die Vollendung des Petersdomes mit so erstaunlicher Einheitlichkeit, wie es sie in dieser Größe nie vorher gab. Wer heute auf St. Peter zugeht, erreicht zunächst den riesigen Platz, der ganz darauf ausgerichtet ist, den Besucher zu überwältigen. Die Säulenhallen strecken ihre Arme aus, um alles Volk, das hier zusammenströmt, zu umarmen. Wer dann die Stufen zur Basilika hinaufschreitet, die gewaltige Fassade passiert und den Dom betritt, gewinnt nun den Eindruck einer vollständigen Einheit: Architekten, Maler und Bildhauer haben den Kirchenraum in ein großartiges Schaugepränge versetzt, dessen Pracht und Herrlichkeit geradezu berauscht. Das alles aber dient als festlicher Rahmen für eine glanzvolle Liturgie.

Gewiss ist es kein Zufall, dass Bernini auch der größte Bühnenbildner seiner Zeit war. Ein Engländer, der 1644 in Rom in die Oper ging, berichtet, dass Bernini »die Szenen malte, die Figuren ausschnitt, die Maschinen erfand, die Musik komponierte, die Komödie schrieb und das Theater erbaute«. Andere überliefern, dass bei Berninis Stücken die Leute in den ersten Reihen vor Angst davonliefen, weil sie meinten, sie würden im Wasser ertrinken oder im Feuer verbrennen – so wirksam waren die Illusionen, die er auf der Bühne schuf. Tatsächlich entfaltete sich die Kunst, für die Bernini den Anstoß gab, als eine überwältigende Illusionskunst: Gewölbe und selbst flache Decken öffnen sich jetzt in luftige Räume über den Wolken und zeigen den Himmel; Malerei wie Architektur arbeiten mit optischen Täuschungen, die der Einbildungskraft immer neue Nahrung bieten.

Das berühmteste Beispiel für diese Bühneneffekte Berninis ist die Cornaro-Kapelle. Die Familie Cornaro, Stifterin jener Seitenkapelle, findet sich hier dargestellt, als säßen alle in Theaterlogen. Sie blicken auf den Altar, welcher der großen spanischen Heiligen Teresa von Avila gewidmet ist. Mehr als andere Menschen hat Teresa Gott in der Tiefe ihrer Seele erfahren. Was nun Bernini darzustellen wagt, ist ein Beispiel für seine Einfühlungskraft in die Erlebnisse anderer. Er zeigt in Marmor – als wäre es augenblickliches Leben –, wie Teresa unter dem goldenen Pfeil eines Engels in Verzückung fällt und in ihrem Schmerz zugleich unsagbare Wonne empfindet. Diese Figurengruppe ist so angebracht, als ob sie schwebe. Ihr Licht erhält sie von einem unsichtbaren Fenster darüber, sodass auch dadurch die Erinnerung an Bühneneffekte unterstrichen wird.

Die neue Kunst, die Bernini gestaltete, erscheint in Ansätzen bereits Jahrzehnte früher in anderen römischen Bauten. Um 1575 wurde diese Kirchenfassade entworfen, bei der man freilich zweimal hinsehen muss, um das Neue zu erkennen: Säulen tragen ein richtiges Gebälk, das von einer hohen Attika (Simsaufbau) gekrönt ist. Gegenüber früheren Bauwerken fällt jedoch die Verdopplung jeder Säule und jedes Pilasters (flacher Wandpfeiler) auf. Auch die Betonung der Mittelachse ist nicht neu, wenngleich hier das Portal und darüber das Fenster überdeutlich hervorgehoben werden. Insbesondere fallen die großen Voluten (Spiralmuster) auf, welche die beiden Stockwerke der Kirche miteinander verbinden. Für solche Formen am Bau gab es nirgendwo ein Vorbild. Man hat damals diese Schnörkel kritisiert. Wenn man aber einmal mit einem Stück Papier die Eckvoluten zudeckt, zeigt sich, wie wesentlich sie sind, damit der Bau seine Einheit und Geschlossenheit bewahrt.

Fassade der Jesuitenkirche Il Gesù, Rom.

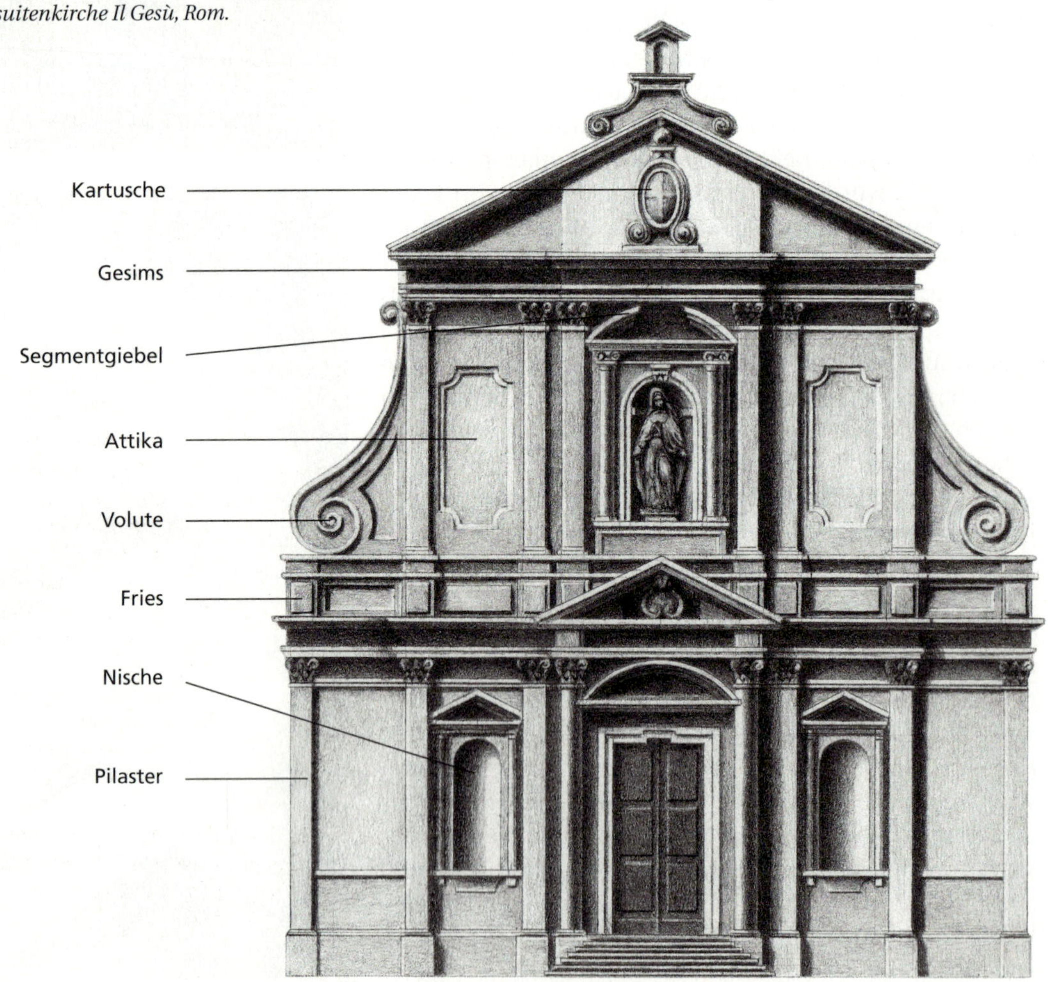

Die Kennzeichen des Barock

Bernini wusste noch nicht, dass die von ihm ausgelöste Kunstentwicklung einmal »Barock« genannt würde. Er hätte sich darüber auch geärgert. Denn das Wort »Barock« war ursprünglich abwertend gemeint. Es kommt aus dem Portugiesischen und meinte etwas Schiefes oder Unregelmäßiges. Wenn man etwas lächerlich machen, es als abwegig kennzeichnen wollte, sagte man, es sei »barock«. Kritiker des 18. Jahrhunderts beschimpften so alle Bauformen, welche die ausgewogenen Architekturregeln der Griechen und Römer verletzten. Später wandelte sich jedoch der Barockbegriff ins Positive. So spricht man inzwischen von Barockdichtung, Barockmusik und Barockmalerei.

Bernini war schon gestorben, als im heutigen Deutschland noch kein einziges barockes Bauwerk stand. Die unsicheren Zeiten mit immer neuen Kriegen boten im 17. Jahrhundert der Kunst keinen Raum. Erst nach 1680 entstand jener Bedarf, der vor allem die katholischen Gebiete Deutschlands und Österreichs in riesige Baustellen verwandelte. Dagegen blieben die evangelischen Gebiete dem Barock weitgehend verschlossen. Von dort schaute man misstrauisch und auch missbilligend auf die erstaunliche Pracht, die sich jetzt auftat. Nur die fürstlichen Höfe öffneten sich der Barockkultur, während der fromme Sinn der evangelischen Bevölkerung auf strenge, meist schmucklose Formen achtete.

Anders die katholischen Länder. Zwar luden die Residenzbauten der Fürsten den Menschen schwere finanzielle Lasten auf, doch trug die Baulust auch zur Hebung der wirtschaftlichen Verhältnisse bei. Die großen Projekte schufen Arbeitsplätze und gaben Verdienstmöglichkeiten. Straßen mussten gebaut, Steinbrüche erschlossen, Facharbeiter herangebildet werden. Bald standen neben den Hofbaumeistern und Künstlern, die aus Italien oder Frankreich angeworben wurden, tüchtige Architekten und Handwerker aus dem eigenen Land zur Verfügung. Nicht nur Kirchen, Klöster und Schlösser, sondern auch Rathäuser, Pfarrhäuser und Schulen wurden gebaut, in meist einfachen, aber noblen Formen.

Stuckateure wurden für die vielen Schmuckformen am Bau benötigt; Maler, die kostbare Materialien so täuschend nachahmen konnten, als sei wirklicher Marmor zu sehen; Schmiede für kunstvolle Tore, Treppengeländer und Gitter; Schreiner, um edle Hölzer zu verarbeiten, in die Perlmutt, Messing oder Zinn als Ornamente eingelegt wurden. Die entstehende farbenfrohe, festliche Kunst fand begeisterte Aufnahme im Volk.

Die barocke Architektur fängt Bewegung ein, sodass alle Formen schwellen. Die Fassaden krümmen sich, als wären sie biegsam; Kurven und Schnörkel kennzeichnen die Gesamtanlage ebenso wie einzelne Zierformen.

Die reformierten Kirchen der Schweiz. Deutschlands, Hollands kennen weder Bilder noch Kerzen, keinen Altar und keinen Blumenschmuck. Hier findet sich ein leerer Abendmahlstisch ohne symbolische Bedeutung und ein Kreuz ohne Bild des Gekreuzigten.

Diese Strenge ist der evangelisch-lutherischen Tradition fremd. Aber die barocke Lebenslust mit ihrer Bilder- und Schmuckfreude, mit Weihrauchduft und Wallfahrt, Heiligenverehrung und Jahrmarkt, Karneval und Fasten weckt auch hier Unbehagen.

Welche Gründe können reformierte, evangelisch-lutherische und katholische Christen je für ihre Haltung haben?

Dominikus Zimmermann wurde 1685 in Wessobrunn bei Landsberg am Lech geboren. Der Vater war vermutlich Stuckateur. Seiner Arbeit wegen verließ er im Frühjahr die Familie und kam erst spät im Jahr zurück. So trug die Mutter alle Sorge um die sechs Kinder, die kleine Landwirtschaft, um Garten und Kuh. Die Kinder lernten beim Schulmeister Lesen, Schreiben und Rechnen, und der Pfarrvikar gab Religionsunterricht. Üblicherweise endete der Schulbesuch mit dem zwölften Lebensjahr.
Dominikus und sein Bruder Johann Baptist lernten zunächst das Stuckateurhandwerk. Johann Baptist war fünf Jahre älter. Dessen Stuck-Kunst muss Dominikus tief beeindruckt haben. Für Kirchen, die er plante und baute, hat er des Bruders Hilfe in Anspruch genommen. Da jeder Lehrling nach Zunftbrauch auf Wanderschaft gehen musste, wird sich auch Dominikus schon bald im Lande umgesehen haben. Wahrscheinlich hat er das Ausland nicht kennengelernt. Er besuchte auch keine Schule für Architekten oder Ingenieure. Dennoch erreichte er schon in jungen Jahren Könnerschaft und Ansehen. Mit 25 Jahren erhielt er die Oberleitung für Stuckarbeiten, übernahm danach weitere Baustellen, bis er, 31-jährig, als selbstständiger Baumeister auftrat. Seine berühmtesten Kirchen stehen in Landsberg, Steinhausen/Württemberg und Günzburg an der Donau. Als Krone seines Schaffens aber gilt die »Wallfahrtskirche zum gegeißelten Heiland in der Wies«.

Ellipse, Oval, Kurve und Kreis bestimmen die Grundrisse vieler Kirchen. Der Raum soll schwingen, also müssen seine Formen fließend sein; alles Harte und Strenge ist verpönt. Scheingewölbe vermitteln den Eindruck, als führe der Kirchenraum geradewegs in den Himmel hinein.
Besondere Bedeutung gewinnt die Lichtführung. Die Fenster werden nicht länger aus farbigen Gläsern gefügt. Sie bleiben hell, damit die Sonne den Kirchenraum durchflutet und alle Pracht zum Aufleuchten bringt. Licht und Schatten sind aufeinander abgestimmt. Oft fällt das Licht aus unsichtbaren Quellen.
Die vielen Handwerker und Künstler, die an einer barocken Kirche beteiligt waren, konnten ihrer Aufgabe nur gerecht werden, wenn sie ihr fachliches Können mit der Arbeit aller übrigen verbanden. Es sollte nicht ein Kunstwerk *neben* ein anderes gesetzt werden, vielmehr sollte sich die Arbeit aller zu einer großen Einheit verbinden.

Die Wieskirche

In den abgelegenen Hochmooren bei Steingaden in Oberbayern wurde ein Bild des gegeißelten Heilands verehrt, zu dem die Menschen von weither kamen. Die kleine Feldkapelle konnte die vielen Pilger nicht mehr aufnehmen. Da entschloss sich der Abt von Steingaden, eine Kirche in der Einsamkeit der sumpfigen Wiesen zu errichten: eine »Kirche der Barmherzigkeit des Herrn«. Sie sollte durch die Hinwendung zum Leiden Christi zur Umkehr führen und dadurch zu einem neuen Leben. Den Auftrag bekam Dominikus Zimmermann, der damals auf der Höhe seines Ansehens stand.

Der Grundriss

Die Basilika, die romanische Kirche, die gotische Kathedrale sind rechtwinklig angelegte Gebäude. Aus dieser Strenge bricht erstmals die barocke Architektur heraus. Sie entdeckt für den Kirchbau das Oval. Das berühmteste Beispiel: Bernini wählte die Ellipse für den Vorplatz von St. Peter.

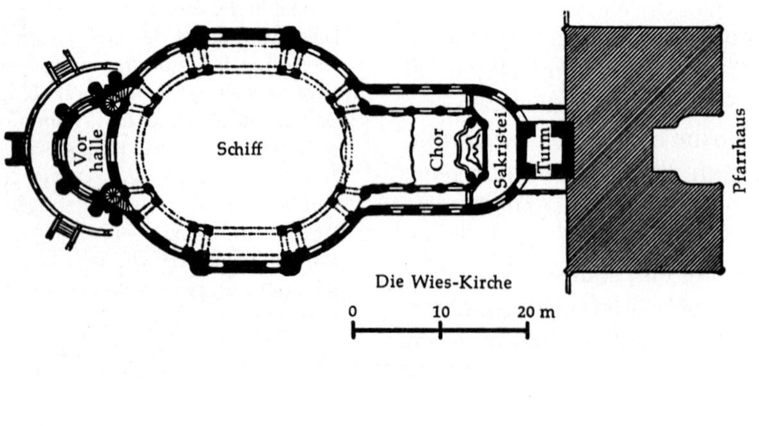

Die Wies-Kirche

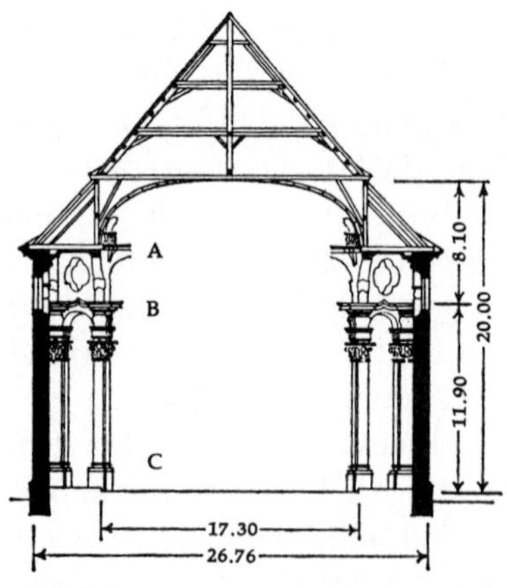

Die Ellipse ist einfach, aber zugleich das sich beständig Verändernde. Sie kann mit keinem Zirkel beschrieben werden. Sie wechselt in allen Punkten ihre Richtung. Ihr Oval schafft andere Räume als die bisher bekannten: gelöste, lösende Räume, die den Weg und die Sammlung miteinander verbinden.

Der ovale Raum

Wer die Wieskirche betritt, wird vom ersten Eindruck überwältigt. Nur der innere Ovalraum ist überwölbt, das heißt, erscheint gewölbt. Tatsächlich wölbt sich die Decke allein an den Seiten, zur Mitte hin verläuft sie flach (siehe den Längsquerschnitt).
Je zwei freistehende Pfeiler werden in der Höhe mit einem Gebälk verbunden, das in weit vorstehenden Gesimsen endet. Diese Gesimse oder Gebälkplatten tragen die »Kuppel«. Über vier Pfeilerpaaren befinden sich im weiteren Aufbau der Decke, wo sie sich krümmt, Balkönchen, die nur vom Dachboden her zugänglich sind. (Bei Festgottesdiensten stehen hier die Bläser und Flötisten.)
Weil Zimmermann die Säulenpaare von der Außenwand wegrückte und in den Raum hineinstellte, entstand ein Umgang, der das innere Oval einfasst. Das gliedert den Raum und bewahrt ihn doch in seiner Einheit.

Wer die Grundrisszeichnung der Wieskirche betrachtet, findet eine fließende Form. Im Osten öffnet sich das Oval des Kirchenraumes zu einem tiefen Chor. Gegenüber schwingt das Oval in eine vorgebaute Eingangshalle hinein.
Die Mittelachse der Wieskirche führt von Westen nach Osten. Überraschenderweise steht der Turm jedoch nicht im Westen, sondern dient als Bindeglied zwischen Chor und dem anschließenden Wohnhaus mit seinen zwei Flügeln.

Der Chor

Den Chor deckt ein Tonnengewölbe. Statt Pfeiler steigen Säulen vom Erdboden auf. Auch sie sind vor die Außenwände gerückt, so dass aus dem Oval heraus der Chor fensterlos erscheint und dennoch volles Seitenlicht erhält. Die Gewölbedurchbrüche in der Höhe führen zusätzliches Licht herein.

Farben und Licht

In barocken Kirchen ergänzen sich Farbe und Architektur. Aber mehr als anderswo unterstützt in der Wieskirche die Farbe den Raumeindruck. Ohne Licht gibt es keine Farbe. Darum kommt die Wies erst im wechselnden Spiel des Lichtes voll zur Wirkung. Je nach Jahreszeit und Sonnenstand leuchten immer wieder andere Farben, Stuckaturen und Raumteile auf. Sie ist anders am Morgen, wenn die ersten Sonnenstrahlen das Langhaus erhellen und der Chor noch im Dunkel liegt; anders am Mittag, wenn die Kirche wie im Lichte schwimmt; anders am Abend, wenn die Strahlen der untergehenden Sonne im Chor rotgolden verglühen. So braucht es wenigstens einen vollen Tag bei Sonnenlicht, um die »ganze Wies« erleben zu können.

Die Stuckatur

Die Stucktechnik wurde Anfang des 17. Jahrhunderts in Italien entwickelt. Die Barockarchitektur hat sie aufgegriffen, um Marmor zu imitieren. Einerseits ist Marmor nicht in allen Ländern zu haben, andererseits steht er auch nicht immer in den gewünschten Farben und Qualitäten zur Verfügung. So begann man, ihn künstlich herzustellen. Für die Stuckmasse wird feinkörniger Sand mit Weißkalk (Gips), Wasser und Lederleim (oder anderen Bindern) vermengt. Die formbare Masse kommt in feuchtem Zustand auf die Wand. Der Stuck wird sehr hart und lässt sich gut schleifen und polieren. Durch Zugaben von Farbe ist jede gewünschte Tönung erreichbar. Es lassen sich Innenräume in Formen und Farben gestalten, wie dies im Naturstein niemals möglich wäre.

Man erkennt Dominikus Zimmermann als Stuckateur an der Art, wie er die Pfeiler behandelt. Sie sind weder eckig noch rund, ein Übergang vom Pfeiler zur Säule. Eine einmalig erfundene Form. Darüber hinaus vermischen sich Architektur und Stuck in der Wies immerfort. Alle Linien sind gebrochen, entfalten sich zum Ornament, setzen sich in Bögen, Girlanden, Blattwerk fort und schwingen in sich zurück. Das verlangt Tastsinn, Körpergefühl, ein Empfinden für Architektur, die sich ins Rhythmische und Musikalische hinein steigert.

Das Bildprogramm

Die Wies ist eine fromme Kirche. Sie will zu Umkehr und Buße, aber auch zu Lobpreis und Dank einladen. Raum, Farbe, Licht und Schmuck werden zur Einheit und verbinden sich, ausgehend vom Bild des gegeißelten Heilands, mit der übrigen Bilderwelt.

Das Deckenbild des Gemeindesaales zeigt Christus, der die Welt heimholt. Der Gerichtstag wird aber nicht als »Tag des Zornes und der Tränen« gezeigt, sondern als ein Tag der Barmherzigkeit. An der vorderen Stirnseite ist der Richterthron aufgebaut, unbesetzt, denn »noch ist die Zeit der Gnade«.

Schaut man in die Gegenrichtung, sieht man über der einzigen Tür der Wieskirche das Tor der Ewigkeit. Das Tor in die Welt und das Tor der Ewigkeit auf der gleichen Achse.

Noch ist das Tor der Ewigkeit geschlossen. Aber Chronos, der griechische Gott der Zeit, ist bereits müde zusammengebrochen, das Stundenglas seiner Hand entglitten. Auf der linken Seite beginnen die »Wasser der Ewigkeit« zu rauschen und der Engel des Gerichts erscheint. Über dem Tor steht: *Tempus non erit amplius,* »Es wird keine Zeit mehr sein!« Darüber das Uroboros-Symbol (Religionsbuch 7/8, S. 143): Ende und Anfang greifen ineinander.

Wenn es in eurer Umgebung möglich ist. so besucht Barockkirchen und bemüht euch um ein erstes Urteil. Wecken diese Kirchen noch die Freude und Zustimmung wie damals, als sie überall in katholischen Ländern entstanden? Fühlt ihr euch in romanischen Kirchen und gotischen Hallen wohler? Oder ist es falsch, Äpfel mit Birnen zu vergleichen?

1 Vergleicht am Material der Religionsbücher
- die Grundrisse romanischer, gotischer und barocker Kirchen
- den Aufbau der Portale
- Ort, Größe und Bedeutung der Fenster
- das Verhältnis von Licht und Architektur

2 Welche Entwicklung nimmt der Altar von der Hauskirche bis zur Barockkirche?

Die Ausstattung

Jedes Detail der Wies steht in Zusammenhang mit dem Ganzen der Kirche. Es gibt keine Altäre, Statuen, Grabmäler, Bilder und sonstige Gegenstände, die aus früheren Zeiten stammen. Nichts befindet sich *neben* anderen Dingen, eins verbindet sich mit dem anderen.
Das reichste und lebendigste Werk ist die Kanzel. Ihr Grundgedanke: Der Pfingststurm des Heiligen Geistes soll auch den Prediger erfassen. So wirbelt dieser Sturm Quasten am Gesimse auf, fährt in den Schalldeckel und türmt Formen übereinander, während unten Putten ebenso Mühe wie Freude haben, die flatternden Tücher zu bändigen.
Nicht zuletzt dient dem Lob die Orgel, eine Symphonie in Weiß und Gold. Wenn jetzt noch zeitgenössische Musik hinzukommt, etwa von Händel, Haydn oder Mozart, und ihre Klänge die jubelnden Formen und Farben aufgreifen, im Spiel des Lichtes, dann ist die Wies eine Einheit, die nicht mehr im Buch vorgestellt werden kann. Sie kann nur selbst erlebt werden.

Welche Grenze wurde erreicht?

Kein Zweifel: In ihren Barockkirchen fand die katholische Kirche eine Sprache, die den christlichen Glauben mit Lebensfreude verband. Aus diesen Kirchen zog man in frohen Prozessionen unter flatternden Fahnen ins Land hinein. Zu diesen Kirchen gehört das Fest, die Kirchweih, der Tanz und auch die Geselligkeit im benachbarten Wirtshaus. Damit entstand eine Kultur, die heute noch katholische und evangelische Landschaften in ihren Bräuchen und Anschauungen unterscheidet.
Zu Beginn der Barockzeit, bei Bernini, kamen in der Kunst Frömmigkeit und Schauspiel zusammen. Bernini setzte auf beeindruckende Wirkung und scheute auch Illusionskniffe nicht. Aber wollten romanische Dome, die wie Gottesburgen aufragen, nicht auch beeindrucken? Und wetteiferten die reichen Städte nicht um den höchsten gotischen Turm? Oder ist eine neue Ebene, gar eine Grenze erreicht, wenn die Barockbaumeister nun mit Illusionen arbeiten: Mit Stuck Marmor vortäuschen wollen? Gewölbe mit Holzkonstruktionen bauen? Flache Decken durch ihre Bemalung als grenzenlosen Raum erscheinen lassen? Mit perspektivischer Kunst Tiefe auf die Fläche bringen? Schwere mit Leichtigkeit verbinden? Mit Draht, Gips und Kalbshaaren der Wand plastisches Leben geben?
Welche Kirchen sind der Christenheit angemessen? Gibt es dafür Maßstäbe? Oder muss jede Zeit ihre eigenen Maßstäbe finden, ohne die Lösungen der Vorfahren zu verwerfen? Können wir uns gleicherweise romanischer, gotischer und barocker Kirchen erfreuen? Welche Kirchen gibt es bei euch? Wie gut kennt ihr sie? Was erzählen sie aus ihrer Zeit?

Von der Reformation zur Revolution

Um einen Brunnen herum haben sich Männer gruppiert, die dazu beitrugen, eine neue Welt zu schaffen. Wir sehen (von links nach rechts) die Maler Jörg Ratgeb und Albrecht Dürer; Martin Luther, neben ihm Lucas Cranach, ebenfalls Maler und Zeichner; Sebastian Brant, ein Dichter, der die Torheiten seiner Zeit aufspießte; Philipp Melanchthon, Mitstreiter Luthers, und Erasmus von Rotterdam, den größten Gelehrten seiner Zeit. Auf dem Wasser schwimmen rote Blüten. Der Granatapfel in der Mitte gilt als Symbol der Erneuerung.

Die Zeit, über die nun zu berichten ist, ist düster und grausam. Es ist die Zeit der sogenannten Religionskämpfe, eine hundertjährige Kriegsgeschichte. Im Blick auf die Bergpredigt, die den Friedfertigen preist und dazu anleitet, Gewalt nicht mit Gegengewalt zu beantworten, müssten Christentum und Krieg einen inneren Widerspruch bilden. Tatsächlich aber standen die damals miteinander kämpfenden Christen in ihrer Grausamkeit nicht hinter dem zurück, was Hunnen oder Tataren je früher taten.

Der Augsburger Religionsfriede von 1555 hatte keinen wirklichen Frieden herstellen können. Der Fanatismus entfaltete sich seitdem erst in voller Kraft. Dass der Glaube des Landesfürsten auch der Glaube seiner Untertanen sein musste, vergewaltigte die Gewissensfreiheit.

Augsburger Religionsfriede, Beschluss des 1555 nach Augsburg berufenen Reichstags, der den evangelischen Bekenntnissen (mit Ausnahme der Reformierten und Sekten) einen dauernden Frieden zusicherte.

In vielen Ländern hatte sich die Reformation durchgesetzt. Dänemark, Norwegen und Schweden, aber auch England, Schottland und Holland waren nahezu vollständig auf den neuen Weg eingeschwenkt. Das Gleiche galt für Norddeutschland und die deutschen Ordensgebiete. Selbst im Westen und in den österreichischen Erbländern, in Polen und Ungarn, Bayern und Böhmen griff die neue Glaubensform öffentlich oder heimlich um sich. Auch für Frankreich und Italien schien das Ende des Katholizismus gekommen. Sogar in den papsttreuen Ländern herrschten Unsicherheit und Suche nach neuer Orientierung. Der Sieg der Reformation schien für ganz Europa nur eine Frage der Zeit zu sein.
Umso unerwarteter waren die Kräfte, die sich bald zu einer Gegenreformation verbanden. Die Truppe des Ignatius von Loyola, die Jesuiten, startete in ganz Europa mit Gelehrsamkeit und Disziplin eine Gegenoffensive, die verlorenes Terrain zurückeroberte und die noch-katholischen Länder neu festigte. Dabei war ihnen das barocke Lebensgefühl mit seiner Lust an Fest und Glanz eine Hilfe volksnaher Glaubensvermittlung.
Dennoch blieb das 16. Jahrhundert eine Zeit der Strenge. Ignatius von Loyola war ein ernster Mensch, Jean Calvin ebenso. Man sah jetzt darauf, ob jemand seiner Kirche diente und wollte Frömmigkeit bereits an der Kleidung ablesen. Der spanische Stil setzte sich durch: Mit bunten, weiten Gewändern war es vorbei; alle Welt steckte in schwarzen, eng anliegenden Kleidern mit weißen Halskrausen. Dazu kam eine steife Höflichkeit, ein gestelzter Umgangston.

1 Studiert die Konfessionskarte (S. 23). Wie grenzen in eurer Umgebung katholische, evangelisch-lutherische und reformierte Gebiete aneinander?
- Woran kann ein Reisender katholische Landschaften erkennen?
- Beeinflussen die ehemals herrschenden Konfessionen heute immer noch die Lebensformen in einer Region?
- Welche sind es? Was hat sich verändert?

2 Verschafft euch Eindrücke vom Inneren einer evangelisch-lutherischen und einer reformierten Kirche. Wie unterscheiden sich beide voneinander? Und was kennzeichnet ihnen gegenüber eine katholische Kirche?

3 Welche Formen der Begegnung und Gemeinsamkeit gibt es heute in eurer Heimat zwischen den christlichen Konfessionen? Gibt es auch eine Zusammenarbeit zwischen dem evangelischen und katholischen Religionsunterricht?

Calvin

In Genf begründete Jean Calvin (1509–1564) eine Kirchenherrschaft, die alles hinter sich ließ, was vorher eine römische Gewissenskontrolle und Inquisition gekannt hatte. Lebensfreude und natürlicher Frohsinn galten als verdächtig. Die Gottesdienste sollten ernst und streng sein, in kahlen Kirchenwänden, ohne Schmuck, ohne Bild, ohne Altar, selbst ohne Christusdarstellung, nur auf das Wort ausgerichtet. Für das bürgerliche Leben waren Spiel, Tanz, Gesang, Theater, selbst das Lesen unterhaltender Bücher verboten. Auf Fluchen, Kegelspiel, lautes Scherzen und leichtsinniges Reden standen hohe Bußen, auf Ehebruch die Todesstrafe.
Calvin lehrte, Gott allein wirke das Heil des Menschen; er habe von Ewigkeit her »verordnet, wem er einst am ewigen Leben Teil gewähren wolle und wen er dem Verderben weihe« (Prädestination). Der Gläubige aber solle sich als erwählt betrachten; Zeichen der Erwählung seien ein gutes Leben, treue Pflichterfüllung und wirtschaftlicher Erfolg.
In seiner Kirchenordnung führte Calvin die Gleichheit zwischen Pfarrern und Gläubigen ein und zielte auf eine demokratische Gemeindeverfassung – im Widerspruch zur Monarchie. Darum sahen Monarchien damals ihre Staatsverfassung durch calvinistische Gläubige bedroht.

Prädestination, eine theologische Lehre, nach der Gott von Anfang an das Schicksal des Universums und aller Menschen vorherbestimmt habe. Vor Calvin hat bereits der Kirchenlehrer Augustinus (354–430) so gedacht.

Das Gemälde »Die Bartholomäusnacht« von François Dubois (1529–1584), um 1575 entstanden, dokumentiert die Schrecken des frühen Morgens am 24. August 1572 in Paris. In diesem Bild der Grausamkeiten spielt sich gleichzeitig ab, was in Wirklichkeit nacheinander geschah.

Die Bartholomäusnacht

Von Genf aus hatte die Reformation Einfluss in Frankreich gewonnen. Etwa ein Sechstel des Volkes, darunter hohe Adelsfamilien, waren reformiert. Man nannte sie hier Hugenotten. Zunächst waren es arme, auch ungebildete Menschen, welche die Bibel wortwörtlich nahmen und in gegenseitiger Belehrung Gemeinden bildeten. Dies geschah unter größten Gefahren und forderte hohe Blutopfer, die der Freudigkeit ihres Glaubens aber keinen Abbruch tat. So wuchs die »Kirche des reformierten Wortes«, gewann Zustrom aus dem hohen Adel, erstarkte dabei auch politisch und stellte das katholische Königtum infrage. Es kam zu blutigen Bürgerkriegen, die durch ein scheußliches Verbrechen entschieden wurden. Die französische Königin Katharina von Medici lud im August 1572 alle hugenottischen Vornehmen zu einem Hochzeitsfest bei Hof ein und zettelte in der Bartholomäusnacht zum 24. ein allgemeines Morden an, das mehrere Tage andauerte. »Ist's nicht besser, diese faulen Glieder auszureißen, als das Herz der Kirche?«, hatte sie gefragt und beigefügt, den Calvinisten gegenüber sei Mitleid grausam, Grausamkeit mitleidvoll. Der König stimmte dem Plan zu und so lautete die Parole: »Tötet, tötet alles; der König befiehlt es!« Weit mehr als 10 000 Hugenot-

Bartholomäusnacht, »Pariser Bluthochzeit«, die Nacht vom 23. zum 24. August 1572, in der in Paris etwa 2000, im übrigen Frankreich anschließend 10 000 bis 20 000 → Hugenotten ermordet wurden. Die Hochzeit des reformierten (hugenottischen) Königs → Heinrich von Navarra mit der katholischen Schwester des französischen Königs sollte zu einem Brückenschlag zwischen Katholiken und Protestanten führen. Die B. wurde ausgelöst durch einen missglückten Mordanschlag der Mutter des Königs, → Katharina von Medici, auf den hugenottischen Admiral Coligny. Um einer hugenottischen Rache vorzubeugen, beschloss sie die Ermordung aller nach Paris gekommenen Hugenotten.

Katharina von Medici (1519–1589) Königin, Frau Heinrichs II. von Frankreich seit 1533. Sie wollte die Stellung des Königtums über die strittigen Konfessionen sichern. Als die Politik des hugenottischen Admiral Coligny auf ihren Sohn Karl IX. zu großen Einfluss gewann, ließ sie ihn und die Hugenottenführer in der → Bartholomäusnacht umbringen.

ten sollen ermordet worden sein. Später erklärte der König, er habe kein anderes Mittel gehabt, all den Kriegen und Aufständen den Riegel vorzuschieben.

Der innere Friede wurde dadurch nicht gewonnen. Fortan kämpften die Hugenotten um ihr Überleben. Der Konflikt steigerte sich noch einmal, als Heinrich von Navarra, der aufseiten der Hugenotten stand, Erbe der französischen Krone werden sollte. Da er dem Druck der katholischen Seite, den der Papst und Philipp II. verstärkten, nicht ausweichen konnte, erklärte er sich bereit, als Heinrich IV. zum katholischen Glauben zurückzukehren. »Paris ist wohl eine Messe wert«, hat er dazu gesagt. Das Volk nannte ihn später den »guten König«. Nachdem er seiner Regentschaft sicher war, regelte er im Edikt von Nantes (1598) das friedliche Zusammenleben von Katholiken und Reformierten.

Der Dreißigjährige Krieg

Der Gewalt war aber noch lange kein Ende. »Das Papier würde weinen«, schrieb ein Zeitgenosse, wollte er alle diese Gräuel aufzeichnen. Die Verhältnisse verwirrten sich immer mehr. Längst mengten sich in die religiösen Streitigkeiten politische Absichten. Was als Religionskrieg vielleicht noch begonnen hatte, verwickelte sich in zahlreiche andere Interessen.

Damals hätten die habsburgischen Kaiser gerne in Deutschland die Einheit der Kirche wiederhergestellt. Zwar erlaubten sie den Evangelischen, Gottesdienste abzuhalten, doch wollten diese mehr Rechte. Darüber kam es in Böhmen zu einem Übergriff. Im Jahre 1618 nämlich warfen unzufriedene Protestanten drei Vertreter des Kaisers aus der Prager Burg zum Fenster hinaus. Sie fielen auf einen Dunghaufen, so dass zwei von ihnen nicht viel zustieß. Dennoch war diese Provokation der Auftakt zu einem Krieg, der dreißig Jahre lang dauern sollte.

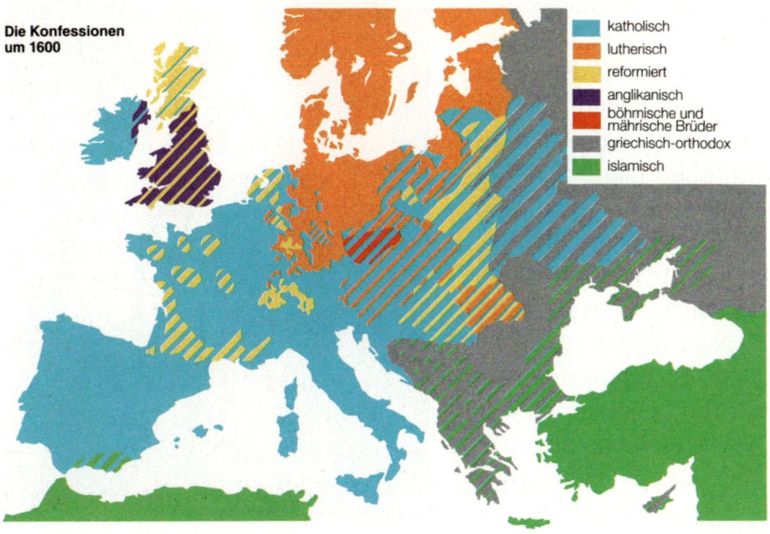

Heinrich IV. (1553–1610) war zunächst als König von Navarra (im Südwesten des heutigen Frankreich gelegen) Führer der → Hugenotten. Seine Hochzeit mit Margarete von Valois nahm die Mutter des Königs → Katharina von Medici zum Anlass, die meisten Hugenottenführer ermorden zu lassen (→ Bartholomäusnacht). Sein Übertritt zum Katholizismus öffnete ihm den Weg zum Königtum. Im Edikt von Nantes gewährte er den → Hugenotten politische und religiöse Gleichberechtigung. Durch Stärkung der Königsmacht schuf H. die Basis für den Absolutismus (→ S. 31) in Frankreich, der sich unter seinem Sohn Ludwig XIII. und seinem Großenkel Ludwig XIV. (→ S. 30) voll entfaltete. H., der in Frankreich »der gute König« genannt wird, wurde durch einen fanatischen Eiferer ermordet.

Hugenotten, Bezeichnung für die französischen Protestanten meist calvinistischer Richtung. Das katholische Königtum versuchte vergeblich die Ausbreitung der H. zu unterbinden.

Dreißigjähriger Krieg, Sammelbezeichnung für mehrere Kriege um die Vorherrschaft in Europa von 1618–1648, ausgelöst durch die konfessionellen und politischen Gegensätze zwischen den evangelischen Reichsständen und den katholischen kaiserlichen Habsburgern.

Wallenstein, Albrecht Wenzel Eusebius von (1583–1634), Feldherr und Politiker. Evangelisch erzogen, trat W. 1606 zum Katholizismus über. Seit 1604 stand er in militärischen Diensten der Habsburger. Wegen seiner Verdienste wurde er in den Grafenstand erhoben. Am böhmisch-mährischen Aufstand gegen die Habsburger nahm er nicht teil (Prager Fenstersturz). Als der Kaiser im Verlauf des Dreißigjährigen Krieges in Bedrängnis kam, erbot sich W., auf eigene Kosten ein neues Heer von 40 000 Mann auszurüsten und zu besolden, wofür er unbedingte Vollmacht verlangte, um in den eroberten Provinzen des Reiches Geld und Naturalien erheben zu können. Seine Erfolge vermehrten auch seinen privaten Besitz. 1630 erzwangen die Spanier, die Jesuiten und deutsche Fürsten die Absetzung W.s. Nach der folgenden Niederlage der kaiserlichen Truppen übernahm W. aber erneut den Oberbefehl und schlug 1632 die Schlacht bei Lützen, in der → Gustav Adolf fiel. Seine gleichzeitigen Verhandlungen mit den Schweden weckten jedoch das Misstrauen am Wiener Hof. Man bezichtigte ihn des Verrats und befahl, ihn tot oder lebendig zu fangen. In Eger wurde W. von dem irischen Hauptmann Devereux erstochen.

Das Hin und Her des Dreißigjährigen Krieges lässt sich kaum beschreiben. Es war meist nur das Plündern und Metzeln roher und schlecht bezahlter Söldnerhorden, die dort kämpften, wo die größte Beute lockte. Ein »katholisch« oder »evangelisch« wurde darüber schnell vergessen. Protestanten kämpften auf katholischer Seite, Katholiken auf evangelischer. Und wo sie kampierten, holten sie den Bauern die letzte Kuh vom Hof und quälten die wehrlosen Menschen.

Wallenstein

Der Feldherr des Kaisers hieß *Wallenstein.* Er war ein Mensch unerhörter Willenskraft. »Stolz wie Luzifer« nannten ihn die Zeitgenossen. Auch dieser Mann ging zumeist in strenges Schwarz gekleidet. Kaum sah man ihn lachen. Die Soldaten fürchteten ihn. Sogar sein Lob war kalt und fremd. Durch seine Energie und Kriegskunst gelang es Wallenstein, bis Norddeutschland vorzustoßen. Dort wollte er die protestantischen Städte erobern.

Fast schien der Krieg für Kaiser und römische Kirche entschieden, als sich Schweden unter seinem Herrscher *Gustav Adolf* einmischte. Der wollte die evangelische Sache retten und ein protestantisches Reich unter schwedischer Führung gründen. Gustav Adolf eroberte Norddeutschland zurück; als er nach Österreich vordringen wollte, fiel er in einer Schlacht.

Kardinal Richelieu

Schließlich mischte sich Frankreich ein. Man mag denken, ein katholischer Staat hätte dem Kaiser Hilfe geleistet. Da es jedoch längst nicht mehr um Religion ging, weil jeder nur den eigenen Vorteil suchte, wollten die Franzosen unter ihrem Minister, Kardinal *Richelieu*, den Kaiser (und zugleich die Spanier) schwächen. So kämpften sie also gegen die ursprünglich kaiserlich-katholische Seite. Wallenstein wurde in diesem Tumult immer mächtiger. Er machte Politik auf eigene Faust, ohne nach des Kaisers Willen zu fragen. Doch noch bevor der Kaiser ihn belangen konnte, wurde Wallenstein 1634 von einem ehemaligen Freund ermordet.

Der Westfälische Friede

Danach ging der Krieg noch 14 Jahre weiter, immer wilder, immer grausamer. Städte wurden geplündert, Dörfer in Brand gesteckt, Bauernhöfe überfallen, das Vieh geschlachtet, die Ernte zertrampelt. Hungersnöte breiteten sich aus, Seuchen griffen um sich, Wölfe drangen vor, das ungeschützte Land wurde zur Einöde.
Schließlich einigten sich die beteiligten Mächte 1648 im Westfälischen Frieden zu Münster und Osnabrück auf einen Vertrag. Der Krieg endete ohne wirklichen Sieger. Sein Ende brachte jedoch die Abkehr von Glaubenskriegen in Europa. Was katholisch oder evangelisch gewesen war, sollte es bleiben; wer die Konfession des Landes nicht teilen wollte, sollte auswandern. Insgesamt galt es, trotz unterschiedlicher Überzeugungen miteinander zu leben, wenn auch der Weg zu gelebter Toleranz noch weit war. Und der Gedanke an eine gesamtchristliche Gemeinsamkeit ließ sogar noch Jahrhunderte auf sich warten. (→ S. 224 ff.)
Die Folgen für das Heilige Römische Reich waren gewaltig. Die Niederlande fielen vom Reich ab und wurden international anerkannt. Die Landesfürsten erlangten fast völlige Souveränität. Während sich Frankreich und England bereits zu Nationalstaaten entwickelt hatten, bildete Deutschland einen lockeren Verbund von Fürstentümern, der sich aber in den nächsten 150 Jahren als Friedensfaktor in Europa erweisen sollte. Bis zur Französischen Revolution war das Reich noch stark genug, um Angriffe von außen abzuwehren, aber zu schwach, um selbst angreifen zu können. Der Titel des Kaisers war fast nur noch ein Ehrentitel, auch wenn die Habsburger ihn bis 1806 führten.

Der Holzschnitt zeigt den am 25. Oktober 1648 »abgefertigten freud- und friedenbringenden Postreuter«, der die Vertragspartner durch die Städte Wien, Paris und Stockholm kennzeichnet.

Neuer
Auß Münster vom 25. deß Weinmonats im Jahr 1648. abgefertigter Freud- vnd Friedenbringender Postreuter.

Richelieu, Armand Jean du Plessis, Herzog von R. (1585–1642), französischer Politiker. 1622 Kardinal, seit 1624 leitender Minister. Er nahm den Hugenotten (→ S. 23) die ihnen im Edikt von Nantes garantierten Sicherheitsplätze und schaltete sie damit als Machtfaktor aus. R. errichtete den französischen absolutistischen Einheitsstaat und brach die Vorherrschaft der Habsburger in Europa.

Gustav II. Adolf (1594–1632), König von Schweden (1611–1632). In den Dreißigjährigen Krieg griff er zur Rettung des schwer bedrängten deutschen Protestantismus 1630 ein, besiegte die katholischen Feldherren Tilly (1631) und Wallenstein (1632), fiel aber selbst in dieser Schlacht. Sein Tod war ein großer Verlust für die junge schwedische Großmacht und den Protestantismus.

1 Der Dreißigjährige Krieg hat in vielen deutschen Landschaften Spuren hinterlassen, die bis heute wahrnehmbar sind. Man spricht von Wüstungen, das sind damals verlassene und nie wieder besiedelte Gehöfte und Dörfer. Manche Wüstungen erkennt nur noch das kundige Auge. Gibt es in eurer Region derartige Orte?

2 Manchmal erinnern Ruinen und Gedenksteine an diesen Krieg. In nicht wenigen Städten verweisen Bräuche und Sagen auf Vorfälle jener Zeit. Fragt danach!

Der Hexenwahn

Zu all dem Elend, das mit den endlosen Kriegsschrecken ins Land gekommen war, gesellte sich ein Aberglaube, der immer mehr Menschen packte. Die Sache kam nicht erst jetzt auf; ihre Wurzeln reichen weit zurück, in vorchristliche Zeit. Es war die Angst vor Teufelsschülern, vor bösem Zauber, vor Hexen und Hexerei, in denen man die Ursachen für unerklärbare Krankheiten sah. Schon im Mittelalter ging dieser Wahn um; er ergriff keineswegs nur ungebildetes Volk, sondern auch Theologen und Päpste. 1487 gaben dann zwei päpstliche Inquisitoren ein Buch heraus, das traurigen Ruhm gewann: der »Hexenhammer«. Das Buch beschrieb, wie Hexen Gewitter und Hagel hervorrufen, wie sie Kühe ihrer Milch berauben, Hühner am Eierlegen hindern, das Vieh krank machen, Besessenheit erregen, besonders gern ungetaufte Kinder töten, Menschen in Tierleiber verwandeln oder durch »Hexenschuss« jemanden lähmen. Vor allem aber war der »Hexenhammer« frauenfeindlich. Das »Weib« sei nichts anderes als »eine unentfliehbare Strafe, ein notwendiges Unglück, ein Weltübel, mit schöner Farbe bestrichen« und den teuflischen Versuchungen gegenüber bereitwilliger als der Mann.

Links: Hexenschuss.
Rechts: Wie Hexen Blitz, Donner und Hagel machen, indem sie eine Schlange und einen Hahn zusammen kochen.

Unten rechts: Folter und Hexenverbrennung. Schweizer Handschrift, 1514.

Hexenprozesse, Verfolgung, Verurteilung und Hinrichtung vermeintlicher Hexen hauptsächlich zwischen 1400 und 1700; es wurden vorwiegend Frauen verfolgt und zwar sowohl in katholischen wie protestantischen Ländern. Der letzte offizielle H. fand in Deutschland 1793 in Posen statt, doch noch 1836 wurde eine angebliche Hexe auf der Ostseehalbinsel Hela der Wasserprobe unterzogen und ertrank.

Oben links: »Halseisen« genannte Foltermethode zum Erpressen von Geständnissen – zeitgenössischer Kupferstich

Oben rechts: Bei einer Hinrichtung (1632) kommen die Verurteilten in eine Verbrennungshütte, aber einer wird gnadenhalber vom Henker erdrosselt.

Unten: Titelblatt der »Cautio«; Friedrich Spee von Langenfeld – zeitgenössisches Gemälde.

N·95· Cautio
CRIMINALIS,
Seu
DE PROCESSIBUS
CONTRA SAGAS
Liber.
AD MAGISTRATUS
Germaniæ hoc tempore necessarius,
Tum autem
Consiliariis, & Confessariis Principum,
Inquisitoribus, Judicibus, Advocatis, Confessariis
reorum, Concionatoribus, cæterisq; lectu
utilissimus.
AUCTORE
INCERTO THEOLOGO ROMANO.

RINTHELII,
Typis exscripsit Petrus Lucius Typog. Acad.
M DC XXXI

Der Hexenwahn war eine Zeitkrankheit, die im 17. Jahrhundert als Massenirrsinn aufkam, von dem sich kaum jemand freisprechen konnte. Es war auch kein konfessioneller Wahn, denn in evangelischen und calvinistischen Ländern schoss er nicht minder blind ins Kraut. Selbst die Opfer teilten die Vorstellungen ihrer Richter, Folterknechte und Henker. Selbst ein Forscher wie Johannes Kepler, dessen Mutter der Hexerei bezichtigt wurde und nur schwer wieder frei zu bekommen war, behauptete, die Hexerei lasse sich nicht leugnen. Umso mehr ist die Leistung einzelner, wie jene des Arztes *Johannes Weyer* († 1588) und des Jesuiten *Friedrich Spee* († 1635), zu bewundern, die ihrer Zeit sagten: »Die Folter macht die Hexen!« Diese Einsicht setzte sich nur langsam durch. Ein neues, aufklärendes Denken musste zuvor Eingang in die Köpfe der Menschen finden.

Spee von Langenfeld, Friedrich (1591–1635), Jesuit, deutscher Dichter und Theologe. Mit seiner anonym herausgegebenen Schrift Cautio Criminalis (1631, deutsch 1647; 1649) kämpfte er aufgrund eigener Erfahrung gegen den herrschenden Hexenwahn und die erbarmungslosen Hexenprozesse. Die Schrift hat viel zur Überwindung des Hexenglaubens beigetragen.

1 In vielen Städten und Landschaften verbindet sich die Erinnerung an die Hexenprozesse mit Sagen und bestimmten Orten. Es gibt auch eine regionale Literatur, die von Einzelschicksalen erzählt. Könnt ihr euch einen Einblick verschaffen?

2 Mit dem Hexenglauben haben sich Ideen vom Teufelspakt, einer Teufelsbuhlschaft und Verwandlungen in Tiere verbunden. Man sprach vom Flug durch die Luft, vom Hexentreiben, vom bösen Blick und vom Verhexen einer Person.

3 Was sind die Ursachen des Hexenwahns? Warum wurden überwiegend Frauen als Hexen angeklagt und hingerichtet? Hat die Aufklärung den Hexenwahn endgültig überwunden, oder kann er bei geeigneten Bedingungen auch heute unter anderen Namen und Formen begegnen? Gibt es dafür Beispiele?

4 Wer sich mehr mit dem Hexenwahn befassen will, findet Bedenkenswertes bei Arthur Miller, Hexenjagd (Crucible). Schauspiel in zwei Akten (1953).

Daniel Chodowiecki (1726–1801), Die Aufklärung, 1791.

Aufklärung, die im 18. Jahrhundert herrschende geistige Bewegung der europäischen Intelligenz. Sie wollte das Denken ganz auf die Vernunft gründen. Ihre größte Wirksamkeit entfaltete die A. in Frankreich. Die Kirchen wurden durch die A. gezwungen, das Verständnis der Bibel und des christlichen Glaubens neu zu durchdenken und zu begründen.

Der Philosoph Immanuel Kant (1724–1804) gab seine berühmte Definition:

Aufklärung ist der Ausgang des Menschen aus seiner selbstverschuldeten Unmündigkeit. Unmündigkeit ist das Unvermögen, sich seines Verstandes ohne Leitung eines anderen zu bedienen ... Habe Mut, dich deines eigenen Verstandes zu bedienen, ist also der Wahlspruch der Aufklärung ... Zu dieser Aufklärung wird nichts weiter erfordert als die Freiheit, und zwar die, von seiner Vernunft in allen öffentlichen Stücken Gebrauch zu machen.

Die Aufklärung

Als die endlosen Glaubenskriege mit all ihren Schrecken zu Ende gingen und die Menschen wieder aufatmen konnten, entwickelte sich nicht nur barocke Sinnenfreude. Einige Menschen, die tiefer nachdachten als andere, begannen zu überlegen, ob die religiöse Überzeugung wirklich so wie bisher den Staat und die Politik bestimmen dürfe. Für den Staat sei es vorrangig wichtig, dass die Menschen sich vertrügen, Charakter hätten und Verlässlichkeit bewiesen. Darum forderten sie jetzt Toleranz als erste Bedingung einer friedlichen Welt. In Zukunft solle der Glaube im staatlichen Leben zurücktreten und eine eher private Angelegenheit sein.
Auch war der Streit um Galilei noch in Erinnerung. Inzwischen hatten Kepler und Newton den Lauf der Erde um die Sonne bestätigt und die Grundlagen für ein neues physikalisches Weltbild gelegt. In diesem Weltbild sollte nur noch begründbares Wissen gelten. Bei unterschiedlichen Ansichten müssten allein Argumente die Frage entscheiden. Was sich verbindlicher Einsicht entziehe, sei jedoch als persönliche Überzeugung zu achten.
Der Glaube an die Vernunft als Verständigungsbasis für alle Menschen weckte die Überzeugung von der Gleichheit aller Menschen. Doch ging man nun einen Schritt weiter und lehrte, dass die Menschen nicht nur gleich seien, sondern auch gleiche Rechte hätten, die ihnen niemand nehmen könne oder bestreiten dürfe.

Das neue Denken setzte sich erst langsam, etwa seit 1700 durch, zuerst in England, dann in Frankreich und schließlich auch in Deutschland. Man nennt diesen Vorgang »Aufklärung«, weil nunmehr die Klarheit des Verstandes gegen Aberglauben und ungeprüfte Überzeugungen streiten soll. Heutige Menschen mögen das für selbstverständlich halten, und doch mussten diese Selbstverständlichkeiten Schritt für Schritt, mit viel Mut und Ausdauer erstritten werden. Selbst heute stellen einige Menschen ja immer noch in Abrede, dass man Kinder nicht mit dem Stock erziehen soll; dass auch Verbrecher Menschen sind, deren Grundrechte niemand aufheben kann; dass jeder eine Würde hat, die keiner verspotten darf.

Der Kampf für diese Ziele wurde von Menschen geführt, die meist nicht gut auf die Kirche zu sprechen waren, denn viele Kirchenleute wehrten sich gegen die geforderten Freiheiten. Mehr als jeder andere bekämpfte der französische Philosoph *Voltaire* (1694–1778), der »Fürst der Aufklärung«, die Kirche. Er sah in ihr nur eine Bastion des Aberglaubens und der Intoleranz. »*Écrasez l'infame* – vernichtet die Schändliche!«, schrieb er unter alle seine Briefe. Er sagte aber auch: »Das Christentum wird vernünftiger werden, folglich weniger verfolgungssüchtig ... Eine neue Generation, die den Fanatismus verabscheut, ist im Werden.« In Deutschland vertrat *Gotthold Ephraim Lessing* (1729–1781) in seinem Aufklärungsstück »Nathan der Weise« die Ansicht, die wahre Religion sei nicht mehr zu erkennen. Allein die tätige Nächstenliebe erweise ihre Gültigkeit (vgl. S. 40).

Den Optimismus, dass die Menschen sich tatsächlich der Vernunft verschreiben würden, teilte Voltaire nicht: »Das Volk wird immer dumm und barbarisch sein. Es sind Ochsen, die ein Joch, einen Stachel und Heu brauchen.«

Das aufklärende Denken machte sich schließlich auch in der Kirche bemerkbar. Dabei verengte sich das Glaubensverständnis auf Argumente der Nützlichkeit. Nun predigte man »anlässlich« der Krippe über den Gewinn der Stallfütterung, beim Einzug Jesu in Jerusalem über die Bedenklichkeit der Holzvergeudung durch Abschneiden frischer Zweige, beim Ostergang der Frauen zum Grabe über die Vorteile des Frühaufstehens.

Für eine ungewöhnliche Herausforderung sorgte der Theologe *Hermann Samuel Reimarus* († 1768). Er wollte den Glauben allein auf die natürliche Vernunft gründen und nur das »Wunder der Schöpfung« anerkennen. Doch wagte er es nicht, seine Überzeugungen bei Lebzeiten unters Volk zu tragen. Als Lessing die Schriften des Reimarus nach dessen Tod kennenlernte, veröffentlichte er sie als »Fragmente eines Unbekannten«. Darin hieß es, die Jünger hätten die Auferstehung Jesu erlogen und selbst den Leichnam Jesu gestohlen, um aller Welt eine Mär zu verkünden, von der sie hinfort leben könnten. Lessing veröffentlichte diese Schrift, weil er hoffte, auf diesem Wege Verteidiger des Glaubens wachrütteln zu können. Die Entgegnungen blieben schwach, gaben aber letztlich den Anstoß zu einer nachhaltigen Leben-Jesu-Forschung.

Lessing, Gotthold Ephraim (1729–1781), deutscher Schriftsteller. Aufklärendes Denken, Erziehung zur Mündigkeit, Toleranz und kritische Bildung sind seine Leitideen. »Rettungen« von Häretikern und Minderheiten ziehen sich wie ein roter Faden durch L.s Bücher und Bühnenstücke.

Reimarus, Hermann Samuel (1694–1768), Gymnasialprofessor für orientalische Sprachen in Hamburg; Wegbereiter der wissenschaftlichen Bibelkritik. Seine Schriften waren nicht für eine Veröffentlichung vorgesehen. Reimarus wollte sie lediglich einem Freundeskreis, der sich regelmäßig bei ihm traf, zugänglich machen. Nach seinem Tod übergaben sein Sohn und seine älteste Tochter Teile einer früheren Fassung an Gotthold Ephraim Lessing, der die Texte veröffentlichte.

Die Französische Revolution

Ludwig XIV. (1638–1715)

Wir haben zuletzt von Frankreich gesprochen, als es um die Bartholomäusnacht ging. Später war noch von Kardinal Richelieu die Rede, der dafür gesorgt hatte, dass der Dreißigjährige Krieg nicht mit einem Sieg des katholischen Kaisers endete. Dieser Minister, der seinen König, Ludwig XIII., wie eine kostümierte Attrappe behandelte, organisierte alles – Staat, Kirche, Wirtschaft, Kunst – um einen einzigen leuchtenden Mittelpunkt und begründete damit den Absolutismus des »Sonnenkönigs«, Ludwigs XIV. Nach Richelieus Tod 1643 kam dieser vierzehnte Ludwig – erst fünf Jahre alt – zur Herrschaft. Er ist 1715 gestorben, hat also 72 Jahre lang regiert, ein bis heute ungebrochener Weltrekord. Nachdem sein Vormund, Kardinal Mazarin, gestorben war, beschloss Ludwig, selbst zu herrschen, und tatsächlich hat er die Macht mit niemandem mehr geteilt. Er hielt sich für den von Gott und der Vernunft eingesetzten irdischen Mittelpunkt, an dem sich alles zu orientieren habe. »Die königliche Macht ist ebenso unteilbar wie der Punkt in der Geometrie.«

Ludwig XIV. (1638–1715), Sohn Ludwigs XIII., zunächst unter Vorherrschaft seiner Mutter Anna von Österreich und des Kardinals Mazarin, der die Politik bis 1661 leitete. Seitdem regierte er allein, führte das französische Königtum auf den Gipfel der Macht und verkörperte zugleich den Höhepunkt des → Absolutismus. Durch Überspannung der finanziellen und militärischen Macht leitete er zugleich auch den Niedergang ein, der zuletzt in der Französischen Revolution mündete.

In der Regierungszeit Ludwigs XIV. wurde unablässig gebaut. Den Ruhm des Königs sollte die Größe seiner Bauwerke zeigen. In Versailles entstand ein Palast, wie ihn kein anderer Souverän Europas besaß. Unermesslich, von beispielloser Qualität, inmitten herrlicher Gärten, ein Lobpreis der Größe und Würde des Herrschers.

Doch bald überstiegen die Ausgaben die Einkünfte – trotz der hohen Steuern, mit denen vor allem die kleinen Leute geschunden wurden. Während man bei Hofe von Silber- und Goldgeschirr aß, lebten die Bauern von Abfällen. Hungersnöte kamen hinzu. Da der König neben seiner Baulust auch viele Kriege führte, die weiteres Geld verschlangen, war der anfängliche Aufschwung bald gebremst; von Jahrzehnt zu Jahrzehnt verarmte die Bevölkerung mehr. Viele wurden durch private Schulden zusätzlich gedrückt. Als der König 1685 das Edikt von Nantes widerrief, das den Hugenotten ihre religiösen Rechte garantiert hatte, gingen auch reiche Leute aus Frankreich fort. Sie nahmen ihr Kapital und ihre Fähigkeiten mit. Das wurde im Lande bald als unerträglich empfunden, denn inzwischen achtete man auf vernunftgemäßes Handeln und Respekt vor der menschlichen Überzeugung. Als Ludwig XIV. starb, jubelten nicht nur seine Feinde, sondern auch seine Untertanen. Eine Volksmenge verfolgte den Leichenzug mit Schimpfworten und Steinwürfen, in der Provinz hielt man Dankgottesdienste ab.

Absolutismus, absolute Monarchie, vorherrschende Regierungsform in Europa im 17. und 18. Jahrhundert. Der absolute Monarch galt als über den Gesetzen stehend. Er vereinigte alle Staatsgewalten in seiner Person: Gesetzgebung, Rechtsprechung, Verwaltung, militärische Gewalt. Die Formel »Der Staat bin ich« (L'état c'est moi) kennzeichnet das Selbstverständnis des absoluten Herrschers. Seine schärfste Ausprägung fand der A. unter → Ludwig XIV. Sein Hof in Versailles war das Vorbild für andere Fürstentümer Europas. In Frankreich machte die Französische Revolution dem A. ein Ende, im übrigen Europa die Revolutionen und Verfassungskämpfe des 19. Jahrhunderts; in Russland hielt sich der A. bis 1905.

Ludwig XV. (1710–1774) und Ludwig XVI. (1754–1793)

Die Ideen der Aufklärung, für die gerade französische Philosophen warben, verbreiteten sich in aller Welt. Nur die Nachfolger des Sonnenkönigs, Ludwig XV. und Ludwig XVI., taten, als berühre sie das alles nicht. Sie versuchten weiterhin, den Rahmen von Prunk und Pomp auszufüllen. Also gaben sie viel Geld aus für Schlösser und Parks, für Feste und eine große Dienerschaft. Woher das Geld kam, interessierte sie nicht. Ihre Finanzminister und Steuereintreiber erpressten das Volk immer weiter, während der Adel ein müßiges Leben führte und im Luxus schwelgte. Kaiser Josef II. schrieb damals aus Wien an seine Schwester Marie Antoinette, die Ludwig XVI. geheiratet hatte und den höfischen Prunk nun ebenfalls liebte: »So kann es auf die Dauer nicht fortgehen und die Revolution wird furchtbar sein, wenn du ihr nicht vorbeugst.«

1 Der Absolutismus des französischen Sonnenkönigs hat über ganz Europa ausgestrahlt. Gibt es in eurer Heimat Bauwerke, die den Glanz der Fürstenhöfe heute noch spiegeln?

2 Durch die Aufhebung des Edikts von Nantes wollte Ludwig XIV. den Hugenotten ihre Zukunft nehmen. Man holte ihre Kinder in Ordensschulen, um sie katholisch zu erziehen. Obwohl Auswandern bei Todesstrafe verboten war, flüchteten über 200 000 Hugenotten in protestantische Länder. Sie waren in Deutschland, z. B. in Preußen oder im hessischen Weserbergland, willkommen. Namen wie Gewissenruh, Gottsbüren, Gottstreu, die sie den neuen Siedlungen (an der Weser) gaben, erzählen noch heute von ihrem Glauben. Falls auch eure Heimat Erinnerungen an jene Zeit bewahrt, geht ihnen nach. – Erinnert euch an die Ballade von Conrad Ferdinand Meyer, »Die Füße im Feuer« (Religionsbuch 5/6, S. 136f.).

»Es steht zu hoffen, dass dieses Spiel bald zu Ende ist«, steht unter der Karikatur von 1789: Der leibeigene Bauer, tief gebeugt unter der Last des Adels und des Klerus, zählt nicht zur »Gesellschaft«, obwohl er sie trägt. Die Bauern waren zu Abgaben verpflichtet, die beiden oberen Stände blieben steuerfrei.

Die Ständeversammlung

Zunächst aber ging es noch ein paar Jahre auf dem Rücken des Volkes weiter. Als schließlich der Hof alles Geld vertan hatte und nichts mehr da war, wovon der tägliche Aufwand hätte bezahlt werden können, berief der König 1789 – nach mehr als 170 Jahren – erstmals wieder eine Versammlung der drei Stände ein, des Adels, des Klerus und der Bürgerschaft. Solange hatten die Könige allein (absolutistisch) herrschen können, ohne dass andere mitreden durften. Jetzt aber wollte Ludwig XVI. hören, wie er wieder zu Geld kommen könne. Doch für viele ging es um mehr als um Geld. Als die Sitzung begann, der König Platz genommen hatte und seinen Hut wieder aufsetzte, taten dies auch Adel und Geistlichkeit. Dann aber geschah das Unerhörte: Auch der Dritte Stand setzte die Kopfbedeckung auf, was Bürgern in Anwesenheit der höheren Stände untersagt war. Protestrufe verlangten: »Die Hüte runter!« Der König rettete die Lage, indem er seinen Hut wieder abnahm und damit alle zur gleichen Haltung zwang. Aber das Problem war nur verschoben, nicht gelöst.

Die Versammlung der Stände bei König Ludwig XVI.

In den Monaten nach Eröffnung der Ständeversammlung organisierte sich der Dritte Stand als Partei der Reformer. Am Beginn der neuen Ordnung, die man errichten wollte, sollte die Erklärung der Menschenrechte stehen, wie sie 1776 in den USA erfolgt war. Das schürte die alten Gegensätze zwischen den Geistlichen, dem Adel und dem Dritten Stand. Der Klerus erhob Einspruch gegen die Erklärungen zur Religionsfreiheit und Pressefreiheit. Zusammen mit dem Adel war sich der Dritte Stand einig, kirchlichen Besitz zu verstaatlichen. Die niedere Geistlichkeit wollte radikalere Reformen als die Bischöfe: Die Wahl von Bischöfen solle in Zukunft durch Volk und Klerus erfolgen; auch sei man bereit, über eine Neuverteilung des kirchlichen Besitzes zu sprechen. Ganz Radikale verlangten eine von Rom gelöste Kirche.

Dritter Stand (französisch *tiers état*), innerhalb der → Generalstände nach Adel und Geistlichkeit die Vertretung der Bürger (Städte) und Bauern. Am 17.6.1789 erklärte sich der D.S. zur Verfassung gebenden Nationalversammlung und leitete damit die Französische Revolution ein.

Generalstände (französisch *États généraux*), in Frankreich seit 1302 die Versammlung der Abgeordneten der drei Stände (Adel, Klerus sowie Bürger und Bauern) aller Provinzen. Die G. wurden von 1614 bis 1789 nicht mehr einberufen.

Die königliche Regierung trat vor die »Generalstände« ohne eigenes Programm. Auch die Beratungen der Stände machten nur Gegensätze deutlich. Schließlich erhob sich der Dritte Stand und beantragte durch den Abbé *Sieyès*, um die ergebnislosen Verhandlungen zu beenden, Konsequenzen aus dessen Denkschrift zu ziehen. Darin hatte er geschrieben:

Wir legen uns nur drei Fragen vor: 1. Was ist der Dritte Stand? Alles! 2. Was ist er bis jetzt in der politischen Ordnung gewesen? Nichts! 3. Was verlangt er? Etwas darin zu werden! Der Dritte Stand ist eine vollständige Nation. Der Dritte Stand umfasst alles, was zur Nation gehört. Alles, was nicht der Dritte Stand ist, kann sich nicht als ein Bestandteil der Nation ansehen.

So erklärte man den Dritten Stand, zusammen mit seinen Parteigängern aus Klerus und Adel, zum alleinigen Vertreter der Nation. Daraufhin konstituierte sich die Ständeversammlung zur *Assemblée nationale*, zur Nationalversammlung. Als in den weiteren Auseinandersetzungen der König den Sitzungssaal verschließen ließ und damit den Dritten Stand aussperrte, zog dieser in das benachbarte Ballhaus, eine Art Sporthalle, um. Hier vereinigte sich die Mehrheit der Geistlichen und sogar ein Teil des Adels mit den Abgeordneten des Dritten Standes. Schließlich kam der König am 23. Juni 1789 wieder zu einer gemeinsamen Sitzung der Stände und erklärte, dass er die Konstituierung des Dritten Standes als Nationalversammlung verwerfe. Als er danach den Saal verließ, blieben die Abgeordneten des Dritten Standes und viele einfache Geistliche schweigend sitzen. Daraufhin forderte der Zeremonienmeister dazu auf, den Saal zu verlassen. Graf *Mirabeau*, der sich dem Dritten Stand angeschlossen hatte, entgegnete: »Gehen Sie und sagen Sie Ihrem Herrn, wir sind hier durch die Macht des Volkes versammelt, und die wird man uns nicht entreißen, außer durch die Macht der Bajonette.«

Von nun an vertrat die Nationalversammlung die gesamte Nation gegenüber dem König. Der allerdings verstand nicht die Zeichen der Zeit. Obwohl es einsichtige Minister zur Verzweiflung trieb, ging er in diesen Tagen zur Jagd. Er vermochte nicht wahrzunehmen, dass sein eigenes Schicksal auf dem Spiel stand.

Jacques-Louis David (1748–1825), Der Ballhausschwur, 1790/91.
König Ludwig XVI. hatte die Vertreter des Dritten Standes aus dem Sitzungssaal der Generalstände ausgeschlossen. Daraufhin zog der Dritte Stand mit seinen Sympathisanten aus den oberen Ständen in den Ballhaussaal und erklärte, der Dritte Stand umfasse alles, was zur Bildung einer Nation nötig sei. Alle ergriff eine tiefe innere Bewegung und man legte den Eid ab, nicht wieder auseinander zu gehen, »bis die (neue) Verfassung des Königreiches geschaffen und auf feste Grundlagen gestellt worden ist«.

Die Radikalisierung der Revolution

In der Bevölkerung von Paris stieg die Erregung von Tag zu Tag. Wie es in solchen Zeiten geht, mischten sich unter die empörten und aufständischen Arbeiter, Studenten, Kaufleute und Handwerker auch gewalttätige Menschen. Ein Haufen lärmender Leute bewaffnete sich, ohne Widerstand zu finden, im Zeugamt des Heeres und zog zur Bastille, einem alten, nur mit sieben Strafgefangenen besetzten Gefängnis in der Stadt. Hier ermordeten sie den Kommandanten und einen Teil der Besatzung. Das war am 14. Juli 1789. Dieser »Sturm auf die Bastille« wurde in der Folge zu einem einschneidenden Ereignis verklärt, was sicherlich auf die hohe Symbolwirkung eines Sieges über die totalitäre Staatsführung zurückzuführen ist. Nun begannen chaotische Wirren: die Jahrhunderte alte Ordnung zerbrach. Schlösser, Kirchen und Klöster wurden niedergebrannt. Im August lautete ein Bericht an die Nationalversammlung:

Eine Karikatur auf die Erhebung des Dritten Standes: Der Adelige und der Geistliche sind entsetzt, dass der Bürger am Boden seine Ketten sprengt und zu den Waffen greift.

Die Steuern, die Feudalabgaben, alles ist dahin; die Gesetze werden nicht befolgt, die Stadtverwaltungen sind ohne Autorität, das Recht ist nur noch ein Phantom; man sucht es vergeblich bei den Gerichten.

Viele Adlige erkannten die Situation. Sie verzichteten auf ihre bisherigen Privilegien. Jeder sollte in Zukunft gleiche Pflichten und gleiche Rechte im Staate haben.
Der König lehnte die Verzichtserklärung des Adels strikt ab. Den folgenden Entwicklungen sah er nur noch ohnmächtig zu. Am 26. November verabschiedete die Nationalversammlung die »Erklärung der Menschen- und Bürgerrechte«. Gegenüber der amerikanischen Erklärung der Menschenrechte fiel die französische Fassung aggressiver aus: revolutionär. Die Parolen von »Freiheit, Gleichheit, Brüder-

1 Darf man davon ausgehen, dass die Geistlichkeit insgesamt unter absolutistischen Herrschern mit der Situation ihrer Kirche zufrieden war? Nehmt zur Beantwortung dieser Frage das Kapitel über Vinzenz von Paul hinzu (vgl. S. 58 ff.). Beachtet auch das Verhalten des Klerus während der ersten Phase der Revolution im Jahre 1789.

2 Die Menschenrechte der Religions- und Pressefreiheit wurden von der Kirche abgelehnt. Aus welchen Gründen? Spielt auch das Verhältnis der Kirche zur Aufklärung eine Rolle? Was sagt die heutige Kirche zu diesen Rechten?

Ein schwarzer Sklave aus den französischen Kolonien fordert die Einlösung der feierlich erklärten Menschenrechte: dass alle Menschen von Geburt frei und rechtsgleich sind.

lichkeit« setzten ganz neue Kräfte frei. Für manche Abgeordnete war es jedoch tief enttäuschend, dass unter den Menschen- und Bürgerrechten die Freiheit des religiösen Kults keine Aufnahme fand. Nach heftigen Debatten wurde zwar die Glaubensfreiheit bestätigt, der Ausübung des Glaubens aber kein Recht verbrieft.

Der finanzielle Staatsnotstand von 1789 sollte mit der Einziehung der Kirchengüter behoben werden. Dazu kam eine Aufhebung der Klöster, mit Ausnahme jener Häuser in sozialen Diensten. Die »Zivilverfassung des Klerus« vom Juli 1790 beschloss die Zusammenlegung von Bistümern und die Wahl der Bischöfe und Pfarrer durch die bürgerlichen Gemeinden. Das weckte den Widerspruch des Papstes, wenngleich erst nach acht Monaten. Bis dahin hatte sich schon mehr als die Hälfte der Pfarrer – bei nur sieben Bischöfen – dieser Regelung angeschlossen und den Eid auf die Verfassung geleistet. Weil der Papst aber auch die Freiheitsidee der Revolution und die Menschen- und Bürgerrechte ablehnte, kam es zu einem unüberwindbaren Gegensatz und zur Spaltung. Nun gab es in Frankreich zwei Kirchen: die Kirche, die den Eid geleistet hatte, und die eidverweigernde Kirche.

Im Oktober 1791 trat die Gesetzgebende Versammlung zusammen. Die neuen Abgeordneten waren radikaler und deutlich kirchenfeindlicher. Als im April 1792 das revolutionäre Frankreich auf der einen und Preußen und Österreich auf der anderen Seite gegeneinander Krieg führten, unterstützte der Papst Preußen und Österreich. Das ließ die Eidverweigerer nun als Vaterlandsfeinde erscheinen. Sie wurden zu öffentlichen Feinden erklärt und aus ihren Gemeinden vertrieben.

Dreißig- bis vierzigtausend Priester emigrierten. Die Bevölkerung spaltete sich. Die radikalen Reformer drängten immer mehr in den Vordergrund. Die Atmosphäre vergiftete sich.

Die folgenden Ereignisse lassen sich nur noch in Stichworten nennen: Im August 1792 wurde die königliche Familie gefangen gesetzt. Daneben gab es Massenverhaftungen. Jene Abgeordneten des Dritten Standes, die sich zur internen Beratung im Kloster St. Jakob trafen und darum Jakobiner hießen, bekamen als radikalste Gruppe wachsenden Einfluss. Im September begann ein Morden; in Paris wurden weit über tausend Gefangene getötet, darunter 300 eidverweigernde Priester und drei Bischöfe. Man erklärte das Königtum für abgeschafft; Ludwig XVI. wurde durch das Fallbeil hingerichtet; seine Frau Marie Antoinette folgte ihm Monate später aufs Schafott.

Guillotine, Hinrichtungsmaschine, Fallbeil, nach dem französischen Arzt Joseph Ignace Guillotin (1738–1814) benannt. Er war Abgeordneter des Dritten Standes und überzeugte seine Parlamentskollegen von der Nützlichkeit der »Enthauptungsmaschine«, die dazu bestimmt sei, die Leiden der Verurteilten zu verkürzen. Seine Verzweiflung war aber groß, als er sah, welch maßloser Gebrauch von ihr gemacht wurde.

Hinrichtung Ludwigs XVI. – zeitgenössische Darstellung. Er wurde 1792 abgesetzt und am 17. Januar 1793 mit einer Stimme Mehrheit im Konvent zum Tod verurteilt und am 21. Januar auf der Guillotine hingerichtet. Das Königtum verstand sich als »von Gottes Gnaden« eingesetzt, die Herrschaft Gottes auf Erden zu verkörpern. Mit der Hinrichtung Ludwigs XVI. brach diese Geschichtsepoche zusammen. Der Riss zwischen alter und neuer Ordnung war nicht mehr zu kitten.

Im November 1793 wurde die auf den Staat verpflichtete Kirche aufgelöst. Jene Geistlichen, die noch Mitglieder der Nationalversammlung waren, legten – mit einer Ausnahme – als Zeichen ihrer Amtsaufgabe die Standeskleidung ab, als erster der Erzbischof von Paris.

Mademoiselle Aubry als Göttin der Vernunft in Notre-Dame – zeitgenössische Darstellung.

In der Kathedrale »Notre-Dame« inthronisierte man feierlich die »Göttin der Vernunft«. Im ganzen Land rührten sich fortan antichristliche Aktionen. Der gregorianische Kalender wurde abgeschafft: ein Versuch, sogar die Erinnerung an die christliche Tradition zu löschen. Auch der Sonntag entfiel, die Dekade (Zehn-Tage-Woche) sollte die Sieben-Tage-Woche ablösen. Kirchen wurden versteigert, Kolonnen von gefangenen Priestern zu den Häfen geführt, vom Pöbel verhöhnt. Die meisten hielt man dort fest; einige hundert verfrachtete man auf die Strafgefangeneninsel Cayenne. Zwar folgte im Dezember ein Toleranzedikt, doch ging die gewaltsame Entchristlichung weiter. Im Frühjahr 1794 fanden nur noch in etwa 150 Kirchen Frankreichs Gottesdienste statt. Schon vorher waren in Paris die Kirchen geschlossen und ausgeplündert worden. Seitdem gab es Messfeiern allein in Verstecken und unter Todesgefahr. Hass gegen die Kirche wurde zur Grundstimmung des öffentlichen Lebens. Um dem Fallbeil zu entgehen, schlossen 1750 Geistliche eine Ehe, die ihren Abfall verdeutlichen sollte. Von 83 Bischöfen distanzierten sich 23 öffentlich von der Kirche, 9 heirateten, 24 traten zurück, 8 wurden hingerichtet. Die Trennung von Kirche und Staat datiert vom 21. Februar 1795; danach gab es mehrfach Bemühungen, die Trennung zu mildern. Erst 1905 erfolgte die endgültige Trennnung von Kirche und Staat in Frankreich.

Gräuel in einem Karmeliterkloster – spätere Darstellung.

Mit der Parole »Freiheit, Gleichheit, Brüderlichkeit!« stürmten die Jakobiner durch Straßen und Häuser. Sie bekämpften nicht nur die Adeligen, sondern jeden, der anderer Meinung war als sie. Da war es mit der Brüderlichkeit nicht weit her.
Die Kette des Terrors im Namen politischer Ziele reicht bis in die Gegenwart. Ist es berechtigt, die »glorreiche Revolution« zu feiern, die Opfer mörderischer Gewalt aber zu vergessen? Wie gehen wir mit der Schuld der Geschichte um?

Terroropfer nach der Hinrichtung – zeitgenössische Darstellung.

Was Heinrich IV. für die Hugenottengräuel bestimmte, nahm man auch für die Französische Revolution, die Ausrottung der Indianer, für den Genozid an den Armeniern, den stalinistischen Gulag, für Massenmorde an den Juden, die Massaker an den Kurden … in Anspruch: »Die Erinnerung an alle Dinge, die seit März 1585 geschehen sind, sei gelöscht; weder Staatsanwälten noch anderen öffentlichen oder privaten Personen sei es erlaubt, zu irgendeiner Zeit ihrer Erwähnung zu tun, sie zu verfolgen oder in einem Prozess zu verhandeln … Zugleich verbieten wir unseren Untertanen, die Erinnerung daran zu erneuern …, aus welchem Grunde auch immer darüber zu disputieren.« – Dagegen setzt der französische Politologe Alfred Grosser: »Von uns, von euch wird verlangt, die Erinnerung zu bewahren, aufzufrischen und zu verbreiten.«

Wirkungen und Folgen

Mit der Französischen Revolution ging die enge Bindung, wie sie seit Kaiser Konstantin zwischen Staat und Kirche bestand, ihrem Ende entgegen. Von jetzt an war die Kirche dem Staat nicht mehr nebengeordnet. Mit ihrem Besitz an Boden und Geld verlor sie auch die politische Macht. Der Geist der Aufklärung verschärfte das kritische Denken. Seit der Reformation und dem Aufkommen der Naturwissenschaften wurden der Kirche bereits mehr Fragen gestellt, als sie beantworten konnte. Nun boten die neuen bürgerlichen Freiheiten dem einzelnen Menschen Recht und Ermutigung, wenn er Wege ging, die in der Vergangenheit ein Ketzerverfahren ausgelöst hätten. Die kritische und oft auch feindliche Haltung, der die Kirche seitdem begegnete, führte dazu, dass sie sich gegen neue geistige Herausforderungen abschirmte. Das brachte Verengungen mit sich: im Verhältnis zur Gesellschaft, zu Naturwissenschaft, Philosophie, Literatur und Kunst.

Vorbei war es auch mit dem Anrecht des Adels auf Bischofsstühle. Die alten Privilegien entfielen und lockten keine Unberufenen mehr. Nachdem die Bischöfe keine Staatsämter mehr bekleideten, orientierten sie sich nun stärker nach Rom. Das brachte dem Papsttum mehr Bedeutung und Einfluss. Der Abschied von der mittelalterlichen Ordnung wurde zur Voraussetzung eines neuen Aufbaus.

Während der Religionskriege war persönliche Glaubensfreiheit undenkbar. Der Staat setzte seine eigenen Religionsinteressen höher als die Glaubensüberzeugung des Einzelnen. Die modernen Staaten, die nach 1776 und 1789 in allen Ländern der christlichen Welt entstanden sind, haben die Freiheit der Kirche sicherer geschützt, als eine absolutistische Herrschaft dies tat. Die zerstörende Arbeit der Französischen Revolution war auch die Bedingung für ein neues Selbstverständnis der Kirche, die sich nun nicht mehr vom Staat abhängig machte.

1 Wie seht ihr im späteren Verlauf der Französischen Revolution die Parolen »Freiheit, Gleichheit, Brüderlichkeit« beachtet?

2 Fand mit der Französischen Revolution die durch Kaiser Konstantin eingeleitete enge Verbindung von Staat und Kirche ihr Ende? Wie lautet die Antwort für die USA, für Frankreich und Deutschland?

3 Jedes Ende trägt einen neuen Anfang in sich. Welche Chancen hat die Französische Revolution den christlichen Kirchen gebracht?

Die Abschaffung Gottes

Hans Erni (geb. 1909), Pontius Pilatus, 1975.

Das breite Wolkenband teilt das Gemälde in zwei Hälften. Unterhalb des Wolkenschleiers die kirchen- und turmreiche Stadt Luzern. Die Nachtruhe lässt keinerlei Leben erkennen. Man könnte friedlichen Schlaf vermuten, schwebte nicht dieser riesige Totenschädel über den Dächern.

Der Maler Hans Erni verbindet »die konfessionelle Enge von Stadt und Schule des katholischen Luzern« mit seinem Bild, ohne diese Erfahrung in Worten näher auszuführen. Seine Ausführung ist das Bild. Als Bild gewinnt es zugleich eine Bedeutung, die nicht an Luzern gebunden bleibt, so unverkennbar diese Stadt hier gemeint ist. Ebenso ließen sich damit Zeugnisse anderer Menschen verbinden: das einer Beauvoir aus Paris, eines James Joyce aus Dublin, eines Heinrich Böll aus Köln …

Kann man das Einmaleins abschaffen? Natürlich nicht. Man kann es vergessen, nicht mehr lehren, notwendige Kenntnisse durch Taschenrechner umgehen, aber das Einmaleins bleibt gültig.
Kann man Jesus abschaffen? Natürlich nicht. Was je in die Geschichte eintrat, gehört zur Wahrheit der Welt. Man kann Jesus vergessen, verdrängen, kann sagen, er störe, man brauche ihn nicht, finde ihn ärgerlich, aber man kann nicht sagen, es habe ihn nie gegeben.
Kann man Gott abschaffen? Natürlich nicht … oder doch? Das Wort Gott bezeichnet nichts, was ebenso vorhanden wäre wie Sachen, Naturgesetze oder Menschen. »Gott« meint kein Etwas:

- »Einen Gott, den ›es gibt‹, gibt es nicht.«
- »Einen Gott, den wir uns vor-stellen können, können wir auch wieder weg-stellen.«

Solche Sätze verwirren, denn gewöhnlich sprechen Menschen anders: »Ob es Gott gibt?« – »Ich glaube nicht, dass es ihn gibt.« – »Es kann Gott nicht geben; gäbe es ihn, dürfte die Welt nicht so fürchterlich sein.«
Nicht wenige Menschen haben den Glauben an Gott aufgegeben. Hier sind Stimmen von solchen, die in ihrer Kindheit christlich geprägt waren:

Seither, als abgefallene Katholikin, quäle ich mich nicht mehr mit der Möglichkeit, dass Gott schließlich doch existieren könnte. Falls es ihn gibt (was mir höchst zweifelhaft erscheint), werde ich in der anderen Welt nichts zu lachen haben. Aber auf einen Gottesglaubenhandel, um damit meine Seele zu retten, will ich mich nicht einlassen.
Mary McCarthy, amerikanische Schriftstellerin

Gott wurde eine abstrakte Vorstellung irgendwo im Himmel. Eines Tages habe ich sie weggewischt. Ich habe Gott nie vermisst. Er stahl mir die Erde ... Ich habe an Gott zu glauben aufgehört, als ich die Versuchung der Sinnlichkeit entdeckte.
Simone de Beauvoir, französische Schriftstellerin

Ich gelangte zum Unglauben nicht durch den Konflikt der Dogmen, sondern durch die Gleichgültigkeit meiner Großeltern. Trotzdem war ich religiös: ich kniete jeden Tag mit gefalteten Händen auf dem Bett und sprach mein Gebet, dachte aber immer seltener an den lieben Gott ... Einige Jahre verkehrte ich dann noch offiziell mit dem Allmächtigen, auf den privaten Umgang mit ihm hatte ich verzichtet. Ein einziges Mal hatte ich das Gefühl, es gäbe Ihn. Ich hatte mit Streichhölzern gespielt und den Teppich versengt, ich war im Begriff, meine Untat zu vertuschen, als plötzlich Gott mich sah. Ich fühlte Seinen Blick im Innern meines Kopfes und auf meinen Händen; ich drehte mich im Badezimmer bald hierhin, bald dorthin, grauenhaft sichtbar, eine lebende Zielscheibe. Mich rettete meine Wut: ich wurde furchtbar böse wegen dieser dreisten Taktlosigkeit, ich fluchte, ich gebrauchte alle Flüche meines Großvaters. Gott sah mich seitdem nie wieder an ... *Jean-Paul Sartre, französischer Philosoph*

1 Schaut euch die Äußerungen genau an. Welches Gottesbild scheint bei Mary McCarthy durch? Was haltet ihr von ihrer Bemerkung: »Falls es ihn gibt, werde ich in der anderen Welt nichts zu lachen haben«?

2 Wie erklärt Sartre seinen Atheismus? Beachtet in eurer Analyse auch folgende Auskunft: »Ich erkannte in dem gesellschaftsfähigen Gott, den man mir beibrachte, nicht denjenigen, den meine Seele erwartete. Ich brauchte einen Weltschöpfer; man gab mir einen obersten Chef ... «

3 Camus setzte über eines seiner Werke das Motto: »Wenn wirklich das Nichts uns erwartet, wollen wir das Unsere tun, damit es als Ungerechtigkeit erscheint«. Sein Biograph ergänzt: »Camus' ganzes Leben könnte antworten: Wenn Gott nicht existiert, wollen wir das Unsere tun, damit es als Ungerechtigkeit erscheint.« Wie bewertet ihr diese Position gegenüber den voranstehenden?

Das Heil der Menschen ist ein zu großes Wort für mich. Ich gehe nicht so weit. Mich geht ihre Gesundheit an, zuallererst ihre Gesundheit ... Da die Weltordnung durch den Tod bestimmt wird, ist es vielleicht besser für Gott, wenn man nicht an ihn glaubt und dafür mit aller Kraft gegen den Tod ankämpft, ohne die Augen zu dem Himmel zu erheben, wo er schweigt. ... Ich glaube nicht an Gott, das ist wahr, aber ich bin ebenso wenig Atheist.
Albert Camus, französischer Dichter

René Magritte (1898–1967), Die Liebenden, 1928.

Allein die wenigen Stimmen, die hier Platz finden, zeigen, dass die Bestreitung Gottes unterschiedliche Ursachen hat. »Atheist« ist kein eindeutiges Wort.

Die Ringparabel

Es kam zum Sterben
und der gute Vater
Kömmt in Verlegenheit.
Es schmerzt ihn, zwei
von seinen Söhnen,
die sich auf sein Wort
verlassen, so zu kränken.
– Was zu tun? –
Er sendet in geheim
zu einem Künstler,
bei dem er,
nach dem Muster seines Ringes,
zwei andere bestellt und
weder Kosten noch Mühe
sparen heißt, sie jenem gleich,
vollkommen gleich zu machen.

Als die drei Söhne nach Vaters Tod sich streiten, wessen Ring der einzig echte sei, und vor Gericht erscheinen, antwortet ihnen der Richter:

Möglich; dass der Vater nun
die Tyrannei des einen Rings
nicht länger in seinem Hause
dulden wollen! – Und gewiss;
dass er euch alle drei geliebt …
Wohlan! Es strebe jeder von euch
um die Wette,
die Kraft des Steins in seinem Ring'
an Tag zu legen!
Und wenn sich dann
der Steine Kräfte bei euern
Kindes-Kindeskindern äußern:
So lad ich über tausend tausend Jahre
Sie wiederum vor diesen Stuhl …

Gotthold Ephraim Lessing

Aufklärung und Atheismus

Als radikale Verneinung der Existenz Gottes ist der Atheismus erst eine Möglichkeit der Neuzeit. In der Antike war der Atheismus – wenn es denn Atheismus war – die Sache Einzelner, jetzt gewinnt er breitere Basis: Das naturwissenschaftliche Denken löst sich schrittweise vom christlichen Glauben (vgl. Religionsbuch 7/8, S. 164–166) und besinnt sich auf eigene Gesetze. Die Wissenschaft braucht »die Arbeitshypothese Gott« nicht – so der Astronom *Laplace* zu *Napoleon* –, da sie nur Sachstrukturen untersucht. Schließlich lautet die Folgerung: Da die Wissenschaft Gott nicht feststellen kann, außerdem auch ohne ihn auskommt, existiert er nicht.
Weitere Einflüsse kamen hinzu: Die Reformation spaltete das Christentum und machte den Glauben strittig. Die anschließenden Religionskriege weckten den Toleranzgedanken, der schließlich zur politischen Notwendigkeit wurde. Auf diesem Hintergrund schrieb *Gotthold Ephraim Lessing* seine »Ringparabel«. Mit dieser Parabel wurde die Frage nach der Wahrheit des Glaubens gegen die Forderung nach einem guten Leben eingetauscht. Doch blieb es nicht beim Toleranzgedanken. Im 17. und 18. Jahrhundert vermengte sich der christliche Glaube immer wieder mit den drückenden Ansprüchen absolutistischer Fürsten. Als Herrscher »von Gottes Gnaden« führten sie auf Kosten des Volkes ihr rauschendes Leben (vgl. S. 30 f.) und belasteten damit den Gottesglauben. Schließlich entluden sich Empörung und Wut in der Französischen Revolution: Die »Religion der Vernunft« sollte das Christentum ablösen.
Wie sehr jetzt ein selbstbewusstes, kritisches Denken mit dem alten Gottesbild ins Gericht geht, zeigt das »Gebet« des atheistischen Barons *Holbach* († 1789 in Paris):

Konnte ich deiner Gerechtigkeit huldigen, da ich das Verbrechen so oft siegen sah? Wenn du deine Geschöpfe liebst, ich liebe sie wie du, ich habe mich bemüht, sie in meiner Umwelt glücklich zu machen … Habe ich schlecht von dir gedacht, so geschah es, weil mein Verstand dich nicht begreifen konnte; habe ich schlecht von dir gesprochen, so geschah es, weil mein allzu menschliches Herz sich gegen das abscheuliche Bild empörte, das man von dir machte. Wolltest du mich hart und ewig strafen, weil ich auf die Vernunft hörte, die dein Geschenk ist,… du wärest kein Gott, sondern ein boshafter Dämon; aber dann wäre ich stolz darauf, dein unerträgliches Joch abgeworfen zu haben.

Tatsächlich hat der Baron Holbach den Gott, den er hier anspricht, nicht für existent gehalten. Welche Wirkung ein solcher Atheismus ausüben konnte, zeigt der Text des fränkischen Dichters Jean Paul, der kurz nach der Französischen Revolution einen »Traum« beschrieb:

George Grosz (1893–1959), Sonnenfinsternis, 1926.
Am Kabinettstisch thront ein Feldmarschall, den der blutige Säbel und das Kreuz in Schwarzweißrot kennzeichnen. Er empfängt seine Weisungen von einem Vertreter der Rüstungsindustrie. Mit ihm am Tisch der Ministerrat, kopflose Befehlsempfänger des Kapitals. Der Pappesel mit Scheuklappen vertritt das Volk: Blindgläubig frisst es die lügnerischen Papiere der Presse in sich hinein. Das Dollarzeichen verdunkelt die Sonne, stellt aber klar, welche Gottheit hier herrscht. Im Hintergrund die Ödnis der Fabriken und Kasernen. Unter dem Tisch nehmen Gefangenschaft und Tod das Resultat der wahnwitzigen Sitzung vorweg. – Erklärt den Titel des Bildes.

Rede des toten Christus vom Weltgebäude herab, dass kein Gott sei

Oben am Kirchengewölbe stand das Zifferblatt der Ewigkeit, auf dem keine Zahl erschien; nur ein schwarzer Finger zeigte darauf, und die Toten wollten die Zeit darauf sehen. Jetzo sank eine hohe edle Gestalt mit einem unvergänglichen Schmerz aus der Höhe auf den Altar hernieder und alle Toten riefen:
»Christus! ist kein Gott?«
Er antwortete: »Es ist keiner.«
Der ganze Schatten jedes Toten erbebte, nicht bloß die Brust allein, und einer um den anderen wurde durch das Zittern zertrennt.
Christus fuhr fort: »Ich ging durch die Welten, ich stieg in die Sonnen und flog mit den Milchstraßen durch die Wüsten des Himmels; aber es ist kein Gott. Ich stieg herab, so weit das Sein seine Schatten wirft, und schaute in den Abgrund und rief: Vater, wo bist du? Aber ich hörte nur den ewigen Sturm, den niemand regiert, und der schimmernde Regenbogen aus Westen stand ohne Sonne, die ihn schuf, über dem Abgrunde und tropfte hinunter. Und als ich aufblickte zur unermesslichen Welt nach dem göttlichen Auge, starrte sie mich mit einer leeren, bodenlosen Augenhöhle an; und die Ewigkeit lag auf dem Chaos und zernagte es und wiederkäuete sich. – Schreiet fort, Misstöne, zerschreiet die Schatten; denn Er ist nicht!«
... Und alles wurde eng, düster, bang – und ein unermesslich ausgedehnter Glockenhammer sollte die letzte Stunde der Zeit schlagen und das Weltgebäude zersplittern ... als ich erwachte.
Meine Seele weinte vor Freude, dass sie wieder Gott anbeten konnte – und die Freude und das Weinen und der Glaube an ihn waren das Gebet.

Die eingangs zitierten Stimmen sagen, dass sie Gott nicht vermissen, weil er sie belästigend beobachte, ihnen die Erde stehle, die Krankheit zulasse ... Im obigen Text von Jean Paul aber heißt es: »Meine Seele weinte vor Freude, dass sie wieder Gott anbeten konnte«. Wie erklärt ihr euch solche Gegensätze?

Die Fragen, die der frühe Atheismus aufgeworfen hat, sind immer noch Fragen. Auch gläubige Menschen stellen sie. »Glauben« heißt hier, die Wucht der Fragen aushalten, ihre Last nicht abschütteln, tiefer nachdenken, Vertrauen mit Geduld verbinden, mit Hoffnung unterwegs bleiben.

»Gott ist tot und wir haben ihn getötet!«

Friedrich Nietzsche

Nach 1850 schien der Sieg des Atheismus endgültig. Als dann noch *Charles Darwin* in seinem Buch über die »Entstehung der Arten« (1859) »Schöpfung« gegen »Entwicklung« austauschte, glaubten viele, damit sei das Ende des biblischen Weltbildes gekommen. An Darwins Grab verkündete der Biologe *Erich Haeckel* den Atheismus als Ergebnis der Wissenschaft. Diesem selbstsicheren Atheismus »der Herrn Naturforscher«, diesem schlechten »Spaß«, dem »die Leidenschaft, das Leiden an den Dingen fehlt«, hat dann aber der deutsche Philosoph *Friedrich Nietzsche* (1844–1900) die Augen zu öffnen versucht. Er deutete den »Tod Gottes« in seinen Folgen. Die Menschen hätten noch gar nicht begriffen, welch neue Zeit mit dem Atheismus

gekommen sei. Dieses »größte neuere Ereignis« sei erst »unterwegs« zu den Menschen; noch würden sie nicht erkennen, »was eigentlich sich damit begeben hat«. Einsam sah er über den Fortschrittswahn seiner Zeit hinaus und verkündete »die lange Folge von Zerstörung, Untergang, Umsturz, die nun bevorsteht, die ungeheure Logik von Schrecken, welche Europa alsbald einwickeln muss«:

Habt ihr nicht von jenem tollen Menschen gehört, der am hellen Vormittag eine Laterne anzündete, auf den Markt lief und unaufhörlich schrie: Ich suche Gott! Ich suche Gott! – Da dort gerade viele von denen zusammenstanden, welche nicht an Gott glaubten, so erregte er ein großes Gelächter. Ist er denn verloren gegangen?, sagte der eine. Hat er sich verlaufen wie ein Kind?, sagte der andere. Oder hält er sich versteckt? Fürchtet er sich vor uns? Ist er zu Schiff gegangen, ausgewandert? – so schrien und lachten sie durcheinander. Der tolle Mensch sprang mitten unter sie und durchbohrte sie mit seinen Blicken. »Wohin ist Gott?«, rief er, »ich will es euch sagen! *Wir haben ihn getötet* – ihr und ich. Wir alle sind seine Mörder! Aber

Marc Chagall (1887–1985), Der Engelsturz, 1923–1933–1947.
Eine Katastrophe in Gestalt des Schreckenengels bricht über die Welt herein. Sie lässt die stumpf lebenden Menschen jeden Halt verlieren und mit in die Tiefe stürzen. Im Gegensatz dazu hütet der Jude in allem, was geschieht, die Tora; er bringt sie aus dem Absturzbereich des Engels und entgeht damit dem Verderben. Der hinter dem Dorf bereits gerötete Himmel und die über das Dorf fallende Schwinge des Engels zeigen Feuersbrunst und einen Untergang an, der total sein kann. Dennoch wankt die Frau, die ihr Kind an sich drückt, nicht vor der herabreißenden Macht des stürzenden Engels. Sie steht in sich selbst, während der Gekreuzigte in sich alles Leid zusammenfasst, das dem jüdischen Volk widerfährt.

Francisco de Goya (1746–1828), »Du wirst ihn nicht finden«, um 1803–1824.

wie haben wir dies gemacht? Wie vermochten wir das Meer auszutrinken? Wer gab uns einen Schwamm, um den ganzen Horizont wegzuwischen? Was taten wir, als wir diese Erde von ihrer Sonne losketteten? Wohin bewegt sie sich nun? Wohin bewegen wir uns? Fort von allen Sonnen? Stürzen wir nicht fortwährend? Und rückwärts, seitwärts, vorwärts, nach allen Seiten? Gibt es noch ein Oben und ein Unten? Irren wir nicht durch ein unendliches Nichts? Haucht uns nicht der leere Raum an? Ist es nicht kälter geworden? Kommt nicht immerfort die Nacht und mehr Nacht? Müssen nicht Laternen am Vormittag angezündet werden? Hören wir noch nichts von dem Lärm der Totengräber, welche Gott begraben? Riechen wir noch nichts von der göttlichen Verwesung? – Auch Götter verwesen! Gott ist tot! Gott bleibt tot! Und wir haben ihn getötet! Wie trösten wir uns, die Mörder aller Mörder? Das Heiligste und Mächtigste, was die Welt bisher besaß, es ist unter unseren Messern verblutet – wer wischt dieses Blut von uns ab? Mit welchem Wasser könnten wir uns reinigen? Welche Sühnefeiern, welche heiligen Spiele werden wir erfinden müssen? Ist nicht die Größe dieser Tat zu groß für uns? Müssen wir nicht selber zu Göttern werden, um nur ihrer würdig zu erscheinen? Es gab nie eine größere Tat – und wer nur immer nach uns geboren wird, gehört um dieser Tat willen in eine höhere Geschichte, als alle Geschichte bisher war!« – Hier schwieg der tolle Mensch und sah wieder seine Zuhörer an: auch sie schwiegen und blickten befremdet auf ihn. Endlich warf er seine Laterne auf den Boden, dass sie in Stücke sprang und erlosch. »Ich komme zu früh«, sagte er dann, »ich bin noch nicht an der Zeit. Dies ungeheuere Ereignis ist noch unterwegs und wandert – es ist noch nicht bis zu den Ohren der Menschen gedrungen. Blitz und Donner brauchen Zeit, das Licht der Gestirne braucht Zeit, Taten brauchen Zeit, auch nachdem sie getan, um gesehen und gehört zu werden. Diese Tat ist ihnen immer noch ferner als die fernsten Gestirne – *und doch haben sie dieselbe getan!*« – Man erzählt noch, dass der tolle Mensch desselbigen Tages in verschiedene Kirchen eingedrungen sei und darin sein Requiem aeternam deo angestimmt habe. Hinausgeführt und zur Ruhe gesetzt, habe er immer nur dies entgegnet: »Was sind denn diese Kirchen noch, wenn sie nicht die Grüfte und Grabmäler Gottes sind?«

Die Parabel vom tollen Menschen, der den Tod Gottes verkündet, verdient aufmerksame Leser:

1 Gliedert den Text.

2 Mit welchen Metaphern wird Gott umschrieben?

3 Mit welchen Metaphern wird der »Tod« Gottes umschrieben?

4 Wie werden die Gottesmörder charakterisiert?

5 Welchem Vorgang gelten die Superlative des Textes? Wie wird der Vorgang gewertet?

6 Warum kommt der tolle Mensch »zu früh«? Warum ist er allein und bleibt unverstanden?

7 Besteht ein Zusammenhang zwischen dem Traum von der Rede des toten Christus, dass kein Gott sei, den Jean Paul erzählt, und Nietzsches Gleichnis vom tollen Menschen?

Tatsächlich war der Atheismus nach Nietzsche nicht mehr so fortschrittsgläubig wie im 19. Jahrhundert. Für Sartre ist der Mensch zur Freiheit »verurteilt«, zu einer gequälten Freiheit, weil er ins Dasein »geworfen« wurde und nun Angst und Verzweiflung zu seiner Existenz gehören. Am Ende von Sartres Autobiographie heißt es:

Alles fällt in sich zusammen, das Gebäude sinkt in Trümmer... Der Atheismus ist ein grausames und langwieriges Unterfangen; ich glaube, ihn bis zum Ende betrieben zu haben.

Die Herausforderung des Atheismus

Die Geschichte des Atheismus zeigt, dass problematische Gottesbilder zu ihrer Verneinung führen. So etwa spricht dieser Mann den Gott seiner Kindheit an:

Ich habe unter niemandem so gelitten in meinem Leben wie unter deiner mir aufgezwungenen Existenz. Indem ich dir zeige, wie du als Krankheit in mich eingezogen bist und als Krankheit fast über mich hinweggewachsen wärst, hoffe ich, mich ein Stück weit von dir heilen zu können. Ich weiß, dass du in den Narben, falls ich dich aus mir vertreiben kann, bis zu meinem Tode hausen wirst. Sie werden beißen, und du wirst mich noch mit Phantomschmerzen quälen, wenn du längst wegamputiert bist ... Fast zwanzig Jahre lang war es mein oberstes Ziel, dir zu gefallen. Das bedeutet nicht, dass ich besonders brav gewesen wäre, sondern, dass ich immer und überall Schuldgefühle hatte ... Du hast mir so gründlich die Gewissheit geraubt, mich jemals in Ordnung fühlen zu dürfen, mich mit mir aussöhnen, mich o.k. finden zu können.

Tilmann Moser, Psychotherapeut

Wenn die Großmutter gesagt hat: »Na, der Herrgott«, dann war das nicht furchtbar. Da war der liebe Gott mehr wie ein Hausfreund. Einer, den sie gut kannte, der fast gemütlich war.
Mein Vater hat vom Himmelvater gesprochen: Schaut Kinder, was für ein schönes Wetter der Himmelvater heute gemacht hat. Dann war Gott für uns Schönheit der Natur, Himmel, Gras, Vogelzwitschern.
Aber meine Mutter hat bei mir eigentlich den bösen, unheimlichen Gott herbeigerufen. Einer, der für mich bis heute meine tägliche Gewissensqual ist. – Später habe ich sie darauf angesprochen.
Da hat sie zugegeben: Ja, mit dir wären wir beinahe nicht fertig geworden! Religion war also ein Bändigungsinstrument für sie. Sie hat mich unterworfen und besiegt mit dem Wort »Gott«.

Brigitte Schwaiger, Schriftstellerin

Jim Dine (geb. 1935), Atheism No. 10, 1986.

1 Hinter diesen Zitaten steht jeweils ein anderes Gottesverständnis. Könnt ihr es beschreiben?

2 Lassen sich eigene Erfahrungen damit verbinden? Je nachdem, wie unser Elternhaus aussieht, in welcher Landschaft wir wohnen, wie nah oder fern die Kirche uns ist, ob die Menschen, die von Gott sprechen, sympathisch oder unsympathisch sind, kann unser Gottesverständnis anders aussehen. Die »Zufälligkeiten« und Defizite der eigenen Herkunft gilt es zu übersteigen. Die Aufgabe heißt hier: Arbeit am Gottesbegriff.

3 Wie bewertet ihr folgende Meinung von Papst Benedikt XVI.?
»Der Glaubende wie der Ungläubige haben, jeder auf seine Weise, am Zweifel und am Glauben Anteil ... Keiner kann dem Zweifel ganz, keiner dem Glauben ganz entrinnen ... Vielleicht könnte so gerade der Zweifel, der den einen wie den anderen vor der Verschließung im bloß Eigenen bewahrt, zum Ort der Kommunikation werden. Er hindert beide daran, sich völlig in sich selbst zu runden; er bricht den Glaubenden auf den Zweifelnden und den Zweifelnden auf den Glaubenden hin auf; für den einen ist er seine Teilhabe am Geschick des Ungläubigen, für den anderen die Form, wie der Glaube trotzdem eine Herausforderung an ihn bleibt.«

4 Einige Wissenschaftler haben den Gottesglauben als menschliche Projektion (Übertragung) zu erklären versucht. Der russische Dichter Leo Tolstoi setzt dagegen: »Wenn ein Indianer aufhört, an seinen hölzernen Gott zu glauben, so heißt das nicht, dass es keinen Gott gibt, sondern nur, dass er nicht aus Holz ist.« Ist das ein Gegenargument?

Ich habe nie nach Gott gefragt. Ich war ja auch merkwürdigerweise nie atheistisch. Es machte mir zu schaffen, dass Leser mir vorwarfen, ich verstünde sie in ihrem Unglauben nicht. Darum wollte ich die Erfahrung des Nicht-Glauben-Könnens machen.
Ich möchte dieses Experiment nicht noch einmal machen. Ich befand mich plötzlich in der Hölle. Es war eiskalt. Mir ging es auf eine merkwürdige Weise hundeschlecht gut ...
Ich habe damals verstanden, wie es sein muss, ganz und gar ohne das zu leben, was man Gott nennt ... Gott ist für mich Sympathie, Liebe, Leben. Das sind Synonyme. *Luise Rinser, Schriftstellerin*

Ich glaube, dass man das Wort »Gott« für eine Weile aus dem Verkehr ziehen sollte; nicht Gott selbst, nicht das, was mit diesem Wort gemeint ist. Ich denke, dieses Wort ist im Grunde nur ein Füllwort. Wenn einem gar nichts anderes mehr einfällt, dann sagt man »Gott«. Gott ist dann oft ein Abladeplatz für viele Probleme, die wir Menschen lösen könnten. Wir sagen dann: Wende dich an Gott, bete zu Gott. Und wenn erst Politiker das Wort »Gott« aussprechen! Das ist für mich die einzige Form der Blasphemie (Gotteslästerung), die ich noch kenne ... *Heinrich Böll, Schriftsteller*

Die Verneinung Gottes, wie sie uns in den letzten zweihundert Jahren begegnet, ist die Verneinung eines Gottesbildes, das den Menschen nicht mehr genügt, unter dem sie leiden, von dem sie sich verletzt fühlen. Es ist aber sinnlos zu fragen, ob diese oder jene Gestalt, mit der Menschen ihr Gottesverständnis darstellen, »existiert«. »Einen Gott, den man sich vor-stellen kann, kann man auch wieder weg-stellen.« Solange Gott menschliches »Ge-stell« ist, ist es unnütz, darüber zu diskutieren, ob ein solcher Gestell-Gott existiert. Sinnvolle Fragen könnten lauten: Welches unter den vielen Gottessymbolen ist dem Unbedingten am meisten angemessen? Wie spricht das Unbedingte in mein Leben? Welche Gottesbilder verzerren und belasten den Glauben?
Die meisten atheistischen Positionen bestreiten einen Gott, den auch Christen bestreiten müssen. Was Tilmann Moser bekämpft, müssen Christen auch bekämpfen. Was Albert Camus fragt, ist für Christen nicht minder der Frage wert. Es gibt einen Atheismus, der den Gottesglauben klären hilft, der auch dem Christen die Augen öffnet. Er weiß nun, dass das Wort Gottes gegen Missbrauch nicht geschützt ist; dass man »Gott« sagen, aber eigene Interessen in dieser Rede verstecken kann (vgl. Religionsbuch 7/8, S. 176: »Was man alles mit Gott machen kann«).
Bereits im Religionsbuch für das 5/6. Schuljahr war ein Satz zu lesen, der jetzt erneut und vertieft zu bedenken ist: »Von Gott lässt sich nur metaphorisch sinnvoll sprechen« (S. 21). Alle Eigenschaften, die wir Gott zulegen, wie Macht, Gerechtigkeit, Barmherzigkeit, Liebe ... sind aus den endlichen Erfahrungen der Menschen genommen und werden stets nur metaphorisch auf das angewandt, was sich jenseits

René Magritte (1898–1967), Der Stuhl – Die Legende der Jahrhunderte, 1950.

von Endlichkeit und Unendlichkeit befindet. Wenn der Glaube Gott »allmächtig« nennt, benutzt er die menschliche Erfahrung der Macht, um Gottes Erhabenheit auszusagen. Wenn aber heutige Menschen, etwa nach der Erfahrung von Auschwitz fragen, ob die Metapher »Macht« noch für den Gottesbegriff geeignet ist, dann stellen sie eine legitime Frage. Neue Erfahrungen zwingen zu neuen Fragen. So kann es sein, dass frühere Metaphern und Symbole für Gott heute nicht mehr als zureichend empfunden werden.

Der Atheismus, sofern er nicht banal, primitiv, gedankenlos, verachtend ist, sondern nachdenklich, zweifelnd, klug herausfordernd, muss von Christen nicht als Feind betrachtet werden. Die Geschichte des Atheismus ist auch eine Geschichte des sich läuternden Glaubens. Christen dürfen die Einwände des Atheismus übernehmen, um ihr Gottesverständnis von allen götzenhaften Elementen zu reinigen.

Nehmt zu folgenden Zitaten Stellung:

Charles Darwin: *Ich habe niemals die Existenz Gottes verneint. Ich glaube, dass die Entwicklungstheorie absolut versöhnlich ist mit dem Glauben an Gott.*

Albert Einstein: *Jedem tiefen Naturforscher muss eine Art religiösen Gefühls naheliegen, weil er sich nicht vorzustellen vermag, dass die ungemein feinen Zusammenhänge, die er erschaut, von ihm zum ersten Mal gedacht werden. Im unbegreiflichen Weltall offenbart sich eine grenzenlos überlegene Vernunft.*

Werner Heisenberg: *Der erste Trunk aus dem Becher der Naturwissenschaft macht atheistisch; aber auf dem Grund des Bechers wartet Gott.*

Wie verhalten sich die atheistischen Thesen von McCarthy, Sartre oder Camus zu solchen Äußerungen? Sind die Positionen hier vergleichbar oder liegt der atheistische Protest auf einer anderen Ebene?

»Wenn es keinen Gott gibt«, sagte jemand, »sind wir durch alle Gebote, die wir halten, betrogen.« Dazu eine Geschichte von Bertolt Brecht:

Einer fragte Herrn K., ob es einen Gott gäbe. Herr K. sagte: »Ich rate dir, nachzudenken, ob dein Verhalten je nach Art der Antwort auf diese Frage sich ändern würde. Würde es sich nicht ändern, dann können wir die Frage fallen lassen. Würde es sich ändern, dann kann ich dir wenigstens noch soweit behilflich sein, daß ich dir sage, du hast dich schon entschieden: Du brauchst einen Gott!«

Brecht lässt seinen Herrn K. nicht sagen, welch einen Gott der Fragende braucht. Welche Gottesvorstellung steht hinter der gegebenen Antwort?

Jesus hat aus einem tiefen Gottesvertrauen gelebt. Aber für seine Todesstunde wird ihm die Klage zugeschrieben: »Mein Gott, mein Gott, warum hast du mich verlassen?« (Mk 15,34; Mt 27,46; vgl. Ps 22,2) Wie versteht ihr ein solches Wort?

Dogmen

René Magritte (1898–1967), Die unendliche Besichtigung, 1963.

Herr Bedachtsam: Vom Himmel hörte ich sagen: Der Himmel sei der Ort Gottes, und Engel gebe es dort und ganze himmlische Heerscharen …

Herr Wunderlich: Und? Sehen Sie etwas davon?

Herr Bedachtsam: Das ist es ja gerade! Von alledem keine Spur. Diese dicke Wolke vor uns nimmt außerdem jede Sicht. Gleich sind wir darin verschwunden und können uns womöglich selbst nicht mehr sehen.

Herr Wunderlich: So seltsam, wie dieser Magritte, der uns hier in den Himmel malt, scheint mir auch das Reden vom Himmel zu sein, das sich manche Leute leisten.

Herr Bedachtsam: Man müsste es verstehen lernen …, wie man ja auch Magritte verstehen lernen muss …

Was sind Dogmen? Manche sagen, es seien Behauptungen, für die der Beweis aussteht. Aber was heißt »Beweis«? Eine mathematische Formel kann ich beweisen, auch einen physikalischen Lehrsatz. Kann ich ebenso beweisen, dass ich gesund bin, mich glücklich fühle, meine Eltern liebe, an Gott glaube? Ich mag keinen Augenblick zweifeln, dass es so ist, aber für wissenschaftliche Beweisführungen sind solche Wirklichkeiten nicht geeignet.

Das Wort *Dogma* kommt aus dem Griechischen und bedeutete im gewöhnlichen Sprachgebrauch so viel wie *Meinung*. Wenn Philosophen von Dogma sprachen, konnte dies ein *Lehrsatz* oder *Grundsatz* sein. Im politischen Bereich nannte man einen *Beschluss* oder eine *Verordnung* Dogma. In altkirchlichen Texten findet man das Wort selten. Es hat erst spät kirchliche Bedeutung erlangt. Heute versteht man unter Dogma eine Lehre, die 1. wahr, 2. kirchlich, 3. verbindlich ist. Ebenso gilt, dass Dogmen geschichtlich zu verstehen sind.

Dogmen sind Glaubensaussagen, genauer: überlegte, diskutierte, vernünftig abgewogene Formulierungen, um einen bestimmten Inhalt besser verstehen zu können und gegen Missverständnisse oder Irrlehren abzugrenzen. Gewöhnlich wurden solche Klärungen auf großen Kirchenversammlungen (Konzilien) unternommen. In der katholischen Kirche gilt die Überzeugung, Dogma könne nur sein, »was überall, immer und von allen geglaubt wird«.

In diesem Kapitel wollen wir an einem einzigen Satz zeigen, mit welcher Sorgfalt hinzusehen ist, um die von weither kommende Sprache des Glaubens zu verstehen. Wir wählen dazu den Anfang des Apostolischen Glaubensbekenntnisses.

Das Apostolische Glaubensbekenntnis

Die Grundform des Textes entstammt der Tauffeier im 2. und 3. Jahrhundert. Der Täufling bekannte seinen Glauben durch ein dreifaches Credo: Ich glaube an Gott ..., an Jesus Christus ... an den Heiligen Geist. In ihrem Kernbestand geht diese Gliederung auf Mt 28,19; 1 Kor 12,4-6; 2 Kor 13,13 zurück. Seit Karl dem Großen ist das Apostolische Glaubensbekenntnis in der westlichen Kirche verbreitet. Auch die Reformatoren haben es hoch geschätzt. Für die christliche Ökumene ist es ein Ausdruck des gemeinsamen Glaubens.

»Ich«

Erstaunlicherweise beginnt das Glaubensbekenntnis mit »ich«. Ist es nicht ein Text der Kirche? Und wird es nicht im Gottesdienst von der ganzen Gemeinde gesprochen? Warum also kein »wir«? Einen ersten Hinweis gibt die Herkunft des Textes: Er entstammt der Tauffeier. Der Täufling wurde dreimal gefragt: »Glaubst du an Gott – an Christus – an den Heiligen Geist?« und dreimal antwortete er: »Ich glaube«. Wichtiger als diese Erinnerung ist jedoch die Einsicht, dass es um eine persönliche Entscheidung geht, die weder auf einen anderen noch auf eine Gemeinschaft übertragen werden kann. Ich habe zu entscheiden, ob ich so sprechen und bekennen kann; ob ich es will und zugleich weiß, was das für meine Existenz bedeutet.

»glaube«

Wie sollen wir dieses Verb übersetzen? Oder ist eine Übersetzung unnötig, weil wir doch täglich so sprechen: »Ich glaube, der Zug wird Verspätung haben.« Wer das sagt, wird Anhaltspunkte für seine Äußerung kennen; aber möglicherweise holt der Zug die Verzögerung auch wieder auf. – »Ich glaube, es gibt morgen Regen.« Vielleicht sagt es jemand, der aus dem Wolkenbild, der Temperatur, dem veränderten Wind solche Rückschlüsse zieht; es wäre aber keine sehr große Überraschung, bliebe dennoch der Regen aus. – Was heißt in diesem Sprachgebrauch »glauben«? Lassen sich andere Verben stattdessen einsetzen?

Viele sehen »glauben« in einem Gegensatz zu »wissen«. Das kann dann etwa so ausfallen: »Auf der Seite der exakten Wissenschaften stehen Tatsachen, aufseiten der Religion ein wissenschaftliches Nichts, der Glaube. Die Wissenschaft stützt sich auf Beobachtungen, Experimente, logische Schlüsse; die Religion geht von Dogmen aus, die durch nichts bewiesen sind ...«. Wie wäre darauf zu antworten? Neben dem, was wir wissen, gibt es noch andere Erkenntnisse, die für »Gläubige« wie »Ungläubige« unverzichtbar sind. Gemeint sind

Der Glaube, was ist das?

Zuversicht, Mut, wohlberatener Mut;
der reine Glaube ist nichts als Mut.

Unglaube, was ist das?

In Furcht und Angst haltlos schweben
und so Mutlosigkeit, Verzagtheit,
auch Feigheit und Unmut,
Resignation und dann
Schwermut und Verzweiflung.

Mut, was ist das?

Dieses Wort ist Ausdruck für das
ganze Gemüt, für Geist, Gesinnung
und Stimmung des Menschen (...)

Welcherart ist der Mut ...?

Es ist nicht immer leicht, den Mut,
als welcher der rechte Glaube ist,
von geringeren Formen oder von
Verfälschungen des Glaubens zu
unterscheiden. So bedarf es
der Erkenntnis und Lehre,
um den Mut zu unterscheiden
von blindem, törichten Mut,
von bloßem Leichtsinn und Übermut,
auch von dummem Hochmut,
von bornierter Tapferkeit
am falschen Ort, zur Unzeit,
unter falschen Herren ...

Heinrich Buhr

Erfahrungen, die Menschen im Umgang miteinander und mit der Welt machen. Sie bilden in ihrer Gesamtheit jene *Einstellung*, die den Entscheidungen des täglichen Lebens zugrunde liegt. Darin spielen Auffassungen eine Rolle, die unsere Haltung zu Leben und Tod, Ehe und Beruf, Arbeit und Geld, Freizeit und Vergnügen, Krankheit und Leid ... bestimmen. Wie sich Menschen gegenüber all dem verhalten, ist nicht aus wissenschaftlicher Forschung abgeleitet, sondern kommt aus einer Lebens-Entscheidung, die wir *Glaube* nennen können. Wer etwa sein Leben – mit allen Begrenzungen – akzeptiert, tut dies aus seinem Glauben heraus. Und wer an diesem Leben verzweifelt, tut dies auch nicht aufgrund bewiesener Lehrsätze, sondern weil er an einen Sinn des Lebens nicht mehr zu glauben vermag. Wissen und Glauben stehen darum in keinem Gegensatz zueinander: Wissen bezieht sich auf Fakten und Gesetzmäßigkeiten, Glauben heißt das Ja sagen zum Ganzen unseres Daseins, zu seinem Sinn und seiner Zukunft.

So ist auch das Glauben im Sinne des Glaubensbekenntnisses *kein* Übernehmen von Lehren und kein Nachsprechen von Meinungen über Dinge, die niemand kennt. Auch hier meint Glaube eine Ausrichtung des gesamten Lebens als Stand gewinnen in Gott.

Vincent van Gogh (1835–1890), Die ersten Schritte, 1890.

Vincent van Gogh konnte sagen, dass die Beschäftigung mit der Winzigkeit die Augen öffnet für die unendliche Schöpfung, eine Haltung, in die er sich mehr und mehr einübte. Alle Dinge hatten für ihn Symbolkraft, da sie in seinem Weltverständnis auf einen letzten Grund verweisen, den der Glaube Gott nennt.

»an«

Die Höchstform des Glaubens wird formuliert, wenn jemand sagt: »Ich glaube an dich.« Damit wendet sich ein Mensch dem anderen zu und vertraut ihm. Glaube in diesem Sinn ist Entscheidung für diesen Menschen. Wenn Mann und Frau heiraten, sagen sie durch ihre ganze Lebenshaltung zum anderen: Ich glaube an dich. Eltern und Lehrer erziehen dadurch, dass sie an die Kinder glauben. Tun sie es nicht, geben sie den jungen Menschen auf. Das bedeutet für beide Teile Trennung und ein großes Unglück. Glaube ist mehr und anderes als »Fürwahrhalten«. Es bedeutet: ich stelle mich zu jemandem, ich setze auf ihn, ich verbinde mich mit ihm, ich entscheide mich für ihn.

»Gott«

Während alle anderen Wörter und Begriffe unserer Sprache auf *etwas* verweisen, meint Gott kein Etwas. Gott übersteigt alles Vorhandene. Er ist dessen Urgrund, der jede Wirklichkeit erst möglich macht. Von Gott können wir nur metaphorisch sprechen, doch in allem, was wir denken und sagen, gilt: »So groß die Ähnlichkeit der Welt zu Gott hin sein mag, die Unähnlichkeit ist immer noch größer.« Das Glaubensbekenntnis beschreibt Gott als »Vater«, »Allherrscher« und »Schöpfer«: »Ich glaube an Gott, den Vater, den Allherrscher, Schöpfer des Himmels und der Erde.« Dieser Satz kommt aus einer Geschichte, die dem Glaubensbekenntnis voraufgeht. Er ist eine Umformung des täglich gebeteten *Sch'ma Israel:* »Höre, Israel, Jahwe, dein Gott, ist ein Einziger« (Dtn 6,4-9). Für Israel war dieses Bekenntnis eine Absage an die Götter ringsum, zugleich aber auch eine Absage an die Vergöttlichung der politischen Mächte (vgl. S. 82 ff.).

Gott, der »Vater«

Als Jesus von Gott als Vater sprach, hatte dieser Glaube bereits viele Jahrhunderte hinter sich. Wesentlich für den Gottesglauben Israels wurde die berühmte Geschichte Ex 3, in der sich Gott dem Mose als *Jahwe* offenbart:

6 »Ich bin der Gott deines Vaters, der Gott Abrahams, der Gott
Isaaks und der Gott Jakobs … 7 Ich habe das Elend meines Volkes in
Ägypten gesehen, und ihre laute Klage habe ich gehört. Ich kenne
ihr Leid … 8 Ich bin herabgestiegen, um sie aus der Hand der Ägyp-
ter zu befreien … 10 Und nun geh! Führe mein Volk … aus Ägypten
heraus!« 11 Mose antwortete Gott: »Wer bin ich, dass ich … die Israe-
liten aus Ägypten herausführen könnte?« … 13 Da sagte Mose zu
Gott: »Ich werde also zu den Israeliten kommen und ihnen sagen:
›Der Gott eurer Väter hat mich zu euch gesandt.‹ Da werden sie mich
fragen: ›Wie heißt er?‹ Was soll ich ihnen darauf sagen?« 14 Da ant-
wortete Gott dem Mose: »Ich bin der *Ich-bin-da*. So sollst du zu den
Israeliten sagen: ›Der *Ich-bin-da* hat mich zu euch gesandt.‹«

Ex 3

Von Gott sprechen

Von Gott kann man nicht sprechen, wenn man nicht weiß, was Sprache ist. Tut man es dennoch, so zerstört man seinen Namen und erniedrigt ihn zur Propagandaformel.

Günter Eich

O Gott

Nun haben wir noch
die Formel von ihm
die sagt er sei klein
kleiner noch leichter
zu übersehn als das Licht

Die sagt er sei löslich
ohne sich selbst zu verändern
untermengt dem Öl
der bitteren Mandel
zu riechen zu schmecken

Sie sagt die Formel
er sei ein Ferment
eingebettet in Zellkern
da spaltet er gärt er da
greift er uns an

Die Formel das mächtige Zeichen
Grundfigur Endfigur
mit den gekreuzigten Balken
in unsern Versprechern
Ogottogott

kommt sie noch vor.

Eva Zeller

Dass da Einer ist da oben
den wir alle lieben müssen, müssen,
weil Er uns sonst in die Hölle steckt.
Dass da oben Einer ist,
den wir alle fürchten müssen, müssen,
weil wir ihn sonst nicht richtig lieben,
dass wir fürchten müssen,
was wir lieben müssen.
Heute fürchte ich, was ich liebe.

Brigitte Schwaiger

In der hebräischen Sprache bedeutet dieses »Jahwe – Ich-bin-(für-euch-)da« ein Jetzt und Heute. Der Gott der Vergangenheit (der Väter) ist auch ein Gott der Gegenwart und Zukunft. Mehr als 350 Mal in der Hebräischen Bibel wird Israel das »Volk Gottes« oder »Volk Jahwes« genannt. Zwar bleibt er der Unbekannte: »Wahrhaftig, du bist ein verborgener Gott«, und doch ist er auch der Zugewandte, dessen »Name« sagt: »Ich bin der Ich-bin-(für-euch)-da!« Das darin begründete Vertrauen trug Israel durch alle Feueröfen der Geschichte und ließ Jesus zu diesem Gott »Abba« sagen. So hängen der Jahwe-Name und die Abba-Anrede zusammen. Der Gott, zu dem sich Juden und Christen bekennen, ermutigt zum Vertrauen – zum Vertrauen in ihn selbst und damit zum Vertrauen in das eigene Leben.

Gott, der »Allherrscher«

Das altrömische Taufbekenntnis, aus dem sich das Apostolische Glaubensbekenntnis entwickelt hat, wurde anfangs griechisch gesprochen. Der einleitende Satz nannte Gott, den Vater, »den Pantokrator«, das heißt Allherrscher. Bei der Übertragung der Hebräischen Bibel ins Griechische hatte man den Gottesnamen »Jahwe Zebaoth« (Jahwe »der Heerscharen« oder »der Kräfte«) mit »Kyrios Pantokrator« wiedergegeben. Das Lateinische setzt die griechische Übertragung »Allherrscher« (Pantokrator) adjektivisch um: »allmächtig« (omnipotens). Die Kennzeichnung Gottes als »Jahwe Zebaoth« zielt jedoch nicht auf die Vorstellung, dass er »alles kann«, sondern meint: ihm unterstehen das Vergangene und das Kommende, das Vorhandene und das Geschehende, die Dinge und die Menschen, die Welt und die Geschichte.

Wenn von der »Macht« Gottes gesprochen wird, so umschließt dieses Wort vor allem den Glauben an die Welt als Gottes Schöpfung, die er »erhält« und »lenkt«. Es ist nicht gedacht an ein isoliertes »Können«, das beispielsweise die naturgesetzliche Weltordnung durchbrechen oder punktuell aufheben würde.

Gott, der »Schöpfer«

Viele verstehen Schöpfung als etwas Vergangenes. Als aber ein Theologe einmal erklären wollte, wie die biblischen Schöpfungsgeschichten gemeint sind, sagte er, wir brauchten uns nur in der eigenen Welt umzuschauen und dann alles aufzuzählen, was wir sehen und erfahren, dann entstünde eine heutige Schöpfungsgeschichte:

Ich beginne mit dem Zimmer, in dem ich an der Schreibmaschine sitze. Dann schaue ich durch das Fenster auf die Straße mit ihrem Verkehr. Ich denke an die ganze Stadt: Wie viele Menschenschicksale um mich herum, von denen mir nur ein ganz geringer Teil bekannt ist. Ich denke weiter an unser ganzes Land, an andere Völker mit

1 Wie würdet ihr folgende Fragen bewerten: Kann Gott einen Stein schaffen, der so schwer ist, dass er ihn selbst nicht aufheben kann? Oder: Kann Gott ein hölzernes Eisen, ein viereckiges Dreieck machen?

2 Der Englischlehrer kommt in die Klasse und legt die letzte Klassenarbeit mit der Bemerkung auf den Tisch: »So, die Noten stehen fest, daran kann selbst der liebe Gott nichts mehr ändern.« Kann er? Kann er nicht? Oder ist das Problem falsch gestellt?

anderen Sprachen, unsere ganze Erde. Lachende Menschen und weinende Menschen; die einen im Frieden, die anderen im Krieg; die einen jung und im Vollbesitz ihrer Kräfte, die anderen schon vom Tod gezeichnet. Und diese Erde kreist um eine Sonne, die selber nur ein winziger Teil eines gewaltigen Milchstraßensystems ist. Das Weltall weitet sich ohne eine für uns angebbare Grenze. Wenn ich so die Welt in meinen Gedanken zusammengefasst habe, in ihrer ganzen Buntheit und Unermesslichkeit, dann werde ich sagen: Und alles das ist der Grund dafür, dass ich von Gott spreche. Ich kann Gott dadurch definieren, dass ich sage: Nichts von alledem kann ohne ihn sein. Und damit ist mein Schöpfungsbericht fertig.

Für den biblischen Gottesglauben gibt es nichts, das existieren könnte, ohne auf Gott bezogen zu sein. In allem, worin sich die Welt vom Nichts unterscheidet, hängt sie von Gott ab. Auch in dem, was menschliche Technik produziert oder was Menschen aus eigener Freiheit tun. Die Bibel sieht Gott und Welt zusammen und sagt: Gott ist der, ohne den nichts ist.

Mary Cassatt (1845–1926), Das Bad, um 1891.

Pablo Picasso (1881–1973), Die Liebenden, 1923.

Die Frommen
gehn schnurstracks zu Dir

ich weiche stets ab

Es sind die Tänze der Gräser
es sind die Pfade der Würmer
die vielen Spuren der Käfer

Ich brauche sehr lang
diese Schnörkel entlang
bis zu Dir

Warte
ich komme verträumt

Josef Fink

großer gott klein

großer gott:
uns näher
als haut
oder halsschlagader
kleiner
als herzmuskel
zwerchfell oft:
zu nahe
zu klein –

wozu
dich suchen?

wir:
deine verstecke

Kurt Marti

Das Schweigen Gottes

Warum beklagst du
das Schweigen Gottes
sagte der Religionslehrer.
Schau diese Wiese an.
Gott spricht leise zu dir.
Du hörst ihn
im Summen der Bienen.
Im Säuseln des Windes.
Du siehst ihn
im geduldigen Wachsen
der Blumen.
Heute steht
anstelle der Wiese
ein riesiger Parkplatz.
Was ist das für ein Gott
den eine Kärntner Baufirma
zum Schweigen bringen kann?

Peter Turrini

»Ich glaube an Gott, den Vater, den Allherrscher, den Schöpfer«

Wenn wir nun den ganzen Satz bedenken, so hat er kein einziges Wort, das nicht mit geschichtlicher Erinnerung und tiefer Bedeutung beladen wäre. Dogmatische Rede fasst oft in einzelnen Begriffen zusammen, was die Bibel in erzählenden und betenden Texten breit entfaltet. Das macht ihre Sprache sehr dicht und formelhaft, wie dies auch sonst bei Definitionen und Formeln der Fall ist. In dogmatischen Texten finden sich sowohl Metaphern und Symbole der Bibel wieder als auch abstrakte Begriffe. Darum sind dogmatische Sätze nicht immer leicht zu verstehen. Viele lesen oder hören sie, meinen dann zu verstehen und verstehen doch auf einer falschen Ebene. Wir wollen die wichtigsten Einsichten, die wir bisher gewinnen konnten, abschließend zusammenfassen:

Zum Verständnis dogmatischer Sprache

1. Dogmatische Begriffe haben oft eine Bedeutung, die sich vom Alltagsgebrauch dieser Worte unterscheidet.

Beispiel: *glauben.* Die folgenden Sätze benutzen das Wort »glauben« in unterschiedlicher Bedeutung.

Albrecht Dürer (1471–1528), Der hl. Hieronymus, 1521.

Der Totenkopf ist ein oft benutztes Symbol des Nichtigkeit (vanitas) dieser Welt. Er verweist auf die Sterblichkeit allen Lebens, die Vergänglichkeit der irdischen Dinge und mahnt zu Besinnung und Lebenskorrektur.

Wie beständig sich das Motiv über Jahrhunderte gehalten hat, kann der Vergleich mit Lovis Corinths »Selbstbildnis mit Skelett« zeigen, das der Todesmahnung drastischen Nachdruck gibt.

a) Erklärt das jeweilige Verständnis von »glauben«! Welche Beispiele kommen dem christlichen Glaubensverständnis nahe?

- Die Tibeter glauben an die Götter der Lüfte.
- Ich glaube nicht, dass du die Wahrheit gesagt hast. Seine Mutter glaubt ihm trotz allem.
- Er glaubt an außerirdische Wesen, die mit unbekannten Flugobjekten unsere Erde besuchen.
- Sie hat den Glauben an einen tieferen Sinn in ihrem Leben nie verloren.
- Ich habe dir geglaubt, obwohl alle Indizien gegen dich sprachen.
- Beweisen lässt sich das nicht, das muss man glauben.
- Du musst mehr an dich selbst glauben.
- Sie starb im festen Glauben an ihren Erlöser.
- Wir glaubten dich in Berlin.
- Allen Einwänden setzte er seinen unerschütterlichen Glauben entgegen.
- Ich lieh ihm das Geld auf Treu und Glauben.
- Was die Menschen wünschen, glauben sie gern.

Lovis Corinth (1858–1925), Selbstbildnis mit Skelett, 1896.

Sprachverständnis:

Viele dogmatische Begriffe werden nur dann richtig verstanden, wenn man ihre Metaphorik versteht. Beispiel: Himmel.

a) Welche Dimension von Himmel ist jeweils in folgenden Wendungen gemeint:
She was in heaven, when he kissed her;
sitting here with you is heaven;
clouds moving across the sky;
under the open sky;
skylight; skyward; heavenward;
skywriting; skyblue;
skyjumping; heavengifted;
tree of heaven;
move heaven and earth.

b) Wie lauten folgende Begriffe im Englischen:
Christi Himmelfahrt; Himmelfahrtstag; Himmelreich; Himmelsäquator: Himmelserscheinung; himmelhoch?

c) Wann ist »Himmel« mit sky, wann mit heaven zu übersetzen:
»Halt an, wo läufst du hin, der Himmel ist in dir. Suchst du ihn anderswo, du fehlst ihn für und für.«
Der Himmel war gestern Abend blutrot.
»Das Auge sieht den Himmel offen, es schweigt das Herz in Seligkeit.«
»Ich tanze mit dir in den Himmel hinein, in den siebenten Himmel der Liebe.«
Der Himmel auf Erden.
»Lass nur die Sorge sein, / Das gibt sich alles schon; / Und fällt der Himmel ein, / Kommt doch eine Lerche davon.«
Himmel und Erde in Bewegung setzen.
Es ist noch kein Meister vom Himmel gefallen.
Der Himmel ist hoch, man kann sich nicht dran halten.
Der Himmel hängt voller Geigen.

Die 1-Dollar-Note der USA ist nicht einfach nur ein Zahlungsmittel, sondern präsentiert auch eine politische Symbolik mit religiösem Inhalt. Die Vorderseite zeigt George Washington (1732–1799), den ersten Präsidenten der Vereinigten Staaten. Das mit der Staatsbildung verbundene Selbstverständnis der USA zeigt die Rückseite: Zu sehen sind beide Seiten des amerikanischen Staatssiegels. Die Rückseite zeigt eine 13-stufige Pyramide, auf deren unterster Steinreihe die Jahreszahl 1776 zu lesen ist – das Jahr der Unabhängigkeitserklärung der anfänglich 13 Kolonien, die sich von der britischen Oberherrschaft lossagten. Darunter steht NOVUS ORDO

b) Untersucht das Verständnis von »glauben« in folgenden Redensarten und prüft, ob es sich mit einem christlichen Glaubensverständnis berührt:

- Das Wunder ist des Glaubens liebstes Kind.
- Wer glaubt, denkt nicht.
- Nur was wir selber glauben, das glaubt man uns.
- Glauben und Wissen sind Gegensätze.
- Er hat dran glauben müssen.
- »Aber hier, wie überhaupt, kommt es anders, als man glaubt.«
- Wer's glaubt, wird selig.
- »Geld verloren, viel verloren, Ehr' verloren, mehr verloren.
- Glaub' verloren, alles verloren.«
- Der Glaube versetzt Berge.

Wenn Menschen »Gott« sagen, schwingen oft einander widersprechende Gottesbegriffe mit. Wie steht ihr zu den Gottesauffassungen in den folgenden Texten? Vergleicht die jeweilige Sichtweise mit den Gotteskapiteln der bisherigen Bücher. Belegt von dorther euer Urteil mit Argumenten.

a) Bericht aus einem afrikanischen Staat:

Am frühen Morgen war ein Staatsstreich unternommen worden. Mit dem Ruf »Power!« hatten die Rebellen der Luftwaffe den Sender gestürmt. Die Rebellion wurde aber unterdrückt, weil die Regierungstruppen die besseren Waffen besaßen. Sie brauchten nicht »Power« zu rufen, sie hatten »Power«: Sie herrschten mit Gewalt. Wenige Tage vorher war bei einer Demonstration gesagt worden: »Dieses Land ist Eigentum von zehn Prozent der Bevölkerung.« Darauf ein Zwischenruf: »Nein, nein, es gehört nur einem Prozent!« –

SECLORUM, etwa mit »Die große Folge der Zeitalter beginnt erneut« zu übersetzen. Die Pyramide ist noch nicht vollendet, doch geht ihr Entwurf geradewegs in das Auge Gottes über. Darüber steht ANNUIT COEPTIS, etwa »Er hat das Begonnene gesegnet«. Die Vorderseite des Staatssiegels zeigt einen Seeadler. In seiner rechten Kralle hält er einen Olivenzweig mit 13 Blättern und 13 Früchten. Darunter ist zu lesen E PLURIBUS UNUM, »Aus vielen Eins«. Über der Wertangabe der Dollar-Note steht IN GOD WE TRUST. Wie ist die Verbindung von »Gott« und »Geld« zu werten? Welches Staatsverständnis verrät das Siegel?

Am Sonntag nach dem Putsch gingen viele Menschen zur Kirche. Gott wurde dafür gedankt, dass er die herrschenden Machthaber errettet habe. In der Predigt, die das Fernsehen übertrug, hieß es: »Gott schlief nicht und beschützte seine Söhne und Töchter!« In einem Leserbrief stellte jemand Tage später die Frage, ob die Predigt ebenso gelautet hätte, wenn die Regierung gestürzt worden wäre. Gewiss hätten sie dann gesagt, Gott habe dem Land beigestanden und beim Sturz der alten Regierung geholfen.

b) Wolfdietrich Schnurre, Die schwierige Lage Gottes:

»Und verschone uns mit Feuer, Missernten und Heuschreckenschwärmen«, beteten die Farmer am Sonntagmorgen. Zur gleichen Zeit hielten die Heuschrecken einen Bittgottesdienst ab, in welchem es hieß: »Und schlage den Feind mit Blindheit, auf dass wir in Ruhe seine Felder abnagen können.«

c) Max Horkheimer (1895–1973), Philosoph, in einem Interview:

Horkheimer: »Theologie ist – ich drücke mich bewusst vorsichtig aus – die Hoffnung, dass es bei diesem Unrecht, durch das die Welt gekennzeichnet ist, nicht bleibe, dass das Unrecht nicht das einzige Wort sein möge.«

Interviewer: »Theologie als Ausdruck einer Hoffnung?«

Horkheimer: »Ich möchte lieber sagen: Ausdruck einer Sehnsucht, einer Sehnsucht danach, dass der Mörder nicht über das unschuldige Opfer triumphieren möge.«

Welches Gottesverständnis widerspricht einer biblisch-christlichen Sicht? Wofür steht das Wort »Gott«, wofür steht es nicht, wenn wir sagen: »Ich glaube an Gott, den Vater, den Allherrscher, den Schöpfer«?

Es stürzen die Sätze ab

Es stürzen die Sätze ab
vor Deinem Wort
Es fallen die Bilder ab
vor Deinem Gleichnis
in jeglichem Bild

Hierorts und nirgends
bist du zu
fassen
Ich bin ohne Anker
in Deinem Sein
und schwanke
tausendwohin
niemalsmehrda

Mein Wort
wie ich es warf
implodiert wie ein Stern
endloses Glück
unsägliche Trauer

Wie bist Du mir nah
milchstraßenweit
wie bist Du mir fern
inmitten von mir
Du verkehrst
und verwirrst mich
Ich taumle Dein Dasein entlang
vorwärts voraus
ewigkeitslang

Du schweigst
oder schläfst
Da summe ich Dich
wie Dich keiner gesummt
Du Vogelflug-Weisheit
Du Regen-Geheimnis
Du Tau in der Blume
Du Wetter-Sinn
Du Herz-meiner-Träume
Du Tausend-mal-Licht
Du Traum-in-der-Zwiebel
Ich lasse Dich schlafen
Du lächelst im Traum

Josef Fink

Vinzenz von Paul

Vinzenz von Paul, Gemälde von Simon François de Tours, 17. Jh.

Aus der Initiative des Vinzenz von Paul hat sich ein breites Programm sozialer Hilfeleistung entwickelt. Neben den Schwestern der christlichen Liebe, den Vinzentinerinnen, ist im katholischen Bereich vor allem die **Caritas** zu nennen. → www.caritas.de

Die **Gemeinschaft der Töchter der christlichen Liebe** ist heute mit rund 24.000 Mitgliedern die größte Frauengemeinschaft der katholischen Kirche. Daneben gibt es viele andere Frauengemeinschaften auf der ganzen Welt, die ebenso die Regel des hl. Vinzenz befolgen und als Vinzentinerinnen oder Barmherzige Schwestern vom hl. Vinzenz von Paul gelten. Die Vinzentinerinnen waren auch das Vorbild für die von Mutter Teresa gegründete Ordensgemeinschaft. 1840 gründete Anna Weißebach nach dem Vorbild des hl. Vinzenz in Deutschland die Elisabeth-Vereine, aus denen die heutigen Caritas-Konferenzen Deutschlands hervorgegangen sind.

Eine bäuerliche Herkunft

Als Vincent Depaul am 24. April 1581 geboren wurde, ahnte man von dem Elend der späteren Jahre, das Frankreich heimsuchen sollte, noch nichts. Die Eltern lebten von einer kleinen Landwirtschaft. Sie hatten ein halbes Dutzend Kinder, für die damalige Zeit eher wenig. Zwar war Jean Depaul nicht reich – ein Haus mit Küche und Stall, Elternzimmer, Mädchenzimmer, Jungenzimmer; ringsum ein Garten, 4,8 Ar, ein paar Äcker, eine kleine Herde –, aber die Ernte jener Jahre reichte aus und bannte den Hunger.

Vinzenz war ein aufgeweckter Junge, von dem sein Vater dachte, er könne der Familie nützlicher sein, wenn er studiere und Priester werde, statt auf dem Felde zu arbeiten. So durfte er, als er 15 Jahre alt war, in das Franziskanerkolleg nach Dax übersiedeln. Das war nicht weit entfernt, nur fünf Kilometer, und oft führte der Weg dorthin. Doch kaum im Kolleg unter anderen Menschen heimisch geworden, schämte sich Vinzenz, neben seinem Vater herzugehen, »weil er

schlecht gekleidet war und ein wenig hinkte«. – »Ich erinnere mich auch, dass man einmal zu mir kam und sagte, mein Vater, der ein armer Bauer war, frage nach mir. Ich lehnte es ab, zu ihm zu gehen und mit ihm zu sprechen.«
Die Schule in Dax war bald durchlaufen. Schon zwei Jahre später sollte Vinzenz nach Toulouse übersiedeln, doch reichte dazu das Geld nicht. So verkaufte der Vater ein Paar Ochsen, um das Studium zu bezahlen. Bald darauf starb er. In seinem Testament heißt es, Vinzenz solle beim Studium »nach Maßgabe der Erbfolge unterstützt werden«.

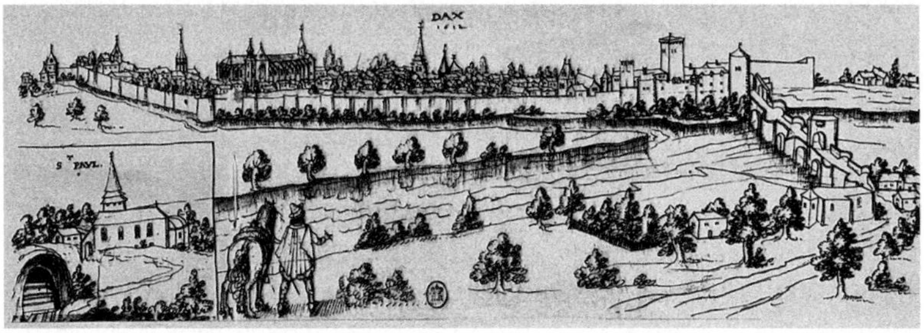

Dax – zeitgenössische Darstellung.

Mit 19 Jahren Priester

Noch ist Vinzenz 19 Jahre alt, da wird er bereits zum Priester geweiht. »Wenn ich, als ich die Kühnheit hatte, dort einzusteigen, gewusst hätte, was das Priesteramt ist, wie ich es seither erfahren habe, hätte ich es vorgezogen, die Erde zu bebauen, anstatt mich für einen so fürchterlichen Stand zu verpflichten«, schrieb er später. Nach den Gesetzen des Konzils von Trient hätte er 25 Jahre alt sein müssen, um die Weihe zu erhalten, aber die neuen Richtlinien setzten sich nur langsam durch.
Priestermangel gab es damals nicht. Der Vater hatte Vinzenz' Studium unterstützt, um außerhalb der kargen Landwirtschaft einen sicheren Rückhalt für seine Familie zu gewinnen. Priester waren gut bezahlt, ohne viel arbeiten zu müssen. Eine Pfarrei galt als »Ruhesitz«. Auch Vinzenz suchte solch ein »Plätzchen«, wie man sagte, eine »angemessene Pfründe«, die ihm ein sorgenfreies Auskommen sicherte. In jenen Jahren bemerkte der Nuntius in Frankreich, Ubaldini: »Die Geistlichen schlafen und sind nicht aufzuwecken.«

Pfründe, ursprünglich eine Schenkung, dann das Einkommen aus einem Amt, im Besonderen die gewährte Unterhaltszahlung. Die indirekte Finanzierung eines Amtes – beispielsweise aus Stiftungen oder aus den Erträgen von Feld und Wald – war vor der allgemeinen Durchsetzung der Geldwirtschaft die einzig sinnvolle Möglichkeit, eine Amtsstelle zu finanzieren. Nach der Reformation wurden die Pfründen in beiden Kirchen, auch wegen des verbreiteten Missbrauchs, nach und nach zugunsten einer direkten Besoldung der Amtsträger eingezogen.

Als Sklave verkauft

Als Vinzenz die erstrebte Pfarrei nicht erhielt, weil ein anderer mit ihm konkurrierte, studierte er weiter und lebte von den Geldern adeliger Schüler, denen er Unterricht gab. Das ging so bis 1605. In diesem Jahr machte er eine Reise nach Marseille; von dort wollte er mit dem Schiff nach Narbonne. Unterwegs aber wurde das Schiff von Türken gekapert. Vinzenz geriet in Gefangenschaft, kam übers Meer hinweg zu den Berbern und wurde auf dem Sklavenmarkt in Tunis verkauft.

Der Goldmacher, Stich von Jacques-Philippe le Bas (1707–1783).

Caritas

Mit über 25.000 Einrichtungen und über 1,1 Millionen Plätzen/Betten ist der Caritasverband der größte deutsche Wohlfahrtsverband.

Beispiele für **Arbeitsfelder** der Caritas:

Altenhilfe (z.B. Altenpflegeheime, Begegnungsstätten)
Arbeit und Arbeitslosigkeit
Behindertenhilfe (z.B. Beratungsstellen, Werkstatt für behinderte Menschen, begleitetes Wohnen usw.)
Familienhilfe (z.B. Mutter-Kind-Kuren, auch Vater-Kind-Kuren; Beratungsstellen für Ehe-, Familien- und Lebensfragen und Schwangerschaftskonflikte)
Gemeindeorientierte Soziale Arbeit (Caritas der Gemeinde, z. B. Kleiderkammern, Möbel- und Hausratlager)
Hilfe in besonderen sozialen Schwierigkeiten (z.B. Suchtberatung, Wohnungslosenhilfe, Strafentlassenenbetreuung, Bahnhofsmission)
Gesundheit, Krankenhäuser, Hospizarbeit
Jugendsozialarbeit (Erziehungsberatungsstellen, Heimerziehung)
Kindergärten, Kindertagesstätten
Krankenpflege (Caritas-Sozialstationen, Pflegekurse für Angehörige)
Migration (z.B. Beratung für Migranten, Asylbewerber, Flüchtlinge, Aussiedler, Auswanderer)
Tafeln (Lebensmittelausgabe- und -sammlungsstellen für Bedürftige)
Telefonseelsorge (meistens ökumenisch)

Wir mussten fünf- oder sechsmal mit der Kette am Hals durch die Stadt ziehen, damit die Kaufleute uns sehen konnten. Dann trieben sie uns auf den Platz, wohin die Käufer kamen, um uns zu besichtigen, als ob es einen Pferde- oder Ochsenhandel beträfe. Dann ließ man uns den Mund öffnen, um die Zähne zu zeigen, man betastete unsere Seiten, ließ uns im Schritt gehen, traben, laufen, schwere Lasten aufheben, um unsere Stärke zu erproben, und tat uns tausend andere Roheiten an ... Ich wurde an einen Fischer verkauft, der mich aber bald wieder loszuwerden versuchte, weil mir das Meer gar nicht zusagte. Er verkaufte mich daher an einen alten Arzt, der allerhand Quintessenzen bereitete. Er liebte mich sehr und hatte besonderes Vergnügen daran, mit mir von der Alchemie zu reden ... Dieser Alte hinterließ mich seinem Neffen, der mich aber bald weiterverkaufte.

Die vierte Station schließlich war das Haus eines ehemaligen Mönches aus Nizza, der ebenfalls in türkische Gefangenschaft geraten war und sich seine Freiheit durch Übertritt zum Islam erkauft hatte. Nun lebte er mit drei Frauen verheiratet; eine von diesen befragte Vinzenz nach seiner Herkunft und setzte sich bei ihrem Mann dafür ein, ihn wieder über das Meer in die Heimat zu entlassen.

Hofkaplan und Dorfpfarrer

Die Kenntnisse, die Vinzenz im alchemistischen Labor seines ehemaligen muslimischen Herren machen konnte, halfen ihm – nach Frankreich heimgekehrt –, die Freundschaft des päpstlichen Legaten zu finden. Der wollte Vinzenz gerne in Rom einführen, »weil ich ihm so viele schöne und kuriose Dinge gezeigt habe, die ich während meiner Gefangenschaft von dem türkischen Greis gelernt habe. Seine Gnaden ist auf diese Dinge so eifersüchtig, dass er nicht einmal will, dass ich mit jemandem rede, aus Angst, ich könnte ihm das beibringen. Er will nämlich ganz alleine das Ansehen genießen, diese Dinge zu beherrschen, die er manchmal seiner Heiligkeit und den Kardinälen vorführt, was ihm Vergnügen bereitet.« Vinz schien das Leben in Rom jedoch nicht zu mögen. Er setzte auf seinen Gönner, dass dieser ihm, »wie er es mir auch versprochen hat, eine anständige Pfründe in Frankreich verschaffen will«. Tatsächlich findet er ein solch »ehrenvolles Plätzchen« mit ordentlicher Rente: Er bekommt die Stelle des Hofkaplans bei der Königin Margarete, jener Margarete von Valois, die sich kurz vor der Bartholomäusnacht mit Heinrich von Navarra vermählt hatte. Hier konnte sich der Bauernsohn in einer grandiosen Gesellschaft bewegen und Kontakte knüpfen, die seiner späteren Arbeit bisweilen nützlich werden sollten. Die Königin »führte Herrn Vinzenz auch beim König ein. Heinrich sah, empfing und behielt ihn eine und eine halbe Stunde.«
Es scheint, dass sich Vinzenz als Hofkaplan nicht sehr glücklich gefühlt hat. Vielleicht war das feudale Milieu für den bäuerlichen Mann doch zu fremd. Es kam hinzu, dass er gleichzeitig die Bekanntschaft

von Menschen machte, die andere Ziele hatten, als eine gute Pfründe zu nutzen. Einer von ihnen hieß Pierre de Bérulle; dieser sammelte Priester um sich, die Luxus gegen Armut tauschten, nicht länger auf ihre Bequemlichkeit aus waren und einen geistlichen Weg suchten, statt nutzlos zu bleiben. Auf Bérulles Anraten übernahm Vinzenz jetzt erstmals eine Gemeinde. Das war ein Schritt ins Dorfleben zurück, nach Clichy, eine Meile von Paris entfernt. Clichy zählte nur 600 Einwohner, überwiegend Gemüsebauern. Unter ihnen fühlte sich Vinzenz glücklich, erstmals seit nunmehr 12 Priesterjahren. »Ich habe eine so gute Gemeinde«, sagte er beim Erzbischof von Paris, »dass ich im Stillen denke, Sie, Monseigneur, können nicht so glücklich sein.«

Clichy – zeitgenössische Darstellung.

Eine langsame Bekehrung

Trotzdem blieb er nicht bei den Gemüsegärtnern von Clichy. Auf Bérulles Betreiben wurde Vinzenz zum Hauslehrer in der berühmten Familie de Gondi berufen, bei Philippe de Gondi, dem Neffen des Erzbischofs von Paris und Generalleutnant der königlichen Galeeren. »Traurig ging ich fort«, schrieb er einem Freund, obwohl das neue Amt dem »Plätzchen« sehr nahe kam, das er sich früher gewünscht hatte. Den Kindern de Gondis gab er ein paar Stunden Unterricht und führte ansonsten ein geruhsames Leben. Dreiunddreißig Jahre war er jetzt und immer noch unsicher über seinen Weg. Auf den Reisen mit der Familie de Gondi lernte er die Bauern und Armen auf de Gondis Besitzungen kennen; er spürte, dass diese ihn mehr interessierten als fragloser Wohlstand. Gleichzeitig wurde ihm sein Glaube zum Problem. Fragen und Zweifel beschäftigten ihn und ließen ihn nach einem Weg suchen, den nicht andere für ihn festlegten. So war nach vier Jahren seine Bereitschaft erschöpft, bei den de Gondis zu bleiben. Am 1. August 1617 übernahm er wiederum eine Landpfarrei.

Margarete von Valois, Schwester der französischen Könige Karl IX. und Heinrich III. Sie heiratete 1572 den König von Navarra (einem kleinen Land in den Pyrenäen), der als Heinrich IV. König von Frankreich wurde. Heinrich war Calvinist und zugleich Führer der Hugenotten, gegen die die Königinmutter, Katharina von Medici, ein Massaker anzettelte, die Bartholomäusnacht. (→ S. 22 f.)

Kaum angelangt, sah er sich dort vor besonderer Not: »Als ich mich ankleidete, um die heilige Messe zu feiern, erzählte man mir, in einem ganz abgelegenen, etwa eine Viertelstunde entfernten Haus sei alles krank und niemand da, um die anderen zu pflegen, und alle seien in unsagbare Not geraten.« Vinzenz gelang es, die Hilfsbereitschaft seiner Gemeinde zu wecken. Aber zugleich sah er, dass für die nächste Not nichts davon übrig bleiben würde, weil es nicht reicht, Almosen zu geben, wenn die Hilfe unorganisiert bleibt und keine Dauer und Zuverlässigkeit gewinnt.

Die Familie de Gondi mochte sich mit Vinzenz' Fortgang nicht abfinden; sie holte ihn schon bald zurück, doch wusste Vinzenz diesmal, warum er ihrem Ruf folgte. Er wollte seine Tätigkeit bei ihnen als Startbasis für ein soziales Programm nutzen: für alle Dörfer, die den de Gondis gehörten. Außerdem übernahm er eine weitere Aufgabe: Er wurde Seelsorger – Generalkaplan – der Galeeren, deren Befehlshaber Philippe de Gondi war. Vinzenz hatte die Galeerensträf-

Jacques Callot (1592–1635), Szene aus »Die Elendiglichkeiten des Krieges«, um 1631.

linge zuerst in den Verliesen von Paris kennengelernt, wo sie gefangen lagen, bevor man sie auf die Schiffe brachte. Nun reiste Vinzenz nach Marseille, ging unerkannt in die Gefangenenlager und fand »ein wahres Bild der Hölle«. Was sollte er tun? Mit Trost allein wollte er sich nicht abfinden. »Ich verlegte mich, so gut ich konnte, auf Bitten und Proteste gegen die Behörden und die übrigen Offiziere, damit die Gefangenen menschlicher behandelt würden.« Als er auf seiner Rückreise zu den Verwandten in die Heimat kam und hörte, dass sie finanzielle Unterstützung von ihm erhofften, sagte er ihnen, selbst wenn er »Koffer von Gold und Silber hätte, würde er ihnen nichts geben, weil ein Geistlicher, der etwas besitzt, dieses Gott und den Armen schuldet«.

Krieg, Hunger und Not

Inzwischen hielten Not und Elend ihren Einzug ins Land. Kardinal Richelieu, der geniale wie nichtswürdige eigentliche Herrscher Frankreichs, führte Kriege im Interesse des Staates. Aber die Ärmsten, die damit nichts zu tun hatten, zahlten am meisten dafür. Wurden Siege an den Grenzen gewonnen, so nur über den Kleinkrieg, den täglich Gendarme und Soldaten gegen die bäuerliche Bevölkerung führten, um dort, wo es längst nichts mehr gab, weiterhin Steuern zu erpressen. Vinzenz hatte eine Priestergemeinschaft gegründet und schickte nun einige von ihnen in das umkämpfte Lothringen. Diese berichteten:

Es gibt keine Zunge, die erzählen, keine Feder, die ausdrücken könnte, was wir seit den ersten Tagen unserer Besuche erlebt haben … Kirchen entweiht, Priester getötet und misshandelt, Häuser beschädigt, die ganze Ernte beschlagnahmt, die Felder nicht bestellt und ohne Saat, beinahe überall hohe Hungersnot und hohe Sterblichkeit, die Leichen ohne Begräbnis und meistens den Wölfen zum Fraß ausgeliefert …

Zehntausende flüchteten nach Paris. Vinzenz organisiert Nahrung und Kleidung, Unterkunft und Arbeit. Nach Lothringen schafft er Saatgut und Pflüge. Er erfindet, schrittweise, eine durchdachte, tätige Caritas.

Reichte das? Nein, denn was nutzt alle Hilfe, wenn die Ursachen fortbestehen! Wenn die Politik weiterhin ihren Profit auf dem Rücken des Volkes erstreitet! Vinzenz wagte es, sich an Kardinal Richelieu zu wenden: »Frieden, Euer Gnaden! Schenken Sie uns Frieden! Schenken Sie Frankreich den Frieden!« Aber der Staat, dem Vinzenz hier entgegentrat, missachtete das Schicksal der kleinen Leute. Richelieu suchte die Größe des Staates, nicht das Glück der Bürger. Die Bauern, neunzig Prozent der Bevölkerung, versanken in Armut.

Der Appell an Kardinal Richelieu blieb erfolglos. Doch Vinzenz lässt sich nicht entmutigen. Jetzt kennt er seinen Lebensweg. Er will die

Bettler, Skizzen von Sebastian Bourdon (1616–1671).

Augen vor keiner Not mehr verschließen. 1631 ist ein furchtbares Jahr. Epidemien wüten im Land; wo die Pest um sich greift, werden die Erkrankten isoliert; man meidet die befallenen Orte. Die Reichen haben mehr Möglichkeiten zu fliehen; einmal mehr zahlen die Armen drauf. Hinzu kommen Kriegsschrecken. Der Herzog von Lothringen sagte: »Jeder meiner Soldaten hat einen Teufel im Leib, und aus diesen Teufeln werden bei Aussicht auf Plünderung drei oder vier.« Dabei hatte das Leben selbst in Friedenszeiten genug Mühsal. Bereits zur Geburt eines Menschen gesellt sich das Gespenst des Todes. Fieber und Infektionen, die der Geburt folgen, bringen vielen Frauen einen frühen Tod. Und Armut stumpft ab. Die Zahl der Menschen, »die beinahe nichts denken«, ist erschreckend hoch: »Alle diese Leute denken in ihrem ganzen Leben beinahe nichts anderes, als wie sie ihren leiblichen Bedürfnissen genügen können.«

Louise de Marillac (1591–1660) fasste das neue Selbstverständnis der »Barmherzigen Schwestern« in die Worte: »Wir sind Weltschwestern!«, Gemälde von Gaspard Duchange, 1704.

Das neue Kloster: die Straßen der Stadt

Für dieses Volk ergreift Vinzenz Partei. Er organisiert soziale Dienste. In Mâcon soll eine »Charité« sich der Bettler annehmen; in Chatillon-des-Dombes eine andere Gruppe die Pest bekämpfen; in Lothringen muss Frauen geholfen werden, die in Gefahr sind, Opfer der Soldaten zu werden. Aber wer soll das alles tun? Vinzenz hält Ausschau nach helfenden Menschen. In der jungen Witwe Louise de Marillac findet er eine tatkräftige Mitarbeiterin, mit der zusammen es ihm gelingt, eine Schwesternschaft zu begründen.

Zunächst versammelt Louise de Marillac junge Mädchen aus städtischen Gemeinden, die sie in Krankenpflege und Verwaltung ausbildet. Es zeigt sich jedoch bald, dass Frauen aus bürgerlichen Kreisen kaum für Arbeiten geeignet sind, welche sie daheim ihren Dienstboten überlassen. Deshalb wagt Vinzenz einen ganz neuen Schritt: Er geht aufs Land, zu den Mädchen aus Bauernfamilien, die von Kindheit an harte Arbeit kennen. Das ist eine geniale Idee, die bisher noch niemand hatte und die darum aber auch nicht jedem gefällt. Vor allem muss er bei den Frauen, die ihm bisher geholfen haben, um Verständnis werben:

Ich kenne die Dorfmädchen aus Erfahrung, da ich der Sohn eines armen Bauern hin und bis zum Alter von 15 Jahren auf dem Lande lebte. Sie rühmen sich nicht dessen, was sie sind, sprechen nicht von ihren Eltern, denken nicht, Geist zu haben, machen einfach mit, und obwohl manche mehr besitzen als die anderen, geben sie sich nicht eingebildet, sondern leben wie alle. Die meisten begnügen sich mit Brot und Suppe, obwohl sie unablässig schaffen, und zwar in harter Arbeit ... Auch die Mädchen in der Stadt, die bei uns mitmachen wollen, müssen es lernen, so zu leben. Also, meine Schwestern, denken Sie nicht, dass Sie schlechter ernährt sind als die Leute draußen. Zu jeder Zeit gibt es viel mehr schlecht ernährte Frauen als Sie, und auch diese müssen arbeiten.

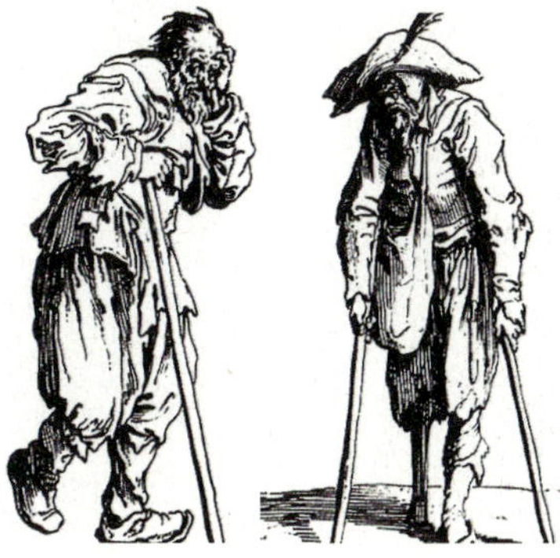

Die hölzerne Drehlade am Eingang der Charité von Mâcon erlaubte Eltern, die ein Kind nicht mehr ernähren konnten, es anonym abzulegen. Wurde ein kurvig abgeschnittener Brief beigelegt, so konnten sie mit dessen Gegenstück später ihre Zugehörigkeit beweisen.

Als die Hilfsgemeinschaft wächst, verlangt man, dass Vinzenz seine »Barmherzigen Schwestern« in einem geschlossenen Orden organisiere, wie dies vom Kirchenrecht gefordert war. Das will Vinzenz auf keinen Fall. Sie sollen keine »ewigen Gelübde« ablegen; es müsse genügen, wenn sie sich je für ein Jahr verpflichten. Auch wehrt er sich gegen eine Ordensregel, und trotz römischer Ernennung zum Oberen lässt er 35 Jahre lang die Dinge laufen. Erst zwei Jahre vor seinem Tode setzt er ein »Reglement« auf, sagt aber, was darin stünde, sei »von selbst« entstanden. Vinzenz wollte die Frauen, die uns heute noch als »Vinzentinerinnen« bekannt sind, ohne Ordenstracht und ohne Schleier. »Ihr Kloster sollen die Häuser der Armen sein und die Straßen der Stadt.«

Vinzenz hatte immer ein gutes Verhältnis zu Frauen. Er meinte, dass sie mit gleichem Recht wie Männer geistliche Wege gehen können. Er setzte großes Vertrauen in sie, in ihr Einfühlungsvermögen, ihren gesunden Verstand und ihre natürliche Intelligenz.
Die ersten Mädchen, die zu ihnen kamen, bildeten Louise und Vinzenz für alle Notfälle aus. Sie sollten Kinder und alte Menschen, Irre und Sträflinge pflegen. Heute hält man diese Aufgaben für unverzichtbar, aber im 17. Jahrhundert wurden Arme und Bettler von der Gesellschaft unerbittlich abgelehnt. 1656 befahl ein Erlass die Jagd auf Bettler, um sie einzusperren. Man unterschied auch nicht zwischen Geisteskranken und Verbrechern, Randexistenzen und Oppositionellen. Wer immer von der gesellschaftlichen Norm abwich, verfiel einer erbarmungslosen Missachtung. Als 1657 zwei Holländer nach Paris kamen, lobten sie die »Einsperrung der Armen, von denen es nicht mehr einen gibt, der bettelt« und fanden auch »die Suche nach Landstreichern und Gaunern« als Fortschritt. Dieses Verfahren galt als Linie der Vernunft, der Vinzenz scharf widersprach. Als ihm die Leitung des allgemeinen Hospitals in Paris angetragen wurde, lehnte er ab: Seine Hilfe sollte sich nicht mit einer staatlichen Kasernierung der Armen und Kranken verbinden.

Politische Konflikte

Trotz seiner Eigenwilligkeiten fand Vinzenz die Achtung der Zeitgenossen. Kardinal Richelieu starb 1642, wenige Monate später Ludwig XIII., den Richelieu wie eine Attrappe behandelt hatte. Vor seinem Tod hatte der König Vinzenz ans Krankenlager rufen lassen und gesagt: »Wenn mich Gott wieder gesund werden lässt, ernenne ich niemand mehr zum Bischof, der nicht drei Jahre mit Ihnen verbracht hat.«

Die Art, wie damals Bischofsernennungen mit politischen Interessen vermengt wurden, störte Vinzenz. Mit dem Nachfolger Richelieus, Kardinal Mazarin, stieß er deshalb auch mehrfach aneinander. Bereits im Februar 1644 notierte ein Höfling: »Vater Vinzenz läuft Gefahr, in Missgunst zu geraten. Man vermutet, dass er verbannt wird, weil er im Gewissensrat zu viel erreichen wollte.« Als aber in Frankreich 1648 wieder einmal Bürgerkrieg ausbrach und Vinzenz Mazarin dafür verantwortlich sah, bat er die Königin, Mazarin zu entlassen. »Niemand hat je eine solche Sprache gegen mich gewagt«, wütete der Kardinal und gab Weisung, Vinzenz festzunehmen. Vinzenz floh aus Paris und zog sich aufs Land zurück. Als aber die Zahl der Hilfsbedürftigen in der Hauptstadt überhand nahm, rief die Königin Vinzenz zurück. Doch bald gab es einen weiteren Zusammenstoß mit Mazarin. Das Parlament verlangte den Ausschluss Mazarins, und auch Vinzenz forderte ihn auf, seinen Abschied zu nehmen; nebenher übte er sogar Druck auf den jungen König Ludwig XIV. aus, sich von Mazarin zu trennen. Aber Mazarin siegte, Vinzenz verlor seinen Einfluss bei Hofe, obwohl ihn die Königin weiter schätzte und ihm später sogar in einem Anfall von Großherzigkeit Schmuck im Wert von 18000 Pfund anvertraute. Vinzenz aber wandte sich noch entschiedener den Armen und Kranken zu.

Über den Tod hinaus

Inzwischen war er alt geworden und die Kräfte schwanden. Aber ob Freund oder Feind, niemand zögerte zu sagen, dass er immer noch sein ganzes Herz einsetzte. Kann ein Mensch mehr geben?
Im Juli 1660 musste sich Vinzenz zu Bett legen. Er war jetzt 79 Jahre alt und sein ganzes Leben lang gesund gewesen. Herz und Geist waren noch frisch, doch Beine und Magen wollten nicht mehr. Am 26. September saß er angezogen in seinem Stuhl am Feuer; er segnete alle Mitarbeiter, die Schwestern, die Findelkinder, die Armen. In der Frühe, kurz nach vier Uhr, ist er gestorben. Die Kunde von seinem Tod brachte eine riesige Volksmenge an seine Bahre. Vornehme wie Arme, vor allem aber Arme, denen sein Leben gewidmet war.

Das Engagement des Vincent Depaul ist nicht messbar. Wer weiß schon, wie viele Findelkinder er aufgelesen hat, wie oft er gegen ansteckende Krankheiten kämpfte, unter Gefahr des eigenen Lebens, wie viele Bittgänge er gemacht hat, um für Gefangene Milderung, für Hungernde Brot, für Verachtete Verständnis zu finden? Für das Elend jener Zeit hat es trotzdem nicht gereicht. Aber sein Werk wirkt über die eigene Lebenszeit hinaus. Vinzenz' Idee einer Schwesternschaft, die nicht klostergebunden ist, regte hunderte von ähnlichen Gründungen an. Seine Gemeinschaft, die *Filles de la Charité*, breitete sich über die ganze Welt aus. Im Laufe von drei Jahrhunderten haben über 600000 Schwestern im Dienst von Findelkindern, Waisen, Kranken, Verwundeten, Flüchtlingen, Gefangenen und vielen anderen Notleidenden gestanden. Vinzenz' Werk »band das zerstreute Mitleid in Garben«, wie der Dichter Clemens Brentano sagte. Vinzenz hat der organisierten Caritas im katholischen wie evangelischen Raum zum ersten Durchbruch verholfen.

1 Kennt ihr in eurer Umgebung Einrichtungen in der Tradition des Vinzenz von Paul? Könnt ihr jemanden von dort zu einem Gespräch in den Unterricht einladen? Welche Fragen wollt ihr stellen? Welche Themen diskutieren?

2 Zeichnet eine Geschichtsleiste in vier parallelen Linien. Tragt auf der ersten die Lebensdaten von Vincent Depaul ein; auf der zweiten die Regierungszeilen der Französischen Könige von der Bartholomäusnacht bis zu Ludwig XIV.; ergänzt die Angaben, die ihr im Religionsbuch findet, mit Hilfe eures Geschichtsbuches; haltet auf der dritten Linie die Lebenszeiten von bedeutenden Zeitgenossen fest: Johannes Kepler, Galileo Galilei, Isaac Newton, Gian Lorenzo Bernini, William Shakespeare, Peter Paul Rubens, Rembrandt; notiert auf der vierten Linie die wichtigsten Ereignisse der deutschen Geschichte.

3 Eine Hofdame, Madame Françoise de Motteville, schrieb in ihren Memoiren: »Herr Vinzenz war ein Mann aus einem Guss, sehr demütig, sehr fromm; nie hatte er daran gedacht, die Hofschranzen für sich zu gewinnen, deren wahre Formen er nicht kannte. So wurde er bald ..., trotz der Verehrung der Königin für ihn, die lächerliche Figur des Hofes, weil es fast unmöglich ist, Demut, Buße und Einfachheit des Evangeliums mit dem dort herrschenden Ehrgeiz, der Hohlheit und Eigensucht in Einklang zu bringen.« Kann ein Leben nach der »Einfachheit« des Evangeliums einen Menschen auch heute noch lächerlich machen? Wenn ja, gibt es Beispiele dafür?

Diese Welt:

Soziale Gerechtigkeit

Familie in Mali – mit ihrem gesamten Hausrat.

Armut. Objektive A. liegt vor, wenn Menschen ihren Lebensunterhalt nicht aus eigenen Kräften beschaffen können. Absolute A. lässt nicht einmal die grundlegenden Existenzbedürfnisse befriedigen; sie wird u.a. durch Unterernährung, Verwahrlosung, Analphabetentum ... gekennzeichnet, verneint die Menschenwürde und kann zu Verzweiflung und asozialem Verhalten führen. Im Zusammenleben der Völker ist sie Ursache von Konflikten und eine Bedrohung des Friedens.

In der Bibel gilt Armut noch als unvermeidliche Gegebenheit, aber es ist elementare religiöse Pflicht, sie zu lindern oder aufzuheben. Vor allem die Propheten übten schärfste Kritik an jedem unsozialen Verhalten, denn wer die Armen missachtet, missachtet Jahwe. »Ich hasse eure Feste, ich verabscheue sie und ich kann eure Feiern nicht riechen ... sondern das Recht ströme wie Wasser, die Gerechtigkeit wie ein nie versiegender Bach« (Am 5,21 ff.).
S. hierzu das Kapitel »Die Propheten«, Religionsbuch 7/8, S. 36–40.

Zur Geschichte der Weltarmut

Die frühen Kulturen dieser Erde waren nicht arm. Vor etwa 5000 Jahren entwickelten sich zwischen Nil und Tigris Hochkulturen, die ausreichend Nahrung erzeugten (vgl.: »Der fruchtbare Halbmond«, Religionsbuch 5/6, S. 26). Zur Zeit der großen Reiche in Mesopotamien entstanden auch in Asien bedeutende Kulturen mit Städten, Palästen und Tempeln. Auch das ferne China war schon vor mehr als 3000 Jahren ein geordnetes Reich, in dem Millionen Bauern Reis und Getreide anbauten und ein gesichertes Leben ermöglichten.

Die Anfänge Europas lagen am Mittelmeer, in Griechenland. Von hier nahm das demokratische Denken der westlichen Welt seinen Ausgang. Die Römer haben die Kultur und Technik der Griechen weitergegeben und über ganz Europa verbreitet. Dennoch war die Geschichte Europas auch eine Geschichte der Not. Klimabedingt gab es in Mitteleuropa mehr Missernten und Hungersnöte als in den alten Ländern des Südens.

Im europäischen Mittelalter erreichte die islamische Kultur den höchsten Bildungsstand der west-östlichen Welt. In Mathematik. Astronomie und Medizin gewannen die Araber hervorragende Kenntnisse, von denen die europäischen Völker viel übernommen haben. Der Luxus jenes Lebens spiegelt sich immer noch in den Geschichten »Aus tausend und einer Nacht«.
In Zentralafrika entstanden zwischen 300 und 1500 n.Chr. ebenfalls Reiche, die eine hohe Kultur entfalteten. An der Ostküste trieben Städte Handel mit China, Indien und den arabischen Ländern. Es gab Nahrung für jeden.
Hoch stehende Kulturen prägten auch die Völker Mittelamerikas. Die Reiche der Mayas, der Azteken und der Inkas waren gut durchorganisierte Gesellschaften ohne Massenelend. Als die Spanier dorthin kamen, wunderten sie sich über den Reichtum der Märkte und die Ordnung des Landes.
Ein Zeitgenosse schrieb, »dass es mehr Felder gibt, als die Indios brauchen, und niemandem fehlt es an etwas. Sie leben mitten im goldenen Zeitalter und umgeben ihren Besitz weder mit Gräben noch mit Mauern oder Hecken.«

Natürlich gab es in den vergangenen Jahrtausenden auch immer Hunger. Aber es scheint doch, als sei dies die Folge schlechter Ernten oder politischer Mängel gewesen, nichts, was grundlegend Völker und Kulturen bedrohte. Und neben Glanz und Reichtum fehlte auch nie die Armut. Eine unendliche Bescheidenheit des Lebens prägte den Alltag, doch war das eher ein Wert als ein Unwert. Armut ist ja auch Reichtum (und Reichtum oft Armut). Erst wenn die Armut ins Elend absinkt, wird die Würde des Menschen verletzt.

Der Sklavenhandel

Eine Wende kam in die Alte Welt, als die europäischen Völker ihre Grenzen überschritten und die Seewege nach Indien und Amerika fanden. Für die indianischen Völker wurde diese Berührung tödlich. Mit Waffen und Pferden, Machtstreben und Goldgier unterwarfen die Europäer alle Indio-Reiche ihren eigenen Interessen. Mit welchen Methoden diese Vernichtung einherging, hat Las Casas der Nachwelt in anklagenden Berichten überliefert (vgl. Religionsbuch 7/8, S. 68–75).

Als man sah, dass die Gesundheit der Indios den Zwangsarbeiten in Bergwerken und auf Plantagen nicht gewachsen war, ersetzte man ihre Arbeitskraft durch robuste schwarzafrikanische Sklaven. Die Indios gab man völlig dem Elend preis. Die Idee zum Arbeitseinsatz der Schwarzen hatte unfreiwillig Las Casas gegeben, als er darauf hinwies, dass die Indios nicht so belastbar seien wie Afrikaner. Er wollte damit den Indios helfen, aber seine Beobachtung wurde zu Ungunsten der Afrikaner aufgegriffen: Schon früher hatten Portugiesen

Sklaverei, eine Einrichtung der antiken Gesellschaften Griechenlands und Roms, die im christlichen Europa allmählich während des Mittelalters schwand; im Westen überlebte sie im großen Umfang bis ins 10. Jahrhundert. Danach entstanden mildere Formen der Leibeigenschaft. Wo Christen gegen Muslime kämpften, war die Versklavung von Gefangenen üblich; dies hielt in Spanien auf christlicher wie muslimischer Seite an und wurde im 16. Jh. auch von Türken und den Königreichen Nordafrikas so gehandhabt. Einige Orden widmeten sich der Auslösung von Christen aus der S. der Muslime. Obwohl die Kirche der S. gegenüber kritisch eingestellt war, verurteilte sie diese nicht, so dass sie einen legalen Charakter behielt. Durch die Entdeckung überseeischer Völker bekam die S. neuen Aufschwung (→ Sklavenhandel, S. 68). Die Bekämpfung der S. war ein lange umstrittenes Freiheits- und Friedensthema des 18. und 19. Jahrhunderts (→ Wilberforce, S. 68).

In Ephesus hatte Paulus im Jahre 56 den entlaufenen Sklaven Onesimus kennengelernt. Er bewog ihn, zu seinem Herrn Philemon zurückzukehren, doch gab er ihm einen Brief an Philemon mit. Darin beginnt Paulus, über die sozialen Unterschiede zwischen Christen nachzudenken. Welche Antwort findet Paulus? Du findest den Brief im Neuen Testament.

Sklavenhandel, Spanier und Portugiesen betrieben zur Ausbeutung von Bergwerken und für die Arbeit auf den Plantagen Südamerikas und der Karibischen Inseln die Einfuhr afrikanischer Sklaven. Trotz widerholter Verurteilungen der Päpste Paul III. (1537) und Pius V. (1567) wuchs der Sklavenhandel zwischen Amerika und Afrika weiter an. Im 17. Jh. wurde er in die jungen englischen Kolonien Nordamerikas eingeführt. Zu dieser Zeit waren schon alle größeren europäischen Länder, einschließlich Holland und Frankreich, mit dem S. über den Atlantik beschäftigt.

Wilberforce, William (1759–1833), englischer Politiker, der sich unermüdlich für die Abschaffung des → Sklavenhandels einsetzte; 1807 erreichte er dessen Aufhebung im britischen Machtbereich. Auf sein Bemühen hin kamen auf dem Wiener Kongress (1814/15) Verträge zum Abschluss, in denen sich auch Frankreich, Spanien und Portugal zur Beendigung des Sklavenhandels verpflichteten. Doch dauerte es noch Jahrzehnte, um das Verbot auch durchzusetzen. Nach Abschaffung des Sklavenhandels kämpfte W. um Beseitigung der Sklaverei überhaupt.

Schwarze im Küstenbereich Afrikas gefangen genommen und auf dem Markt in Lissabon verkauft. Nun bekam ihr Handel System. 1503 holte man die ersten schwarzen Sklaven nach Haiti. 1517 gewährte Kaiser Karl V. einem reichen Flamen, jährlich 4000 Sklaven auf die Inseln Puerto Rico, Haiti, Cuba und Jamaica einführen zu dürfen. Alles Weitere entwickelte sich aus diesem Ansatz. 320 Jahre lang organisierten die europäischen Staaten eine Politik des Menschenraubes. Spanien und Frankreich vereinbarten »im Namen der Heiligen Dreifaltigkeit« jährliche Quoten; zum Transport sollten nur französische oder spanische Schiffe benutzt werden; die Besatzung dürfe beliebigen Nationen entstammen, müsse jedoch grundsätzlich aus Katholiken bestehen. Die reformierten Holländer und zumal die Engländer wollten nicht nachstehen. Schon bald wurde England führend im Sklavengeschäft.

Eine Gesamtstatistik des Menschenhandels gibt es nicht. Alexander von Humboldt berichtet, Kuba habe von 1811–1820 über 116 000 Sklaven erhalten. Über den Hafen von Rio de Janeiro wurden nach Brasilien 1821 allein 210 852 Sklaven eingeführt; in den folgenden Jahren waren es ebenso viele. Man schätzt die Zahl der afrikanischen Sklaven für die Zuckerplantagen der karibischen Inseln auf 12 Millionen: der größte Menschentransport, der je über den Atlantik hinweg stattgefunden hat.

Der Engländer William Wilberforce (1759–1833) kämpfte 30 Jahre lang für die Abschaffung der Sklaverei:

Da mir die Ungeheuerlichkeiten nun einmal bekannt geworden waren, wäre ich meinem Augenlicht, meinem Sinnesvermögen und meiner Urteilskraft untreu geworden, wenn ich davor zurückgeschreckt hätte, die Abschaffung anzustreben.

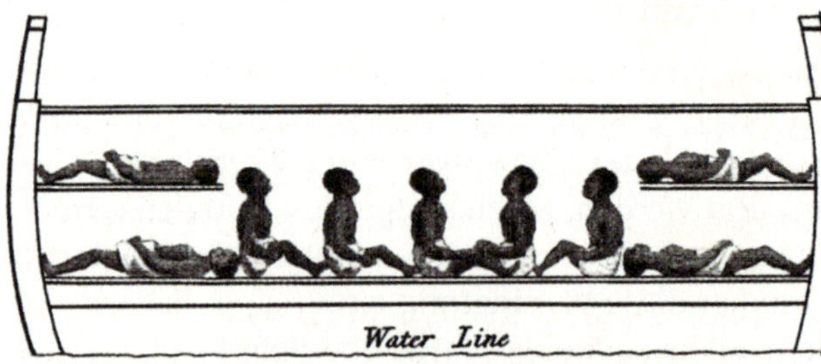

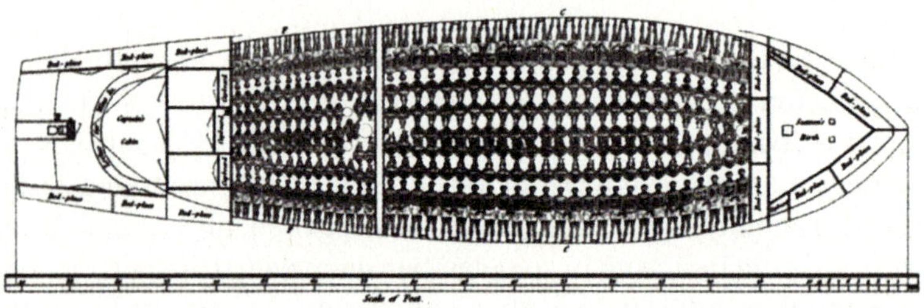

Die Vertreibung der Indianer

Während Mittel- und Südamerika von Spaniern und Portugiesen ausgebeutet wurde, siedelten sich in Nordamerika Engländer und Franzosen an. Sie verdrängten die indianischen Stämme von ihren Gebieten, ohne nach älteren Rechten zu fragen, bis sie schließlich die meisten umgebracht hatten. Was von den nordamerikanischen Indianern übrig blieb – weniger als 800 000 in den USA –, fristet ein elendes Dasein unter der nationalen Armutsgrenze; ihre Selbstmordquote ist fünfzehnmal höher als der Landesdurchschnitt. Die Zerstörung der indianischen Identität führt zu Alkoholismus und Kriminalität. Die Indianer verstehen sich selbst – neben Sinti, Roma und Kurden – als »Vierte Welt«.

Die Kolonialpolitik Europas

Nicht viel besser als Amerika erging es Afrika. Zur Zeit des extensiven Sklavenhandels war es für Europäer noch ein unerforschter Kontinent. Erst 1856 gelang es dem schottischen Missionar David Livingstone den »dunklen Erdteil« zu durchqueren. Daraufhin gab die englische Regierung Livingstone den Auftrag, »die Bekanntschaft mit den Eingeborenen zu erweitern und sie zu veranlassen, sich der Industrie und der Bebauung ihres Landes zu befleißigen, mit der Absicht, Rohstoffe zum Export nach England im Austausch gegen britische Manufakturwaren zu produzieren«. Aber schon wenig später schrieb ein afrikanischer Häuptling an die englische Königin Viktoria:

Die Company will uns elend machen, damit der Hunger uns dann zwingt, Diener des weißen Mannes zu werden, in seinen Bergwerken zu graben und den Reichtum für ihn zusammenzutragen.

Die tatsächliche Folge war die Lösung des Mannes aus seinen gewachsenen Bindungen. Er verlor die Geborgenheit in der Dorf- und Stammesgemeinschaft und wurde zu einer Nummer auf Lohnlisten, in Barackenlagern untergebracht, ohne Frau und Familie. Darüber zerfielen zu Hause die Stammesordnungen, die den Alten und Kranken, Frauen und Kindern Geborgenheit gaben.
Europäische Forscher, Kaufleute und bewaffnete Truppen drangen schließlich in die ganze Welt vor. Kein Kontinent blieb ausgenommen. Um 1900 war der größte Teil der Welt unter den westlichen Nationen aufgeteilt:
In Nordamerika sagten sich die weißen Siedler bereits 1776 von ihren Mutterländern los und riefen die Vereinigten Staaten als unabhängiges Land aus. Auch die spanischen und portugiesischen Kolonien *in Zentral- und Südamerika* lösten sich von ihren europäischen Regierungen. Sie schafften es jedoch nicht, sich aus eigener Kraft zu entwickeln. Noch heute wird ihre Wirtschaft weitgehend von internationalen Gesellschaften beherrscht.

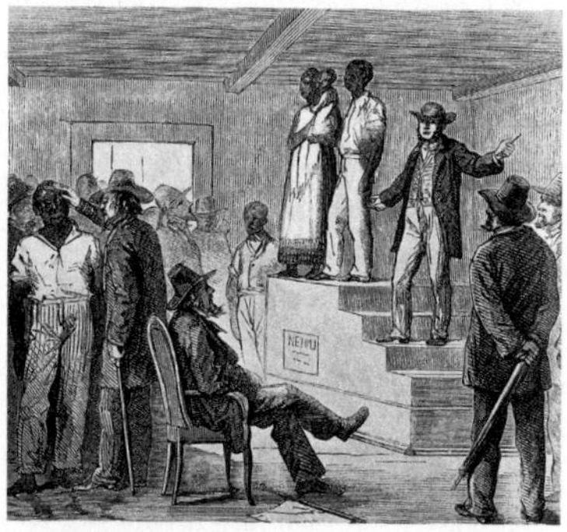

Bei den Sklavenverkäufen wurden oft Familien, Liebespaare und Freunde ohne Erbarmen getrennt.

Der Verkauf von Sklaven wurde sorgfältig organisiert. Die Angebote hingen neben der Kirche oder in Kneipen aus, den Großgrundbesitzern gingen briefliche Mitteilungen zu.

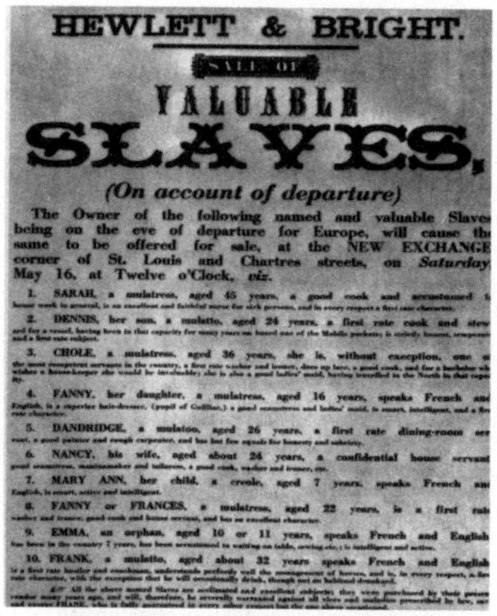

HEWLETT & BRIGHT.

VALUABLE

SLAVES,

(On account of departure)

The Owner of the following named and valuable Slaves being on the eve of departure for Europe, will cause the same to be offered for sale, at the NEW EXCHANGE corner of St. Louis and Chartres streets, on *Saturday*, May 16, at Twelve o'Clock, *viz.*

1. SARAH, a mulatress, aged 45 years, a good cook and accustomed to
2. DENNIS, her son, a mulatto, aged 24 years, a first rate cook and stew
3. CHOLE, a mulatress, aged 36 years, she is, without exception, one of
4. FANNY, her daughter, a mulatress, aged 16 years, speaks French and
5. DANDRIDGE, a mulatoo, aged 26 years, a first rate dining-room ser
6. NANCY, his wife, aged about 24 years, a confidential house servant
7. MARY ANN, her child, a creole, aged 7 years, speaks French and
8. FANNY or FRANCES, a mulatress, aged 22 years, is a first rate
9. EMMA, an orphan, aged 10 or 11 years, speaks French and English
10. FRANK, a mulatto, aged about 32 years speaks French and English

Manchen Sklaven gelang die Flucht, aber die Jagd auf sie war gut organisiert. Auf diesem Anschlag verspricht ein William Burke 150 Dollar Belohnung jedem, der ihm seinen Diener Henry zurückbringt.

$150 REWARD

RANAWAY from the subscriber, on the night of the 2d instant, a negro man, who calls himself *Henry May*, about 22 years old, 5 feet 6 or 8 inches high, ordinary color, rather chunky built, bushy head, and has it divided mostly on one side, and keeps it very nicely combed; has been raised in the house, and is a first rate dining-room servant, and was in a tavern in Louisville for 18 months. I expect he is now in Louisville trying to make his escape to a free state, (in all probability to Cincinnati, Ohio.) Perhaps he may try to get employment on a steamboat. He is a good cook, and is handy in any capacity as a house servant. Had on when he left, a dark cassinett coatee, and dark striped cassinett pantaloons, new—he had other clothing. I will give $50 reward if taken in Louisvill; 100 dollars if taken one hundred miles from Louisville in this State, and 150 dollars if taken out of this State, and delivered to me, or secured in any jail so that I can get him again.

WILLIAM BURKE.

Bardstown, Ky., September 3d, 1838.

In Indien hatten die Briten die Kontrolle übernommen. Ihre Kolonialherrschaft dauerte von 1763–1947. Im Jahr 1877 riefen sie ihre Königin Viktoria zur Kaiserin von Indien aus. Die Franzosen, die ebenfalls dorthin drängten, waren den Briten unterlegen und besetzten stattdessen Vietnam, Laos und Kambodscha. Die Holländer rissen Indonesien an sich.
In Afrika siedelten holländische Bauern (Buren) zunächst nur an der Südküste. Um die Mitte des 19. Jahrhunderts aber begannen die europäischen Staaten ihre »Jagd auf Afrika«. Sie verteilten den Kontinent unter sich. »Die Flagge folgt dem Handel«, sagte man. Die »Rechtsverträge«, die sie den Afrikanern vorlegten, verstanden diese gar nicht, weil nach Auffassung der Afrikaner das Land allen »gehört«. Neben den Holländern im Süden, waren Briten, Franzosen, Portugiesen und Spanier an diesem Geschäft beteiligt. Als Deutschland ebenfalls seinen Anteil forderte, setzte man sich 1885 in Berlin um die Landkarte und vergab den Rest. Deutschland nannte seine afrikanischen Kolonien (Südwestafrika, Togo, Kamerun, Ostafrika) »Schutzgebiete«. Bald darauf führte die »Schutzmacht« gegen das Volk der Koikhoikhoin (die die Holländer wegen ihrer abgehackten Sprechweise Hottentotten nannten) einen Ausrottungskrieg. Man trieb alle, Männer, Frauen und Kinder, in die Wüste und ließ sie dort verhungern. Von 100000 Stammesangehörigen kamen 80000 ums Leben. Die restlichen 20000 wurden in unwirtliche Gebiete abgeschoben. Damit war das Land für die deutschen Siedler frei.

Die Folgen der Kolonialzeit

Als 1945 der Zweite Weltkrieg zu Ende ging, war auch das Ende der Kolonien nicht mehr weit. Aber kaum jemand sah es so. Noch 1944 erklärte General de Gaulle in Brazzaville, »eine noch so entfernte Errichtung einer Selbstregierung« sei für die Kolonien Frankreichs »undenkbar«. Zwei Jahre später aber begann der erste Indochina-(Vietnam-)Krieg. Monate später wollte Madagaskar nicht länger Frankreichs Untertan sein. Danach genügten ein paar Jahre, um eine Herrschaft von Generationen abzuschütteln. Nördlich der Sahara gelang Afrika der Weg in die Unabhängigkeit mit wenig Blutvergießen; Libyen wurde 1951, Ägypten 1952, Marokko 1955, Tunesien 1956 unabhängig. Frankreich aber hielt erbittert an Algerien fest. »Von Flandern bis zum Kongo gibt es nur ein Gesetz, nur eine Nation, nur ein Parlament. So will es die Verfassung, so wollen wir es. Die einzige Verhandlung ist der Krieg«, sagte der damalige Innenminister François Mitterrand. Tatsächlich entstand ein grausamer Krieg mit Massakern, Folterungen und großen Todesopfern unter der Bevölkerung. Er endete nach acht Jahren mit der Unabhängigkeit Algeriens. Nun folgten die Unabhängigkeitserklärungen der schwarzafrikanischen Staaten.
Die Entwicklung in Asien verlief ebenfalls stürmisch. Hier erregte vor allem der Freiheitskampf Aufsehen, den Indien unter Mahatma

Kolonie (von lateinisch *colonia*, »Landgut«), Niederlassung eines fremden Staates oder seiner Bürger in einem fremden Land, vorwiegend in Übersee, durch Inbesitznahme zu wirtschaftlichen und militärischen Zwecken. Zuerst beuteten Spanien und Portugal fremde Völker aus (in Amerika und an den Küsten Afrikas). Im 17. Jahrhundert drängten England, die Niederlande und Frankreich in den Vordergrund. Den Höhepunkt der kolonialen Expansion brachte das 19. Jahrhundert. Nach dem 2. Weltkrieg führte der Freiheitswille der fremden Völker zur schnellen Auflösung der K.n, zum Teil friedlich, zum Teil nach Kämpfen. Insbesondere versuchte Frankreich seine Position in Indochina zu halten, musste 1954 aber dann doch seinen Besitz freigeben, wie auch 1958 in Afrika (Algerien).

Kolonialismus, Beherrschung durch ein Volk einer anderen Kultur, durch welche die unterworfene Gesellschaft ihrer Eigenentwicklung beraubt wird, um diese den wirtschaftlichen Interessen der Kolonialherrn zu unterwerfen.

»Vergraben wir rasch das Gold wieder, sonst bringen uns die Europäer ihre Kultur.«

Gandhi unblutig führte. Großbritannien teilte Indien 1947 in Indien und Pakistan. 1950 wurde die Republik Indien gegründet.
Für viele der ehemaligen Kolonien begannen mit der Unabhängigkeit schwere Zeiten. Die Weißen hatten ja das Know-how für Verwaltung, Industrie und Landwirtschaft; die »Eingeborenen« waren dabei nur als billige Arbeitskräfte willkommen gewesen. Nun sollten sie eine Verantwortung ausüben, für die es keine Einübung gegeben hatte. Dementsprechend türmten sich die Schwierigkeiten: Maschinen verrotteten, Erträge gingen zurück, neue Armut drohte. Die heutigen Probleme haben ihre Wurzeln in den Bedingungen der Kolonialzeit.

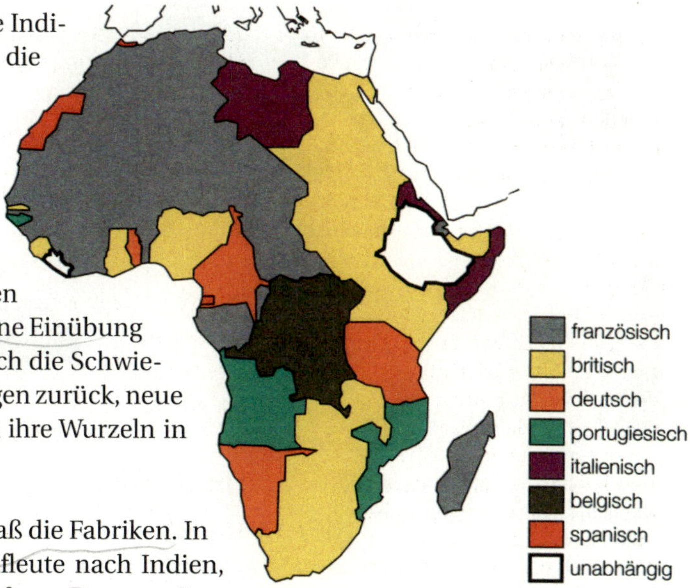

Die europäische Kolonialherrschaft in Afrika Ende des 19. Jahrhunderts

- Die Kolonien hatten Rohstoffe, Europa besaß die Fabriken. In alten Zeiten fuhren die europäischen Kaufleute nach Indien, um dort die besten Stoffe der Welt zu kaufen – Damast, Samt, Baumwollstoffe. Jetzt brachte man die indischen Rohstoffe nach England. So gab es hier Arbeit, auch die Reeder machten hier Geschäfte, aber Indien wurde ärmer.
- Da die Kolonien nur den Bedürfnissen der europäischen Mächte dienten, gab es keine Rücksicht auf die Rechte des Landes. Brauchte man Erze, wurden Minen angelegt. Wollte man Holz, rodete man Wälder. Wünschte man tropische Früchte, züchtete man sie in riesigen Monokulturen. Die Landwirtschaft dieser Gebiete erfuhr keine Förderung. Während in Europa Arbeitskräfte immer teurer wurden, sodass eine hohe Technisierung der Höfe entstand, blieb es in der Dritten Welt bei den alten Methoden.
- Die schwierigsten Verhältnisse entstanden dort, wo die Europäer sich in den Kolonien ansiedelten, sich riesige Ländereien aneigneten und darauf die Einheimischen beschäftigten.
- Die Europäer hielten die Einwohner ihrer Herrschaftsgebiete oft für faul und dumm. Dass alle Gesellschaften den gleichen Intelligenzdurchschnitt haben, war ihnen noch nicht bewusst oder unangenehm zu wissen. Zwar richteten sie dort, wo sie auf der mittleren und unteren Ebene Mitarbeiter brauchten, Schulen ein. Aber mit dem ABC wurde zugleich die europäische Lebensweise vermittelt. Das entfremdete die Menschen ihrer eigenen Herkunft und Kultur. Sie sahen sich selbst als rückständig, glaubten nicht mehr an die Werte ihres Volkes und vertauschten sie mit europäischen Waren. Die Folgen sind immer noch verheerend: die eigenen Künste und Bräuche, Lieder, Musik, Geschichten, Trachten, Lebensformen … werden – wie bei uns – zugunsten einer seichten Allerweltsart, wie sie die Medien vorspielen, preisgegeben.

Mädchen vom Volk der Rehobother Baster in Deutsch-Südwestafrika um 1900 – neu eingekleidet, aber mit sich identisch und glücklich?

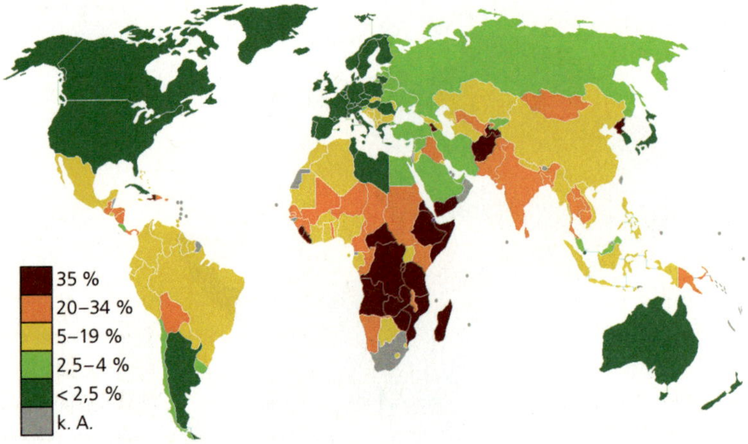

Prozentualer Anteil unterernährter Menschen der Weltbevölkerung.

Kennzeichen der Armut

Die Situation der ehemaligen Koloniälländer ist nicht einheitlich. Man unterscheidet zwischen armen und noch ärmeren Ländern: *less developed countries* sind »Entwicklungsländer« mit niedrigem Lebensstandard, schlechtem Schul- und Gesundheitswesen, geringer Produktivität; als *least developed countries* gelten die Ärmsten der Armen. Die wichtigsten Faktoren, die das Elend dieser Völker bedingen, sind folgende:

Unterernährung

Hunger ist ein zu ungenaues Wort. Zwar werden uns Bilder ausgemergelter Menschen, die nur noch Haut und Knochen sind, aus extremen Zonen der Hungersnot gezeigt, dennoch besteht das Hauptproblem in einer Mangelernährung aufgrund minderwertiger Lebensmittel. Vielfach beginnt die Mangelernährung schon im Mutterleib. Die Folgen sind dann vorgegeben: Zellen brauchen, um zu wachsen, Eiweiß und Kohlehydrate; fehlt es daran, kann der Magen die Nahrung nicht in vollem Umfang verarbeiten, die Unterernährung verstärkt sich. Außerdem schwindet die Widerstandskraft gegen Krankheiten. Kommen schließlich noch schlechte sanitäre Verhältnisse dazu, unsauberes Wasser, unzureichende Impfungen, wird das Elend unübersehbar.

Die wirtschaftlichen Auswirkungen liegen auf der Hand: Unterernährte Kinder leisten weniger in der Schule; als Erwachsene gewinnen sie nie ihre volle Arbeitskraft. (Wer zwei oder drei Tage lang versucht, mit 1000 Kalorien pro Tag auszukommen, kann sehr schnell sehen, wie die schulische Leistungskurve fällt.)

Im Weltmaßstab ist die Ernährung jedoch weniger ein Problem der Gesamtproduktion als ein Problem der Verteilung. Es ist nicht damit getan, mehr Nahrungsmittel zu produzieren; das kann die Hilflosigkeit noch verstärken. Dafür ein Beispiel: In den siebziger Jahren sollten neue ertragreiche Sorten von Reis, Mais und Weizen dem Hunger abhelfen. Um diese Sorten zu produzieren, wurde viel Technik eingesetzt: Traktoren, Erntemaschinen, Bewässerungsanlagen, Mineraldünger und wegen der geringen Robustheit dieser Sorten Chemie gegen Schädlingsbefall und Krankheiten. Das alles erforderte große Flächen. Also fiel die Produktion – einschließlich der internationalen Unterstützungsgelder – wie von selbst den Großgrundbesitzern zu. Dadurch gerieten die kleinen Bauern noch mehr unter Druck. Sie konnten nicht mehr rentabel produzieren, ihre Konkurrenzfähigkeit schwand. Da es keinen Verkauf von Produkten mehr gab, also auch kein Geld, baut man seitdem nur noch für die eigene Familie an. Die Großbetriebe aber brauchen keine neuen Arbeits-

Wenn das Körpergewicht eines Kindes weniger als 70–85 Prozent des Durchschnittsgewichts eines Kindes vergleichbarer Größe beträgt, bezeichnet man das Kind als unterernährt. Unterernährung gehört zu den häufigsten Todesursachen von Kindern in Krisensituationen. Kinder reagieren empfindlicher auf Unterernährung als Erwachsene, weil sie im Wachstum einen höheren Nährstoffbedarf haben. Da sie keine großen Mahlzeiten verdauen können, müssen sie häufig mit kleinen Portionen gefüttert werden. In Krisensituationen ist dies oft nicht möglich. Die Kinder erhalten dementsprechend weniger Nahrung als sie brauchen.

Wo müsste man ansetzen, um diesen Teufelskreis zu durchbrechen? Der hohe Einsatz von Kapital und Technik führt zum »Bauernlegen«. Würde die »Hilfsaktion« weitergeführt, verschwänden viele Kleinbetriebe, die Arbeitslosigkeit nähme zu. Wo also kann sinnvolle Hilfe beginnen?

kräfte, hier ersetzen Maschinen den Menschen. So steigerte sich die Produktion, aber die Armut nahm zu. Die »Grüne Revolution« machte die Zuchtbetriebe, die Maschinenfabriken und die Chemie-Konzerne reich, also jene, die es vorher schon waren.

Die Unterdrückung der Frauen

Den weitaus größten Teil der landwirtschaftlichen Arbeit leisten in Ländern der Dritten Welt die Frauen. Dennoch sind sie landlose Arbeiter, denn ihnen gehört kein Land. Der Landbesitz geht fast überall auf die Männer über. Wenn aber die Männer notgedrungen fern ihrer Familie arbeiten, können ihre Frauen keine Kredite aufnehmen, keine eigenen Entscheidungen treffen. Meistens fehlt ihnen auch der Mut zu solchen Initiativen. Dabei arbeiten Frauen durchweg wesentlich länger und härter als Männer. Zentralafrika gilt in dieser Hinsicht als Extremfall: Nach einer Untersuchung in Zaire übernehmen dort die Männer nur 30 Prozent von der Arbeitsleistung der Frauen. Diese versorgen Haushalt und Kinder, holen Wasser, manchmal auf schwierigen Wegen von mehreren Stunden, sammeln Brennholz, mahlen Mehl aus Körnern und Wurzeln. Ihr Arbeitstag zählt 16 Stunden.

Für viele Frauen ist der Weg in die Gesellschaft voller Hindernisse. Religiöse Anschauungen sperren sie zusätzlich in ein Getto, aus dem nicht zu entkommen ist. Frauen werden darum auch öfter als Männer vom Schulbesuch ausgeschlossen. Die Folgen dieser Benachteiligung der Frauen aber tragen alle: So hängt bereits die körperliche wie geistige Entwicklung des Kindes grundlegend von den Kenntnissen der Mutter über Ernährung, Gesundheit und Erziehung ab. Die Behinderungen in Schule und Beruf schließen sich an. Insgesamt darf man sagen: Die Männer erkaufen sich ihre Vorteile sehr teuer. Wahrscheinlich sind Bildung und Gleichstellung der Frau der wichtigste Punkt, an dem man ansetzen muss, um die Teufelskreise des Elends in der Welt zu durchbrechen.

Soziale Trägheit

Große Armut macht nicht beweglich, sondern dumpf und ergeben. Wer im Elend lebt, wird meistens passiv, gleichgültig und sprachlos. Der frühere indische Ministerpräsident Nehru sagte: »Die wirklich Armen streiken nie. Sie haben weder die Mittel noch die Macht zu demonstrieren.« Politische Veränderungen werden nicht durch den Druck verarmter Massen ausgelöst, die sich plötzlich ihrer Rechte bewusst würden. In einigen Ländern trägt auch die jeweilige Religion zur passiven Ergebenheit bei. Karl Marx nannte die Rolle der Religion für solche Menschen die »Blumen an der Kette«, den »Seufzer der bedrängten Kreatur«, das »Opium des Volkes«.

Der »schwache Staat«

Als die Kolonialregierungen ihre Länder in die Unabhängigkeit entließen, waren die Einheimischen überfordert. Man hatte den Menschen die eigene Kultur genommen und sie nicht in höhere Verantwortung eingeübt. Für die neuen Regierungsaufgaben standen meist nur Söhne reicher Familien bereit, die in Europa studiert hatten. Diese dachten in europäischen Vorstellungen, und vieles, was sie anfassten, misslang, weil es die Bedingungen des Landes verfehlte.
Wenn es überall mangelt, suchen viele ihren eigenen Vorteil. Darum sind die Staaten der Dritten Welt besonders durch Korruption gefährdet. Manche Entwicklungshilfen erreichen ihr Ziel nicht, weil es an Verwaltungen fehlt, die unbestechlich und kompetent dem Ganzen dienen.

Eine besondere Schwächung erfahren die Staaten der Dritten Welt durch ihre Schulden. Die Rohstoffe, die sie exportieren, bringen weniger Geld, als notwendig ist, um im Ausland für den Lebensunterhalt und die Entwicklung des Landes einkaufen zu können. Also sind Kreditgeber gesucht, die ihrerseits aber gerne Bedingungen stellen und die Regierung abhängig machen. Die internationalen Konzerne jedoch, die in »Billig-Lohn-Ländern« produzieren, lassen ihre Gewinne nicht dort, sondern stecken sie dahin, wo das Kapital den größten Ertrag bringt. Auch die Reichen der Dritten Welt legen ihr Geld lieber bei amerikanischen oder Schweizer Banken an, weil sie die politischen Unruhen und wirtschaftlichen Krisen des eigenen Landes fürchten.

Industrieländer

Entwicklungsländer

über 10 x höheres Einkommen

über 10 x höherer Exportwert

über 10 x höherer Energieverbrauch

über 10 x mehr Arbeitslose

über 10 x mehr Analphabeten

über 10 x mehr Landarbeiter

Die Herausforderung der Christen

Was hat dies alles in einem Religionsbuch zu suchen? Sind dafür nicht die Fächer Geschichte und Erdkunde zuständig? Darauf lassen sich mehrere Antworten geben.

Erstens begegnet das Christentum in der Dritten Welt auch seiner eigenen Geschichte; es kann seinen Anteil an der europäischen Welteroberung nicht verleugnen.

Zweitens versteht sich das Christentum als ein erinnernder Glaube; alles Vergessen- und Verdrängen-Wollen wäre eine Minderung dieses Glaubens. Auch die Geschichte der Schuld muss präsent bleiben, damit die Zukunft anders sein kann.

Drittens glaubt das Christentum, dass es die eigene Freiheit und Würde nur findet, wenn es zugleich die Freiheit und Würde der anderen sucht.

Viertens sind alle großen Worte von Liebe, Verantwortung, Solidarität … wertlos, wenn sie nicht politisch und sozial in die Verhältnisse der heutigen Welt übersetzt werden. Um das zu schaffen, muss man hinsehen und urteilen lernen.

Albert Schweitzer (1875–1965), Theologe und Missionsarzt, gründete 1913 im afrikanischen Gabun das Tropenhospital Lambarene, das er mit Orgelkonzerten, Vorträgen und als Schriftsteller zu finanzieren suchte. Für seine lebenslange Arbeit im Dienst der Kranken erhielt er 1952 den Friedensnobelpreis.

Die Rolle der Mission

Wir haben von Las Casas gesprochen, der sich zum Anwalt der geschändeten Indios machte. Aus anderen Zeiten und Ländern lassen sich weitere Namen nennen, die zu Parteigängern der Entrechteten wurden. Es ist aber auch nicht zu verschweigen, dass Mission und Europäisierung oft Hand in Hand gingen. Wie sind die Dinge vermengt?
Nachdem Kolumbus die »neue Welt« entdeckt hatte, sah sich die spanische Königin Isabella verpflichtet, den Menschen dieser Länder die christliche Botschaft zu bringen. Das Verständnis für diesen Auftrag aber blieb äußerlich. Die auf Gewinn versessenen Seefahrer praktizierten ein Rezept, das damals schon »Kreuz, Handel, Knüppel« hieß.
In den späteren Generationen, vor allem im 19. Jahrhundert, bildeten sich überall in Europa, auch in den evangelischen Kirchen, Missionsgesellschaften. Ihnen gereicht zur Ehre, dass sie oft und immer wieder die Rechte der unterworfenen Menschen gegen ihre christlichen Landsleute verteidigten. Dennoch waren die Missionare auch in die Anschauungen ihrer Zeit eingebunden und vermochten darum zwischen christlichem Glauben und europäischen Interessen vielfach nicht zu unterscheiden. Sicher wollten sie die Machtpolitik der Regierungen nicht fördern. Sie hatten Vorstellungen davon, wie man der Ausbeutung der Menschen ein Ende bereiten könnte und haben viele Modelle eines freien Lebens erprobt. Zahlreiche Missio-

Kirchliche Hilfswerke
Deutscher Caritasverband → s. S. 58, 60

Misereor (lat.: »Ich habe Erbarmen«), Mozartstr. 9, 52064 Aachen
www.misereor.de

Adveniat (lat.: »Dein Reich komme«), Bernestr. 5, 45127 Essen
www. adveniat.de

Renovabis (lat.: »Du wirst erneuern«), Domberg 27, 85354 Freising
www. renovabis.de

Gespräch mit Jon Sobrino

Jon Sobrino SJ war persönlicher Freund des von den Militärs getöteten Erzbischofs Óscar Romero (→ S. 86, 182–185). Als am 16. November 1989 eine Eliteeinheit der Armee sechs Jesuiten, deren Haushälterin und ihren Sohn ermordete, hat Sobrino als einziger Mitbewohner der Jesuitengemeinschaft das Massaker überlebt.

Wie ist die Befreiungstheologie entstanden?

Es begann mit Menschen, die in den sechziger und siebziger Jahren gesagt haben: »Die Bedürftigen und Unterdrückten sterben langsam oder gewaltsam. An Gott zu glauben bedeutet, sich mit den Unterdrückten zu solidarisieren.«

Wie sehr hat der Marxismus die Befreiungstheologie beeinflusst?

Als Jesus mit den Armen gegessen hat, nannten sie ihn einen Trunkenbold. Als er sich mit Sündern und Prostituierten angefreundet hat, haben sie ihn verachtet. Wann immer jemand auftaucht, der das heuchlerische Verhalten der Mächtigen bloßstellt, wird er beschimpft, diffamiert und letztlich umgebracht. Das ist ein historisches Gesetz, das schon lange vor der Befreiungstheologie existiert hat.

Welche Bedeutung hat die Befreiungstheologie heute?

Heute ist die Befreiungstheologie nicht mehr von demselben weltlichen Glanz umgeben wie in früheren Jahren. Es gibt heute weniger Bücher über die Befreiungstheologie, weniger interessierte Bischöfe, weniger Basisgemeinden. Doch ich glaube, im kollektiven Bewusstsein der Christen ist die Befreiungstheologie noch immer präsent. Warum sonst würden so viele Leute nach ihr fragen?

nare waren Männer der Tat, die ihre Botschaft mit Ackerbau, mit Viehzucht und Bauhandwerk verbanden. Sie gründeten Schulen und Krankenhäuser. Unvermeidlich waren sie zugleich die Wegbereiter einer europäischen Kultur, die meistens unter Preisgabe der eigenen kritiklos übernommen wurde. So mischten sich Gewinn und Verlust: Gewinn für die fremden Völker war ein Glaube, der von Stammesgrenzen und Geisterfurcht befreite und in eine weltübergreifende Gemeinschaft eingliederte. Hinzu kam der Erwerb einer europäischen Sprache, in der sie sich heute weltweit verständigen können. Der Preis für diesen Gewinn war die Untreue zur eigenen Kultur, sodass sich die Seele der Völker spaltete. In Afrika und Lateinamerika entstanden dadurch auch religiöse Mischformen. Das kirchliche Christentum ist in der Dritten Welt aber kein Sonntagschristentum geworden und keine Religion der herrschenden Klassen. Wie es sich heute darstellt und welchen Beitrag es für die Dritte Welt leistet, beschreibt das Kapitel »Kirche: Von der Westkirche zur Weltkirche« (→ S. 98–109).

Die Form unserer Hilfe

Das heutige Programm der Kirchen für die Dritte Welt lässt sich mit »Inkulturation« bezeichnen. Christentum soll nicht länger der eigenen Herkunft entfremden. Darum sind die jungen Kirchen in aller Welt bemüht, Kirche am Ort zu sein, das heißt, das Gesicht ihres Landes zu haben und die vorchristlichen Traditionen nicht einfach als »heidnisch« abzutun. So finden alte Bräuche und die Formen früheren Lebensstils neue Aufnahme in den Gemeinden. Oft muss die Kirche den Sinn für die eigenen Traditionen erst wieder wecken. Die Verführungskraft der Unterhaltungsmedien mit ihrem *modern way of life* ist ja groß und beeindruckt viele Menschen leichter als die einfachen Lebensformen der Vergangenheit. Die Kirchen aber wissen inzwischen, dass das europäische Christentum nur eine Gestalt des Glaubens ist, neben der afrikanische, asiatische oder lateinamerikanische Völker jetzt ihre eigene Linie finden müssen.

Noch um 1960 zeigt diese Kirche in Papua-Neuguinea eine Kopie (schwacher) europäischer Vorbilder.

Diese Einsicht gilt auch für die kirchlichen Hilfswerke, die durch Spenden und persönlichen Einsatz wieder gutmachen wollen, was die ehemaligen Kolonien zur »Dritten Welt« werden ließ. Wie ist das möglich? Es kann, bei aller notwendigen Hilfe, nicht darum gehen, die eigene Welt zu vervielfältigen. Landwirtschaft in Afrika muss anders aussehen als ein voll technisierter EU-Bauernhof. Die medizinische Versorgung in Lateinamerika kann sich nicht an Arztpraxen und der Apparatemedizin eines deutschen Kreiskrankenhauses orientieren. Das Schulwesen in Asien darf keine europäischen Schulen kopieren, sondern muss auch die Erwachsenen und zumal die Frauen berücksichtigen. Darum heißt die Parole der kirchlichen Hilfswerke »Hilfe zur Selbsthilfe«. Es sollen keine Häuser gebaut werden, die wegen ihrer Betriebs- und Unterhaltungskosten das Land nur noch ärmer machen; keine Maschinen angeschafft werden, die nach den ersten Störungen nicht mehr mit eigenen Kräften repariert werden können; keine Theologen nach europäischen Bedürfnissen ausgebildet werden, wenn sie eine Gemeinde in Bolivien oder im Sahel leiten sollen. Im Religionsbuch 7/8, S. 212–223, haben wir drei Modelle heutiger christlicher Präsenz in der Dritten Welt vorgestellt.

Der Schritt vom Wissen zum Tun, von der Information zum Beistand war noch nie so groß wie heute. Und noch nie erschien er vielen Menschen so aussichtslos. Es besteht die Gefahr, dass wir uns an die Armutskrisen der Welt gewöhnen. Was können wir tun, um nicht selbst abzustumpfen? Wie können wir der Dritten Welt helfen, um das eigene Christsein zu verwirklichen?

Dagegen trat Jack Tul zu seiner Priesterweihe 1995 in Papua-Neuguinea in Stammestracht an – Beispiel für das Bemühen um christliche Inkulturation.

Interview mit Bischof Erwin Kräutler:

Sie sind Indio-Bischof von Altamira in Brasilien. Welche Eigenschaften sollte, Ihrer Meinung nach ein Bischof heute haben?

Als ich Bischof wurde, habe ich die Leute gefragt, was sie von einem Bischof erwarten. Sie sagten, ich soll mein Bischofsamt unter und mit dem Volk ausüben, sie wollten keinen Schreibtischbischof. Ich soll am eigenen Leib spüren, was sie selbst erfahren und erleiden. Und ich habe es am eigenen Leib verspürt, als ich 1983 von der Militärpolizei getreten, zusammengeschlagen und festgenommen worden bin. Die Menschen haben damals laut geschrien: »Lasst ihn los, das ist unser Bischof!« Sie haben nicht gesagt, das ist ein Bischof, sondern, das ist unser Bischof. Das habe ich nie mehr vergessen. Weiter haben sie sich von mir gewünscht, dass ich ihnen zuhöre. Jedesmal, wenn ich in eine Gemeinde komme, erzählen mir die Leute erst einmal zwei, drei Stunden lang, wie es ihnen geht.

Sie leben seit 34 Jahren in Brasilien. Hat es in den vergangenen Jahren Veränderungen im kirchlichen Leben dieses Landes gegeben?

Unzählige Basisgemeinden sind an allen Ecken und Enden entstanden, und sie existieren bis heute.

Unterlagen die Basisgemeinden einem marxistischen Einfluss?

Die Befreiungstheologie ist biblisch grundgelegt. Wir fragen: Was verlangt Christus von uns heute im sozialen Kontext? Natürlich ist das eine neue Weise, Kirche zu sein.

Bei uns in Europa, vor allem in konservativen Kreisen, wird immer wieder gesagt, der Marxismus ist tot, also ist die Befreiungstheologie auch tot. Wie sieht es Ihrer Meinung nach mit dieser Theologie heute aus?

Die Befreiungstheologie ist aus einem biblischen Gottesverständnis geboren. Es geht um jenen Gott, der gesagt hat: Ich habe den Schrei meines Volkes gehört! Solange es Arme auf dieser Welt gibt, hat die Kirche die Aufgabe, Antwort zu geben.

Exodusgeschichten

Edward Poynter (1836–1919), Das Volk Israel in Ägypten. Das Bild entwirft eine Phantasieszene, gibt jedoch einen zuverlässigen Eindruck von der Pracht ägyptischer Architektur.

Von Aufbrüchen und Auszügen erzählt die Bibel mehrfach: Bereits die Geschichte Abrahams beginnt mit dem Wort: »Zieh weg aus deinem Land, von deiner Verwandtschaft und aus deinem Vaterhaus in das Land, das ich dir zeigen werde« (Gen 12,1). Was darauf folgt, ist das Schicksal einer Wanderschaft. Selbst wenn Land und Heimat gefunden werden: ein unbewegliches Dasein erscheint dem biblischen Glauben falsch. Ein Verlassen der »Fleischtöpfe Ägyptens« muss jeden Tag möglich bleiben.
Das menschliche Leben ist ein Lebensweg. Sprachgeschichtlich haben die Wörter Weg und Wagnis dieselbe Wurzel.

Eine andere Beziehung besteht zu dem Wort Sinn. Sinn bedeutet ursprünglich eine Fährte suchen, reisen, streben, gehen. Weil jede lebendige Religion mit Sinn zu tun hat, führt sie auf offene Wege: »Religion ist eine Straße zu Gott. Eine Straße ist kein Haus«, sagt ein indisches Wort.

Das zweite Buch Mose heißt *Exodus*, »Auszug«. Darin findet sich die Erinnerung an den Auszug Israels aus ägyptischer Knechtschaft. Es ist eine Erfahrung, die für Israel zum Modell des Glaubens wurde.

Der Auszug aus Ägypten

12 40 Der Aufenthalt der Israeliten in Ägypten dauerte vierhundert-
dreißig Jahre. 41 Nach Ablauf der vierhundertdreißig Jahre, genau
an jenem Tag, zogen alle Scharen des Herrn aus Ägypten fort.
42 Eine Nacht des Wachens war es für den Herrn, als er sie aus
Ägypten herausführte. Als eine Nacht des Wachens zur Ehre des
Herrn gilt sie den Israeliten in allen Generationen.

13 17 Als der Pharao das Volk ziehen ließ, führte Gott sie nicht den
Weg ins Philisterland, obwohl er der kürzere war. Denn Gott sagte:
Die Leute könnten es sonst, wenn sie Krieg erleben, bereuen und
wieder nachÄgypten wollen. 18 So ließ sie Gott einen Umweg ma-
chen, der durch die Wüste zum Schilfmeer führte …
20 Sie brachen von Sukkot auf und lagerten in Etam am Rande der
Wüste auf. 21 Und der Herr zog vor ihnen her, bei Tag in einer Wol-
kensäule, um ihnen den Weg zu zeigen, bei Nacht in einer Feuer-
säule, um ihnen zu leuchten. So konnten sie Tag und Nacht unter-
wegs sein. 22 Die Wolkensäule wich bei Tag nicht von der Spitze des
Volkes und die Feuersäule nicht bei Nacht.

14 1 Der Herr sprach zu Mose: 2 »Sag den Israeliten, sie sollen
umkehren und vor Pi-Hachirot zwischen Migdol und dem Meer ihr

Lager aufschlagen. Gegenüber von Baal-Zefon sollt ihr am Meer
das Lager aufschlagen. 3 Dann denkt der Pharao: Die Israeliten
haben sich im Land verlaufen, die Wüste hat sie eingeschlossen.
4 Ich aber will das Herz des Pharao verhärten, sodass er ihnen
nachjagt; dann will ich am Pharao und an seiner ganzen Streit-
macht meine Herrlichkeit erweisen, und die Ägypter sollen erken-
nen, dass ich der Herr bin.« Und so taten sie es.
5 Als man dem König von Ägypten meldete, das Volk sei geflohen,
änderten der Pharao und seine Diener ihre Meinung über das Volk
und sagten: »Wie konnten wir nur Israel aus unserem Dienst ent-
lassen?« Er ließ seine Streitwagen anspannen und nahm seine Leu-
te mit. 7 Sechshundert auserlesene Streitwagen der Ägypter und
drei Mann auf jedem Wagen.
8 Und der Herr verhärtete das Herz des Pharao, des Königs von
Ägypten, sodass er den Israeliten nachjagte, während sie voll
Zuversicht weiterzogen.
9 Die Ägypter jagten ihnen nach mit allen Pferden und Streitwagen
des Pharao, mit seiner Reiterei und seiner Streitmacht und holten
sie ein, als sie gerade am Meer lagerten. Es war bei Pi-Hachirot vor
Baal-Zefon.
10 Als der Pharao sich näherte, da blickten die Israeliten auf und sa-
hen plötzlich die Ägypter von hinten anrücken; da fürchteten sie
sich sehr.
Da schrien die Israeliten zum Herrn.
11 Zu Mose sagten sie: »Gab es denn keine Gräber in Ägypten, dass
du uns zum Sterben in die Wüste holst? Was hast du uns angetan?
Warum hast du uns aus Ägypten herausgeführt? 12 Haben wir dir in
Ägypten nicht gleich gesagt: Lass uns in Ruhe! Wir wollen Sklaven
der Ägypter bleiben; denn es ist für uns immer noch besser, Skla-
ven der Ägypter zu sein, als in der Wüste zu sterben.«
13 Mose aber sagte zum Volk: »Fürchtet euch nicht! Bleibt stehen
und schaut zu, wie der Herr euch heute rettet. Wie ihr die Ägypter
heute seht, so seht ihr sie niemals wieder. 14 Der Herr aber kämpft
für euch, ihr aber könnt ruhig abwarten.«
15 Darauf sprach der Herr zu Mose: »Was schreist du zu mir? Sag
den Israeliten, sie sollen aufbrechen. 16 Und du heb den Stab hoch,
streck deine Hand über das Meer und spalte es, damit die Israeli-
ten auf trockenem Boden in das Meer hineinziehen können. 17 Ich
aber will das Herz der Ägypter verhärten, damit sie hinter ihnen
hineinziehen können. So will ich am Pharao und an seiner ganzen
Streitmacht, an seinen Streitwagen und Reitern meine Herrlichkeit
erweisen. 18 Die Ägypter sollen erkennen, dass ich der Herr bin,
wenn ich am Pharao, an seinen Streitwagen und Reitern meine
Herrlichkeit erweise.«
19 Da erhob sich der Engel Gottes, der den Zug der Israeliten
anführte, und stellte sich an das Ende des Zuges;
und die Wolkensäule erhob sich vor ihnen und trat an das Ende.
20 Sie kam zwischen das Lager der Ägypter und das Lager der Israe-

Die Wolke als Metapher

Dass Jahwe vor dem Volke herging, in einer Wolkensäule bei Tag, in einer Feuersäule bei Nacht, lässt sich als Schutz(engel)geschichte lesen. Die Wolke ist Metapher der göttlichen Gegenwart:

Bei der anschließenden Wüstenwanderung zog Jahwe seinem Volk in einer Wolkensäule voran.

Wenn sich die Wolke über der Bundeslade niedersenkte, schlug man die Zelte auf.

Betrat Mose das »Zelt der Begegnung«, ließ sich »die Wolkensäule auf das Zelt herab und stand am Zelteingang, und Gott sprach mit Mose« (Ex 33,9).

Die »Herrlichkeit Jahwes« erfüllte in Gestalt einer Wolke den Tempel Salomos (1 Kön 8,10 f.).

Ezechiel sah in seiner prophetischen Schau die Erscheinung Gottes »in eine gewaltige Wolke und loderndes Feuer« gehüllt (Ez 1,4).

Bei der Verklärung Jesu überschattete eine lichte Wolke Petrus, Jakobus und Johannes, und eine Stimme sprach »aus der Wolke« (Mt 17,5).

Vor den Augen seiner Jünger wurde der Auferstandene »emporgehoben, und eine Wolke entzog ihn ihren Blicken« (Apg 1,9).

Bei seiner Wiederkunft wird man »den Menschensohn kommen sehen auf den Wolken mit großer Macht und Herrlichkeit« (Mk 13,26).

Diese Auswahl zeigt, wie die Wolke vorzugsweise zur Umschreibung der verborgenen Nähe Gottes verwendet wird.

Der Text besteht aus unterschiedlichen Quellen:

1 Lest zunächst den blauen Text.

2 Lest anschließend den roten Text. Beschreibt die Unterschiede zwischen beiden Quellen.

3 Welche Fassung haltet ihr für die ältere?

Der Engel als Metapher

Weil Gott unverfügbar in kein Bild zu bannen ist, spricht die Bibel oft vom »Engel Jahwes« als »Hülle« oder Metapher für Jahwe selbst: Wer vom »Engel Jahwes« angesprochen wird, wird von Gott angesprochen, wen der »Engel Jahwes« behütet, den behütet Gott. Insofern ist der »Engel Jahwes«, oder – wie meistens gesagt wird – der »Engel des Herrn« eine Umschreibung für die Gegenwart Gottes im menschlichen Geschehen.

4 Die Umstände, die das Meer passierbar machten, werden unterschiedlich beschrieben. Beachtet zunächst die Verse 14, 16.21a.22; dann 21b; schließlich Verse 24.25a.27b. 28b. Stellt die Differenzen heraus.

5 Auch in V 14,19 stehen zwei Quellen nebeneinander. Sie unterscheiden sich a) durch die Metapher »Engel« und b) die Metapher »Wolke« Erklärt Unterschied und Übereinstimmung.

liten. Die Wolke war da und Finsternis, und Blitze erhellten die
Nacht. So kamen sie die ganze Nacht einander nicht näher.
21 Und Mose streckte seine Hand über das Meer aus, und der Herr
trieb die ganze Nacht das Meer durch einen starken Ostwind fort.
Er ließ das Meer austrocknen,
und das Wasser spaltete sich. 22 Die Israeliten zogen auf trockenem
Boden ins Meer hinein, während rechts und links von ihnen das
Wasser wie eine Mauer stand. 23 Die Ägypter setzten ihnen nach;
alle Pferde des Pharao, seine Streitwagen und Reiter zogen hinter
ihnen ins Meer hinein.
24 Um die Zeit der Morgenwache blickte der Herr aus der Feuer-
und Wolkensäule auf das Lager der Ägypter und brachte es in Ver-
wirrung. 25 Er hemmte die Räder an ihren Wagen und ließ sie nur
schwer vorankommen. Da sagte der Ägypter: »Ich muss vor Israel
fliehen; denn Jahwe kämpft auf ihrer Seite gegen Ägypten.«
26 Darauf sprach der Herr zu Mose: »Streck deine Hand aus über
das Meer, damit das Wasser zurückflutet und den Ägypter, seine
Wagen und Reiter zudeckt.« 27 Mose streckte seine Hand über das
Meer.
Da flutete das Meer gegen Morgen an seinen alten Platz zurück,
während die Ägypter auf der Flucht ihm entgegenliefen. So trieb
der Herr die Ägypter mitten ins Meer.
28 Das Wasser kehrte zurück und bedeckte Wagen und Reiter, die
ganze Streitmacht des Pharao, die den Israeliten ins Meer nachgezogen war. Nicht ein Einziger von ihnen
blieb übrig.
29 Die Israeliten aber waren auf trockenem Boden mitten durch das Meer
gezogen, während rechts und links von
ihnen das Wasser wie eine Mauer stand.
30 So rettete der Herr an jenem Tag
Israel aus der Hand der Ägypter.

Ex 12,40-42; 13,17-14, 30

David Roberts (1796–1864), Kolossalstatuen Ramses' II. am 9. 11. 1838 in Abu Simbel gezeichnet.

Der geschichtliche Hintergrund

Innerhalb der Bibel werden mehrfach Zeitangaben für den Aufenthalt in Ägypten gemacht (1 Kön 6,1; Gen 15,13.16; Ex 12,40), doch arbeiten diese nicht mit realen Zahlen, sondern mit Symbolwerten, die keine Datierung erlauben. Ein biblischer Hinweis, der sich historisch auswerten lässt, findet sich Ex 1,11: »Da setzte man Fronvögte über sie ein, um sie mit Fronarbeiten zu bedrücken. Sie mussten für den Pharao die Städte Pitom und Ramses als Vorratslager bauen.« Für die beiden hier genannten Orte ist die Bauzeit eingrenzbar. Es handelt sich bei *Pitom* um den Tempel des Atum, bei *Ramses* um die Stadt Pi-Ramses, die der Pharao Ramses II. errichten ließ. Das 13. Jahrhundert v. Chr. wäre dann der Zeitrahmen, in den der Exodus Israels fällt.

Ägypten unter Ramses II.

Ramses II. regierte von 1290–1224, das sind 66 Jahre. Ägypten erreichte damals einen Höhepunkt äußerer und innerer Sicherheit. Das göttliche Selbstverständnis des Pharao (vgl. Religionsbuch 7/8, S. 20) entfaltete sich zu unerhörter Pracht. Überall wurde gebaut, und alle Bauten steigerten sich ins Kolossale. Das ganze Niltal verwandelte sich in eine riesige Steinmetzwerkstatt. Um die gigantischen Anlagen zu errichten und zu unterhalten, mussten große Menschenmengen dienstverpflichtet werden. Die Bauwerkstätten unterhielten Arbeiterheere, der Transport verlangte Masseneinsatz, der Lebensunterhalt für alle war zu sichern … Ohne einen staatlichen Apparat, der die Organisation betrieb und einen strengen Frondienst aufbaute, wäre ein solcher Staat, der ausschließlich im Dienste des Königs stand, undenkbar gewesen.

Mehr als alles enthüllt diese Königsvorstellung die Tempelanlage von Abu Simbel, an deren Front die Kolossalstatuen des sitzenden Ramses II. den Gottkönig darstellen. Bereits die aufgehende Sonne, die auf diese Statuen fällt, soll den Pharao als Abglanz der göttlichen Lebenskraft zeigen. Der Weg in die Tempelhalle führt erneut vor eine zehn Meter hohe Statue des Pharao, die ihn als Erscheinungsform des Gottes Osiris zeigt. Schließlich läuft der Weg auf das Allerheiligste zu, an dessen Rückwand der »Gute Gott« Ramses II. zwischen Amun, Re und Ptah sitzt.

Symbolische Zahlen

Beispiel: 1 Kön 6,1 wird die Zeitspanne zwischen dem Auszug aus Ägypten und dem Tempelbau des Königs Salomo mit vierhundertachtzig Jahren angegeben, das sind 12 mal 40 Jahre.
Die Zahl 40 meint einen abgeschlossenen Zeitraum, eine Strecke der Not oder Bewährung.
Die Zahl 12 steht für Fruchtbarkeit und Fülle: Das Jahr hat 12 Monate, mit 12 Stämmen verkörpert Israel Ganzheit und Geschlossenheit.
480 Jahre nach dem Exodus heißt: Als Salomo mit dem Tempelbau begann, hat sich eine Zeit der Bewährung und des Wachstums vollendet; nunmehr beginnt mit dem Tempel eine neue Zeit.

Mose führt die Israeliten durch das Meer. Illustration aus einem hebräischen Gebetbuch, Anfang 15. Jh.

Hungerstreik

Auf einer ägyptischen Tontafel teilt jemand seinem Vorgesetzten mit:

Wir sind äußerst elend. Alle Sachwerte, die uns zustehen, fehlen. Das Steineschleppen ist ja nicht leicht! Man hat uns auch die 6 Maß Gerste wieder genommen, um sie uns als 6 Maß Erde zu geben. Möge mein Herr etwas tun, damit uns der Lebensunterhalt gewährt wird! Denn wir sind schon am Sterben, wir werden kaum am Leben bleiben. Man gibt sie uns nicht, irgendeine Entlohnung!

Die Lage spitzt sich durch immer neue Säumigkeit der Verwaltung im 29. Regierungsjahr Ramses III. (1156 v. Chr.) bedrohlich zu, und es kommt zum ersten uns bekannten Streik der Weltgeschichte, bei dem es um Missstände in der Verwaltung geht, die eine Auszahlung der Naturallöhne immer wieder verzögern.

Als ihre Geduld erschöpft ist, überschreitet »die gesamte Mannschaft die fünf Mauern der Totenstadt« und führt mit der Parole »Wir haben Hunger« bis zum Einbruch der Nacht einen Sitzstreik vor einem der offiziellen Gebäude des Westufers durch.

An den folgenden Tagen (sie haben bisher nur beschwichtigende Worte gehört) ziehen die Arbeiter zum Hauptsitz der Verwaltung und dringen sogar in das Innere des Tempels ein. Vergeblich wendet sich der Polizeioberst Monthumes an den Bürgermeister von Theben, denn »die Magazine sind leer, es ist nichts vorhanden«, und mit Mühe kann man aus dem Tempelvorrat wenigstens eine Tagesration für die Arbeiter entnehmen: 55 Brote. Am Morgen darauf setzt sich der Polizeioberst selber an die Spitze des friedlichen Demonstrationszuges, in den auf seinen Rat jetzt auch die Frauen und Kinder eingereiht sind, und man zieht zum Totentempel Sethos' I., wo offenbar noch größere Vorräte lagern, denn jetzt bekommen die Arbeiter einen vollen Monatslohn ausbezahlt.

Erik Hornung

Im pharaonischen Arbeitsdienst

Wer das ganze Ägypten vor Augen haben will, darf sich nicht allein an den Schauseiten der staatlichen Macht orientieren. Ohne eine schwer arbeitende Unterschicht sind weder Pyramiden noch Tempel noch Städte und Paläste zu denken. Deren Arbeitsprogramm plante und kontrollierte eine Beamtenschaft, die dem königlichen Hof und den Tempeln unterstand. Die Tempel mit ihren Angestelltenheeren sind ja nicht als leere Bauwerke zu denken. Sie waren zugleich Verwaltungseinrichtungen mit einer straff geordneten Bürokratie.

Der Arbeitsdienst, der von dort geleitet wurde, wird manchmal als Sklaverei gedeutet. Das ist falsch: der einzelne Arbeiter hatte Rechte; er wurde nicht als »Sache« eingestuft. Dennoch waren seine Lebensumstände nicht beneidenswert. Manche Arbeiter lebten am Rande des Existenzminimums. Bekannt sind die Verhältnisse von Deir-el-Medina, einem Arbeitslager bei Theben. Hier waren unter Ramses II. 120 Familien mit dem Bau einer großen Begräbnisstätte (Nekropole) beauftragt. Sie arbeiteten in einem Rhythmus von neun Tagen, danach hatten sie einen Ruhetag. Ihre Löhne wurden in Lebensmitteln ausgezahlt. Das Jahreseinkommen eines Arbeiters lag über dem unbedingt Notwendigen. Fach- und Vorarbeiter konnten sogar einen gewissen Wohlstand erreichen. Die Entlohnung scheint allerdings nur zögerlich und unzuverlässig erfolgt zu sein. Darüber berichtet das folgende Dokument:

29. Jahr, 6. Monat, 19. Tag. An diesem Tag Vorbeimarsch der Belegschaft an den fünf Kontrollmauern der Nekropole mit Sprechchören: »Wir haben Hunger.« Achtzehn Tage sind schon in diesem Monat vergangen (und unsere Rationen sind noch nicht da) ... Sie sagten zu ihnen (= zu den Aufsehern): »Vor Hunger und Durst kamen wir hierher. Es gibt keine Kleidung, keine Salben, keinen Fisch, kein Gemüse. Wendet euch in dieser Sache an den Pharao, unseren guten Herrn, und an den Wesir, unseren Vorgesetzten, dass man uns unsere Versorgung liefert!« Und die Rationen des fünften (!) Monats wurden ihnen an diesem Tage ausgegeben.

29. Jahr, 7. Monat. Vorbeimarsch der Belegschaft an den Kontrollmauern. Niedersitzen in der Nekropole. Versuch der drei Oberaufseher, sie wegzubewegen. Da sagte der Arbeiter Mose: »Bei Amun und bei dem Herrscher, dessen Macht größer ist als der Tod: Wenn sie mich heute hier wegbringen, soll er (= der Pharao) am Boden liegen ...« Da wurde er geschlagen, weil er beim Namen des Pharao geschworen hatte.

Fluchtversuche

Bei solchen Notständen verwundert es nicht, wenn auch von Fluchtversuchen berichtet wird. Bereits aus dem Mittleren Reich ist ein Papyrus mit einer Fahndungsliste von 76 flüchtigen Landarbeitern erhalten (um 1800 v. Chr.). Die Eintragung Nr. 63 lautet:

Arbeiten auf einer Baustelle. Inwieweit sich Ägypter und Fremde mischen, ist nicht erkennbar.

(1) Die Tochter des Sianhur, Teti,
(2) zugewiesen dem Schreiber der Felder von This,
(3) weiblich.
(4) Anweisung wurde gegeben an das Zentralgefängnis im 31. Regierungsjahr, im 3. Monat, am 9. Tag: ihre Angehörigen freizulassen, da die Anweisung ergangen ist, gegen sie das Gesetz über Arbeitsflucht anzuwenden.
(5) *Anwesend.*
(6) *Erledigt.*
(7) *Fall ist abgeschlossen.*

Dieses Protokoll berichtet, dass eine junge Frau namens Teti geflohen ist, statt ihrer Arbeitspflicht nachzukommen. Daraufhin nahm man ihre Angehörigen in Beugehaft, bis die Flüchtige gefasst und bestraft werden konnte. Die Eintragungen (5) bis (7), von anderer Hand geschrieben, verweisen auf Inhaftierung (5), Aburteilung und Unterbringung zum Strafvollzug (6 und 7).
Wie gut die Staatsgrenzen gesichert wurden und wie hoch das Fluchtrisiko war, zeigt das Schreiben des Kommandanten von Pitom an zwei Offiziere in »Asien« (Palästina-Syrien) aus dem 13. Jahrhundert:

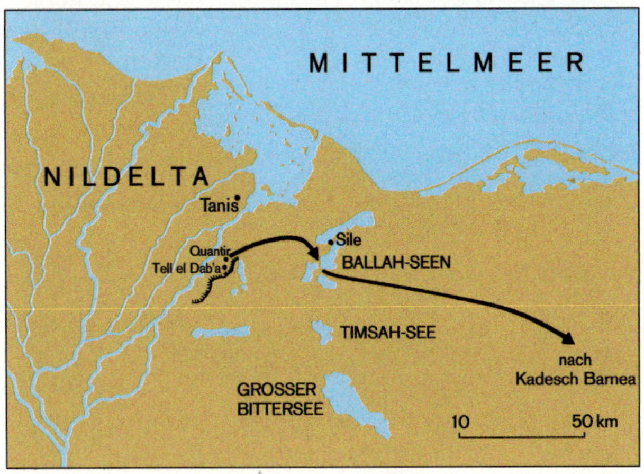

Ein möglicher Fluchtweg auf einem Schleichpfad zwischen den Ballah-Seen, der wegen seiner Gefährlichkeit nicht kontrolliert wurde.

Noch eine Angelegenheit: Ich wurde auf den Weg geschickt im 3. Monat der 3. Jahreszeit, am 9. Tage, abends, um diese zwei flüchtigen Sklaven zu verfolgen. Als ich die Mauer von Pitom am 10. Tage des 3. Monats der 3. Jahreszeit erreichte, sagte man mir, dass sie angeblich im Süden durchgekommen seien am 10. Tag des 3. Monats der 3. Jahreszeit. Als ich die Festung erreichte, sagte man mir, der Grenzposten sei mit der Meldung aus der Wüste gekommen, sie hätten die Anlage von Migdol passiert. Wenn mein Schreiben euch erreicht, teilt mir alles mit, was mit ihnen geschah. Wer hat ihre Spuren entdeckt? Welcher Posten fand ihre Spuren? Welche Leute sind hinter ihnen her? Teilt mir alles mit, was mit ihnen geschah, und wie viele Leute ihr hinter ihnen her geschickt habt. Möge es euch gut gehen!

In Kriegsbildern Ägyptens kämpft und siegt nicht eine Armee, sondern der König. Auf dem Relief (13. Jh. v. Chr.) hält Ramses II. Gefangenen unterschiedlicher Völker am Haarschopf fest.

Israels Exodus, historisch betrachtet

Die Fronarbeit und Unterdrückung, von der die biblischen Exodus-Texte erzählen, konnte das ägyptische Material anschaulich machen. Andererseits zeigt sich, dass die Bibel die Verhältnisse nicht durchweg historisch nachzeichnet. Beispielsweise ist es unvorstellbar, dass der Pharao selbst mit dem Ausbruch einer Stammesgruppe befasst gewesen wäre. Die Gegenüberstellung Jahwes und des ägyptischen Gottkönigs ist ein Unternehmen späterer Jahrhunderte, um die Macht des eigenen Gottes gegen die Ohnmacht des Menschen zu stellen, der sich göttliche Eigenschaften anmaßt. Die Bibel lässt erkennen, dass die Initiative zur Flucht von einem Einzelnen ausging. Dieser trug einen ägyptischen Namen: Mose. Dennoch wird er kein Ägypter gewesen sein, sondern Angehöriger eines Nomadenstammes aus dem Sinaigebiet. Über die Zahl der flüchtigen Menschen gibt es keine Angaben. Sie mag zwischen 50 und 150 gelegen haben. Von einem »Volk Israel« kann deshalb keine Rede sein. Die Erfahrung der Exodusgruppe hat jedoch das spätere Volk als Modell seines Glaubens übernommen.
Die Exoduserzählung hat jedoch nicht von Anfang an die heutige Form gehabt. Das Grundmodell, das später ausgeschmückt wurde, könnte so ausgesehen haben:

14,5 Man meldete dem König von Ägypten, dass das Volk geflohen sei.
9 Die Ägypter jagten ihnen nach und holten sie ein, als sie am Meer lagerten.
10 Da sie sich sehr fürchteten,
13 sprach Mose zum Volk: »Fürchtet euch nicht! Stellt euch hin und seht die Hilfe Jahwes!
14 Jahwe wird für euch kämpfen, ihr aber verhaltet euch still!«

24 Jahwe blickte auf das Lager der Ägypter und versetzte das Lager der Ägypter in Schrecken.
25 Er ließ die Räder ihrer Wagen abspringen und ließ sie nur schwer vorwärts kommen.
27 Jahwe schüttelte die Ägypter mitten ins Meer;
28 nicht ein einziger blieb übrig.
30 So rettete Jahwe Israel aus der Hand der Ägypter.
31 Und alles Volk fürchtete Jahwe.

Pferde und Lenker eines Streitwagens treiben tot im Wasser. Relief aus Ninive, um 650 v. Chr.

Diese Grunderzählung ist in den späteren Zeiten Israels auf unterschiedliche Verhältnisse übertragen worden. Als David und Salomo die Stämme Israels zu Fronarbeiten heranzogen und damit ihre Freiheit beschnitten, konnten sie in den eigenen Königen den ägyptischen Pharao wiedererkennen. Die Exoduserinnerung trieb damals mehrfach zur Revolte: unter David, unter Salomo und unter Rehabeam. Jedesmal lautete die Parole: »Was geht uns das Haus Davids an? Wir haben keinen Erbbesitz beim Sohn Isais. In deine (eigenen) Zelte, Israel!« (1 Kön12,16)

Die heute vorliegende Fassung der Exodustradition führt in die Zeit des jungen Königs Joschija zurück. Damals war das Nordreich Israel bereits an die hundert Jahre untergegangen, aber Joschija, König des kleinen Reiches Juda, wollte ganz Israel wieder zusammenführen. Doch der Pharao Necho II. von Ägypten bedrohte diesen Befreiungsschlag. Da besann man sich auf die Exodustradition, gestaltete sie vor dem Hintergrund der eigenen Zeit aus und erzählte sie neu, um dem kleinen Volk in Juda Mut zu machen, sich der ägyptischen Macht entgegenzustellen.
So ist die Exodusgeschichte ein Ausdruck von alter Erinnerung und neuer Hoffnung. Mit ihr verbindet sich das Bild eines Gottes, der nicht will, dass Menschen geknechtet und ausgebeutet werden. So eröffnete diese Geschichte ein Gottesbild, mit dem sich nicht Unterwerfung, sondern Freiheit und Würde verbinden. Sie stützt ein Vertrauen, dass der Gott, dessen Jahwe-Name »der Ich-bin-(für-euch-)da« bedeutet, auch in Zukunft ein Gott der Freiheit und Menschenwürde sein will.

Wie die Geschichte der Befreiung weiterging

Die Erfahrung, dass Gott nicht mit Unterdrückung und Knechtschaft, sondern nur mit Freiheit übereinstimmt, unterscheidet den Exodus-Gott Jahwe von den Göttern Ägyptens und allen anderen Herrschaftsgöttern. Das biblische Gottesbekenntnis meint keinen »allgemeinen« Gott, der von jedermann, sei er Sklavenhalter oder moderner Menschenverächter, in Anspruch genommen werden kann.
Als aber in Israel das Königtum eingeführt wurde, und zwar nach dem Vorbild Ägyptens, drang auch ein Gottesverständnis vor, das zu vielem völlig quer stand, was die Jahwereligion von ihren Ursprüngen her war. Wurde Jahwe zunächst als Befreier von staatlicher Unterdrückung verehrt, so machten ihn Hoftheologen der Königszeit zum Garanten einer staatlichen Macht, die fremde Völker in Abhängigkeit brachte und das eigene Volk unter Fronarbeit drückte. Selbst bis heute hat sich im christlichen Gottesbild ein Erbe dieser Herrschaftstheologie erhalten.
Gegen diese machtpolitische Vereinnahmung Jahwes haben die Propheten am nachhaltigsten Widerspruch erhoben. Als Israel kleinere Nachbarn schikanierte, ließ er Jahwe sprechen: »Wohl habe ich Israel aus Ägypten heraufgeführt, aber ebenso die Philister aus Kaftor und die Aramäer aus Kir« (Am 9,7). Aus demselben Grund kritisiert er die Unterdrückung der sozial Schwachen und die Beugung des Rechts zugunsten der Reichen und Mächtigen (s. Religionsbuch 7/8, S. 36–38). Amos meint, den Segen Gottes dürfe nur erwarten, wer anderen ebenfalls zum Segen wird.

1 Überall in der Welt, wo in Demonstrationen der vergangenen Jahrzehnte das »We shall overcome« gesungen wurde, ging die Exodus-Botschaft ihren Weg weiter. Habt ihr Beispiele für solche Vorgänge?
Könnt ihr euch Bücher, Reportagen, Bildberichte besorgen, die die Exodus-Botschaft in der heutigen Welt buchstabieren? Bedenkt auch, dass die Rufe »Wir sind das Volk!« aus den Kirchen Leipzigs auf die Straßen getragen wurden und zugleich der Wille zur Gewaltlosigkeit.

2 Auch Alltagssituationen des eigenen Lebens werden von der Exodus-Botschaft berührt. »An jedem Tag soll der Mensch aus Ägypten gehen«, sagt ein jüdisches Wort. Nennt Beispiele für solche »Ägypten«.

3 Juden feiern die »gefährliche Erinnerung« an ihren Auszug aus Ägypten im Pessach-Fest. Informiert euch darüber. Für Christen verbindet sich der Exodus mit Ostern. In der Osternachtfeier heißt es: »*Dies ist die Nacht*, in der du unsere Väter, die Söhne Israels, aus Ägypten befreit und auf trockenem Pfad durch die Fluten des Roten Meeres geführt hast.« Wieso kann die Auferstehung Jesu mit dem Exodus Israels auf diese Weise verbunden werden?

4 Unsere Religionsbücher zeigen in sechs Jahrgangsbänden viele Bilder von Situationen menschlicher Unterdrückung. Welche Bilder sind es in diesem Buch? Gestaltet eine großzügige Wand in der Schule zum Thema »Exodus«, aber nicht kleinkariert, sondern mit sozialem und politischem Atem – wie bei Amos!

5 *Amnesty international* schreibt monatlich Fälle besonderer Menschenrechtsverletzungen aus und fordert dazu auf, an die Botschaften oder Regierungen der betreffenden Länder Protestschreiben zu richten. Belasst es nicht bei Worten, sondern tut selbst etwas für die Freiheit anderer. Informiert euch über *amnesty international*. Gibt es bei euch eine ai-Ortsgruppe?

In diesem Jahrgangsband sind viele Vorgänge geschildert, die sich aus der Exodus-Tradition Israels präziser und schärfer bewerten lassen, als es gewöhnlich in Geschichtsbüchern der Fall ist. Verbindet die folgenden Stichworte mit dem Gottesbegriff des Exodus: Hugenotten – Ludwig XIV. – Französische Revolution – Vinzenz von Paul – Hexenprozesse – Die Gotteskritik von Holbach, Sartre, Camus, Moser – Kolonisation – Sklavenhandel.

Exodus – ein »mitlaufender Anfang«

Die Exodus-Tradition wurde in Israel weitergegeben und immer neu aktualisiert. Auch Jesus ist ohne diese Tradition nicht denkbar. Der Gott, den er verkündet, ist jener, der den Ausgestoßenen und Armen, den Friedensstiftern und Barmherzigen das Heil verkündet, aber nicht der Gott jener, die den Menschen unerträgliche Lasten aufbürden. Dass man die Exodus-Überlieferung immer wieder neu deutete, zeigt allein die Textgestalt von Ex 13 und 14. Erinnerung und eigener Glaube vermischen sich hier. Es sollte nichts erzählt werden, was »früher« geschah, ohne dass es immer noch geschieht. Darum ist die Exodus-Geschichte für Israel und für die Christenheit eine Geschichte des »mitlaufenden Anfangs« geblieben (vgl. Religionsbuch 5/6, S. 30 f.).

Wir müssen freilich beklagen, dass über weite Strecken hin die Kirchengeschichte keine Freiheitsgeschichte geblieben ist. Es sind neue Strukturen gewachsen, die zurück nach »Ägypten« führten. Die Juden wurden entrechtet und in eine Hörigkeit gebracht, die über Jahrhunderte hin schlimmer war als die Arbeitslager des Pharao. Die Fürsten beanspruchten Glanz und Herrschaft »von Gottes Gnaden«, während das Volk im Elend steckte (vgl. S. 30 ff). Freiheit wurde zur Gefahr erklärt, vor der man das Volk behüten müsse …

Exodus heute

Es ist nicht verwunderlich, dass der Schrei nach einem Gott, der befreit, am deutlichsten in den Liedern der amerikanischen Schwarzen vernehmbar wurde. Zwar zieht sich dieser Schrei durch alle Jahrhunderte, aber bisweilen verstummte er auch im übergroßen Leid. Unüberhörbar wurde er in den Negro-Spirituals, Liedern der Klage, der Freiheitssehnsucht und des Glaubens.

Nicht jeder Exodus gelingt. Oft kostet er jene, die mit der Hoffnung darauf andere stärken, das eigene Leben. Hier liegt der Erzbischof von San Salvador, Óscar Romero, in seinem Blute. Bezahlte Killer der rechtsgerichteten Todesschwadronen erschossen ihn, während er am Altar stand, am 24. März 1980 (vgl. S. 182 ff.). – Ein Mord beendete auch das Leben des Baptistenpfarrers und Vorkämpfers für die Rechte der Schwarzen in den USA Martin Luther King.

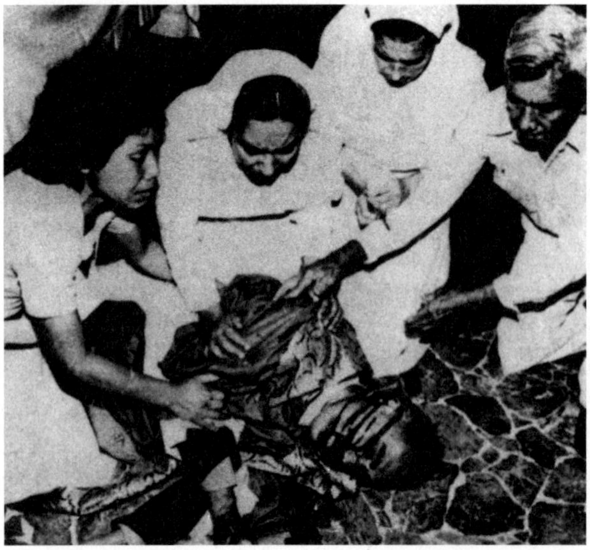

Als der amerikanische Baptistenpfarrer Martin Luther King, Abkömmling von Sklaven auf Plantagen der Südstaaten, am 1. Dezember 1955 den Busboykott von Alabama auslöste, loderte die Exodus-Flamme aus der lange verdeckten Glut wieder hoch. Äußerer Anlass waren die Vorschriften der Montgomery City Bus Lines, nach denen die vorderen Plätze für Weiße reserviert waren. Selbst wenn sie unbesetzt blieben und Schwarze sich stehend drängten, durften diese Plätze nicht besetzt werden. Schikanen verschärften die Lage der Schwarzen. Sie mussten vorne beim Fahrer bezahlen, dann wieder aussteigen und den hinteren Buseingang benutzen. Manchmal fuhr der Bus ohne sie fort, nachdem sie schon bezahlt hatten. Dies erging älteren Leuten oder schwangeren Frauen öfter so und galt unter den Busfahrern als großer Spaß. So stauten sich schließlich Verzweiflung und Wut.
Eines Tages weigerte sich jedoch eine müde Frau, Rosa Parks, ihren für Weiße reservierten Platz freizumachen; daraufhin rief der Fahrer einen Polizisten und ließ sie verhaften. Das löste unter der Initiative von Pfarrer King Kettenanrufe bei allen Schwarzen aus. Sie wurden aufgefordert, keinen Bus mehr zu besteigen. Und tatsächlich geschah das Wunder. Am nächsten Morgen fuhren die sonst überfüllten Busse ohne Fahrgäste, durch die regnerische Dezemberdunkelheit. Auch für den Heimweg von der Arbeit – oft kilometerweit – verzichteten die Schwarzen auf den Bus, am nächsten Tag wieder, ebenso an den folgenden Tagen, den Wochen darauf. M. L. King, der den Protest aufrecht erhielt, gewaltfrei, bekam Drohanrufe, wurde verhaftet, aber ließ sich nicht beugen. Die Gleichstellung der Schwarzen vor dem Gesetz, die er schließlich erreichte, ist das Werk seines Glaubens. Am 3. April 1968 sprach er vom Balkon seines Hotelzimmers vor zweitausend Menschen:

Ich habe Ausschau gehalten und sah das Gelobte Land. Vielleicht werde ich nicht mit euch dorthin gelangen, aber ihr sollt heute Abend wissen, dass wir als Volk das Gelobte Land erreichen. Darüber bin ich heute Abend glücklich. Nichts bekümmert mich. Niemanden fürchte ich. Denn meine Augen sahen die Herrlichkeit des Herrn, der da kommen wird.

Am nächsten Tag wurde er, erst 39 Jahre alt, auf diesem Hotelbalkon in Memphis erschossen.

Sagt, ich sei ein Vorkämpfer der Gerechtigkeit gewesen, ein Vorkämpfer des Friedens und der Rechtschaffenheit. Alles andere zählt nicht. Geld hinterlasse ich nicht. Auch hinterlasse ich weder schöne noch kostbare Güter. Aber dass mein Leben euch gewidmet war, das möchte ich euch hinterlassen.

Steh auf für die Gerechtigkeit

Eines Abends (zwei Monate nach Beginn des Busboykotts in Montgomery) ging ich nach einem anstrengenden Tag erst spät zu Bett. Coretta schlief schon. Als ich gerade am Einschlafen war, läutete das Telefon. Eine wütende Stimme rief: »Höre, Nigger, wir werden uns an dir rächen. Noch in dieser Woche wirst du es bereuen, dass du nach Montgomery gekommen bist.« Ich hängte ab, aber ich konnte nicht schlafen. Es war mir, als bräche alle Angst und Not der letzten Wochen auf einmal über mich herein. Ich war am Ende meiner Kraft.
Ich stand wieder auf und lief im Korridor auf und ab. Schließlich ging ich in die Küche und machte mir eine Tasse Kaffee. Ich wollte den Kampf aufgeben. Ohne den Kaffee anzurühren, saß ich am Küchentisch und grübelte darüber nach, wie ich von der Bildfläche verschwinden könnte, ohne als Feigling zu erscheinen. In diesem Zustand äußerster Erschöpfung und völliger Mutlosigkeit legte ich Gott meine Not hin. Den Kopf in den Händen betete ich laut. Die Worte in dieser mitternächtlichen Stunde sind mir noch in lebendiger Erinnerung: »Herr, ich glaube, dass ich für eine gerechte Sache kämpfe. Aber jetzt habe ich Angst. Die Leute sehen auf mich als ihren Führer, und wenn ich so ohne Kraft und Mut vor ihnen stehe, werden sie auch wankend werden. Ich kann nicht mehr weiter. Ich habe den Punkt erreicht, wo ich es allein nicht mehr schaffe.«
In diesem Augenblick erlebte ich die Gegenwart Gottes wie nie zuvor. Mir war, als hörte ich eine innere Stimme, die mir Mut zusprach: »Stehe auf für die Gerechtigkeit! Stehe auf für die Wahrheit! Und Gott wird immer an deiner Seite sein!«

Martin Luther King

When Israel was in Egypt's land:
Thus saith the Lord, bold Moses said:
Let my people go …
Go down, Moses, 'way down in Egypt's land.
Tell ol' Pharaoh: Let my people go.

Ostergeschichten

Christusmonogramm im Siegerkranz, Darstellung auf dem Sarkophag der Domitilla, um 360.

Keineswegs wird der Osterglaube nur von uns verlangt, während die ersten Jünger sich hätten »handgreiflich« überzeugen können. Das konnten sie auch damals nicht. Den Auferstandenen sieht allein, wem Gott das »Sehen« gibt! Und der *Osterglaube* wurde nicht deshalb notwendig, weil das Grab Jesu ohne zuverlässige Beobachtung blieb. Auch eine aufgezeichnete Video-Überwachung würde das, was wir Auferstehung nennen, nicht wiedergeben. Wer meint, der Glaube von heute müsse eine Beobachtungslücke von gestern ausfüllen, weiß nicht, was Glaube heißt (vgl. S. 49 ff.). Wie also ist »Auferstehung« zu verstehen?

»Auferstehung«? Ein schwieriges Wort. Es ist älter als die Ostertexte des Neuen Testaments. Schon Jesus hat sich zu Lebzeiten damit auseinandergesetzt:
Als Sadduzäer (vgl. Religionsbuch 5/6, S. 62) sich über den Auferstehungsglauben lustig machen wollten, trugen sie Jesus den Fall einer Frau vor, die nacheinander sieben Männer hatte. »Wessen Frau wird sie nun bei der Auferstehung sein (falls es diese gibt)?«, fragten sie. Jesus aber verstand dies als eine Frage nach Gott und sagte:

26 Dass die Toten auferstehen, habt ihr das nicht im Buche des Mose gelesen, in der Geschichte vom Dornbusch, in der Gott zu Mose spricht: »Ich bin der Gott Abrahams, der Gott Isaaks und der Gott Jakobs.« 27 Er ist doch nicht ein Gott von Toten, sondern von Lebenden. Ihr irrt euch sehr. *Mk 12*

Jesus meint: Wenn ihr von Gott sprecht, dann müsst ihr Gott auch so verstehen, dass jeder, der zu Gott gehört, für immer, über den Tod hinaus, an Gott Anteil hat. Er versteht Auferstehung als die ewige Gemeinschaft des Menschen mit Gott, die auch der Tod nicht bricht. Darum ist »Auferstehung« nicht als eine Rückkehr ins Leben zu verstehen. Sie wäre nicht fotografierbar gewesen. Sie ist eine nur im Glauben sich eröffnende Realität, die nicht mehr mit den räumlichen und zeitlichen Begriffen unserer Erfahrungswelt aussagbar ist, sondern nur mit Metaphern umschreibbar.

Wenn man von etwas sprechen will, das nicht fotografierbar ist, bleibt nur die übertragende Rede. Deshalb kennt das Neue Testament nicht nur die Metapher »Auferstehung«, sondern daneben noch anderer Wendungen, um den Osterglauben auszudrücken. So sagte man auch:

- dass Christus die Himmel durchschritten hat;
- dass er aufgenommen wurde in Herrlichkeit;
- dass er in den Himmel eingegangen ist und jetzt für uns vor Gottes Angesicht erscheint;
- dass er sich zur Rechten Gottes gesetzt hat;
- dass Gott ihn zu sich erhöht hat und ihm einen Namen gab, der größer ist als alle Namen.

Jede dieser Formulierungen wählt eine andere Metaphorik. Das »Durchschreiten der Himmel«, das »Erscheinen vor Gottes Angesicht«, das »Sitzen zur Rechten Gottes«, die »Erhöhung« zu Gott sind keine Ereignisse, die historisch registriert werden könnten. Wenn es heißt, dass Christus »für uns vor Gottes Angesicht erscheint«, wird seine Auferweckung als ein Geschehen betrachtet, das in den Bereich Gottes gehört. Darum kann im christlichen Verständnis von Auferstehung nur so die Rede sein, dass zugleich von Gott die Rede ist.

Es geht *erstens* darum, die neutestamentlichen Ostertexte zu überschauen; *zweitens* kommt es darauf an, sie nicht zu vermengen, denn sie sind keinesfalls wie Puzzle-Teile, die man nur zusammenzusetzen braucht, um ein Gesamtbild zu erhalten. Sie kommen aus verschiedenen Zeiten und arbeiten mit Sprachformen, die man nicht wie Informationen einfach addieren kann.

Der älteste Ostertext

3 Denn vor allem habe ich euch überliefert, was auch ich empfangen habe: Christus ist für unsere Sünden gestorben, gemäß der Schrift,
4 und ist begraben worden. Er ist am dritten Tag auferweckt worden, gemäß der Schrift,
5 und erschien dem Kephas, dann den Zwölf.
6 Danach erschien er mehr als fünfhundert Brüdern zugleich; die meisten von ihnen sind noch am Leben, einige sind entschlafen.
7 Danach erschien er dem Jakobus, dann allen Aposteln.
8 Als Letztem von allen erschien er auch mir, dem Unerwarteten, der »Missgeburt«.
9 Denn ich bin der geringste von den Aposteln; ich bin nicht wert, Apostel genannt zu werden, weil ich die Kirche Gottes verfolgt habe.

1 Kor 15

Der älteste Ostertext stammt von Paulus. Um das Jahr 55 wurde er an die Gemeinde von Korinth geschrieben.

An anderen Stellen spricht Paulus etwas genauer über seine Ostererfahrung. 1 Kor 9,1 fragt er: »Habe ich nicht Jesus, unseren Herrn, gesehen?« Phil 3,8.10 meint er mit »Sehen« einen die gesamte Existenz ergreifenden Erkenntnisvorgang. 2 Kor 4,6 ist vom »Aufleuchten Christi in unseren Herzen« die Rede. Offenbar meint dieses »Sehen« nicht nur einen Vorgang äußerer Wahrnehmung, sondern darüber hinaus einen geistigen Vorgang, der die ganze Person ergreift. Dem entspricht die Beschreibung dieser Erfahrung in Gal 1,12.15f. als »Enthüllung«, die auch visionäre Erfahrungen – »ob es mit dem Leib oder ohne den Leib geschah, nur Gott weiß es« (2 Kor 12,2) – einschließen kann.

Das mit »Auferweckung« gemeinte Geschehen begegnet in einer Sprachform, die von ihrer Zeit abhängig ist. Darum muss dieses Geschehen in seiner Sprachwerdung durchschaut werden, weil es nur so unter heutigen Bedingungen bedacht werden kann. Die Wiederholung der alten Formel allein führt in die Erstarrung.

Der »dritte Tag«

1 Kor 15,4 heißt es: »Er ist am dritten Tag auferweckt worden, gemäß der Schrift«.

Wie so oft in der Bibel handelt es sich um eine symbolische Zahl, die mehrdeutig ist:

Ein Hungriger, der drei Tage lang ohne Speise und Trank durch die Wüste irrt, verbringt eine lange Zeit der Not. Wenn aber ein Schwerkranker am dritten Tag wieder in den Tempel gehen kann, ist dies eine erstaunlich kurze Zeit. Für Josef und Maria, die ihr Kind drei Tage lang in Jerusalem suchen müssen, wird es eine unheimlich lange Zeit. Sagt aber Jesus, dass er den Tempel in drei Tagen wieder aufbaue, erscheint diese Aussage fast unverständlich. Aber es gibt noch mehr Bezüge: Abraham und Isaak gehen »drei Tage« zum Berg, den Gott ihnen zeigen wollte (Gen 22,4). Mose und das Volk warten »drei Tage«, bis Gott die Worte der Weisung gibt (Ex 19,11.16). Schließlich erzählt die Jona-Geschichte von den drei Tagen und Nächten »im Bauch des Fisches« (2,1); im Anschluss daran heißt es

Oben: Die Frauen am leeren Grab. Reichenau, um 1000.

Unten: Auferstehung Christi. Kölner Evangeliar, um 1250.

Mt 12,40: »Wie Jona drei Tage und drei Nächte im Bauch des Fisches war, so wird auch der Menschensohn drei Tage und Nächte im Innern der Erde sein.«

Weil die Bibel den »dritten Tag« so deutlich auszeichnet, entstand im Judentum die Rede: »Niemals lässt Gott die Gerechten länger als drei Tage in Not«. Zur Zeit Jesu gehörte diese Redeweise vermutlich zur Deutung der Geschichten von Abraham, Isaak und Jona. Und damit erklärt sich auch die Formel »auferweckt am dritten Tag gemäß der Schrift«. Zwar führte sein Weg in die Tiefe des Scheiterns – das sind die »drei Tage« –, aber gemeint ist nicht einfach nur die zählbare Zeit, sondern auch ein Hinweis auf jene Rettung, wie sie die Jona-Geschichte bildlich ausdrückt.

Wir können zusammenfassen: Die Auferstehung Christi ist nicht ein anderes Ereignis nach Jesu Tod, sondern die »Erscheinung« dessen, was im Tode Jesu geschehen ist. Menschliche Sprache kann davon ohne Metaphern – Übertragungen – nicht sprechen. Sie muss Worte aus ihrer Realbedeutung herausheben, um etwas zu benennen, was jenseits unserer Welt seinen Ort hat. Das zwingt alle Ostertexte zu Sprachformen, welche die übliche Alltagsverständigung übersteigen.

Der »dritte Tag« ist nicht von der herausragenden Bedeutung der Zahl drei bei allen Völkern zu trennen. »Aller guten Dinge sind drei.« Die Drei rundet ab, setzt einen Schlusspunkt, macht eine Sache erst »rund und richtig«. Die Drei ist ein Schlüssel, die Deutezahl schlechthin. Sucht dafür im Volksglauben, im Märchen, in der Bibel, in christlichen Vorstellungen Beispiele. Könnt ihr mit diesen Beispielen auch deutend umgehen? – Bedenkt folgende Bibelstellen: Ex 10,22; 15,22; Num 10,33; 33,8; Jona 3,3; 1 Kor 13,13.

Mehr als tausend Jahre gab es keine Bilder von der »Auferstehung«. Im ersten christlichen Jahrtausend blieb dem Bild entzogen, was das menschliche Auge nicht sehen kann. Alle Osterbilder verkündeten einzig die Botschaft: »Was sucht ihr den Lebenden bei den Toten? Er ist nicht hier.«

Erst im 12. Jahrhundert entstand ein neuer Bildtypus. So wie man nun überall Reliquien oder die geweihte Hostie vorzeigte, sollte gleichfalls der auferstehende Christus im Bilde gegenständlich werden. Auf dem Goldgrund des Kölner Evangeliars (um 1250) könnte man die Darstellung zwar noch symbolisch verstehen; aber im Bild des Meisters Francke von 1424 ist das Verständnis vollständig historisiert, als handele es sich um die heimliche Flucht aus einem belagerten Grab – und dieser »Auferstandene« hat sogar alle Not, über die hohe Sarkophagwand zu kommen.

Meister Francke (1380–1430), Auferstehung Christi, um 1424.

1 Lest zunächst den ältesten Ostertext auf Seite 89. Paulus schrieb ihn um das Jahr 55 an die Gemeinde von Korinth. Die Verse 3-7 übernehmen eine schon vorher bestehende Formel; in V 1 sagt Paulus, er habe diese Tradition bereits vorgefunden. In V 8 ergänzt er, dass zuletzt auch ihm Christus »erschienen« sei.

2 Lest sodann Mk 16,1-8. Dies ist die einzige Ostererzählung, die alle drei Synoptiker gemeinsam haben. Die Parallelen Mt 28,1-7 und Lk 24,1-11 sind von der Markus-Vorlage abhängig, verändern sie aber nach eigenen Vorstellungen. Wenn ihr die Texte aus einer Synopse kopiert, könnt ihr alle Veränderungen bei Mt und Lk herausfinden und dadurch zu eigenen Fragen kommen. Bedenkt aber, dass die Ostertexte der Evangelien nicht an den Ursprung der Tradition heranführen, sondern den frühen Osterglauben in erzählender Form veranschaulichen.

3 Beachtet, dass das Mk-Evangelium ursprünglich mit 16,8 endete. Die Fortführung V9-20 wurde in späterer Zeit angefügt. Darum steht dieser Bestand in vielen Bibelausgaben in Klammern.

4 Während Mk nur eine einzige Ostererzählung kennt, vermitteln die danach entstandenen Evangelien eine Reihe eindrücklicher Erscheinungsgeschichten. Mit welchen Stilmitteln werden diese »Erscheinungen« von der voraufgehenden Jesus-Geschichte abgehoben? (Zum Beispiel: er wird nicht erkannt – er kommt und geht bei geschlossenen Türen ...). Wie ist die Gattung dieser Erzählungen zu bestimmen? Erörtert diese Fragen an der Emmausgeschichte (Lk 24,13-35) und an der Thomasgeschichte (Joh 20,24-29).

5 Schreibt eure Fragen, Vermutungen, Einwände und Zweifel auf. Verzichtet nicht auf die schriftliche Form; dadurch wird euer Denken und euer Gespräch präziser.

Die Ostererzählung des Markusevangeliums

Erzählungen standen nicht am Anfang der Osterbotschaft. Diese Botschaft lautete: »Gott hat Jesus von den Toten auferweckt!« Erst in späteren Jahren wurde die knappe Formel aufgefüllt und auch mit legendarischen Motiven gedeutet. Im Markusevangelium, um das Jahr 70 entstanden, begegnet uns folgende Erzählung:

1 Als der Sabbat
vorüber war,
kauften Maria
aus Magdala,
Maria, die Mut-
ter des Jakobus,
und Salome
wohlriechende
Öle, um damit
zum Grab zu
gehen und Jesus
zu salben. 2 Am
ersten Tag der
Woche kamen
sie in aller Frühe
zum Grab, als
eben die Sonne
aufging. 3 Sie
sagten zueinan-
der: »Wer
könnte uns den
Stein vom Ein-
gang des Grabes
wegwälzen?«
4 Doch als sie
hinblickten,
sahen sie, dass
der Stein schon
weggewälzt war;
er war sehr groß.
5 Sie gingen in das Grab hinein und sahen auf der rechten Seite
einen jungen Mann sitzen, der mit einem weißen Gewand beklei-
det war; da erschraken sie sehr. 6 Er aber sagte zu ihnen:
»Erschreckt nicht! Ihr sucht Jesus von Nazaret, den Gekreuzigten.
Er ist auferstanden; er ist nicht hier. Seht, da ist die Stelle, wo man
ihn hingelegt hatte.
7 Nun aber geht und sagt seinen Jüngern, vor allem Petrus: Er geht
euch voraus nach Galiläa; dort werdet ihr ihn sehen, wie er es euch
gesagt hat.« 8 Da verließen sie das Grab und flohen; denn
Schrecken und Entsetzen hatte sie gepackt. Und sie sagten nie-
mand etwas davon; denn sie fürchteten sich. *Mk 16*

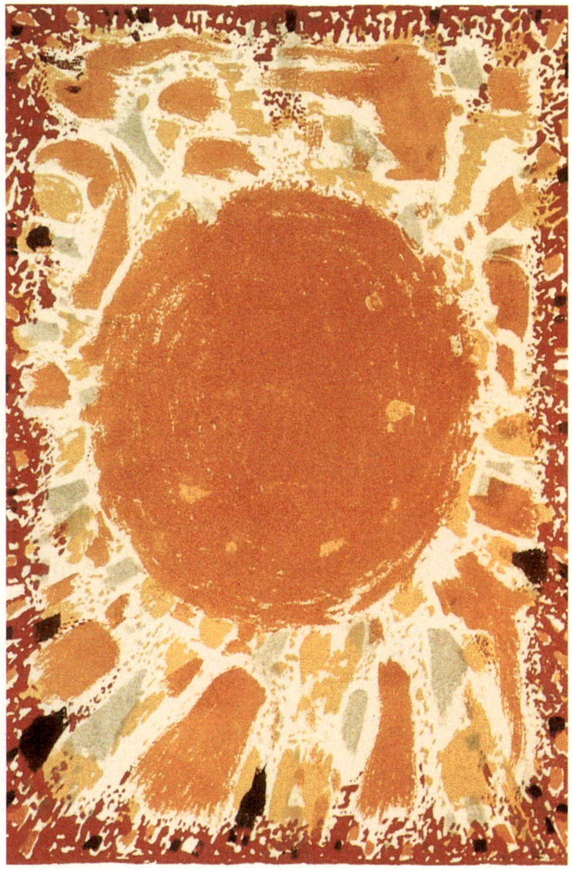

Matthias Grünewald (um 1470–1528), Auferstehung Christi (Isenheimer Altar), um 1515.

Alfred Manessier (1911–1993), Auferstehung, 1949.

Die Frage, ob das »leere Grab« tatsächlich eine historische Entdeckung gewesen ist oder nur legendarisches Veranschaulichungsmittel, ist in der Fachliteratur immer noch umstritten. Einig sind sich alle Theologen, dass das leere Grab den christlichen Auferstehungsglauben nicht begründet. Die Vorstellung eines »leeren Grabes« hat auch nicht die anfängliche Osterbotschaft bestimmt. Sie ergab sich vermutlich aus dem jüdischen Denken, das nicht zwischen Leib und Seele unterschied. In jedem Fall ist die Formulierung »Gott hat Jesus von den Toten auferweckt« älter als die Grabesgeschichte. Entsprechend kommt ihr auch inhaltlich der Vorrang zu. Wenn es bei Lk 24,5 heißt: »Was sucht ihr den Lebenden bei den Toten?«, so wird dort der Blick vom Grab weggelenkt.
Zugleich gibt dieses Schriftwort den entscheidenden Hinweis, wie das leere Grab zu verstehen ist. Die Erzählungen vom leeren Grab verdeutlichen und bestätigen, dass der Auferweckte niemand anderer ist als der Gekreuzigte, als der Mensch Jesus von Nazaret, der im Grab gelegen hat.

Linke Seite: Abstieg ins Totenreich, Ikone, 15. Jh. Die ostkirchliche Bildtradition zeigt das Osterthema als »Abstieg ins Totenreich«: Christus erscheint den Verstorbenen als Erster der Auferstandenen. In diese »Sicht« mischt sich kein historisierender Blick.

Während das Bild von Meister Francke (S. 91) einen Christus zeigt, der ganz der Welt unterworfen ist, gelingt Matthias Grünewald eine radikal andere Ostervision. Auferstehung ist hier eine Himmelfahrt ins Licht. Innerhalb des hellen Strahlenkranzes verschwimmt sein Haupt. Im nächsten Augenblick nimmt ihn die Unsichtbarkeit Gottes auf …

Diesen letzten Schritt hat nach Grünewald vierhundert Jahre lang kein Künstler gewagt. Erst Alfred Manessier zog die Konsequenz aus Grünewalds Ansatz: Sein Osterbild zeigt nur noch eine Sonne, die alle Reste von Dunkelheit und Schwere aus sich herausgeschleudert hat – eine Fortsetzung der Grünewald-Deutung?

Die »leibliche« Auferstehung

Wenn »Auferstehung« den Überschritt in die Wirklichkeit Gottes meint, also in ein Dasein, das sich den in dieser Welt Lebenden entzieht, was heißt dann »leibhaftige« Auferstehung? Mittelalterliche Bilder schildern, wie sich am »Jüngsten Tage« die Gräber öffnen und die Toten in neuer Gestalt auferstehen – in Anlehnung an Osterbilder, auf denen Jesus mit einem »verklärten Leib« aus dem Sarkophag steigt. Wie ist derartige Leibhaftigkeit zu verstehen?
Man darf hier »Leib« und »Körper« nicht verwechseln. »Auferstehung« ist keine Rekonstruktion des verwesten Körpers. Ein Körper existiert in Raum und Zeit. Man müsste auch gleich fragen: Um welchen Körper soll es gehen? Um den alten, hinfälligen, mit dem der Verstorbene ins Grab gelegt wurde? Oder um einen gesunden, jugendlichen? Paulus sagt dazu:

35 Nun könnte einer fragen: Wie werden die Toten auferweckt, was
für einen Leib werden sie haben? 36 Was für eine törichte Frage!
Auch das, was du säst, wird nicht lebendig, wenn es nicht stirbt.
37 Und was du säst, hat noch nicht die Gestalt, die entstehen wird;
es ist nur ein nacktes Samenkorn, zum Beispiel ein Weizenkorn
oder ein anderes. 38 Gott gibt ihm die Gestalt, die er vorgesehen
hat, jedem Samen eine andere …
43 Was gesät wird, ist armselig, was auferweckt wird, herrlich. Was
gesät wird, ist schwach, was auferweckt wird, ist stark. 44 Gesät
wird ein irdischer Leib, auferweckt ein überirdischer Leib …

1 Kor 15

Die Osterbilder dieses Kapitels zeigen eine bemerkenswerte Entwicklung: Länger als tausend Jahre gab es keine Darstellung, welche »die Auferstehung« zeigte. Beachtet, wie
1. das Ostergeheimnis zunächst nur von seinen Randzonen her geschildert wird;
2. wie die spätere Kunst eine direkte Anschaulichkeit sucht;
3. wie diese Anschaulichkeit als Problem empfunden und wieder rückgängig gemacht wird.

Unter »Leib« wird die menschliche Person verstanden. Was jeden Menschen unverwechselbar macht: dass er ganz bestimmte Eltern, Geschwister, Freunde hat, eine Kindheit hier, einen Beruf dort, ein einmaliges Leben. Auferstehung des *Leibes* bedeutet dann: Der Mensch verliert bei Gott nicht sein »Gesicht«, er behält seine Geschichte. Was in diesem Leben geschieht, ist nicht wertlos für das andere; nichts wird ausgelöscht. Im Schicksal Jesu, den Gott von den Toten erweckte, findet zugleich unser eigenes Heil seinen Vorentwurf.
Im Blick auf Jesus bedeutet »leibliche« Auferstehung, dass der geschichtliche Jesus, wirklich der Christus ist. Seine Liebe ist stärker als der Tod. An dieser Liebe will er uns teilhaben lassen.

Meister des Hildegardis-Codex, Die wahre Dreiheit in der wahren Einheit, um 1147.

Das Visionsbild der Hildegard von Bingen hat in allen bisherigen Religionsbüchern in unterschiedlichen Zusammenhängen gestanden. Noch nie wurde es als Osterbild gesehen. Und doch ist es auch ein Osterbild; und sogar ein Himmelfahrtsbild – vielleicht für beide Themen das beste. Warum?

Die Erscheinungsgeschichten

Das Mk-Evangelium kannte über Vers 16,8 hinaus keine weiteren Ostertexte. Demgegenüber erzählen die – später entstandenen – Evangelien nach Mt, Lk und Joh eine Anzahl eindrücklicher Erscheinungsgeschichten. Diese Geschichten bedienen sich einer Sprache, die paradoxe Formulierungen wählt: Man erkennt ihn und erkennt ihn doch wieder nicht, man berührt ihn, und doch ist er unberührbar, er ist derselbe und zugleich ganz anders. Wie geht das zu?

Von den Emmausjüngern heißt es: »Doch sie waren wie von Blindheit geschlagen, so dass sie ihn nicht erkannten« (Lk 24,16). Im Anhang des Markusevangeliums steht, Jesus sei ihnen »in einer anderen Gestalt« erschienen (16,12). Matthäus sagt von der letzten Jüngerzusammenkunft: »Einige aber hatten Zweifel« (Mt 28,17). Am meisten betont das Johannesevangelium die Schwierigkeit, Jesus zu erkennen: Maria Magdalena verwechselt ihn mit dem Gärtner (20,14 f.). Er stand morgens am Seeufer, »doch die Jünger wussten nicht, dass es Jesus war« (21,4); Er lädt sie zu essen ein, doch »keiner wagte ihn zu fragen: Wer bist du?« Und sofort darauf: »Denn sie wussten, dass es der Herr war« (21,12). Was bedeuten solche Widersprüche: Sie wussten nicht – sie zweifelten – sie wussten sehr wohl, dass es der Herr war?

Auf schnelle Leser wirken die Erscheinungsgeschichten einfältig. Dem genaueren Blick zeigt sich, dass sie hintergründig sind. Paradoxe Wendungen weisen über die alltägliche Realität hinaus. Es geht um eine Glaubenserfahrung, für die der Hörer oder Leser eigene Voraussetzungen schaffen muss, um für sie offen zu werden. Die Erscheinungen können erst dann verstanden werden, wenn sie als Bezeugung der Auferstehung angenommen werden. Wer nicht an einen Gott glaubt, der die Toten zu sich ruft, für den bleibt jede Rede von Auferstehung verschlossen. Letztlich sind die Erscheinungsgeschichten Glaubenszeugnisse, die in die Jüngerschaft Jesu rufen.

Die Evangelien sprechen übereinstimmend davon, das zunächst eine tiefe Verwirrung und Hoffnungslosigkeit den Jüngerkreis Jesu bestimmt haben. Durch die Begegnung mit dem Auferstandenen schlug jedoch die Resignation in Begeisterung um. Die sich selbst aufgebende Gemeinschaft fand neu zusammen, nicht wie ein Strohfeuer, sondern dauerhaft und belastungsfähig, bis zur Bereitschaft eines jeden, seine Ostererfahrung mit dem eigenen Tod zu beglaubigen.

Wir wissen nicht, welcher Art die Begegnung mit dem Auferstandenen war. Sicher ist, dass es auch den Jüngern der ersten Generation nicht erspart blieb, sich glaubend darauf einzulassen. Zu sagen, sie hätten »gesehen«, während wir »glauben« müssen, verfehlt den Charakter dessen, was wir »Auferstehung« nennen: In der Emmausgeschichte werden zwei Jünger dargestellt, in denen wir uns selbst wiederfinden können. Für den »inkognito« begegnenden Jesus sind sie »wie mit Blindheit geschlagen«. Erst beim Brotbrechen »erkennen« sie ihn.

Die »Erscheinungen« werden mit einem Verb verknüpft, das sich übersetzen lässt: »er wurde gesehen« oder auch: »er wurde (durch Gott) sichtbar gemacht«, oder: »er ließ sich sehen«. Das sind Wendungen, die im Alten Testament das Erscheinen Jahwes oder seines Engels beschreiben. Damit rücken diese Erfahrungen in eine Deutung, die das »visuelle« Moment sowohl einschließen wie entbehrlich machen kann. Die Formel selbst lässt nicht erkennen, wie der »Erscheinende« gedacht werden soll.

Die Erscheinungsgeschichten arbeiten mit paradoxen Wendungen. Fremdheit wechselt mit Vertrautheit; der Auferweckte wird nicht sofort erkannt, sondern erst, wenn er etwas Bedeutungsvolles tut: beim Friedensgruß, beim Brotbrechen. Er kommt und entschwindet »bei geschlossenen Türen« ..., die Frage nach seinem »Vorher« und »Nachher« wird nie gestellt.

Die Ostererzählungen der Evangelien sind jüngeren Datums. Sie sind keine historischen Erfahrungsberichte, sondern die Übersetzung des knappen Bekenntnissatzes »Gott hat Jesus von den Toten auferweckt« in eine erzählerische Gestalt. Man kann diese Erzählungen als Legenden bezeichnen, sofern man darunter eine Gattung versteht, die das Unanschauliche anschaulich macht.

In gleicher Weise können Christen im »Brechen des Brotes« immer noch den erkennen, von dem die Schrift berichtet. Die Emmauserzählung entwirft die Situation aller nachgeborenen Jünger.

Arcabas (Jean-Marie Pirot, geb. 1926), Emmaus – Die Rückkehr der Jünger nach Jerusalem, 1994.

Von der Westkirche zur Weltkirche

Der Gekreuzigte, wie er auf drei Kontinenten dargestellt wurde: In der Mitte eine indonesische Interpretation. Die Sonne verfinstert sich, die Erde explodiert in zuckenden Formen, der Gekreuzigte oben schaut der Morgendämmerung entgegen und erhebt sich bereits in einer österlichen Gestik.

Links eine afrikanische Sicht. Übergroß sind die segnend und beschützend erhobenen Arme des Gekreuzigten, in dessen Gestalt ebenfalls der Auferstandene sichtbar wird.

Ganz anders die lateinamerikanische Darstellung Jesu am Kreuz: ein politischer Mensch, der erste der Gefolterten und Bruder aller, die heute grausam leiden müssen.

Die gescheiterte Mission im Fernen Osten

Die Menschen Europas konnten sich, wenn sie gebildet waren, jahrhundertelang in einer Sprache verständigen. Sie sprachen Latein, das war ihnen selbstverständlich. Die Völker jenseits der Christenheit aber blieben ihnen fremd. Als der Freund des Ignatius von Loyola und erste Asienmissionar Franz Xaver 1542 nach Indien und von dort aus nach Japan kam, schrieb er nach Hause:

Zur Stunde stehen wir unter den Japanern wie Statuen da: Wir sehen, mit welcher Lebhaftigkeit sie sich über uns unterhalten, aber weil wir sie nicht verstehen können, müssen wir schweigen. Wie kleine Kinder müssen wir ihre Sprache lernen.

Franz Xaver hatte seine Arbeit mit der in Europa verbreiteten Überzeugung begonnen, in den Kulturen und Religionen der außerchristlichen Welt gebe es kaum etwas, woran sich anknüpfen ließe. Mit dieser Ansicht waren die Spanier bereits nach Amerika gekommen (vgl. Religionsbuch 7/8: Las Casas, S. 68–75). In Japan wurde Franz Xaver jedoch erstmals nachdenklich: »Möge es Gott gefallen, dass wir ihnen gleichen in Einfalt und Reinheit des Herzens«, schrieb er und gewann mit solcher Wertschätzung Zugang zu den fremden Menschen.

Matteo Ricci (1552–1610), Begründer der inkulturierenden Mission. Nach seiner Ausbildung am Jesuitenkolleg in Macerata (Ancona), studierte R. zunächst Jura in Rom, trat 1571 den Jesuiten bei und studierte anschließend Philosophie und Mathematik. 1577 für die Mission bestimmt, begann R. ein

Matteo Ricci

Für die Christen Europas war es fast unmöglich, den Bannkreis ihres eigenen Denkens zu übersteigen, wie es ja immerfort schwer ist, die Welt nicht nur von seinen Interessen her zu sehen. Dieses Denken vom anderen her hat als erster ein italienischer Jesuit vorgemacht: Matteo Ricci. Bevor er Fremden etwas vom Christentum sagte, wollte er zunächst deren Sprache und Sitten kennenlernen – und dann warten, »bis der Fels sich öffnet«.

Matteo Ricci ging mit weiteren Mitarbeitern nach China, löste sich aber ganz von den Missionsanschauungen seiner Zeit. Sie, die christlichen Europäer, müssten die chinesische Denk- und Lebensart erlernen, sagte er. Chinesen aber brauchten, um Christen zu werden, sich keineswegs »latinisieren« zu lassen. Ricci legte gleich anfangs sein Ordensgewand ab, trug zunächst buddhistische Mönchskleider, fand das aber nicht recht und tauschte sie gegen die Tracht chinesischer Gelehrter ein. Ma-t'ou, wie er genannt wurde, schätzte die Chinesen als intelligent und friedfertig; ihre religiösen Formen nannte er hochstehend. Bald aber machten ihm Unverständnis und Quertreiberei der kirchlichen Zensur von Europa aus zu schaffen:

»Männer, die nicht in China sind und nicht Chinesisch lesen können, bestehen nun darauf, ein Urteil abzugeben«,

kritisierte er. Er verweigerte sich allem Drängen, das nur Bekehrungserfolge sehen wollte:

Diese Mission ist eine neue und zarte Pflanze, und zu ihrer Vernichtung würde es nichts weiter als eines Windhauches bedürfen. Aus diesem Grund ist es notwendig, dass sie in diesen Zeiten des Anfangs mit großer Behutsamkeit und Feinfühligkeit behandelt wird und dass sie zur rechten Zeit Gärtner erhält, die sie pflegen, anstatt zu zerstören.

Theologiestudium in Goa/Indien, wurde 1580 zum Priester geweiht und 1582 nach Macao in China entsandt. Bis dahin waren alle missionarischen Versuche, sich auf Dauer in China festzusetzen, gescheitert. Nach intensivem Sprachstudium und mehreren Gemeindegründungen gelang ihm schließlich der Weg nach Peking im Jahr 1601. Zunächst als Tributgesandter behandelt – wozu die mitgebrachten Uhren und ein Clavicembalo wesentlich beitrugen – erlangte er Aufenthaltsrecht und von Jahr zu Jahr wachsendes Ansehen. Dank seines phänomenalen Gedächtnisses und seiner Sprachbegabung beherrschte er schließlich nicht nur die chinesische Sprache und Schrift, sondern auch die klassische konfuzianische Literatur. Außerdem veröffentlichte er seit 1595 über zwanzig chinesische Werke theologischer, ethischer und naturwissenschaftlicher Natur, was ihm die Achtung und Freundschaft einflussreicher Gelehrter eintrug.

Ricci (links im Bild) ordnete seine Missionierungsabsichten dem menschlichen Takt, der Achtung des Fremden und einem notwendig zu erwerbenden Vertrauen unter. Spracherwerb und Beheimatung in der kulturellen Welt Chinas hielt er für unverzichtbar. Seine naturwissenschaftlichen Kenntnisse, insbesondere in Astronomie und Kartographie, schufen ihm die Aufmerksamkeit der Intellektuellen und Mandarine. Er gedachte auf diesem Wege jenes Vertrauen zu erwerben, das dem Evangelium erst seine Verstehensbedingungen schafft.

Johann Adam Schall von Bell (1592–1666), bedeutendster deutscher Chinamissionar und Astronom. Nach seiner Schulzeit am Kölner Dreikronen-Gymnasium ging S. 1608 zum Theologiestudium nach Rom und trat 1611 in die Gesellschaft Jesu ein. Der Jesuitengeneral erfüllte seine Bitten und sandte ihn wegen seiner naturwissenschaftlichen Kenntnisse als Missionar nach China. S. reiste 1618 von Lissabon über Macao nach Peking. Ab 1627 als Missionar in der Provinz Sian tätig, wurde er 1630 zusammen mit dem Mailänder Jesuiten Giacomo Rho (1592–1638) nach Peking zurückgerufen, um den Kalender zu reformieren. Die Stimmigkeit des Kalenders war unverzichtbar als (himmlische) Unterstützung für das herrschende Kaiserhaus.

Johann Adam Schall

Die Arbeit Riccis fand Nachfolger. Einer von ihnen ist der Deutsche Johann Adam Schall von Bell. Als erster Europäer wurde er 1644 zum Leiter des Astronomischen Amtes ernannt, das bis 1776 in den Händen der Jesuiten blieb und damit dem Christentum in schweren Zeiten eine gewisse Sicherheit gab. Wie sehr er und seine Mitarbeiter menschlich zu überzeugen vermochten, zeigt der Nachruf, den Kaiser K'ang-hsi am Grabe Adam Schalls verlesen ließ:

O Johann Adam, du kamst hierher von den Grenzen des Westens. Da du in der Astronomie erfahren und geübt warst, wurde dir die Verwaltung der astronomischen Angelegenheiten anvertraut. Du wurdest geehrt durch den Titel Lehrer des ausgezeichneten und tiefsinnigen Gesetzes. Da hast du plötzlich den langen Weg in die Ferne angetreten. Dein Tod geht uns sehr zu Herzen. Um dir die übliche Ehrung zu erweisen, habe ich einen meiner Beamten beauftragt, dir in meinem Namen diese Totenehrung darzubringen. Ah! Ah! Du hinterlässt uns unsterblichen Ruhm und die Ehre deines Namens. Aber nimm doch hin diese kleine Belohnung für die immerwährende Treue, womit du deiner vergessend dich ganz dem öffentlichen Wohl geweiht hast, und wenn du auch jetzt noch meiner Gefühle gewahr wirst, so komm und nimm an, was wir überbringen.

Das Scheitern

Die Zukunftsaussichten dieser christlichen Arbeit im Geist der chinesischen Kultur wären groß gewesen. Aber die alten Orden Europas verketzerten die Praxis der Jesuiten als »Götzenverehrung«, zumal wenn chinesische Christen weiterhin ihre Ahnen verehrten. Sie gingen in ihrer Engstirnigkeit so weit, den »Heiden« sämtliche kirchlichen Gebote und Gebräuche aufzuerlegen, wie sie in Europa und den spanischen Kolonien üblich waren. Zugeständnisse, wie die Jesuiten sie praktizierten, lehnten die spanischen Dominikaner und Franziskaner empört ab. Sie versuchten sogar, unter Androhung der Exkommunikation neue Verpflichtungen und Verbote durchzusetzen. Damit trafen sie den empfindlichsten Nerv des chinesischen Charakters und forderten den Widerstand selbst der Bekehrten heraus: »Die Missionare des heiligen Dominikus und des heiligen Franziskus lehren uns andere Dinge als die Patres der Gesellschaft.«
Noch 1659 hatte ein päpstliches Schreiben gefordert, »die Völker auf keinerlei Weise zu bewegen, ihre Gebräuche, Sitten und Gewohnheiten aufzugeben … Was kann denn noch törichter sein, als Frankreich, Italien, Spanien oder sonst ein europäisches Land nach China zu bringen?« Jetzt aber, im Jahre 1724, verbot Papst Benedikt XIII. den Jesuiten in China alle »chinesischen Gebräuche«. Das war das Todesurteil für die christliche Mission in China. Eine weitere Begegnung der Kulturen und der Religionen fand nicht mehr statt. Der erste Schritt von der lateinischen Westkirche zur Weltkirche war gescheitert.

Das Christentum in Afrika

Solange Europa den afrikanischen Kontinent ausbeutete – zunächst durch den Sklavenhandel, dann durch Kolonialwirtschaft –, nannte man die Menschen dort »Neger«; das war etwa gleichviel wie Heiden, Wilde, unzivilisierte Menschen. Wie man diese Menschen, ihre Kultur und ihre Religion sah, belegen Berichte aus vergangenen Jahrhunderten.
Duarte Lopez, ein Seefahrer, der Afrika 1578–87 bereiste, urteilt:

Ein jeder ehrt und nimmt zu seinem Gott dasjenige, was ihm gefällt, ohne Maß und Regel und Ordnung. Viele beten geflügelte Drachen an, die sie in ihren Häusern halten. Andere halten Schlangen von seltsamer Form und Gestalt als Götter, andere Widder, andere Tiger oder sonst gräuliche und abscheuliche Tiere. Je unförmiger, hässlicher, scheußlicher diese sind, desto höher werden sie von ihnen gehalten …

Kaum hundert Jahre später schreibt der holländische Geograph O. Dapper:

Die Kaffern halten sich an keinen Gottes- noch Götzendienst; sie wissen von Gott überhaupt nichts und leben wie das Vieh.

Zur gleichen Zeit ein anderer Reisender:

Keiner, mag er auch noch so sorgfältig nachgeforscht haben, ist je imstande gewesen, unter all den Kaffern, Hottentotten oder Küstenbewohnern irgendeine Spur von Religion oder irgendeine Ehrerweisung gegen Gott oder den Teufel zu entdecken.

Italienische Kapuziner, die bereits 1645 im Kongo ihre Missionsarbeit begannen, sandten immer wieder Berichte nach Europa. Eine heutige Auswertung dieser Dokumente stellt fest, man habe unter den Afrikanern nur »blockierte Intelligenz« und »satanische Sitten« gefunden. So lautete die Schlussfolgerung, man müsse dieser Welt »die ewigen Normen bringen«; die Menschen aber seien »von der tierischen zur menschlichen Haltung, von der Barbarei zur Gesittung, von den Lügen der Zauberei und des Götzendienstes zum Licht der Vernunft und des Glaubens zu führen«.
Als die afrikanischen Völker nach 1950 ihre Freiheit fanden, sagte man, bisher sei die Welt in zwei Lager gespalten gewesen: in das Lager der Lautsprecher und jenes der geschlossenen Mäuler. Jetzt wollte man nicht mehr darunter leiden, schwarz zu sein. Afrika begann, die eigene Vergangenheit wieder zu suchen:

In den Schulen lernten wir den Katechismus, die Flüsse und Gebirge von Portugal und die Geschichte der portugiesischen Könige. Unsere Kultur und unsere Gesellschaft blieben unbeachtet; die Geographie, die Fauna und die Flora Moçambiques waren unbekannt.

Diese holländischen Karikaturen behaupten: Die Franzosen verderben die Afrikaner mit nutzlosem Putz, die Engländer verkaufen – scheinheilig – mit der Bibel Rum und Flinten.

David Livingstone (→ S. 69) hat das Bild, das sich Europäer von Afrika machten, maßgeblich geprägt. Seine Reisebeschreibungen haben das Wissen über den bis dahin fast unbekannten Erdteil erweitert, aber auch die Phantasie der Leser angeregt. Sein Ziel, Afrika zu entwickeln und seine Bewohner »in die allgemeine Völkerfamilie einzuführen, in der kein einziges Glied leiden kann, ohne dass auch die anderen mitleiden«, ist im kolonialen wie nachkolonialen Afrika bis heute gründlich gescheitert. Die Aufgabe besteht weiterhin.

1 Im Text (S. 103) begegnet der Ausdruck »Inkulturation«. Versucht diesen Begriff zusammen mit den Stichworten »Christentum« und »Afrika« zu klären.

2 Im Religionsbuch 7/8 findet sich S. 243 ein Foto, das eine Betonkopie des Petersdomes in der Savanne Afrikas zeigt. Diese Kirche ist eine Stiftung des afrikanischen Präsidenten der Elfenbeinküste. Schreibt unter dem Stichwort »Inkulturation« einen knappen Kommentar dazu.

3 Die »Geschichte vom Korb mit den wunderbaren Sachen« (Religionsbuch 5/6, S. 22 f.) stammt aus Afrika. Welche Deutung könnte sie gewinnen, wenn man annimmt, der Hirt, von dem sie erzählt, sei ein europäischer Christ?

Tatsächlich führten die Missionare ohne Bedenken ihr europäisches Modell des Christentums ein, denn sie brachten Katechismen, Kirchenlieder und lateinische Liturgie mit. Wie das auf die afrikanischen Menschen wirkte, zeigt ein Beispiel:
1846 hatten die evangelischen Missionare Krapf und Rebmann etwa 20 km von Mombasa/Kenia die erste christliche Kirche eröffnet. Die Stammessprache hatten sie erlernt und luden nun Menschen ein, ihre Kirche zu besuchen. Es kamen fünfzehn Warabei. Nach dem Gottesdienst wollten die beiden Geistlichen wissen, was die Leute dazu meinten. Deren Urteil war nicht begeistert: Nein, am nächsten Sonntag würden sie nicht wiederkommen. Sie seien andere Formen gewöhnt: Man hätte ihnen reichlich zu essen und zu trinken anbieten sollen. Es hätte auch Trommeln, Tanz und Gesang geben müssen. Das fanden die Missionare unschicklich und sagten, die Leute redeten so, weil sie sündig seien. Als Krapf erklären musste, was »Sünder« sind, fragten die Afrikaner, wer sie verleumdet habe. Als Rebmann ergänzte, Gott habe seinen Sohn gesandt, um ihnen seine Liebe zu zeigen, sagten sie, sie brauchten diesen Sohn nicht, um zu wissen, dass Gott sie liebe. Sie wüssten von dieser Liebe, weil Gott ihnen das Leben geschenkt habe, dazu Kinder, die Sonne, den Mond, den Regen, die Ernte, Kleidung und Bier. Krapf und Rebmann erkannten, dass alles, was sie sagten, aus afrikanischer Sicht ins Leere ging.
Ähnliches erfuhren die christlichen Glaubensbringer unter anderen Völkern Afrikas. Grundlegende Begriffe wie Mensch, Zeit, Leben, Familie, Gemeinde, Gesundheit, Krankheit, Geist, Umwelt, Gott hatten (und haben) einen anderen Hintergrund und eine gegenüber dem Christentum verschiedene Bedeutung:

- Das größte Interesse der Afrikaner gilt dieser Welt, dem Hier und Jetzt, dem menschlichen Leben. Aber dieses Leben wird in Zusammenhängen gesehen, von den Vorfahren, den Stammesmüttern und Stammesvätern abhängig und zugleich jenen verbunden, die erst noch geboren werden.
- Sünde hat nicht in erster Linie mit Gott, sondern mit den Mitmenschen zu tun. Gott bestraft nicht. Wo es Sünde gibt, ist Gott der Menschheit fern; dadurch bestrafen sich die Menschen selbst, ihre Beziehungen entarten. Buße und Versöhnung sind darum wesentlich soziale Ereignisse, wenngleich mit persönlichen Konsequenzen.
- Die afrikanische Lebensauffassung ist ganzheitlich. Die Verehrung Gottes und die Verehrung des menschlichen Lebens gehören zusammen. Darum soll der Gottesdienst immer auch Feier des menschlichen Lebens sein – mit Essen, Trinken und Tanzen. Julius Nyerere, Präsident von Tansania, sagte: »Wenn der Mensch wirklich der Tempel Gottes ist, müssen wir etwas gegen die Fliegen in den Augen eines Kindes unternehmen, da diese Fliegen Gottes Tempel ruinieren.«

Da die christliche Kirche zur gleichen Zeit nach Afrika kam, als auch die Sklavenhändler und Kolonialherren eintrafen, hat sich für den Afrikaner das Christentum mit dem Bild Europas vermengt. Und da die Missionare auch Menschen ihrer Zeit waren, eingebunden in die engen Anschauungen Europas, brachten sie tatsächlich ein gänzlich europäisches Christentum. Nunmehr aber ist Afrika aus dem Schatten des weißen Mannes herausgetreten und verlangt sein eigenes Recht. Steve Biko, Begründer der Bewegung für *Black People Consciousness*, der am 24.9.1977 in einem Gefängnis Südafrikas zu Tode geprügelt wurde, vertritt das neue Selbstbewusstsein:

Steve Biko (1946–1977). Seit 1973 verhängte die südafrikanische Apartheids-Regierung einen »Bann« über B., der mit scharfen Auflagen verbunden war: er wurde überwacht, durfte seine Heimatstadt nicht verlassen und nicht mit mehr als einer Person gleichzeitig sprechen. Seit 1975 war ihm jede politische Betätigung untersagt. Als ihn die Polizei am 18. 8. 1977 außerhalb von King William's Town aufgriff, wurden ihm bei den anschließenden Verhören schwere Kopfverletzungen zugefügt, an deren Folgen er am 12. 9. verstarb.

Wir haben keine Angst mehr. Denn wer Angst hat, ist beherrschbar. Wir sind bereit, lieber aufrecht zu sterben, als auf den Knien zu leben. Jetzt wissen wir, dass der wahre Mensch aus dem Schwarzen zu leuchten beginnt … Jetzt sind wir soweit, dass wir uns bei Gott nicht mehr entschuldigen, schwarz zu sein, sondern dass wir ihm dafür danken. Jetzt sind wir soweit, dass wir die Weißen nicht mehr hassen, sondern dass wir über sie lachen … Jetzt fallen ihre Papierschlösser zusammen, und wir alle singen dazu: Amen! Alleluja!

Diesem afrikanischen Selbstbewusstsein ist die alte europäische Missionskirche in vielen Dingen nicht mehr recht. Man will kein Rosenkranzgebet, sondern spontan beten können, und den Katechismus sollen Geschichten ersetzen, die erzählend den Glauben erschließen. Man möchte diesen Glauben in eigenen Riten feiern, mit eigenen Liedern und traditioneller Musik. Je mehr versucht wird, das religiöse Leben der Afrikaner fremdbestimmt zu gestalten, verschwinden die Kirchgänger aus den Gottesdiensten. Die großen christlichen Kirchen haben erste Folgerungen gezogen: Erfahrene Missionare entschlossen sich, ihre Arbeit ausklingen zu lassen, um die weitere Entwicklung den Einheimischen zu überlassen. Doch während dieser Versuch einer Inkulturation des Christentums in Afrika in Gang kommt, treffen widersinnigerweise nun von anderer Seite neue Missionare ein: Vertreter fundamentalistischer Gruppen und Sekten – oft amerikanischer Herkunft –, die ohne Problemsicht und Fingerspitzengefühl mit viel Werbung eine rückschrittliche Religiosität propagieren.

Kindergeburtstag im Pfarrhaus, Daressalam, Deutsch-Ostafrika 1904.

Inzwischen gibt es deutlich erste Ansätze eines bodenständigen afrikanischen Christentums.

Der Bischof Anselme Sanon aus Obervolta:

Sonntagsmesse in Harare/Simbabwe.

Die Kirche in Obervolta hat entschieden, sich als eine Familie zu verstehen. Familie ist der Ort der Überlieferung von Menschlichkeit, von Teilen und Nehmen, Lernen, Schenken, Lehren, von Förderung und Wärme und von einer Lebensdichte und einem Geist der Liebe. Trotz aller guten Absichten und schönen Erklärungen erscheint die Kirche den Menschen als eine Hierarchie, die von oben befiehlt. Wenn in ihr eine Hierarchie besteht – es ist ja natürlich, dass auch die Kirche gegliedert ist wie jede menschliche Organisation –, dann soll es eine Hierarchie des brüderlichen Dienstes sein, denn sonst wäre sie wie die Reiche dieser Welt, in denen die Könige ihre Völker vergewaltigen und die Machthaber sich auch noch Wohltäter nennen lassen.
Wovon war die Vorstellung der Hierarchie bestimmt, wie sie in der westlichen Kirche immer vorherrschte? Sie ging von der Autorität des Vaters aus, wie sie in der dortigen Gesellschaft bekannt war. Man nahm an, dass die Gestalt väterlicher Autorität überall gültig sei, was ja bekannterweise nicht stimmt. In anderen kulturellen Traditionen kommt die Autorität Verwandten mütterlicherseits oder dem älteren Bruder zu.

Gottesdienst in Kongor/Sudan.

Auf einem panafrikanischen Kongress wurde gesagt:

Es geht darum, die Botschaft Christi ihres westlichen Gewandes zu entkleiden, das sie während 2000 Jahren getragen hat, damit die eigentliche Religion Christi in ihrer ursprünglichen Schönheit erstrahlen kann. Das Problem des Kolonialismus und Neokolonialismus auf dem religiösen Sektor, der immer noch von den Kirchen des Westens abhängt, wird nie gelöst werden, solange die Kirchen Afrikas nur nach London und Rom schauen, statt durch Afrika hindurch nach dem Himmel zu schauen.
Wir haben es satt, das Evangelium nur durch das Prisma der europäischen Kultur zu bekommen. Lasst uns endlich mal allein mit unserem Evangelium und unserem Gott. Lasst uns endlich von der Bevormundung frei werden und unser Erbe antreten.

Das Christentum in Indien

Asien gilt als ein religiöser Kontinent. Alle großen Weltreligionen gingen von hier aus. Gerade wegen dieser lebendigen Religiosität hat das Christentum dort am wenigsten Fuß fassen können. Da wir von der gescheiterten Mission in China schon gesprochen haben, soll jetzt von Indien die Rede sein (vgl. auch Religionsbuch 7/8, S. 154 ff.). Im indischen Subkontinent leben Hindus, Buddhisten, Muslime, aber nur wenige Christen. Es gibt eine alte Tradition der »Thomas-Christen«, die bis ins 3. oder 4. Jahrhundert zurückführt. 1542 kam Franz Xaver nach Goa und begründete christliche Gemeinden. 1606 übernahmen Jesuiten in Südindien erstmals hinduistische Riten. Seit etwa 1830 legte die evangelische und katholische Mission ihren Schwerpunkt auf das Schulwesen und die Sozialarbeit. Ähnlich wie in Afrika stand diese Arbeit unter europäischen »Entwicklungs«vorstellungen. »Wie ein zerschlissenes Kleid wird der Hinduismus von Indien abfallen und dem Christentum Platz machen«, lautete die Überzeugung. Davon ist heute keine Rede mehr. Seit der Unabhängigkeit des indischen Staates bemüht sich die einheimische Kirche um einen eigenständigen Weg. Sie muss sich dabei der Kritik des Hinduismus am Christentum stellen, verbunden mit einer Kritik an der westlichen Lebensart. Mahatma Gandhi sagte:

Die Botschaft Jesu ist in der Bergpredigt enthalten, ganz und unverfälscht. Wenn nur die Bergpredigt und meine eigene Auslegung davon vor mir lägen, würde ich nicht zögern zu sagen: »Ja, ich bin ein Christ«.

Ein Text hat mich immer wieder ergriffen, schon von meinen ersten Zeiten her, als ich die Bibel las: »Suchet zuerst das Reich Gottes und seine Gerechtigkeit, und alles andere wird euch dazugegeben werden.« Ich sage euch, wenn ihr diesen Abschnitt versteht, bewahrt und in seinem Geiste handelt, dann braucht ihr nicht einmal zu wissen, welchen Platz Jesus oder irgendein anderer Lehrer in eurem oder meinem Herzen einnimmt. Wenn ihr diese moralische Straßenkehrerarbeit tut, euer Herz reinigt und bereit macht, dann werdet ihr finden, dass alle diese machtvollen Lehrer ihren Platz in uns einnehmen, ohne dass wir sie einladen.

Trinkt tief aus dem Brunnen, der euch in der Bergpredigt gegeben ist – aber dann müsst ihr auch in Sack und Asche Buße tun für euer Versagen bei der Ausführung dessen, was in der Predigt Jesu gelehrt wird. Die Lehre der Bergpredigt ist für uns alle. Ihr könnt nicht Gott und dem Mammon dienen.

1 Erläutert die These, dass der Widerstand Asiens gegen das Christentum nicht aus mangelnder, sondern aus vorhandener Religiosität kommt.

2 Als Franz Xaver einen treuen indischen Reisebegleiter durch den Tod verlor, schrieb er: »Ich kann ihm nicht mehr all das Gute vergelten, das er mir getan hat, ich kann nicht einmal für ihn beten, denn er ist ja jetzt in der Hölle.« Wie würdet ihr heute auf diesen Brief antworten?

3 Bis zu Papst Johannes XXIII. wird in kirchlichen Dokumenten von »Heiden«, »Ungläubigen« und »Götzendienern« gesprochen. In jüngeren Jahren benutzte Giovanni Roncalli, der spätere Johannes XXIII., solche Begriffe ebenfalls. »Seit er aber als Delegat in der Türkei war und die Muslime im Gebet beobachtete und mit ihnen sprach, konnte er nicht mehr von Heiden reden, sondern nur noch von ›Brüdern und Schwestern im einen Gotte.« Hat Franz Xaver keine betenden Muslime und Hindus gesehen? Was erklärt den Wandel zwischen Franz Xaver und Papst Johannes?

Die katholische Kirche lehnt nichts von alledem ab, was in diesen Religionen wahr und heilig ist. Mit aufrichtigem Ernst betrachtet sie jene Handlungs- und Lebensweisen, jene Vorschriften und Lehren, die zwar in manchem von dem abweichen, was sie selber für wahr hält und lehrt, doch nicht selten einen Strahl jener Wahrheit erkennen lassen, die alle Menschen erleuchtet … Deshalb ermahnt sie ihre Söhne, dass sie mit Klugheit und Liebe, durch Gespräch und Zusammenarbeit mit den Bekennern anderer Religionen … jene geistlichen und sittlichen Güter und auch die sozial-kulturellen Werte, die sich bei ihnen finden, anerkennen, wahren und fördern.

Zweites Vatikanisches Konzil

Bede Griffiths (1906–1993) entstammte einer anglikanischen Familie, studierte Literaturwissenschaft und Philosophie in Oxford und trat mit 26 Jahren in den Benediktinerorden ein. 1955 kam er nach Indien und versuchte dort zusammen mit einer Gruppe indischer Mönche indische und christliche Spiritualität zu verbinden. 1968 übernahm er einen Ashram (»Ort der Anstrengung«, klosterähnliches Meditationszentrum), der unter seiner Leitung ein wichtiger Ort für den Dialog der Religionen wurde.

Der aus England stammende Mönch Bede Griffith (1906–1993), der in einem Ashram (klösterliches Meditationszentrum) lebte, meinte zur Situation des Christentums in Indien:

Man versuchte hier den Dorfbewohnern materiell auf verschiedene Art zu helfen, mit Arzneien, mit Erziehung. Aber sehen Sie, diese Leute sehnen sich vor allem nach Wissen um Gott, nach Lebenssinn.
Wohl braucht der Arme auch Nahrung, Kleidung, Hilfe verschiedenster Art, aber im Wesentlichen will er erfahren, dass er geliebt wird. Wer aber kein wahres inneres Leben führt, kann diese Erfahrung nicht schenken.

Christen haben oft erlebt, dass es schwer ist, Hindus in ihrem Inneren zu erreichen. Wie dieses dennoch geschah, zeigt der folgende Bericht. Er steht stellvertretend für den Weg, auf dem sich Christentum und indische Geisteswelt begegnen können:

Ich war eine Woche zu Gast im Hause eines Brahmanen, der täglich drei Stunden vor einem Shiva-Bild betete und häufig fastete. Er kannte mich nur von meinen Büchern. In diesen Tagen sprach er wenig mit mir, beobachtete mich jedoch ständig. Wenn ich morgens eine Stunde Meditation hielt, setzte er sich an meine Seite, schaute mir ins Gesicht, unablässig, die ganze Stunde über.
Schließlich kam der letzte Tag meines Aufenthalts. Da sagte er zu mir: »Jahrelang habe ich Shiva in einem Bildnis aus Stein angebetet. Heute möchte ich ihn in einem lebendigen Menschen verehren. Und indem ich das tue, erweise ich meine höchste Ehrerbietung dem Herrn Jesus Christus, den Sie hier vergegenwärtigen. Voriges Jahr habe ich eine Pilgerreise zum Himalaya, zur Quelle des Ganges gemacht. Diese Flasche voll Gangeswasser, für mich etwas sehr Heiliges, habe ich von dort mitgebracht. Erlauben Sie mir nun, Ihre Füße mit diesem Wasser zu waschen und es dann über mein Haupt zu gießen, so wie es unser Ritual vorschreibt.«
Als wir später die letzte Mahlzeit in seinem Haus einnahmen, sagte er beiläufig: »Vor vielen Jahren kam einmal ein christlicher Missionar mit der Bibel in der Hand und sagte, er wolle zu mir über Jesus Christus sprechen. Ich wies ihn fort und erlaubte ihm nicht, mein Haus zu betreten.« Dann sah er mich an und lächelte. Ich lächelte zurück.

Der Tabernakel in der Kapelle des Ashrams, in dem Bede Griffiths wirkte, verbindet den Davidstern mit dem Gekreuzigten. Über der Tabernakeltür ist das hinduistische OM-Symbol zu sehen. Es gilt der Ganzheit des Wirklichen und der Gegenwart des Göttlichen in der sichtbaren Welt.

Das Christentum in Lateinamerika

In diesem Kontinent wurden mehr als anderswo himmelschreiende Verbrechen gegen das arme Volk verübt, und immer noch ist die Welle der Gewalt und Ausbeutung ungebrochen. Dabei war Lateinamerika keineswegs dazu verurteilt, in solche Armut zu fallen; man konnte ursprünglich eher von einem paradiesischen Kontinent sprechen als von einem Land des Mangels (vgl. S. 67).
Lateinamerika gilt überwiegend als katholisch, obwohl auf dem Boden der Volksfrömmigkeit noch viele Mischformen aus indianischer und afrikanischer Tradition existieren. Die Kirche hat lange Zeit hier ihre gewohnte Seelsorge betrieben, bis sich schließlich – etwa seit 1960 – einige wenige wie Mose berufen fühlten, das Volk aus der Knechtschaft herauszuführen. Sie fanden es unerträglich, in den Gottesdiensten nur wohlhabende Leute zu sehen, während die Armen sich schämten, mit ihren zerlumpten Fetzen in die Kirche zu kommen; sie meinten, das alles verhöhne das Evangelium.
Diese wenigen begannen zu studieren und erkannten, dass die Theologie sich von jetzt an auch um nationale und internationale Wirtschaftsfragen kümmern müsse, um den Armen ein Bewusstsein ihrer Lage und ihrer Befreiungsmöglichkeiten zu geben. Auf einer lateinamerikanischen Bischofsversammlung von 1968 in Medellin übernahm die Mehrheit der Bischöfe dieses Programm und erklärte die »Option (Entscheidung) für die Armen« zum Schwerpunkt der künftigen kirchlichen Arbeit.
Von da an entwickelte sich eine Seelsorge von unten. Ein Priester, der zweimal jährlich auf entlegenen Außenposten erscheint, um Sakramente zu spenden, um danach für ein weiteres halbes Jahr erneut ein christliches Vakuum zu hinterlassen, war bisher der Normalfall. Nun sollte das arme Volk lernen, sich unter eigener Leitung zu versammeln, das Evangelium zu lesen und auszulegen, zu singen, zu beten und nicht zuletzt Konsequenzen für den Alltag zu ziehen. Eine Gemeinde, die sich auf diesem Weg bemüht, heißt Basisgemeinde. Es gibt sie inzwischen zu tausenden, wenngleich immer noch in der Minderheit, aber sie schaffen Hoffnung.
Ausgangspunkt der Basisgemeinden – vom Evangelium getrieben – ist die Bestandsaufnahme. Man registriert das Fehlen von Grundbesitz, von Wasser, Strom und Kanalisation in den Favelas; die schlechte Hygiene und Gesundheitsversorgung; falsche Ernährung und Hunger; die sich im Alkohol ersäufende Verzweiflung der Männer; fehlende Arbeit, niedrige Löhne, Polizeiübergriffe bei Streiks; die Gewalt auf dem Lande, Vertreibung und Ermordung von Landarbeitern, die Widerstand leisten …
Die Basisgemeinde versucht nach der Situationsanalyse ins Gespräch über die erkannte Realität zu kommen, um deren Ursachen zu erkennen und sie »im Lichte des Evangeliums« zu beantworten. Amos und die prophetische Sozialkritik werden für sie zu wichtigen Schriften (vgl. Religionsbuch 7/8, S. 36–38), der Exodus zu einem Programm neuer Zuversicht. Christsein gilt ihnen als Grund, solida-

In vielen Gegenden des Hochlandes von Guatemala und Westguatemalas ist der hl. Simón eine überaus populäre Gestalt. Der Heilige ist in der Art eines ganz gewöhnlichen Mannes gekleidet, er raucht, trinkt Schnaps und genießt, auch in Privathäusern, große Verehrung.

Als die Spanier die alte Maya-Kultur in Mittelamerika kennenlernten, sahen sie nur, was sie zu Hause sehen gelernt hatten. Sie übertrugen ihre Vorstellungen auf eine Welt, die mit der europäischen sehr wenig zu tun hatte. Die meisten Soldaten, Mönche und Beamten, die mit den Maya in Kontakt kamen, hielten sie nicht für die Abkömmlinge jener Baumeister, deren Wunderwerke überall im Lande begegneten, sondern schrieben diese »den Griechen«, »den Römern« und »den verlorenen Stämmen Israels« zu.

1 Amerikanische Sekten, welche die Bibel in Indio-Sprachen übersetzen, unterschlagen Wörter, die Veränderungen bewirken könnten, beispielsweise »Unterdrückung«.
Andere Vokabeln werden mit Kommentaren versehen:

»*merecer* = verdienen; das Kind, das sich in der Schule schlecht aufführt, verdient Strafe;

jacal = Hütte; obwohl ich nur eine Hütte habe, lebe ich sehr glücklich mit meiner Familie;

pairón = Großgrundbesitzer; er ist ein guter Mann, er behandelt uns gut und zahlt uns einen guten Lohn.«

Was verrät dieses Vorgehen

a) im Blick auf die Bibel,
b) im Blick auf die Indios,
c) im Blick auf die Betreiber?

2 Ein brasilianischer Theologe sagte: »Ich selbst bemühe mich sehr, wo immer möglich, Frauen in Kommissionen und Ausschüsse wählen zu lassen, damit sich das Weibliche endlich zu Wort melden und unsere Theologie mitgestalten kann. Wie Frauen glauben, wie sie Gott begegnen, wie sie Christuserfahrungen machen, das alles darf in einer echten Befreiungstheologie nicht fehlen. Wo sich nur Männer zu diesen Fragen äußern können, wird der Gottesglaube der Bibel verkürzt.« Stimmt das?

3 Im Religionsbuch 7/8, S. 225–234, werden Situationen kirchlicher Arbeit in der Dritten Welt am Beispiel von drei engagierten Menschen vorgestellt. Wenn ihr den Begriff »Mission« nur von dorther erklären könntet, wie sähe eure Definition aus?

4 Zieht zur Geschichte des Christentums in Lateinamerika das Kapitel über Las Casas heran: Religionsbuch 7/8, S. 68–75.

risch mit den Armen zu werden. Sie wollen aber niemals etwas »für« die Armen tun, sondern immer nur »mit« ihnen. Darum ist es auch den Theologen und Bischöfen wichtig, selbst arm zu leben.

»Wer schweigt, stimmt den Herrschenden zu!«, ist eine Grundeinsicht der »Befreiungstheologie«, wie das lateinamerikanische Programm gewöhnlich genannt wird. Neutralität gilt als Gleichgültigkeit. »Kirchliche Basisgemeinschaften helfen, den Egoismus und das Konsumdenken der Gesellschaft infrage zu stellen.« Aus ihrem Glauben heraus wollen sie eine »Zivilisation der Liebe« entwickeln helfen. Das freilich stößt auf Abwehr und Feindschaft:

- Bischöfe, Priester und viele engagierte Laien haben ihre Parteinahme für die Armen bisher mit dem Leben bezahlt (vgl. S. 86 f.; 182 ff.).

- Ein »außenpolitischer Beirat« der US-Regierung verabschiedete ein Dokument, in dem es heißt: »Die Außenpolitik der USA muss damit beginnen, der Theologie der Befreiung, wie sie in Lateinamerika … angewendet wird, zu begegnen (und nicht nur im Nachhinein zu reagieren). Die Rolle der Kirche in Lateinamerika ist entscheidend für den Begriff politischer Freiheit. Leider haben die marxistisch-leninistischen Kräfte die Kirche als politische Waffe gegen den Privatbesitz und das kapitalistische Produktionssystem benutzt und die religiöse Gemeinde mit Ideen durchsetzt, die weniger christlich als kommunistisch sind.«

- Innerhalb der katholischen Kirche stößt die »Theologie der Befreiung« nicht auf ungeteilte Zustimmung. Man befürchtet, hier werde »das Evangelium vom Heil auf ein irdisches Evangelium reduziert«. Die Praxis der Basisgemeinden in Lateinamerika sei eine »Umdeutung« des Glaubens« und dem »marxistischen Denken« gefolgt. Und wenn die Bibel durch die »Erfahrungen des Volkes« zur Sprache kommen solle, so werde hier »das Volk« nicht selten gegen die kirchliche Hierarchie in Anspruch genommen.

Der Streit über diese Fragen wurde unter den Bischöfen Lateinamerikas ebenso ausgetragen wie in der Kirche des Westens. Punkte der Kritik waren die Anwendung »marxistischer« Praxis bei der Situationsanalyse und der Ersatz der Erlösungstheologie durch die Befreiungstheorie. Diese Kritik war durch gewollte Missverständnisse und Furcht vor marxistischer Unterwanderung der Kirche gekennzeichnet. Man bekämpfte nur eine Karikatur der Befreiungstheologie.

Demonstration junger Christen in Chile.

Von der Westkirche zur Weltkirche

In den bisherigen Büchern der Kirchengeschichte handeln etwa 95 Prozent des Textes über die Kirche der westlichen Welt. Statistisch zählten zu Beginn des 20. Jahrhunderts 85 Prozent aller Christen ebenfalls zur westlichen Welt. Der verbleibende Rest gehörte zu den »Missionsländern«.

Diese Zeit der europäischen Vorherrschaft ist heute an ihr Ende gekommen. Was man bisher Geschichte nannte und in den Epochen Altertum, Mittelalter, Neuzeit gliederte, war europäische Geschichte. Die Phase einer zusammenhängenden Weltgeschichte aber hat begonnen. Das abendländische Schwergewicht der Christenheit schwindet. Nach dem Jahr 2000 leben drei Viertel aller Christen in den südlichen Kontinenten.

Das Schwergewicht der künftigen Kirche verlagert sich zu den wirtschaftlich armen Völkern. Wenn die Armen – die materiell Armen und die geistlich Armen –, die in ihrer Armut über sich und die Welt hinausschauen, die »Seligen« des Evangeliums sind, wie muss sich die Kirche wandeln, um allen Suchenden und nach Gerechtigkeit Dürstenden Stütze und Hoffnung zu werden?

1 Bei internationalen kirchlichen Konferenzen wurde festgestellt, dass der Charakter dieser Konferenzen von der Mehrheitsgruppe abhängt. Kommt die Mehrheit der Teilnehmer aus Lateinamerika, ist das Hauptthema die Gerechtigkeit; kommt die Mehrheit aus Asien, ist die Religiosität das Hauptthema; kommt die größte Gruppe aus Afrika, ist es die Kultur. Lässt sich diese Beobachtung an den Schwerpunkten unserer Darstellung veranschaulichen?

2 Ein in allen Kontinenten erfahrener Theologe sagte, es sei überholt, von »unseren Missionen« zu sprechen. Die Christen der ehemaligen Missionen beleidige es, wenn man heute noch dazu aufrufe, »für die Missionen zu beten, für die Missionen Almosen zu geben ... Solches Reden verlängert das historisch-koloniale Denken: hier Metropole, dort Peripherie, hier Kirche, dort Missionen. Es geht heute nicht mehr um Missionshilfe an arme Bettler, sondern um den zwischenkirchlichen Dienst, den alle Kirchen zu leisten haben.« Nehmt (irgendeine) Zeitschrift, die über Kirchen in der Dritten Welt berichtet und überprüft, welcher Sichtweise ihr begegnet.

3 Ein Missionar wie Franz Xaver (und bis ins 19. und 20. Jahrhundert viele weitere) waren der Überzeugung: Gehe ich zu den Indern, Japanern, Chinesen ... und predige ihnen Christus, dann sind sie für den Himmel gerettet. Bleibe ich in Europa, dann sind sie verloren – so wie ihre Vorfahren verloren sind, da sie nie von Christus gehört haben und ohne Taufe gestorben sind. – Ein Mensch solcher Überzeugung fühlte sich von einem starken missionarischen Impuls getrieben. Mit welcher Begründung gehen heutige Christen zu nichtchristlichen Völkern?

Neue Horizonte

Pablo Picasso (1881–1973), Das Atelier, 1925.

Auf dem Tisch liegen und stehen Gegenstände, die als Modelle und Anschauungsstücke Picassos Interesse fanden. Das Sammelsurium veranschaulicht auch die tausend Inhalte, welche die Schule zusammenrafft und neben- und übereinander ablagert. Diese Bemerkung Picassos kann dazu bedacht werden:
»Niemals kommt ein Augenblick, in dem du sagen kannst: Ich hab' gut gearbeitet, und morgen ist Sonntag. Sobald du aufgehört hast, beginnst du schon wieder von vorn. Du kannst ein Bild wegstellen und sagen, du rührst nicht mehr daran. Doch du kannst niemals das Wort ENDE darunter setzen.«

»Wie lernt man, wie man lernen kann?« Nicht jeder fragt so, denn gewöhnlich wird nur ein »Was« gelehrt und gelernt: Stoffe, Wissen, Formeln. Das »Wie« bleibt ungefragt. Man kann zwölf Jahre zur Schule gehen, weitere zwölf Semester studieren, Diplome erwerben, tüchtig sein und doch die Frage »Wie lernt man, wie man lernen kann?« nie stellen.
Unser Gedicht behauptet: »Da muss man selbst sich wagen / und keinen Lehrer schonen; / das Lernen muss sich lohnen.« Das übliche Schulpensum wird als zu mager angesehen: »Vokabeln lernen, Formeln, Sachen? Nein, das ist das Ganze nicht!« Die Lust, über jede Antwort hinauszugehen, weitergreifende Fragen zu finden, ist ein Leben lang wichtig. Also: Lust an geistiger Neugier, Freude am Gespräch, an der Erkundung, ob Lehrer die eigenen Fragen selbst auch fragen oder gefragt haben.
Darum lernen wir auch nicht allein in der Schule. Der Umgang mit Eltern und Geschwistern, mit Freunden und Fremden ist ebenfalls ein Lernprozess. Von drei Bereichen, in die sich das Lernen ausdehnen muss – in der Schule und über die Schule hinaus –, soll hier die Rede sein: von der Kultur, von der Politik und von der Religion.

Von der Kultur

Zunächst geht es darum, ein Zeitgenosse zu werden. Wie lernt man hier? Eine erste Bedingung lautet: bereit sein zum Lesen! Das Fernseh- und Internetangebot verleitet viele Menschen dazu, seltener und weniger zu lesen. Steiferes Sprachverhalten ist die Folge. Überleg! Welches Buch hast du zuletzt gelesen? Welche im vergangenen Monat, wie viele über ein Vierteljahr hinweg? Lässt deine Buchauswahl bestimmte Interessen erkennen? Wie beurteilst du deinen Anspruch an diese Lektüre? Ist sie nur unterhaltend oder erschließt sie dir eine bedenkenswerte Welt?

Wichtig sind Bibliotheken. Welche Bibliotheken gibt es in eurer Region? Sind Fachbibliotheken und wissenschaftliche Bibliotheken darunter? Ihr könnt mit der Schule dorthin gehen. Dort könnt ihr euch unterschiedliche Aufgaben stellen: zum Beispiel eine Biographie über Martin Luther King finden, Informationen über Dominikus Zimmermann suchen; Sachbücher zum Sklavenhandel, zu Themen der Dritten Welt und – ein schwieriger Suchauftrag – zur Inkulturation des Christentums in anderen Kontinenten. Das bringt Kompetenz in eigenständiger Informationsbeschaffung. Natürlich muss dieser Lernprozess nicht auf Kosten der wenigen Religionsstunden gehen. Man kann sich auch alleine in der Bibliothek umsehen oder Beratung beim Personal erbitten.

Hilfreich ist eine Handbibliothek im Klassenzimmer: Lexika und Sachliteratur. In vielen Städten stellen die öffentlichen Büchereien auch Medien für spezielle Themen zur Verfügung. Dann kann man für eine Weile – z.B. parallel zum Thema »Wieskirche« – Bildbände über das Barockzeitalter im Klassenzimmer einsehen. Oder Sachliteratur zu Ludwig XIV., zur Französischen Revolution, zur Dritten Welt und zum Buddhismus. Nicht zuletzt ist das Internet eine hervorragende Informationsquelle.

Zu beachten sind auch Veranstaltungen und kulturelle Angebote im eigenen Umfeld. Schön wäre eine Litfaßsäule oder Anschlagtafel im Eingangsbereich der Schule, mit Plakaten, die auf Kunstausstellungen, Theater und Konzerte, Vorträge und politische Versammlungen aufmerksam machen. Nicht selten gibt es auch Anlässe, die sich mit Unterrichtsthemen berühren. Es heißt: »90 Prozent der Unterrichtszeit füllen indoor-activities, höchstens 10 Prozent sind outdoor-activities. Aber: ›Aus einem Schneckenhaus kommt kein Leu heraus!‹« Stellt mit eurer Klasse ein Kulturprogramm auf.

Zur Kultur gehört auch das Kino. Es ist lohnend, sich einen besonderen Film zweimal anzusehen, etwa mit der ganzen Klasse, dann aber mit verteilter Aufgabenstellung. Auf genaues und kritisches Sehen kann der Unterricht vorbereiten.

Erst recht sind Besuche im Museum, im Atelier eines Künstlers oder an historischen Stätten anzuraten. Unterricht ohne Bücher! Wer gelegentlich vor die Schultür geht, nimmt das, was in den Büchern steht, auf einem lebendigeren Hintergrund wahr.

Wie lernt man, wie man lernen kann?
Wie fängt man nur zu lernen an,
mit Mut und ohne Unterlass
nach Gott und Welt zu fragen?
Da geht es nicht um dies und das,
da muss man selbst sich wagen
und keinen Lehrer schonen;
das Lernen muss sich lohnen!

Vokabeln lernen, Formeln, Sachen?
Nein, das ist das Ganze nicht!
Es geht um mehr als Wissen.
Was heute wir vermissen,
ist eignes Denken, eignes Fragen,
ein eignes, freies Wort zu sagen,
ist Offenheit und gerader Sinn.
Doch welcher Weg führt nur dorthin?

Erich Fried

Kommunale Ratssitzung

In den Ratssitzungen der Städte und Gemeinden wird alles entschieden, was das Leben der Bürgerinnen und Bürger betrifft. Manchmal geht es um einfache Entscheidungen, die aber in den Geldbeutel aller greifen: Wie hoch Wasser und Kanal zu bezahlen sind, was die Müllentsorgung kosten soll, wem die Straßenreinigung obliegt. Aber es wird auch über Baurecht, Kultur, Schulen und Bildung gestritten und entschieden. Wenigstens einmal sollte jede Klasse – und wenn das nicht geht – jede Schülerin und jeder Schüler für sich an einer Sitzung des örtlichen Rates teilgenommen haben. Diese Sitzungen sind öffentlich und geben Einblick in das Funktionieren unserer Gesellschaft.

Kirchenerkundung

Jede Kirche ist anders, darum ist auch eine Kirchenerkundung immer wieder anders – eine Übung in Aufmerksamkeit.
Beachtet zuerst das Umfeld. Wo liegt die Kirche innerhalb des Ortes: Hervorgehoben? Inmitten der Stadt? Inmitten des Verkehrs oder in einer Zone der Stille? Wie mag die Kirchenumgebung in ihrer Entstehungszeit ausgesehen haben? Wahrscheinlich war sie der erste Steinbau am Ort.
Seht die Kirche von außen an. Wie ist sie in die Weltrichtungen eingebunden? Wie unterscheiden sich die einzelnen Seiten? Wo liegen die Eingänge? Wie viele gibt es? Was unterscheidet sie? Gibt es Skulpturen oder Zierart am Mauerwerk?
Wenn möglich geht von Westen in die Kirche. Setzt euch zunächst still hin und nehmt den Raumeindruck in euch auf. Versucht, die Stille zu erleben. Durchschreitet den Raum in absolutem Schweigen. Kannst du einen Lieblingsplatz für dich allein finden?
Der Baustil der Kirche bestimmt auch das Verständnis des Raumes.
Unser Unterrichtswerk vom 5. bis 10. Schuljahr bietet Hintergrundkenntnisse.

Von der Politik

Zunächst geht es um die Zeitung. Liest du die Tageszeitung? Was zuerst? Welchen Teil gar nicht? Kannst du sofort sagen, welche politischen Vorgänge die Presse in diesen Tagen vorrangig beschäftigen? Kennst du deren Ursachen, unterschiedliche Lösungsvorstellungen, die politischen Lager?
Es gibt Lokalzeitungen, überregionale, niveauvolle und solche, die mit schreiender Aufmachung Leser fangen wollen. Es ist gut, sie miteinander zu vergleichen. Wer aber vergleichen will, muss die Textgattungen einer Zeitung kennen: Nachricht und Meinung, Reportage und Feuilleton. Und natürlich ist zu fragen, aus welcher Position die Zeitung geschrieben wird.
Meinungsbildung ist nicht allein an Zeitungen gebunden. Im Fernsehen sind es – neben den Nachrichten – die politischen Magazine, die aktuelle Themen erörtern. Auch hier unterscheiden sich Menschen und Programme durch ihren weltanschaulichen und politischen Standort.
Dauerhaft aktuell sind Umweltprobleme. Wie werden sie im Regionalteil der Zeitung behandelt? Hilft die Zeitung, ein angemessenes Problembewusstsein zu entwickeln? Oder sind von Fall zu Fall Leserbriefe angebracht?
Nicht zuletzt ist die Kommunalpolitik von Bedeutung. Viele Dinge in Stadt oder Gemeinde, die das alltägliche Leben berühren, entscheidet das heimatliche Parlament: welche Förderung die Schulen und die Jugendarbeit bekommen, was für Kulturarbeit ausgegeben wird, welche sozialen Aufgaben sich stellen, wie aktuelle Verkehrsprobleme gelöst werden sollen. Wer hat schon eine Sitzung des örtlichen Parlaments besucht? Weil keiner von uns wie Robinson lebt, ist es wichtig, für die Kommunalpolitik wach zu sein, mitzudenken und später auch mitzusprechen.
Hat dies alles auch mit Religion zu tun? Es hat! Ein Glaube, der sich vor Verantwortung versteckt, macht sich unglaubwürdig.

Von der Religion

Heutige Schulklassen spiegeln die religiöse Vielfalt der Gesellschaft. Über Religion zu sprechen, ist weithin schwierig. Jeder hat eine andere Meinung, nicht selten eine unüberlegte. Das Wissen in Sachen Religion ist im Allgemeinen gering.
Wenn der Religionsunterricht lebendig ist, kann er neue Wege zeigen. Dazu trägt auch dieses Unterrichtswerk bei. Wenn ihr Kritik und Wünsche habt, nehmt über www.religionsbuch.de Stellung.
Vieles im vorliegenden Buch fußt auf den früheren Bänden. Darum ist das Wieder-Holen ein oft notwendiger Vorgang. Aber weil die Religionsbücher an den meisten Schulen nicht im Besitz der Schüler sind, ist ein Nachschlagen gewöhnlich erschwert.

Arcabas (Jean-Marie Pirot, geb. 1926), Der Engel spricht im Traum.

Nur der Geist, wenn er den Lehm behaucht, kann den Menschen erschaffen.

Antoine de Saint-Exupéry

Legt alle drei Bände nebeneinander: Jedes Kapitel begleitet durch sechs Schuljahre. Wenn ihr einen solchen Lernstrang – beispielsweise »Sprachverständnis«, »Kirchengeschichte« oder »Gott« – durch sämtliche Jahrgänge hindurch verfolgt, entfaltet sich ein Zusammenhang, der im Laufe der Schuljahre nicht immer wahrgenommen wird. Umso wichtiger ist es, einen kompletten Kurs durchgehen zu können. Erst dann erschließt sich das Ganze. Wer nur »häppchenweise« lernt, vergisst schnell, weil ein Gesamtverständnis ausbleibt. In einer Zeit wachsender Globalität wird ein vertieftes Verständnis der eigenen Kultur und Religion und die Kenntnis fremder Kulturen und Religionen immer wichtiger. Man kann nicht mit China, mit der arabischen Welt, mit afrikanischen Völkern in Handelsbeziehungen treten, wenn man für deren Werte blind ist. Darauf zu verzichten bedeutet, nicht einmal sich selbst zu kennen.

Eine Kirche ist voller Geschichten. Fenster und Türen, Altarbilder und Skulpturen erzählen. Was erzählen sie? Schreibt die euch bekannten Geschichten auf. Erfasst und erforscht die unbekannten Geschichten. Beachtet besonders Altar, Kanzel und Taufstein.
Vor bestimmten Bildern oder Skulpturen können Kerzen angezündet werden. In eine Kirche bringen die Menschen ihre Sorgen und Bitten.
Manchmal liegt ein Buch auf, in das sie ihre Anliegen eintragen können. Jede Kirche ist ein intimer Ort. In kein anderes Haus werden so viele Nöte getragen. Konkrete Aufgaben für eure Kirche können hier nicht stehen. Am besten, ihr habt einen Plan, wie ihr allein oder zu zweit den Raum erkundet. Trefft euch am Ende. Einer liest einen guten Text oder ihr bringt mit Klangspielen und Musikinstrumenten den Raum zum Klingen.

Wichtige Adressen

www.stiftunglesen.de
www.zeitung.de
www.umweltbundesamt.de
www.bund.net
www.bafu.admin.ch
www.katholische-kirche.de

Quint Buchholz (geb. 1957), Die Bücherwaage.

Welch ein Buch!
Heinrich Heine

Das verbindende Urdokument der Menschheit.
Goethe

Eine Menschheitschronik.
Thomas Mann

Die Mutter der Dichtung, dessen Bedeutung nicht nur für die Religion, sondern für die Literatur unseres Abendlandes einzigartig ist.
Hilde Spiel

Bibel und Kultur

Um die Jahrtausendwende meldeten Zeitungen, dass ungefähr die Hälfte der heute in Deutschland lebenden Menschen nicht weiß, was an Weihnachten gefeiert wird. Eine führende Zeitung klagte, es fehle an Bibelkenntnissen. Grundlegende Geschichten würden nicht mehr erinnert. Namen wie Adam, Jakob oder Jona riefen keine Geschichten mehr wach, ganz zu schweigen von Amos oder Jeremia. Selbst die Geburt Jesu oder die Passion weckten kaum noch Vorstellungen.
Was ist die Folge? Nun laufen die Menschen durchs eigene Land, schauen sich in Europa um, besuchen Kirchen und Museen, betrachten Kunstwerke aus tausend und mehr Jahren und sehen doch nicht, was ihnen gezeigt wird. Zu keinem Bild fällt ihnen die Geschichte ein, die das Bild erzählt, mit keiner Figur verbindet sich eine Erinnerung. Innerhalb der eigenen Kultur sind sie zu Analphabeten geworden, wie Touristen aus Japan oder gar vom Mars, denn Japaner informieren sich möglicherweise durch solide Literatur.
Selbst wenn es das Christentum in Europa nicht mehr gäbe: Man muss weiterhin die Bibel lesen und sie kennen, weil man sonst verblödet vor der eigenen Herkunft steht. Wollte man das den Experten überlassen, ließe sich ebenso gut sagen, Bildung sei überflüssig, man halte sich stattdessen ein paar Fremdenführer.

Bibel und deutsche Sprache

Im deutschen Spracheraum steht Luthers Bibelübersetzung am Beginn unserer Schriftsprache. Damals gab es nur örtliche Mundarten; die schriftliche Verständigung erfolgte lateinisch. Mit dem Buch-

druck aber kam die Bibel unters Volk. Sie wurde gelesen und vorgelesen und schuf die Basis für eine gemeinsame Schriftsprache.
Auch die Literatur schöpft aus der Bibel. »Sie ist nicht etwa nur ein Volksbuch, sondern das Buch der Völker«, sagte Goethe. Das gilt immer noch. Bertolt Brecht antwortete auf die Frage nach seinem stärksten literarischen Eindruck: »Sie werden lachen: die Bibel«. Für Hilde Spiel ist die Bedeutung der Bibel »für die Dichtung unseres Abendlandes einzigartig«. Stefan Heym findet in ihr »einen ungeheuren Stoff« und Wolf Biermann sagt: »In keinem anderen Land hat die Bibel für die kulturelle, geistige und literarische Entwicklung eine solche Rolle gespielt wie in Deutschland ... Und schon aus diesem Grunde muss man, wenn man schon die Menschheit mit sogenannter Literatur behelligen will, mit Dichtung in deutscher Sprache, die Bibel gefressen haben und immer wieder fressen.«
Im Laufe der Literaturgeschichte gab es kaum einen Dichter, der an der Bibel vorbeigelebt hätte. Fast alle haben aus der Bibel geschöpft und irgendwann ein Thema der Bibel als Gedicht, Novelle oder Fabel, als Roman oder Theaterstück gestaltet ... einerlei, ob sie nun gläubig oder atheistisch waren.
Ohne Bibelkenntnis ist die europäische Welt nicht zu erschließen. Wer immer in unserer Kultur sich bewegt, Christ, Jude, Muslim oder Religionsloser, die Bibel muss er kennen.

Viele Redewendungen und Metaphern entstammen der Bibel, ohne dass sich die Menschen dessen bewusst sind: die Fleischtöpfe Ägyptens, der Tanz um das goldene Kalb, der Wolf im Schafspelz, ein Buch mit sieben Siegeln, dass man von Pontius zu Pilatus läuft, jemand sein Licht unter den Scheffel stellt ... immerfort biblische Sprache.

Und wer erkennt noch die Bibel im Hintergrund, wenn es heißt, da stünden »die Haare zu Berge« oder man solle seine »Zunge im Zaum halten«? Und wenn von Krethi und Plethi die Rede ist (also »Hinz und Kunz« gemeint sind), weiß dann noch jemand, dass die Leibwächter des Königs David (2 Sam 8,18) zitiert werden, oder dass bei der Prüfung »auf Herz und Nieren« Psalm 7,10 Pate steht?

Bibel und Kunst

Die bildliche Darstellung der Bibel begann an den Wänden römischer Katakomben. Seitdem gab die Bibel unaufhörlich Impulse vor allem für die Malerei. Viele Menschen, die nicht lesen konnten, fanden darin einen verlockenden Zugang zu wichtigen Texten. Sie lernten es, die Sprache der Bilder zu lesen. Auch die jüngere Kunstgeschichte ist noch eng mit der Bibel verwoben. Unsere Religionsbücher zeigen ihren Widerschein in zahlreichen Beispielen.
Die heutige Musik verweist mit Musicals (»Jesus Christ Superstar«, »Joseph« ...) und Pop-Musik auf die Bibel. Immer neue Themen und Bezüge nimmt der Film auf. Dasselbe gilt für das Theater. Allerdings bleiben für heutige Menschen viele Bilder, Filme, Lieder, Romane ... stumm, wenn der biblische Text, der dahinter steht, unbekannt ist.

Gerard Dou (1613–1675), Alte Frau mit Lektionar – Rembrandts Mutter (?), um 1640.

Der Christus

Salvador Dalí (1904–1989), Das Abendmahl (Ausschnitt), 1955.

1 Die griechische Übersetzung des Messiastitels hat sich in allen Sprachbildungen erhalten, die von »Christus« abgeleitet wurden: Christen, christlich, Christentum, Christenheit. Wann wurden die Anhänger Jesu zum ersten Mal »Christen« genannt? Ihr könnt in ein früheres Religionsbuch zurückblättern.

2 Das Adjektiv »christlich« wird in einer problematischen Weise mit allen möglichen Sachen verbunden: Man spricht von christlichen Parteien, Schulen, Gewerkschaften, Krankenhäusern, Altersheimen, Zeitungen, Feiertagen, Bräuchen ... Sind alle genannten Einrichtungen mit gleichem Recht »christlich« zu nennen? Wo zieht ihr Grenzen? Mit welcher Begründung?

Der Messias

Wer »Jesus Christus« sagt, zitiert einen Namen und eine Bekenntnisformel. Jesus ist in seinen Erdentagen natürlich immer nur mit seinem Namen angesprochen worden: Jeschua, vielleicht auch Jeschu. Nach seinem Tod aber sagte Simon Petrus: »Mit Gewissheit erkenne also das ganze Haus Israel: Gott hat ihn zum Herrn und Christus gemacht, diesen Jesus, den ihr gekreuzigt habt« (Apg 2,36). Ursprünglich ist das Wort »Christus« nicht Name, sondern Titel, die griechische Bezeichnung für »Messias«, das heißt »der Gesalbte«.
In den Anfängen Israels war der König der Gesalbte (vgl. 1 Sam 10,1; 16,3; 2 Sam 2,4; 5,3). Er galt als der irdische Sachwalter Jahwes. Später verzweigte sich die Messiasidee: Der erhoffte künftige Messias sollte ein neuer Lehrer sein wie Mose und Elija; andere erwarteten einen politischen Messias, der das Volk aus der Fremdherrschaft befreit. Jesus hat sich selbst nicht als Messias bezeichnet. Diesen Titel haben ihm andere gegeben – schon bald nach Ostern klang er wie ein zweiter Name.
Als Vergleich kann die Rede vom »Kaiser Wilhelm« dienen. Der Titel »Kaiser« ist in dieser Wortverbindung nahezu Bestandteil des Namens geworden. Dennoch wird nicht nur ein Name genannt, son-

dern eine Bedeutung, ein Amt beigefügt. So ist es auch mit der Kombination »Christus Jesus«: »Christus« ist Titel, der Name lautet Jesus. Aber wie beim Kaiser Amt und Person verschmolzen sind, geschieht es auch hier: mit der Person Jesu verbindet sich seine Bedeutung. Wer Jesus kennenlernt, erfährt seine Sendung.
Es war allerdings nicht einfach, die Bedeutung Jesu herauszustellen, nachdem sein Leben in einem schimpflichen Tod geendet hatte. Nach der Art, wie Menschen gewöhnlich mit unangenehmen Dingen umgehen, hätte man erwarten können, dass die Hinrichtung Jesu am Kreuz verdrängt worden wäre. Das geschah aber keineswegs. Vielmehr wurde die Erfahrung des Kreuzestodes zum Anlass, den Messiastitel neu zu bedenken. Dazu gab schon die behördliche Kreuzesaufschrift Anlass. Nach dem Zeugnis aller vier Evangelien wurde über dem Gehängten angeschlagen: »Jesus von Nazaret, König der Juden«. Demnach haben die Römer ihn als einen politisch verstandenen Messias hingerichtet.
Wenn Jesus sich schon selbst nicht als Messias-Christus vorgestellt hat, so drängte sich dieser Titel doch der jungen Kirche auf, ihren Glauben an ihn auszudrücken. Die älteste christliche Verkündigung verstand Jesus jedoch nicht als irgendeinen Messias, sondern als »Kreuzesmessias«. Deswegen hieß es: »Gott hat ihn zum Christus gemacht, diesen Jesus, den ihr gekreuzigt habt!« Der alte Titel wurde mit neuem Inhalt gefüllt.

Kyrios – Herr

Heutzutage wird jeder Mann mit »Herr« angesprochen, selbst wenn er keiner ist. Im Altertum war dieser Titel jedoch herrscherlicher Macht vorbehalten. Vor allem wurde der König als »Herr« seines Landes und seiner Untertanen erlebt, geehrt, gelitten und geduldet. Als Anredeformel »mein Herr« war er für die Großkönige Babylons und Ägyptens, aber auch für die Könige der vorderasiatischen Stadtstaaten ein wirklicher Königstitel. In jenen Völkern galten die Götter als die eigentlichen Herren des Landes. Sie wurden gleichfalls mit »mein Herr« angerufen; da konnten König und Gott leicht verschmelzen.
Auch Israel nannte Gott seinen »Herrn« (*adonai*). An den meisten Stellen, an denen wir in deutschen Bibelübersetzungen »Herr« lesen, steht aber im hebräischen Original »Jahwe«. Weil im Judentum dieser Name aus Ehrfurcht nicht mehr ausgesprochen wurde, wählte man stattdessen den Königstitel »Adonai«; die griechischen Bibelübersetzungen sagen seitdem statt *Jahwe* fast immer *Kyrios*. Das verändert die ursprüngliche Bedeutung der Texte. Statt der Proklamation »Ich bin der Herr, dein Gott«, heißt es ja eigentlich: »Ich bin Jahwe, dein Gott« und Jahwe bedeutet: »Ich werde für euch da sein« (vgl. Ex 3,14). Das hat einen anderen Klang.
Vor diesem Hintergrund überrascht es, wenn Jesus schon bald nach seinem Tod »Kyrios« genannt wird. Als Paulus einen Brief an die Gemeinde in Philippi schrieb, nahm er darin einen Text auf, der sehr früh entstanden ist und Jesus als Kyrios ausruft:

3 Man spricht von christlichen Künstlern, Schriftstellern, Kaufleuten, Lehrern. Ebenso geht von christlicher Kunst und Literatur die Rede. Kann man das Adjektiv »christlich« mit gleichem Recht Sachverhalten wie Menschen zuordnen?

4 Was sagt ihr zu nachstehender Kritik des dänischen Philosophen Sören Kierkegaard (1813–1855)?

Es war die Absicht des Christentums: Alles zu verändern. Das Ergebnis, das Christentum der »Christenheit«, ist, dass alles, unbedingt alles, geblieben ist, wie es war, nur dass alles den Namen »christlich« angelegt hat – und so (spielt auf, ihr Musikanten!) so leben wir als Heiden, so freudenvoll, so freudenvoll, rundherum und rundherum … mit Hilfe dessen, dass es ja christlich ist, das Ganze.

Wenn alle Christen sind, ist eben damit das Christentum nicht da.

Ja, im Christentum der »Christenheit« ist das Kreuz so etwas geworden wie eines Kindes Steckenpferd und Trompete.

1 In einem Religionsbuch, das etwa bis 1970 gedruckt wurde, wird die Rede vom »Herrn« folgendermaßen aufgenommen:

»Kann man schon von einem irdischen Herrn nicht verlangen, dass er seinen Knechten dankt, wie viel weniger von Gott. Ein Sklave arbeitet nicht um Lohn; er ist persönliches Eigentum und steht seinem Herrn, obwohl er von ihm abhängig ist, doch viel näher als der Lohnarbeiter ... Gott ist zwar ein gnädiger Gott, aber er schuldet seinen Knechten keinen Dank.«

Welche gesellschaftlichen Verhältnisse werden in diesem Gott-Mensch-Verhältnis abgebildet? Die Kapitel »Gott« (S. 38 ff., 186 ff.) und »Exodus« (S. 78 ff.) in diesem Buch bieten Materialien, sich mit dem Zitat auseinander zu setzen.

2 Inwieweit korrigiert der Jahwe-Name ein falsches »Herrgott«-Verständnis?

8 Er war gehorsam bis zum Tod,
bis zum Tod am Kreuz.
9 Darum hat ihm Gott ... den Namen verliehen,
der größer ist als alle Namen,
10 damit alle im Himmel,
auf der Erde und unter der Erde
ihre Knie beugen vor dem Namen Jesu
11 und jeder Mund bekennt:
»Jesus Christus ist der Herr« –
zur Ehre Gottes, des Vaters. *Phil 2*

An anderen Stellen des Neuen Testaments können wir sehen, wie Zitate aus der alten Bibeltradition, die das Wort »Kyrios« enthalten, mit großer Kühnheit auf Jesus übertragen werden. »Den Namen des Herrn anrufen« ist eine häufige Formel in der Hebräischen Bibel. In der gleichen Formulierung wird jetzt von Jesus gesprochen, (vgl. 1 Kor 1,2; Apg 9,14; 22,16).
Im Lukasevangelium wird Jesus bereits in seinen Erdentagen mit dem Kyrios-Titel angesprochen. Das zeigt, wie schnell sich der neue Sprachgebrauch einstellt. Der herrscherliche Abstand, wie er den Kaiserkult bestimmte, verliert sich. Deutlich ist das bei Paulus zu be-

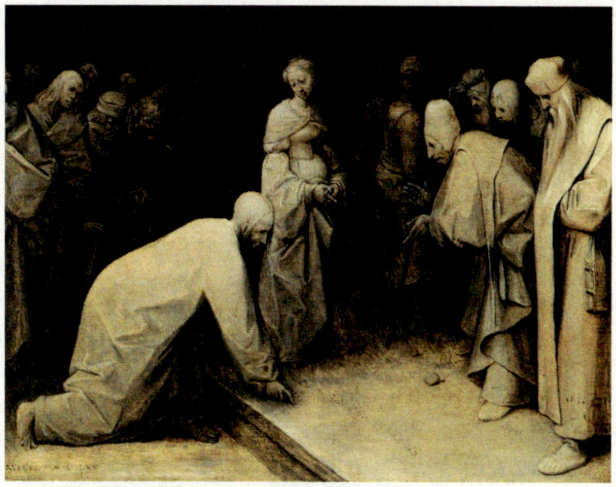

Die Bilder beider Buchseiten kontrastieren miteinander. Die Ikone aus dem 5. Jahrhundert links zeigt einen herrscherlichen Christus. Der goldene Nimbus verweist auf himmlischen Glanz. Die lehrend erhobene Hand und das schwere kostbare Buch zeigt ihn als Verkünder einer besonderen Botschaft.

Im scharfen Gegensatz dazu das Bild des Gekreuzigten. Dieser wird nicht so erbarmenswert gezeigt wie bei Matthias Grünewald (vgl. S. 178). Lucas Cranach stellt den Gekreuzigten sogar in einen Kirchenraum hinein, aber trotz dieser Heraushebung bleibt Jesus doch ein geschundener Mensch.

Auch auf der rechten Buchseite stehen zwei Sichtweisen einander gegenüber: Rogier van der Weyden (1400–1464) malte ein Weltgericht. Christus sitzt als Richter in thronender Haltung auf der Höhe eines Regenbogens vor hell strahlendem Himmel. Seine Füße haben die Weltkugel zum Schemel. Von seinem Mund gehen Lilie und Schwert aus. Der Gerichtsengel darunter macht das Urteil des Richters offenbar. Unerbittlich zeigt die Waage an, welchen Ertrag das Leben des Menschen erbrachte. Hier bekommt jeder, »was er verdient«.

Während der Erzengel Michael mit seiner »Seelenwaage« die strenge Gerechtigkeit des richtenden Christus vertritt, zeigt das Gemälde des Pieter Brueghel von 1565 einen menschlich mitfühlenden Jesus: Eine Männergesellschaft konfrontiert ihn mit einer ertappten Ehebrecherin. Nach damaligem Gesetz müsste die Frau zu Tode gesteinigt werden. Jesus aber schreibt zu ihren Füßen in den Sand und lässt sie frei davongehen.

obachten. Wenn er wünscht, alle Christen möchten »im Herrn sein«, so ist dies kein Ausdruck der Distanz mehr, sondern der Vertrautheit. Mt 7,21 findet sich eine Warnung vor der gedankenlosen Anrede: »Nicht jeder, der zu mir sagt: Herr! Herr! wird in das Himmelreich kommen, sondern nur, wer den Willen meines Vaters im Himmel erfüllt.« Jesus ist nur dann »Herr« seiner Kirche, wenn dort geschieht, was ihm entspricht: wenn Frieden gelebt, Verzeihen geübt, zur Freiheit ermutigt wird.

3 Ein Synodentext der Bistümer Deutschlands stellt die Frage: »Haben wir nicht zu der gefährlichen Alternative provoziert: Jesus, ja – Kirche, nein? Warum wirkt er ›moderner‹, ›heutiger‹ als wir, seine Kirche?«

Otto Pankok (1893–1966), Christus zerbricht das Gewehr, 1950. Der Holzschnitt steht im schärfsten Gegensatz zum Poster (um 1970) gegenüber. Welches Christusbild gilt?

Der »Ort« Gottes

Für uns drängt sich nunmehr die Frage auf, warum überhaupt eine so große Anstrengung unternommen wurde, diesen Mann aus Galiläa zu verstehen. Präzise gesprochen ging es gar nicht darum, ihn so zu verstehen, wie wir Julius Caesar, Luther, Napoleon oder Gandhi verstehen möchten. Dann nämlich fragen wir nach der Zeit, nach Herkunft, Bildung und Lebenslauf. Die Rückfrage nach Jesus aber führt – heute wie damals – dazu, zugleich nach Gott zu fragen. Von Beginn an brachte die Auseinandersetzung mit Jesus gleichzeitig das Gottesverständnis ins Spiel. Welchen Anlass dazu gab sein Leben?

Von Jesu Gestalt, seinem Aussehen wissen wir nichts. Die Evangelien sagen, er habe gesprochen »wie einer, der Macht hat«. Offensichtlich faszinierte seine Rede: die Kraft der Erzählung, die Frische der Gleichnisse, die Nähe zum Volk, die Klarheit der Beobachtung. Markus bemerkt mehrfach, dass Jesus die Menschen »angeblickt« hat (3,5.34; 8,33; 10,21.23.27; vgl. 11,11). Kennzeichnend für ihn scheint das »Brotbrechen« (Mk 6,41; 14,22; vgl. Lk 24,30.35), das »In-die-Arme-Nehmen« von Kindern (Mk 9,36; 10,16) und das »Sich-zu-Tisch-Legen« mit Sündern (Mk 2,15; Mt 11,19) zu sein.

Die Zeitgenossen haben Jesus aber nicht als Heiligen empfunden. Er war kein Asket, wie Johannes der Täufer. Wer ihm übel wollte, nannte ihn einen »Fresser und Säufer« und einen »Freund der Zöllner und Sünder« (Mt 11,18 f.). Offensichtlich stand er bei manchen auch nicht im Ansehen besonderer Gesetzesfrömmigkeit (vgl. Religionsbuch 5/6, S. 63). Wieso konnte ihn seine Gemeinde dann nachträglich als Maßstab empfinden und dazu auffordern, »so gesinnt zu sein wie Christus Jesus« (Phil 2,5)? Die Antwort ist ohne Blick auf das Gottesverhältnis Jesu nicht zu gewinnen. Er suchte den Willen Gottes und wollte darum die Tora »erfüllen« (Mt 5,17). Die Evangelien schildern die Begegnung mit Jesus oft als eine Form der Gotteserfahrung, die »schaudern« ließ (Mk 1,21-28; 4,35-41; 6,45-52; Lk 5,1-11; Joh 2,11). Dabei handelt es sich zwar um Geschichten, die aus der Perspektive des österlichen Glaubens erzählt werden, doch dürfen wir annehmen, dass der redende und handelnde Jesus schon vor seinem Tod jenen, die Augen hatten zu sehen und Ohren zu hören, eine »Erscheinung« der Menschenfreundlichkeit Gottes wurde.

Nachdem der engere Jüngerkreis erkannt hatte, dass der Tod Jesu am Kreuz auf menschliches Unverständnis stieß, dass Gott ihn aber aus dem Tod erweckte, brach sich der Osterglaube Bahn: die Verkündigung Jesu als Christus, als Kyrios und Sohn Gottes: »Der Gott unserer Väter hat Jesus auferweckt, den ihr ans Holz gehängt und ermordet habt« (Apg 5,30). In dieser Erfahrung nahm die junge Kirche die Treue Gottes beim Wort, wie sie in Israel stets bezeugt wurde:

1 Durch sein Leben und Sterben hat Jesus auch für alle späteren Zeiten den »Ort Gottes« neu bestimmt. Davon erzählen die Legenden von Martin, der seinen Mantel mit dem Bettler teilt; von Elisabeth, die sich der Not des hilflos Kranken annimmt; von Christophorus, dem sich der »Herr der Welt« in den Schwachen und Ohnmächtigen offenbart (vgl. Religionsbuch 5/6, S. 122–127). Wo ist, christlich gesprochen, der Ort Gottes heute zu finden? Können ihn Zeitungsberichte und Fotos bezeichnen?

[1] Fürchte dich nicht, … ich habe dich beim Namen gerufen, du gehörst mir. [2] Wenn du durchs Wasser schreitest, bin ich bei dir, wenn durch Ströme, dann reißen sie dich nicht fort. Wenn du durchs Feuer gehst, wirst du nicht versengt … [3] Denn ich … bin dein Gott, ich, der Heilige Israels, bin dein Retter!« *Jes 43*

»Licht vom Lichte«

Seitdem sprechen Christen nicht mehr von Gott, ohne Jesus als den Ort ihrer Gotteserfahrung zu nennen. Sie tun es in immer wieder neuen Versuchen. Dass dies sprachlich nur unter Zuhilfenahme von Metaphern möglich ist, haben wir ja schon lange erkannt (vgl. Religionsbuch 5/6, S. 16 ff.). So wird Jesus im Johannesevangelium das »Wort Gottes« genannt (Joh 1,14). Zwar kann vieles, was geschieht, als Wort Gottes angenommen werden, aber Jesus heißt das Wort Gottes, weil nirgendwo sonst Gott so dicht, so menschlich, so liebevoll erfahren werden kann.

Die spätere Kirche hat ihn auch »Licht vom Lichte« genannt. Das Konzil zu Nicäa (325) sieht das Besondere an dem *Menschen* Jesus darin, dass er zugleich ganz Gott ist. Es nannte ihn sogar »Gott von Gott«, jedoch nicht, um das Menschsein Jesu aufzuheben, sondern um zu sagen: Jesus ist einer von uns, er gehört zur Geschichte dieser Welt; aber in diesem Jesus, dem Menschen, wirkt Gott, und zwar so, dass in seiner Zuwendung zu den Menschen sich Gott selbst den Menschen zuwendet. Oder nochmals anders umschrieben: In der Liebe Jesu liebt Gott; wer sich darum Jesus zuwendet, wendet sich Gott zu.
Manchmal wird Jesus auch das »Sakrament Gottes« genannt. In der Alten Kirche hießen manchmal selbst Abraham, Sara, Rebekka, David, Maria und andere Gestalten der Geschichte Sakramente. Damit wird gesagt, dass sich in deren Leben göttliches Leben mitteilte. In einem noch tieferen Sinn aber heißt Jesus das »Ursakrament«, weil sein Leben, seine Handlungen und Worte, seine Person insgesamt, dem Geheimnis Gottes Gestalt gab. Paulus sagte, mit Jesus »erschienen die Güte und Menschenfreundlichkeit Gottes, unseres Erlösers« (Tit 3,4). Gleicherweise nennt er ihn »das Ebenbild des unsichtbaren Gottes« (Kol 1,15).

2 Der Biograph von Albert Camus schrieb, Camus' ganzes Leben rufe: »Wenn Gott nicht existiert, wollen wir das Unsere tun, damit es als Ungerechtigkeit erscheint.« Ist dies für Christen eine Herausforderung, die Formel vom »gekreuzigten Gott« neu zu bedenken?

3 Kann die Metapher vom »Kreuzesmessias« eine Brücke sein, sich mit Albert Camus über den »Ort Gottes« zu verständigen?

4 Die Christusbilder in diesem Kapitel spiegeln die Sichtweisen verschiedener Zeiten. Beschreibt ihr unterschiedliches Verständnis und bewertet es kritisch.

Im Dienste des Lebens

1 Lest das Interview aufmerksam zu Hause und notiert die Fragen, die der Gesprächsverlauf bei euch weckt. Tauscht im Unterricht eure Fragen aus und diskutiert darüber.

2 Gebt das Interview einem Pfarrer eurer Wahl. Bittet ihn, für eine Stunde zu euch in die Schule zu kommen, um in ähnlicher Weise Rede und Antwort zu stehen. Notiert auf der Basis eigener Zwischenfragen (Punkt 1), was ihr ins Gespräch bringen möchtet.

Gespräch mit einem Pfarrer

Was hat Sie dazu geführt, Priester zu werden?
Ich bin 1942 geboren. An die letzten Kriegsjahre habe ich keine Erinnerung. Kindheit und Jugend verbrachte in einer Kleinstadt, in der das Leben ruhig vor sich hin ging. Die Gemeinschaft katholischer Jugendgruppen mit Fahrten und Lager hat zu meiner Lebensorientierung viel beigetragen. Der Wunsch, Theologie zu studieren, entstand langsam. Ich wollte mit Menschen leben und ihrem Leben mehr Hintergrund geben.

Gab es für diese Entscheidung Vorbilder?
Nein. Pfarrer und Jugendliche hatten eher ein distanziertes Verhältnis zueinander.

Und welchen Einfluss hatte Ihr Elternhaus?
Mein Vater hat meine Berufsentscheidung nicht begrüßt. Er stand der Kirche und allem religiösen Leben distanziert gegenüber. Anders meine Mutter. Sie hat sich wohl gefreut.
Als Sie dann ins Theologenkonvikt kamen, welches Berufsbild wurde Ihnen da vermittelt?

Zunächst war nichts aufregend: das Berufsbild des Priesters ganz traditionell. Das Studium fand ich trocken. Ich habe zwar den vorgetragenen Stoff gelernt und die verlangten Examina gemacht, aber es hat mich nicht bewegt. Alles war so geregelt und festgeschrieben. Mit dem beginnenden Konzil wurde es anders. Johannes XXIII. wollte die Kirche weltfähig machen. Glaube und Leben sollten sich wechselseitig durchdringen und anregen. Und damit begannen endlose Diskussionen: Ob sich die Kirche in ihrer Schwerfälligkeit wirklich bewegen werde? Ob ihr Verwaltungsapparat und das Kirchenrecht dem Evangelium mehr im Weg stünde, als dass sie es beförderten? Wir waren überzeugt, alles könne anders werden, wenn die Reich-Gottes-Botschaft Jesu in der Kirche Raum und Sprache fände.

Und, was meinen Sie heute, ist die Kirche in Bewegung gekommen?
Ich bin 1967 zum Priester geweiht worden. Ich habe mit großer Begeisterung meine erste Stelle angetreten. Damals wurden die Kirchenräume umgebaut. Der Altar rückte zum Volk hin. Die Gottesdienste – erstmals in der Landessprache – waren gut besucht. Es wurden neue Kirchen gebaut, moderne Kirchen. Ein Aufbruch zu neuen Ufern schien angesagt. Doch bald gab es auch erste Enttäuschungen und Entmutigungen.

Inwiefern?
1968 brachen Studentenunruhen aus: »Unter den Talaren, der Mief von tausend Jahren!« hieß es. Was bisher selbstverständlich war, wurde nun in Frage gestellt. Viele Priester, meist junge Priester, und es waren oft die lebendigsten, gaben ihr Amt auf. Aus meinem Kurs allein drei. Die Kirchenführung reagierte mit Angst und begann bald, den konziliaren Aufbruch einzugrenzen.

Aber als Sie hier Pfarrer wurden, haben Sie aufhorchen lassen. Sie haben das Konzil bei uns umgesetzt. Viele Leute waren nur »Pfarrherren« gewohnt. Da kamen Sie mit einer ganz anderen Art, oft mit Krawatte, sogar anfangs in Jeans. Die Art, wie Sie sich gaben, war erfrischend, für einige auch verwirrend. Wie haben Sie das erlebt?

Eine Gemeinde ist vielschichtig. Es gibt darin unterschiedliche Vorstellungen von der Rolle des Pfarrers.

Wie haben Sie Ihre Gemeinde auf den neuen Weg gebracht?
Von Anfang an habe ich die Gemeindemitglieder und die Gremien in allen Fragen, die sie betreffen, in die Entscheidungen einbezogen. Deswegen waren auch viele bereit, Verantwortung zu übernehmen. Nur deswegen haben wir in unserer Gemeinde ein reich gegliedertes Leben: Nachbarschaftsversammlungen, Familienkreise, Glaubensgespräche, einen Arbeitskreis Bibel, offene Jugendarbeit, verbandliche Jugendarbeit, Seniorenarbeit, Krankendienste, Caritasgruppen …

Das Sakrament der Priesterweihe gibt die Sendung weiter, die Christus seinen Aposteln anvertraut hat. Es gestattet, im Namen und in der Autorität Christi eine heilige Vollmacht im Dienst am Volk Gottes auszuüben. Christus ist durch sein Kreuzesopfer »der einzige Mittler zwischen Gott und den Menschen« (1 Tim 2,5). Das Priestertum Christi wird durch das amtliche Priestertum gegenwärtig gemacht. Die geweihten Priester sprechen und handeln bei der Ausübung ihres heiligen Dienstamtes … in der Person Christi, des Hauptes, und im Namen der Kirche. Darum unterscheidet sich das Amtspriestertum dem Wesen und nicht bloß dem Grade nach vom gemeinsamen Priestertum der Gläubigen, für dessen Dienst es von Christus eingesetzt wurde.

3 Im Religionsbuch 5/6, S. 158–163, wird gesagt, was ein Sakrament ist. Gleichzeitig findet sich im vorangehenden Kapitel »Jesus: Der Christus« ein Hinweis auf ihn als »Ursakrament«. Knüpft von beiden Positionen her eine Verbindung zum Priesteramt.

4 Das Weihesakrament ist mehr als eine Amtseinsetzung. Wodurch veranschaulicht das vorstehende Interview dieses »Mehr«?

Sie müssen also nicht alles selbst tun?
Nein, in diesem Stil ist heute Kirche nicht mehr möglich. Ich sehe meine Aufgabe darin, die Menschen in ihrem Leben zu begleiten und das Leben zu deuten. Das kann ich für ein paar tausend Gemeindemitglieder niemals alleine tun. Dazu bedarf es vieler Mitarbeiter unterschiedlichen Alters, unterschiedlicher Begabung und Qualifikation. Daher gehören zur Gemeindeleitung die Entdeckung, Förderung und Begleitung der verschiedenen Begabungen. Wenn aber viele Menschen mitarbeiten, müssen die Aktivitäten aufeinander abgestimmt werden. Es entstehen leicht Konflikte. Im Aushalten der Spannungen und im fairen Austragen der Meinungsverschiedenheiten sehe ich die Hauptaufgabe des Pfarrgemeinderats. Zugleich bin ich als Gemeindeleiter besonders gefordert. In erster Linie ist der Dienst an der Einheit für mich eine geistliche Aufgabe.

Feste werden in Ihrer Gemeinde hoch geschätzt. Lohnt sich der große Aufwand, der damit verbunden ist?
Wo Menschen miteinander leben, da wollen sie auch miteinander feiern. Sie durchbrechen den Lauf des Alltags, um das, was das Leben kostbar macht, gemeinsam zu erfahren und zu bedenken. Das geschieht vor allem im Gottesdienst. Die sonntägliche Eucharistiefeier ist für viele in unserer Gemeinde zentraler Ort der Sammlung und Begegnung. Wir stellen jeden Sonntag unter ein besonderes Thema. Der Kirchenmusik schenken wir sehr große Beachtung. Ohne musikalische Gestaltung kann man sich bei uns kein Fest vorstellen. Wir gehen hier auch neue Wege; nicht nur die Orgel, sondern Klavier, Gitarre, Schlagzeug und andere Instrumente helfen, den Abstand zwischen Kirche und Alltagsleben zu überbrücken. – Neben den liturgischen Festen sind Karneval, Erntedankfest und das Pfarrfest besondere Anlässe, zu denen sich die Gemeinde auch außerhalb der Kirche trifft.

Welche Formen religiöser Weiterbildung gibt es?
Ein Schwerpunkt liegt bei der Firmkatechese. Darüber hinaus beachten wir die Stationen des Lebens: Geburt, Hochzeit, Hauseinweihung, Tod. Jeder Taufe geht ein Taufgespräch voraus; dreimal im Jahr wird ein Termin zur Hinführung der Kinder zur Erstkommunion angeboten; die Eltern entscheiden, wann sie ihr Kind vorbereiten wollen; dazu geben wir ihnen unsererseits Hilfen. Wir verstehen aber auch den Gottesdienst als eine Form der Glaubensunterweisung.

Wie sehen Sie die Situation der Jugend in Ihrer Gemeinde?
Wir finden in unserer Gemeinde überwiegend Jugendliche, die suchen, fragen, zögern und sich zurückziehen, weniger junge Leute, die ihr Leben bewusst aus dem Glauben heraus begreifen und gestalten. Ihre Fragen gelten meistens konkreten Problemen, ihren Ängsten und Perspektiven: »Wo finde ich Freunde, Gesprächspartner? Wie verbringe ich meine Freizeit? Lohnt es sich, dass ich mich für etwas engagiere? Wie sieht meine Zukunft aus?« Solche Fragen zu hören, zu verstehen und aufzugreifen, ist für uns wesentliche Aufgabe der Jugendarbeit. Wir möchten aber, dass die jungen Leute gute Antworten auf ihre Fragen selber finden.

Wie sehen Sie die Veränderungen der letzten Zeit: den Kirchen geht das Geld aus, aber auch den Gläubigen; Kirchen, die nach dem Krieg gebaut worden sind, stehen zum Verkauf an; es fehlt an Priestern; Pfarrgemeinden werden zu großen Seelsorgeeinheiten zusammengelegt …?
Ich kann heute besser akzeptieren, dass Menschen sich entschieden haben, nicht mitzumachen. Aber ich sehe auch viel Hilflosigkeit und Schönrederei ringsum. Mir ist bewusst, dass unsere Glaubenssprache viele Menschen nicht mehr erreicht; sie muss neu buchstabiert werden. Andererseits ist in der Gesellschaft insgesamt das Bedürfnis nach religiöser Orientierung gewachsen. Auch gibt es in den Gemeinden heute einige Gottesdienste, die viele Menschen ansprechen. Wenn man sie fördert und lässt, kann aus dem Priestermangel auch ein Segen werden: aus der betreuten Gemeinde wird eine mündige Gemeinde.

Und wie sind Ihre Erwartungen und Wünsche für die zukünftige Entwicklung des Amtes in der Kirche?
Ich glaube, dass die Kirche und ihr Amtsverständnis in Zukunft mehr beeinflusst werden durch die Kirchen Südamerikas, Asiens und Afrikas. Dort scheint in vielen Gebieten die Kirche wirklich Kirche des Volkes zu sein. Damit stellt sich auch die Frage nach Amt und Autorität in der Kirche anders. In der Kirche wird heute manches erprobt. Das Amt wird in Zukunft, so vermute ich, sehr vielgestaltig werden.

Carlsson Larsson (1853–1919), Die Veranda, 1900.

Geschichte einer Ehe

Astrid Lindgren ist die bekannteste Kinderbuchautorin der Welt. Jeder von euch wird das eine oder andere Buch von ihr kennen: Pippi Langstrumpf; Mio, mein Mio; Die Brüder Löwenherz; Ronja Räubertochter ... und viele andere. Sie hat auch die Liebesgeschichte ihrer Eltern aufgeschrieben, keine ausgedachte Liebesgeschichte, sondern jene, die sie zusammen mit ihren Geschwistern oft von den Eltern erzählt bekam:

Ein ganzes Leben dauerte sie, diese Liebesgeschichte, und sie begann irgendwann im Jahre 1888, als der 13-jährige Samuel August von Sevedstorp bei der Schulabschlussprüfung seine Blicke auf einem Mädchen ruhen ließ, das dicht neben dem eisernen Ofen saß. Es war die mit den Stirnfransen, die alle Fragen so gut beantworten konnte. Hanna hieß sie, neun Jahre war sie alt und stammte aus Hult. Hanna in Hult, in sie verguckte sich Samuel August. Sicherlich hatte er sie auch schon früher gesehen, aber nicht so wie jetzt.
Für Samuel August fand die Schule damals ein Ende. Und ein Ende hatte es auch, das Mädchen mit den Stirnfransen anzugucken. Von nun an musste er sich daheim auf den steinigen Äckern abrackern. So lange bis er achtzehn war und fort musste, um sich als Knecht zu ver-

dingen. Was war während all dieser Jahre mit dem Mädchen? Dachte er noch an sie? Meistens musste er sich damit begnügen, sie in seinen Träumen zu sehen, in der Wirklichkeit geschah es nur selten und zufällig. Einmal entdeckte er sie auf einer Buchversteigerung in Pelarne. Dort führte sie das Protokoll. Im Auktionshaus war es heiß, und hinterher trat sie mit glühenden Wangen vor die Tür, um sich abzukühlen. »Gott steh mir bei, was war sie schmuck«, sagte Samuel August später, wenn er an die Liebesqualen seiner Jugend zurückdachte. Qualvoll war für ihn auch die Erinnerung an ein Sommerfest auf der Wiese in Hultsfred, wo er sie im blauen Kleid heranspazieren sah. Jetzt wäre die Gelegenheit günstig gewesen, aber sie zog ja »nen ganzen Rattenschwanz von Burschen hinter sich her«, sodass Samuel August sich nicht einmal in ihre Nähe traute. »Da wurd ich so gottsjämmerlich traurig, dass ich nichts wollte als heim.«

Inzwischen war Samuel August 25 Jahre alt geworden und im Heiratsalter. Aber Hoffnung auf Hanna machte er sich nicht. Nicht in seinen kühnsten Träumen wagte er zu glauben, dass so eine wie sie etwas für einen gewöhnlichen Samuel August wie ihn übrig haben könne. Und deshalb ließ er sich auch niemals anmerken, wie es um ihn stand, nur wurde er »so gottsjämmerlich traurig«, wenn er sie sah.

Dann kam die Hochzeit in Gebo. Im Herbst 1902. Von Per Johan und Hilda, die damals heirateten, weiß ich wenig, aber oh, wie hoch hab ich es ihnen immer angerechnet, dass sie es taten und dass sie so viele Leute zu ihrer Hochzeit einluden, darunter auch Samuel August. Und Hanna. Hanna musste endlich begriffen haben, dass dieser Samuel August, der sie, wo sie ging und stand, mit seinen Blicken förmlich verschlang, in sie verliebt war, obwohl er sich nichts zu sagen traute. Und ganz freimütig schlug sie ihm vor, mitten während des Festessens mit ihr ein Stückchen spazieren zu gehen. Damit war Samuel August von Herzen einverstanden. Es fiel ihm nur schwer, seinen Hut unter all den anderen, die sich auf dem Tisch im Flur stapelten, herauszufinden. Und da versprach ihm Hanna doch wahrhaftig, sie würde ihm ein kleines Monogramm für seinen Hut sticken, damit er ihn auf künftigen Festen leichter herausfinden könne. Er schwamm in einem Meer von Glückseligkeit, bis es Abend und die Uhr zehn wurde. Da war es für ihn mit dem Spaß für diesmal vorbei.

Danach tat er wieder seine Arbeit in Näs und wartete. Auf das Monogramm und auf Gott weiß was. November und Dezember kamen und gingen, aber kein Monogramm! Schließlich konnte er es nicht länger ertragen. Am Abend vor dem Dreikönigstag 1903 schrieb er eine Ansichtskarte. »Herzliche Glückwünsche für Hanna von einem Freund«, schrieb er, denn sie hatte ja gerade Namenstag, und fügte noch hinzu: »Ob das kleine Monogramm wohl bald fertig ist?«

Eine Woche darauf erhielt er eine Antwortkarte mit ein wenig Geplauder über die Feiertage und dies und jenes. Und ganz unten stand eine verschmitzte Frage: »Wann kommt der Hut in Reichweite?« Mehr geschah jedoch nicht.

Astrid Lindgren wurde am 14. November 1907 in Näs bei Vimmerby in Småland geboren. Sie hatte einen älteren Bruder, Gunnar und zwei jüngere Schwestern, Stina und Ingegerd. Ihre Kindheit hat sie als besonders glücklich beschrieben. Nach der Schule arbeitete sie eine Zeitlang bei der Zeitung in Vimmerby. Mit 18 ging sie nach Stockholm, um sich als Sekretärin ausbilden zu lassen. Danach bewarb sie sich bei der »Svenska Bokhandelscentralen«: »Nehmen Sie mich! Ich bin sehr reif für eine Neunzehnjährige!« 1928 wurde sie Sekretärin im königlichen Automobilclub. Hier lernte sie ihren Mann Sture Lindgren kennen. Sie hatte einen Sohn Lasse und eine Tochter Karin.

Für Karin erfand Astrid Lindgren die Geschichten um Pippi Langstrumpf, als diese einmal krank im Bett lag. Viele ihre Bücher wurden verfilmt. Sie verhinderte jedoch erfolgreich, dass es Merchandisingartikel ihrer Figuren gab.

1969 erhielt Astrid Lindgren den Schwedischen Staatspreis. Zeitlebens setzte sie sich aktiv für Menschenrechte ein, insbesondere für die Rechte der Kinder und für den Tierschutz. In Deutschland tragen 90 Schulen ihren Namen. 1974 lachte die schwedische Fernsehnation über sie, als sie zum 80. Geburtstag einer Freundin mit dieser zusammen um die Wette auf einen Baum kletterte. 1978 hielt sie zur Verleihung des Friedenspreises des Deutschen Buchhandels eine viel beachtete Rede (»Niemals Gewalt!«) in der Frankfurter Paulskirche. Am 28. Januar 2002 starb Astrid Lindgren im Alter von 94 Jahren in Stockholm an einer Virusinfektion.

www.astrid-lindgren.de

Erst im Februar 1903 tat sich etwas, denn da kam Hanna nach Vimmerby, um noch besser weben zu lernen. Und ganz und gar zufällig und unverhofft traf Samuel August sie wieder, als er eines Abends gerade in der Stadt war, was für ein Zufall! Auf der Stelle lud er sie zu einer Tasse Tee im Café Royal ein, und das war der Beginn einer nun folgenden eifrigen Teetrinkerei, verbunden mit vielen Spaziergängen. Schließlich wurde es der 1. April, ein nasskalter, unfreundlicher Abend mit Schneeregen, und am nächsten Tag sollte Hanna abfahren. Zum letzten Mal trank Samuel August mit ihr Tee, und zum letzten Mal führte er sie zu einem Spaziergang aus. Sie gingen und gingen, aber Samuel August fragte nicht. Schließlich wurde ihm klar, dass es jetzt sein Leben galt. »Mag's gehen, wie's will, schweigen kann ich nicht länger«, dachte er. Ja, es war auch bei Gott in der letzten Minute! Er hatte seine Liebste zum Park an der Kirche geführt. Dort wuchs eine Traueresche, und darunter stand eine Bank, und auf diese Bank setzten sie sich. Am 1. April 1903 des Nachts um elf Uhr im wilden Schneetreiben – o Liebe! Wie recht hat doch der Apostel, wenn er sagt: Die Liebe, sie erträgt alles und duldet alles! Jetzt endlich brachte es Samuel August über sich, mit seiner Frage herauszurücken. »Meinst du, dass du und ich zusammen glücklich leben können?«
Darauf antwortete Hanna: »Mit unserer Macht ist nichts getan!«
Sie kam aus einem tiefreligiösen Heim und glaubte wohl, dass bei einer so ernsten Sache Gottes Beistand vonnöten sei. Ihre Kinder aber sind mit der Antwort, die Samuel August damals erhielt, nie recht zufrieden gewesen. Er hätte doch einen eindeutigeren Bescheid gebraucht und auch verdient. Hanna jedoch war nicht bereit, uneingeschränkt Ja zu sagen. Aber immerhin war es doch so, dass Samuel August die Bank unter der Traueresche zu Recht als »den Platz, wo mir der Stern der Hoffnung aufging«, bezeichnen konnte. Sogar einen Kuss bekam er im Schneegestöber, den allerersten.
Was aber wurde aus dem Monogramm? O ja, auch das bekam er so mit der Zeit, und Hanna nähte es ihm eigenhändig in den Hut. Stehend. Samuel August stand daneben und leuchtete ihr mit Streichhölzern, wobei er sich die Finger verbrannte. Denn es war ein dunkler Abend und eine heimatlose Liebe.

Carlsson Larsson (1853–1919), Lisbeth am Birkenstamm, 1910.

Familie Ericsson in Näs 1918: Vater Samuel August, Ingegerd, Astrid, Stina, Gunnar, Mutter Hanna.

Erst 1905 fand sie ihre Heimat, bis dahin musste sie sich durch Briefe und kurze, zufällige Stelldicheins am Leben erhalten. Diese Briefe gibt es noch immer, seit sieben Jahrzehnten liegen sie in einem braunen Kästchen verwahrt. In ihrer Art sind es erstaunliche Briefe, wenn man nämlich bedenkt, dass die Schreiber nur sechs Jahre lang und auch dann nur jeden zweiten Tag eine kleine Dorfschule besucht haben. Sie sind mit schöner Handschrift geschrieben, ganz besonders ihre, und es kommen nur wenige Schreibfehler darin vor. Einmal schrieb Hanna: »Die kleine, dumme, einfältige Wahrheit ist doch die, dass ich es viel schöner fände, wenn du hier wärst, und dass die Sehnsucht mir manchmal groß wird. Eigentlich hatte ich nicht vor, dies zu verraten, und ich bereue bereits, dass es hier steht, aber nun steht es einmal da und legt Zeugnis davon ab, wie leicht Mädchen sich verplappern.«

Inzwischen ist es 1905 geworden und in diesem Sommer soll die Hochzeit zwischen ihr und Samuel August stattfinden. Und da weiß Hanna plötzlich nicht mehr, ob sie noch möchte. Die beiden müssen darüber gesprochen haben, und ich kann mir Samuel Augusts Verzweiflung vorstellen, in den Briefen aber steht nur an einer Stelle: »Hoffentlich hast du dieses Ungewisse ›Ich-weiß-nicht‹ längst überwunden, mein kleiner Liebling, sodass du dir nun im Klaren darüber bist, ob du mein werden willst. Oder solltest du mich am Ende nicht mehr lieben können oder wollen?«
Vierzehn Tage vergehen, bevor Hanna »die tiefe Frage« aufgreift: »Ach, es ist so schwer zu antworten, wenn man mit sich selber uneins ist. Ganz gewiss habe ich dich genauso lieb wie früher und möchte so von Herzen gern frei von jeglichem Wankelmut sein, dennoch ist mir, als schrecke ich davor zurück, eine so wichtige Sache zu entscheiden …«

Hannas Zaudern dauerte auch nicht lange. Sie versichert ihm: »Du bist ja doch mein geliebter Sem.« Und dann tat sie das Klügste, was sie tun konnte – sie heiratete Samuel August. Am 30. Juni 1905. So durfte Samuel August seine ersehnte Braut schließlich nach Näs holen, wo sie dann sechsundfünfzig Jahre lang zusammen leben sollten. Wenn ich die Briefe lese, die Hanna in den ersten Jahren an ihre Eltern schrieb, sehe ich sie vor mir: eine junge, beherzte Hausfrau, die sich viel zutraut und auch auf das meiste versteht. Sie kann Kühe melken und ein Pferdegespann lenken, sie kann weben und alles, was zum Schlachten gehört, sie kann Käse bereiten und spinnen und backen, und sie kann ohne Unterlass schaffen und das Gesinde anleiten, als hätte sie nie etwas anderes getan. Auch der Armen und Elenden, derer es viele gibt, nimmt sie sich an. Ihre Mutter hatte es sie gelehrt, »Lovisa mit den sanften Händen« war überall hilfreich, wo Hilfe nötig war, und sicherlich las sie mit Genugtuung, was ihre Tochter ihr nach einem arbeitsreichen Tag schrieb: »Gegen Abend ging ich mit ein bisschen Essen nach Stenbäcksroten und besuchte eine arme Frau, die einen Trinker zum Mann hat und ein Kindchen gekriegt hat.«
Nach geraumer Zeit bekam Hanna selber ein Kindchen, doch dadurch ließ sie sich in ihrer Arbeit nicht sonderlich hindern. Als sie erfährt, dass ihre Schwester krank zu Bett liegt, »hatte ich keine Ruhe«, schreibt sie, »bevor ich mich nicht mit eigenen Augen überzeugte, wie es um sie stand.«
Sie bekommt mehr Kinder – schließlich hat sie vier –, und da muss ihre Mutter zuweilen einspringen, »damit ich einmal ein bisschen verschnaufen und dies und jenes erledigen kann.«

Carlsson Larsson (1853–1919), In Dalarna (Ein Hof), 1890.

Und was tat ihr Mann unterdessen? Samuel August war ein weltoffener und weitblickender Mann, der an allem, was die Gemeinde betraf, regen Anteil nahm. Er versammelte die Bauern des Kirchspiels und gründete eine Genossenschaftsmolkerei, ferner einen Zuchtverein für Stiere und einen für Hengste, und ich weiß nicht, was noch alles, jedenfalls war er in vielem ein Wegbereiter. Aber vor allem hing er mit großer Liebe an Hanna. Nie wurde er müde, ihr zu zeigen, wie glücklich er über sie war und wie staunenswert er es fand, dass es sie in seinem Leben und in seinem Haus gab. War er draußen oder sonst wie fort gewesen und entdeckte sie beim Heimkommen nicht augenblicklich, dann gab es für ihn nur noch die eine wichtige Frage: »Wo steckt mein Weib?«
Ein kluger Mann hat einmal gesagt, es täte Kindern gut, zuzusehen, wenn ihre Eltern sich herzen. Samuel August hätte seine volle Sympathie gehabt, das steht fest. Einen zärtlicheren Bauern hat es nie gege-

ben, zumindest war es bei småländischen Bauern unüblich, seine Gefühle so unverhohlen zu zeigen, wie Samuel August es tat. Wir Kinder waren es gewohnt, tagtäglich zuzuschauen, wie unser Vater, und sei es auch nur für einen kurzen Augenblick, unsere Mutter umarmte und sie »herzte«. Es war schön, Kind von Samuel August und Hanna zu sein.
»Ich lebe immer mit dir, in meinen Gedanken und in meinen Taten, ja ich möchte ganz für dich leben«, schrieb Samuel August an jenem Apriltag 1903 bald nach dem Abend unter der Traueresche. Und dieses Versprechen hat er gehalten. Von ihrem neunten Lebensjahr an und ihr ganzes Leben hindurch blieb Hanna seine »kleine Inniggeliebte«. Sie alterte, beide alterten, doch das änderte nichts. Ich erinnere mich ihrer, als sie beide schon die Achtzig überschritten hatten und das Leben um sie herum still geworden war, wie er dort saß und ihre Hände hielt und so zärtlich sagte: »Meine kleine Inniggeliebte, hier sitzen wir nun, du und ich, und haben's schön.«

Nachdem sie abends ins Bett gegangen waren, unterhielten sie sich immer noch eine Weile. Dann sang Hanna ein Kirchenlied oder sagte es auf, und danach sprach Samuel August mit seiner unbeschreiblich treuherzigen Stimme das Vaterunser und den Segen. Wenn ich zu Hause auf Besuch war, stand ich manchmal still vor ihrer Tür und lauschte. Und dachte: Wie lange noch?

An einem ganz besonderen Abend im Mai 1961, nachdem sie sich beide hingelegt und ihrer Gewohnheit gemäß die kleinen Tagesereignisse besprochen hatten, sagte Hanna einen Choral auf, den sie beide oft gemeinsam gesungen hatten und dessen letzter Vers lautet:

Und naht die Todesstunde mir
noch diese Nacht, o Gott,
dann ist mein Trost, dass ich bei dir
im Leben wie im Tod.

Es waren die letzten Worte, die Samuel August von ihr hörte. Kurz darauf erlitt sie einen Schlaganfall und ein paar Tage später hatte Samuel August keine Hanna mehr.
Aber er hatte ein wunderliches Vertrauen in das Leben, eine Lebensfreude und die tröstliche Gewissheit eines künftigen Lebens, und deshalb konnte nicht einmal Hannas Tod ihn zerbrechen. Er fuhr fort, sie zu lieben und von ihr zu sprechen und all ihre Tugenden zu preisen. Er tat es noch, als er 94 Jahre alt war und heiter und zufrieden in seinem Bett in dem Pflegeheim lag, das seine letzte Station hier auf Erden wurde.
An einem Abend im Juli 1969 starb Samuel August. Zutiefst überzeugt davon, dass er Hanna wiedersehen werde.

Astrid Lindgren nennt das Buch, in dem sie ihren Eltern ein Denkmal setzt, »Das entschwundene Land«. Anlass zu vielen Fragen:

1 Mit welchen Gefühlen lest ihr diese Liebesgeschichte? Ist sie nur »altmodisch« oder setzt sie auch einen bedenkenswerten Maßstab? Für den Fall, dass ihr sie als altmodisch empfindet: Das Glück, von dem sie berichtet, ist das auch altmodisch?

2 Unverkennbar ist die Zurückhaltung und Scheu, mit der hier zwei Menschen aufeinander zugegangen sind. Wie beurteilt ihr diese »Langsamkeit« im Blick auf die spätere Ehe?

3 Fast jede Illustrierte und jeder Spielfilm verhandeln »Beziehungskisten«. Da scheint »nichts dabei« zu sein, nach flüchtiger Bekanntschaft miteinander ins Bett zu gehen. Wenn dann die Verhältnisse nicht tragen, zeigt sich in der Tat, dass »nichts dabei« war. Vergleicht die Geschichte, die Astrid Lindgren von ihren Eltern erzählt, mit Artikeln über Liebe und Ehe, die in Zeitschriften eurer Reichweite zu finden sind.

4 Das Sakrament der Ehe, das die Brautleute sich spenden, gilt einer Liebe, die die Einheit der Gemeinschaft, die Weitergabe des Lebens und die unauflösliche Treue bejaht.
Ist mit Sakrament der Akt der Trauung gemeint oder zeigt die hier erzählte Geschichte weitere Aspekte? Wo wird in dieser Ehegeschichte sichtbar, was das Sakrament ausmacht?

Der Buddhismus

Die hier erzählte Buddha-Überlieferung zeigt viele Berührungspunkte mit der Jesus-Tradition. Stellt eine Synopse der vergleichbaren Züge zusammen. Auch darüber hinaus lassen sich Buddha und Jesus vergleichen. Worin kommen sie sich nahe, worin unterscheiden sie sich?

Leben und Legende des Siddhartha Gautama

Der kleine Prinz, der um 450 v. Chr. geboren und als der Buddha weltbekannt wurde, hat keine zeitgenössischen Berichte hinterlassen. Die Quellen, die heute zur Verfügung stehen, entstanden erst 200 bis 400 Jahre nach seinem Tode. Leben und Legende des Gautama Buddha verweben sich deswegen ineinander.
Er wurde auf dem Stammsitz der Familie im heutigen Nepal geboren. Davon wissen wir durch den buddhistischen Kaiser Ashoka (290–232 v. Chr.), der dort eine Säule aufstellen ließ mit der Inschrift:

Der König Piyadassi (Ashoka) kam zwanzig Jahre nach seiner Krönung persönlich hierher und bezeugte seine Verehrung, weil der Buddha, der Weise aus dem Stamm der Shakya, hier geboren worden ist …

Der Familienname des späteren Buddha war Gautama, mit persönlichem Namen hieß er Siddhartha. Sein Vater Shuddhodana war der Fürst eines Kleinstaates. Er gehörte zur zweithöchsten indischen Kaste des Kriegeradels. Maya, die Mutter, soll eine Woche nach der Geburt des Jungen gestorben sein. Der Vater vermittelte Siddhartha eine gute Bildung und verheiratete ihn schon in jungen Jahren. Der Ehe wurde ein Sohn geboren. Dennoch verließ wenig später Siddhartha seine Familie und suchte Weisheit bei Wanderlehrern. Mit 35 Jahren erreichte er die Erleuchtung. Anfangs glaubte er, für dieses Erlebnis gebe es keine Worte, dann aber begann er doch zu sprechen und zog als Lehrer durchs Land, von einer wachsenden Schülerschar begleitet. Er starb mit etwa 80 Jahren. Als sein Todesjahr wird 370 v. Chr. angegeben.
Alles, was wir über diese spärlichen Angaben hinaus von Buddha erzählen können, ist Legendenbildung. Wir haben freilich gesehen, dass Legenden oft ein inneres Bild entwerfen, das die tiefere Realität eines Menschen zeichnet. Die folgenden Buddha-Legenden schildern dieses Wesensbild des Buddha.

Der Buddha, Tibet, 16. Jh.

Übernatürliche Empfängnis

Es war Frühling, die schönste der Jahreszeiten. Da ließ sich der Herr der drei Welten aus dem Himmel herab. Es war am fünfzehnten Tag des Monats Mai. Klar und bei vollem Bewusstsein ging er als ein junger weißer Elefant mit sechs Stoßzähnen zur rechten Seite in den Leib seiner Mutter ein, als diese gerade Fasttag hielt. Sein Kopf war purpurfarben und er war an Leib und Seele wohlgebildet. Die Königin Maya lag derweil schlafend auf ihrem Lager und träumte: Ein Prachtelefant, strahlend wie Schnee und Silber, ist tänzelnden Schrittes und mit diamantfesten Gelenken in meinen Leib eingegangen. Sechs war die Zahl seiner Stoßzähne, schön waren seine Füße, anmutig der Rüssel und rosig der Kopf. Nie vorher habe ich so etwas Schönes gesehen und gehört, nie ähnliche Wonne empfunden. Es war ein Gefühl körperlichen Glücks und Beseligung des Gemüts, dass ich wie in tiefste Versenkung entrückt war.

Als zur Zeit des Mai-Vollmonds die Königin Maya im Hain wandelte, fühlte sich sich plötzlich schwer werden. Und wie sie so dastand, sich an einem Ast festhaltend, kam der Bodhisattva zur Welt, ohne Wehen und Mühen der Mutter, in einem Augenblick. Ein Licht durchstrahlte die Welten, und die Erde erzitterte. Dann tat der Bodhisattva, der schon die Gestalt eines kleinen Kindes besaß, sieben sichere Schritte, blickte in alle vier Himmelsrichtungen und sprach: »Ich bin der, der die Welt führen wird, dies ist meine letzte Geburt.«

Die Geburt des Prinzen Siddhartha

Als Diener dem König Shuddhodana die Geburt seines ersten Sohnes meldeten, schien sein Glück vollkommen zu sein. Voller Freude ging er zu Königin Maya und betrachtete das Kind. »Nun wird mein Reich dauern«, sagte er. Das sagten auch die weisen Männer, die Brahmanen, die der König herbeirufen ließ: »Ein großer Mann wird der Prinz werden, ein weltbeherrschender König, in dessen Reich Gerechtigkeit wohnt. Er wird der Welt ein neues Gesetz geben, ein besseres Gesetz. Er wird ein Friedensreich errichten bis zur Weltmeergrenze. Alle Völker werden unter seiner Herrschaft glücklich sein.« Als die Brahmanen so geweissagt hatten, betrat der altehrwürdige Seher Asita den Palast. Der nahm das Kind auf die Arme und sprach:

»Ein Buddha wird der sein, ein Erleuchteter.
Er wird das Rad des Gesetzes drehn, das Rad der Lehre.
Eine neue Lehre wird er in Umlauf bringen. Das Reich der Wahrheit wird er begründen, den Menschen zu Heil und Freude.«

Als der König diese Weissagung hörte, gab er dem Kind den Namen Siddhartha. Namen sind Wünsche. Siddhartha bedeutet: Er wird sein Ziel erreichen und Vollkommenheit gewinnen. König Shuddhodana hoffte, dass Siddhartha Weltkaiser werde, der in Frieden und Gerechtigkeit herrschte.

Bodhisattva, wörtlich »Erleuchtungswesen«, ein Mensch, der auf dem Weg zur Buddhaschaft ist, aber auf das Eingehen ins Nirvana verzichtet, bis alle Wesen erlöst sind.

Das Haus

Der König wollte, dass Siddhartha nichts Trauriges, nichts Hässliches oder Unangenehmes sehe. Pflegerinnen sollten ihn umgeben und ihm alle Wünsche erfüllen. Aber über Palast und Park hinaus durften seine Wege nicht führen, damit er die Hütten der Armen nicht betrete, keine Kranken und von Gebrechen entstellte Menschen sehe. Diener mussten einen seidenen Schirm über ihn halten, dass Kälte oder Hitze, Staub wie Tau ihm nichts antaten.

Die heilige Schnur

Mehrere Jahre lernte Siddhartha bei seinem Lehrer, dem weisen Brahmanen Kschantideva. Seine Kindheit ging zu Ende. Zum Zeichen des neuen Lebensabschnitts wurde er an seinem elften Geburtstag mit der heiligen Schnur umgürtet. Die Brahmanen sagten: »Das Tier wird nur einmal geboren. Die Natur gibt ihm alles, was es braucht, um leben zu können. Der Mensch muss zweimal geboren werden: einmal aus dem Schoß seiner Mutter, das andere Mal als Sohn des Lehrers durch Erziehung und Lehre. Ehe das Kind geboren wird, empfängt es durch die Nabelschnur alle natürliche Nahrung von seiner Mutter. Ehe der Mensch zum zweiten Mal geboren wird, empfängt er alle geistige Nahrung von seinem Lehrer.
Der Schüler trägt als Zeichen seiner Verbundenheit mit dem Lehrer die heilige Schnur wie eine Nabelschnur. Er empfängt vom Lehrer das Wissen unserer Vorväter. Erst durch diese zweite Geburt ist er ganz auf die Welt gekommen, ganz als Mensch geboren. Er gehört nun zu den Edlen, den Zweimalgeborenen, die berechtigt sind, in der Welt zu herrschen.«

Siddhartha nimmt Abschied von seinem Palast, um sich auf die Suche nach Erleuchtung zu machen. Er wirft einen letzten Blick auf Frau und Kind, die beide noch schlafen.

Die vier Ausfahrten

Eines Tages ließ sich Siddhartha von seinem Wagenlenker durch das östliche Stadttor hinausfahren. Da begegnete ihnen ein Mann, vornübergebeugt wie der Giebel eines Hauses, die Zähne zeigten Lücken, Runzeln überdeckten den Körper, die Haare waren ergraut, dazu ging er auf einen Stock gestützt, und er zitterte an seinen Gliedern. »Was ist mit diesem Menschen?«, fragte Siddhartha. »Das ist, Herr, ein Mann, den das Alter überwältigt hat; Kraft und Stärke sind dahin, die Sinne haben nachgelassen, verachtet von seinen Verwandten ließ man ihn allein, wie ein Stück weggeworfenes Holz.«
Siddhartha hatte noch nie einen greisen Menschen gesehen. »Sag mir, sind dies Eigenschaften, die nur in seiner Familie vorkommen, oder ist es aller Menschen Schicksal?« Der Wagenlenker antwortete: »O Herr, das Alter ist kein Schicksal Einzelner, nein, es vernichtet die Jugend eines jeden. Auch deine Eltern, Verwandten und dich selbst wird es nicht verschonen. Es gibt für niemand einen Ausweg.« – »Wie jämmerlich ist es dann um alle, die das Alter nicht sehen. Kehr um, Wagenlenker, was soll mir Leichtsinn, wenn auch das Alter nach mir greift!«
Ein andermal zog Siddhartha durch das südliche Stadttor aus. Da begegnete ihm ein kranker Mann. Vom Schmerz überwältigt, lag er ohne Hilfe und Schutz. »Was ist, Wagenlenker, mit diesem Mann?« – »Dies, Herr, ist einer, von dem der Glanz der Gesundheit gewichen ist.

Er findet keine Rettung mehr und ist ohne freundliche Hilfe.« – »Wie trügerisch ist es dann mit allem Übermut. Kehr um, Wagenlenker.«
Wieder zu anderer Zeit fuhr Siddhartha zum westlichen Stadttor hinaus. Da sah er einen Leichenzug und den Toten auf einer Bahre. Alle weinten, schrien und klagten. Und wieder fragte er den Wagenlenker: »Was ist, Wagenlenker, mit diesem Menschen, den man dort auf einem Bett trägt?« Noch nie hatte Siddhartha einen Toten gesehen. »Diesen Menschen«, antwortete der Wagenlenker, »hat der Tod abberufen. Nie wieder wird er seine Eltern, seine Frau und seine Kinder sehen. Er hat eine andere Welt erreicht.«
Da sprach Siddhartha: »O Jammer über eine Jugend, die das Alter ereilt! O Jammer über eine Gesundheit, die Krankheit vernichtet! Elend ist ein Leben, das nicht ewig währt.« Damit ließ er den Wagen wenden und in die Stadt zurückkehren.
Und noch einmal zu anderer Zeit zog Siddhartha durch das nördliche Tor hinaus. Da begegnete ihm ein Bettelmönch, wie er ruhig und selbstbeherrscht dahinschritt. Und wieder fragte er den Wagenlenker: »Was ist das für ein Mann, der da ausgeglichenen Gemüts wandert. Er scheint ohne Einbildung und Hochmut, ohne Eile und ohne Unruhe zu sein.« Der Wagenlenker antwortete: »Diesen Mann, Herr, nennt man einen Bettler. Er hat die Lüste aufgegeben und sucht die Ruhe seines Inneren in der Heimatlosigkeit. So geht er frei seinen Weg.« Da sprach Siddhartha: »Gut, das ist ein schönes Wort und gefällt mir. Schon immer haben die Weisen empfohlen, in die Hauslosigkeit zu ziehen.« Darauf kehrte er in die Stadt zurück.

Siddhartha zieht »aus dem Haus in die Hauslosigkeit«, begleitet von seinem Diener Channa, während himmlische Wesen die Hufe des Pferdes tragen, damit die schlafenden Wächter nicht geweckt werden.

Siddhartha über die Gründe seines Auszugs

Ich war verwöhnt, sehr verwöhnt. Ich salbte mich nur mit Benaressandel und kleidete mich nur mit Benarestuch. Bei Tag und Nacht wurde ein weißer Sonnenschirm über mich gehalten. Ich hatte einen Palast für den Winter, einen für den Sommer und einen für die Regenzeit. In den vier Monaten der Regenzeit verließ ich den Palast überhaupt nicht und war von weiblichen Musikanten umgeben. Obwohl ich so sehr verwöhnt war, kam mir der Gedanke: Wenngleich jeder Mensch dem Alter, der Krankheit, dem Tode unterworfen ist, fühlt er doch Widerwillen, wenn er einen anderen gealtert, krank oder als Toten sieht. Auch ich bin so und das ist meiner nicht würdig. Als ich dies bedachte, fand ich: Wie, wenn ich, der ich das Übel von Alter, Krankheit und Tod erkannt habe, nach dem suchen würde, was davon frei ist: nach dem höchsten Frieden, nach dem Nirwana? Und obwohl ein Jüngling mit schwarzem Haar, schor ich mir Haar und Bart, wenngleich meine Eltern darüber weinten, legte die gelben Gewänder des Asketen an und zog aus dem Haus in die Hauslosigkeit.

Siddhartha als Asket. 2./3. Jahrhundert.

Der Asket

Siddhartha fand zwei Asketen als Lehrer. Gleich ihnen kasteite er sich, verweigerte Essen und Trinken und verzichtete auf alles, was angenehm war. Bald schlossen sich ihm fünf Mönche an. Sie bewunderten ihn wegen seiner Enthaltsamkeit. Siddhartha aber magerte ab, verfiel und litt unter großen Schmerzen. Eines Nachts sah er im Traum eine Frau, die sich weinend über ihn am Straßenrand beugte: »Wer bist du, dass du mich beweinst?«, fragte er leise. »Zehn Monate habe ich dich, mein Sohn, wie einen kostbaren Edelstein in meinem Leib getragen«, sprach die Frau. Siddhartha aber entsagte nach dieser Nacht der strengen Askese und nahm wieder Nahrung zu sich. Er erkannte die Vergeblichkeit aller Kasteiung: dass sich die Wahrheit auf solchem Wege nicht finden, die Tugend nicht erwerben lasse. Seine fünf Begleiter aber zeigten sich tief enttäuscht. Sie nannten Siddhartha einen Abtrünnigen, einen Schwächling, und verließen ihn.

Unterwegs

Siddhartha zog wieder allein seines Weges. Er wusste jetzt, dass er die Wahrheit nicht irgendwo, sondern nur in sich selbst suchen musste. Er meditierte und befreite seinen Geist durch milde Askese. Als ihm eine sterbende Frau am Straßenrand ein Stück ihres Leichentuchs schenkte, das sie selbst lange erspart hatte, machte Siddhartha sich daraus eine Kutte; die Kleider, die er beim Auszug trug, waren ihm schon lange vom Leib gefallen. – Als ein junges Mädchen hörte, dass Siddhartha wieder Nahrung zu sich nahm, bereitete sie ihm ein Reisgericht und reichte es ihm in einer goldenen Schale. Siddhartha aß vom Reisbrei und fragte: »Was soll ich mit der Schale?« »Ich reiche nie eine Speise ohne Schale«, sagte das Mädchen. »Sie gehört dir.« Siddhartha verschenkte die goldene Schale nicht, sondern warf sie in den Fluss.

Um den Buddha von seinem Weg abzubringen, schickt Mara, der Herrscher im Bereich des Bösen, Dämonen. Diese machen viel Lärm, richten aber nichts aus. Der Buddha verbleibt in seiner Meditation. Mit der rechten Hand ruft er die Erde an. Allen Versuchungen gegenüber erweist er sich als überlegen.

Die Erleuchtung

Jahre vergingen. Siddhartha wanderte durch die fruchtbare Gangesebene und lebte als Bettelmönch. Da sah er eines Tages, wie ein Brahmane Kusa-Blätter sammelte, um auf ihnen Opfergaben darzubringen. Siddhartha erbat sich einige Kusa-Blätter, bereitete darauf unter einem Feigenbaum einen Meditationssitz und fiel in tiefe Versenkung. In dieser Nacht kam Mara, der Teufel, um ihn zu versuchen. Er sandte ihm drei schöne Mädchen, die ihn aus seiner Meditation ablenken sollten; aber schon ein Blick Siddharthas ließ ihre Schönheit welken. Darauf versprach er ihm den Reichtum der Welt, wenn er auf die Erleuchtung verzichte. Als auch das abgewiesen wurde, bot er Siddhartha an, sofort in das Nirwana eingehen zu dürfen. Siddhartha aber widerstand allen Verlockungen und wies den Versucher ab. Nach neunundvierzig Tagen, während der letzten Nachtwache, als die Morgenröte sich zeigte, gelangte Siddhartha zur vollkommenen Erleuchtung. Aus dem Prinzen und Wandermönch wurde – wie ein Schmetterling aus der Raupe – ein Erleuchteter, ein Buddha. Nun besaß er das dreifache Wissen: die Erinnerung an frühere Geburten, die Einsicht in die Zukunft und den Einblick in die Entstehung und Vernichtung des Leidens.

Ein Buddha für alle

Der Erleuchtete wollte ein Buddha für alle, nicht nur für sich selbst sein. So begann er als Lehrer zu wirken, damit auch andere die Befreiung fänden. In Benares lehrte er zum ersten Mal:

»Erkennt, dass alles Dasein leidvoll ist. Geburt ist Leid, Altern ist Leid, der Tod ist leidvoll, leidvoll ist auch, mit jemandem vereint zu sein, den man nicht liebt, von jemandem getrennt zu sein, den man liebt, und das nicht erlangen zu können, was man wünscht. Der Ursprung des Leidens in der Welt ist der Durst nach Wiedergeburt, der Durst nach Befriedigung der fünf äußeren und inneren Sinne, der Durst nach dem Tod.«

»Dies aber ist die heilige Wahrheit von der Aufhebung des Leidens, der Achtteilige Pfad: reiner Glaube, reiner Wille, reine Rede, reine Tat, reines Leben, reine Absicht, reines Denken, reine Meditation.«

Damit war das »Rad der Lehre« in Bewegung gesetzt auf einem Weg der Mitte, der weder die Abwendung von der Welt verlangte, noch der Verhaftung mit ihr diente. Der Buddha wanderte durch Indien und sammelte eine immer größer werdende Gemeinde um sich. Viele Menschen schlossen sich ihm an und begleiteten ihn für eine Weile. So bildete sich ein zunächst lockerer Orden. Um ihm anzugehören, genügte die »Zufluchtsformel«:
»Ich nehme zu Buddha, dem Erleuchteten, meine Zuflucht;
ich nehme zum Dharma, dem ewigen Gesetz, meine Zuflucht;
ich nehme zum Sangha, der Gemeinschaft, meine Zuflucht.«
Für seine Anhänger ließ der Buddha das Gesetz der Kasten und zumal das Schicksal der Kastenlosen, die ohne Rechte waren, nicht länger gelten:

»Wenn der Brahmane hinterlistige Pläne sinnt und den König zu bösen Taten verleitet: ist der nicht kastenlos? Wenn der Herrscher das Volk nicht schützt, sondern Bauern und Arbeiter unterdrückt, um Kriege zu führen und Paläste zu bauen: ist der nicht kastenlos? Wenn der Kaufmann durch Wucherzins die Bauern um ihr Land bringt: ist der nicht kastenlos? Nicht durch Geburt ist einer ein Kastenloser, sondern durch seine Taten.«

Über Buddha, dem Erleuchteten, die Lotus-Blume, hier als Symbol der Lehre (dharma). Die Lotus-Blume wächst aus dem Sumpf heraus, wie sich auch das Bewusstsein aus Sümpfen zu einem göttlichen Bewusstsein entwickeln kann. Aus dem Lotus erhebt sich die kleine Figur eines Mönchs als Symbol für den Sangha, die Mönchsgemeinschaft. Der Buddha hält eine Bettelschale in der Hand: »Der Buddha ist der große Arzt; der Dharma ist die Medizin, der Sangha ist der Krankenpfleger, der die Medizin reicht.«

Inzwischen unterstützten einige Fürsten die kleine Gemeinschaft, selbst Brahmanen schlossen sich an; nur die eigene Familie stand abseits. Doch als er nach 32 Jahren zurückkehrte zu Familie und Verwandtschaft, beugten sie sich vor ihm und hörten seine Lehre. Bevor er dann für immer die Heimat verließ, rief er das Volk in die Ruinen des einstmals prächtigen Palastes und lehrte inmitten der eingestürzten Mauern:

»Das sind die fünf Regeln für das tägliche Leben: Habt Mitleid und achtet auf das geringste Leben. Gebt und empfangt freimütig, aber nehmt nichts ungebührlich entgegen. Sagt niemals eine Lüge, auch dann nicht, wenn es die Situation zu entschuldigen scheint. Meidet Genussgifte, achtet eure Frauen und begeht keine unsittlichen Handlungen.«

Buddhas Tod

Inzwischen war der Buddha 80 Jahre alt geworden, an Geist und Körper frisch. Dennoch war seine Lebenszeit abgelaufen. Bei einem Besuch erkrankte er plötzlich, Fieber befiel ihn, er fühlte, dass er sterben würde. Ananda, sein Lieblingsjünger, bereitete ihm das Lager, während der Lehrer zu ihm sagte: »Maitreya, der künftige Buddha, der nach einigen tausend Jahren auf die Welt kommen wird, um mein Werk zu vollenden, wird auch seinen Ananda haben.«

Im Lotussitz setzte sich Buddha auf das Lager und sprach:
»Nur eine einige Macht gibt es, ohne Anfang und Ende und allein ihrem eigenen Gesetz untertan. Versucht nicht, dessen Unermesslichkeit mit Worten zu fassen. Wer fragt, irrt schon, wer antwortet, irrt ebenfalls. Erhofft euch keine Hilfe bei den Göttern, sie sind wie ihr dem Gesetz des Karma unterworfen, werden geboren, altern und müssen sterben, um wiedergeboren zu werden. Sie können ihr eigenes Schicksal nicht wandeln. Erwartet alles nur von euch selbst. Vergesst nicht: Jeder kann jene höhere Macht erlangen.«

Zum Schluss sagte er: »Seht den Körper des Buddha, auch er muss, wie alles, das entstanden ist, wieder vergehen.« Dann legte er sich auf die rechte Seite und versank in tiefe Meditation. Niemand bemerkte den Augenblick, in dem der Buddha aus der Versenkung in das schweigende Nirwana überging.

So wie es die Tradition erzählt, wird der verstorbene Buddha auf der Seite liegend dargestellt, die rechte Hand unter dem Kopf. Die Skulptur in Polonnaruwa, Sri Lanka, ist 14 m lang, 11./12. Jahrhundert.

Buddhas Lehre: Der Weg nach innen

Der große Erzählreigen um Siddhartha Gautama zeigt, dass niemand als Buddha geboren wird, sondern erst auf einem langen Weg ein Erleuchteter, ein Buddha, werden kann. »Erleuchtung« heißt die tiefste Erfahrung und Erkenntnis, die einem Menschen überhaupt erreichbar ist. Siddhartha ist nicht der erste Buddha. Nach buddhistischer Auffassung hat jedes Weltzeitalter seinen Buddha. Unsere Geschichte gehört zum »Schwarzen Weltzeitalter«; dessen Buddha ist der historische Gautama. Der Buddha des nächsten Weltzeitalters, so erzählt der Mythos, wird der Buddha Maitreya sein.

Das achtspeichige Rad der Lehre mit zwei Gazellen erinnert an die erste Lehrverkündigung des Buddha im Gazellenhain von Sarnath. Die Darstellung findet sich oft auf den Dachfronten buddhistischer Tempel, hier am Stadttempel von Lhasa (Tibet).

Yana

Buddha war Lehrer. Mehr wollte er nicht sein, auch nicht weniger. Aber seine Lehre ist zugleich eine Nicht-Lehre. Es gibt keine Regeln, Dogmen, Festschreibungen. Der Buddha weist den »mittleren Pfad«, einen Gang zwischen Extremen. Er leitet an zu einem fortwährenden sich Lösen: vom Körpergefühl, vom Besitz, vom Wissen, von den Bildern und Vorstellungen des Denkens. Die Wissenschaften, Weltbilder und Philosophien werden nicht kritisiert, aber auf deren Erkenntnisse legt der Buddhismus keinen Wert. Wer »erwacht« ist, weiß, dass Wissen und Techniken zwar zu diesem und jenem Ziel führen, aber er weiß auch, dass alle Kenntnisse über diese Welt *maya* sind, täuschender Schein. Darum lehrt der Buddha, nicht daran zu haften und nach vorne hin offen zu sein.

Der Name für Buddhismus in Sanskrit, der heiligen Sprache Asiens, ist *yana*. Gewöhnlich wird das mit »Fahrzeug« übersetzt, aber genauer heißt *yana* »Fährboot« oder »Fähre«. In einem flussreichen Land spielen Fähren eine große Rolle. Oft wird eine Fähre nur für eine einmalige Überfahrt aus Schilf und Reisig gebaut. So verstand es auch der Buddha, als er seine Schüler fragte:

»Wäre der Mensch gescheit, wenn er das Floß, weil's ihn gerettet hat, behielte? Es auf den Rücken nähme und landeinwärts trüge?« – »Nein«, sagten die Schüler, »man soll es dem Strom überlassen, der hinter einem liegt.« – »So ist es auch mit der Lehre«, folgerte der Buddha, »sie ist zum Entrinnen tauglich, nicht zum Festhalten.«

Der Eintritt als Mönch in ein Kloster kann, aber muss nicht auf Lebensdauer zielen. Manche werden »für eine Regenzeit« Mönch. In einigen buddhistischen Ländern hat etwa die Hälfte der männlichen Bevölkerung zeitweilig als Mönch gelebt.

»Den Buddha töten«

Der Buddhismus ist ein Erfahrungsweg, den jeder selbst gehen muss. Es nutzt nichts, sich auf die Weisheit des Buddha zu berufen, wenn man sie nur als Wort und Formel kennt. »Wenn du unterwegs den Buddha triffst, töte den Buddha«, sagt ein Sprichwort. Keine Autorität, selbst nicht die höchste, soll ersetzen, den eigenen Weg zu gehen. Wer die Wahrheit beim Lehrer, in Büchern, in der Vergangenheit oder sonstwo sucht, bleibt ihr fern. Man kann sie nicht als Wissen übernehmen. Studium, Kenntnisse, Fähigkeiten, meint der Buddhismus, können klug und berühmt machen – und zugleich dem Erwachen entgegenstehen.

Das Nirwana

Nirwana meint keinen Ort, eher einen Zustand, der sich jedoch jeder Beschreibung entzieht. Wie sollen wir dann Nirwana »erklären«? Es sei ein »Verwehen«, »Verlöschen«, das Ziel der »Befreiung«. Alles, was zu immer neuem Leid führte, ist an ein Ende gelangt. Wer die volle Gelassenheit erreicht hat, hat alles losgelassen, hängt nunmehr an nichts, ist frei. Nirwana ist aber kein blankes Nichts. Es übersteigt die Begriffe der Sprache und des Denkvermögens und ist letztlich unsagbar.

Eine gott-lose Religion?

Der Buddha hat es abgelehnt, das Nirwana zu beschreiben. Er hat auch den Gottesbegriff ausgeklammert, wie er insgesamt über Gott schweigt. Das hat zu dem Urteil geführt, der Buddhismus sei eine atheistische Religion. Das ist er im Sinne des europäischen Atheismus mitnichten. Die Verneinung einer göttlichen Wirklichkeit hinter allen Erscheinungsformen der flüchtigen Welt wäre dem Buddhismus unmöglich. Buddha hat jedoch darauf verzichtet, von Gott zu sprechen. Stattdessen lehrt er den dharma, das universelle, absolute Gesetz. Buddhas Schweigen über »Gott« bedeutet kein Leugnen. Vielleicht steht dahinter ein Wissen um die Grenze der menschlichen Sprache, die gegenüber dem Unaussprechlichen verstummen muss.

Rechts: Sechzehnstufiges Mandala. Das Mandala ist die Grundform indischer Tempel und zugleich die symbolische Gestalt des Universums. Es verkörpert das Weltganze als auch die innere Welt des Menschen. Makrokosmos und Mikrokosmos bilden eine Einheit. Wer ein Mandala meditiert, sieht »Mitte«.

Der Kreislauf der Wiedergeburten

Die Lehre des Buddha hat Vorgänger in der indischen Tradition. Indien ist ein Land mit einem lebendigen Gedächtnis bis in die Vorzeit zurück. Dieses Gedächtnis besteht in mythischen Bildern und Symbolen, nicht in Akten und Namen. Zentrale Begriffe des Buddhismus wie *maya, samsara* und *karma* haben vor Buddha bereits einen weiten Weg zurückgelegt (vgl. Religionsbuch 7/8, S. 154 ff.). Durch Buddha bekamen sie eine weitere Ausprägung.
Da ist *samsara,* ewig kreisendes Leben: »die Welten sinken und die Welten steigen«. Durch Tod und Neugeburt tauschen die Gestalten dieser Welt ihre Erscheinung. Trotz allen Sterbens gilt dem Buddhismus das Leben als todlos; in jedem Tod wandelt es sich zu neuen Formen. Während in der abendländischen Welt die Toten im Jenseits ihre Identität nie endgültig verlieren (vgl. S. 94), erzählt das Indien des Samsara von wechselnden Kostümen für immer neue Szenen. Da hat jeder schon viele Rollen durchgespielt. Und wer treibt den Kreislauf an? Ich selbst, sagt der Buddha. Ich ganz allein, weil ich immer irgendetwas tue. Dieses »Tun«, *karma,* gehört zum Lebensgang, so wie das Wasser fließt. Was wir gestern dachten, müssen wir heute tun. Was wir jüngst erlitten, zerfurcht jetzt das Gesicht. Das Tun von heute ist das Schicksal von morgen. Die Qualität unseres Tuns aber bestimmen wir stündlich neu. Indem wir zum Dunklen oder zum Hellen in uns Ja sagen, bilden wir unsere gegenwärtige Person mit allen ihren Möglichkeiten und Grenzen. So wirkt sich das Karma zu Leid und Schicksal aus. Was in diesem Leben nicht abgearbeitet wird, unerledigt bleibt, unerlöst, zwingt zur Wiedergeburt, und so treibt ein Leben das andere.

In diesem Gesetz gibt es keinen Zufall. Das heutige Dasein, der jetzige Körper ist »alte Tat«. Jeder ist beteiligt am zukünftigen »Schicksal«. Gute Taten haben eine bessere Wiedergeburt, schlechte eine mindere Wiedergeburt zur Folge. Der Buddhismus spricht aber nicht von Sünde. Die Wiedergeburt ist so wenig »Strafe«, wie eine Brandwunde »Strafe« für das Berühren eines heißen Eisens ist.
Wie aber entkommt man diesem Kreislauf des Leidens? Der Buddha lehrt, die Zuflüsse des immer neuen Karmas zu verstopfen. Der Gier nach Lust, der Gier nach Werden und der Gier nach Vergehen muss der Mensch entkommen. Reglosigkeit nach innen und außen, ein sich selbst Absterben, heißt der Weg. Nur wer die volle Gelassenheit erreicht, ein völliges Ledigsein, entgeht dem Samsara. Wie eine Luftblase im Wasser aufsteigt, gelangt dieser Mensch hinauf in die Schwerelosigkeit, an den Ort höchster Klarheit und bewegungsloser Stille, ins *nirwana.*

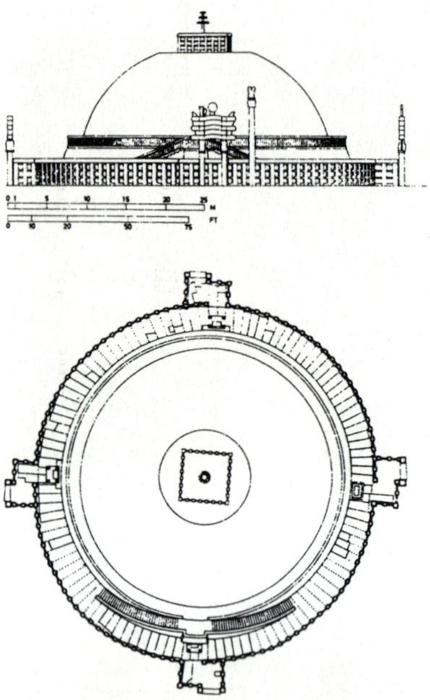

Über die buddhistische Welt verstreut finden sich Millionen von Stupas. Ein Stupa gilt als Weltenberg; seine Mitte ist die Weltachse. Die Grundfigur bildet das Mandala.

Der berühmteste Stupa ist der Borobudur auf Java. Der Pilger muss diesen heiligen Berg zehnmal umwandern, bis er schließlich die Spitze erreicht, wo sich Himmel und Erde berühren.

Die »Drei Fahrzeuge« im Buddhismus

Wir haben schon gesagt, dass der Buddhismus sich selbst *Yana*, »Fähre« (über das Meer des Leidens zum Nirwana) nennt. Nun haben sich im Lauf der Zeit unterschiedliche Auffassungen und Formen des Buddhismus entfaltet, die man *hinayana* (Kleine Fähre), *mahayana* (Große Fähre) und *tantrayana* (Fähre der Tantra-Texte) nennt.

Der Hinayana-Buddhismus

Die Anhänger des historischen Buddha waren Mönche. Buddha glaubte nicht, dass »jedermann« für seine Lehre ansprechbar sei, sondern nur ein besonderer Jüngerkreis. Anfänglich zog die Mönchsgruppe durchs Land und verweilte in Gärten, die reiche Freunde ihnen öffneten. Die Menschen der Umgebung kamen dann ebenfalls dorthin, hörten zu und der eine oder andere blieb im *sangha* (Gemeinde). Nur die Regenzeit machte dieses Leben schwierig. Aber schon bald fanden sich Gönner, die Häuser zur Verfügung stellten oder feste Bauten finanzierten. So entstanden die ersten buddhistischen Klöster (*viharas*). Hier entwickelte sich ein Elitebewusstsein und ein straffes Reglement für das Ordensleben. Im Vordergrund standen 1. der Buddha als historische Person, 2. der Dharma, die Lehre, 3. der Sangha, die Gemeinschaft. Dies war der Rahmen für den Buddhismus des Kleinen Fahrzeugs. »Klein« heißt es deswegen, weil das Hinayana nur einer Minderheit »Platz« bietet. Es ist ein Mönchsbuddhismus.

Die weitere Entwicklung des Hinayana verbindet sich mit den politischen Verhältnissen Indiens. Die Herrschaftsverhältnisse jener Zeit waren von List, Misstrauen, Gewalt und brutaler Machtausübung durchzogen. Herrscher über den Subkontinent war die Dynastie der Mauriya, die mit ihrer aggressiven Politik dem friedfertigen Verhalten der Buddhisten fern stand. Zweihundert Jahre nach Buddha aber kam als dritter in der Reihe grausamer Mauriya-Könige *Ashoka* (290–232 v. Chr.), ein ungewöhnlicher Mensch, auf den Thron. Nach Jahren üblicher Kriegsbrutalität lernte er (um 250 v. Chr.) Buddhas Lehre kennen. Mit seiner Hinwendung zum Buddhismus aber vollzog sich in ihm eine grundlegende Wandlung. Als erster Herrscher der Weltgeschichte verzichtete er auf Krieg und Unterdrückung als Mittel der Politik. Er wurde »Kaiser des großen Friedens« und eines Weltreichs der Toleranz und Menschlichkeit. Gandhi knüpfte an dieses Bekenntnis zur Gewaltlosigkeit wieder an. Auf Ashoka gehen viele Viharas zurück, die er überall in seinem Reich errichten ließ.
Das heutige Zentrum des Hinayana ist Sri Lanka (neben anderen südlichen Ländern Asiens).

Der Mahayana-Buddhismus

»Großes Fahrzeug« nennt sich die spätere, in den nördlichen Ländern Asiens entstandene Richtung Sie will nicht nur wenigen Auserwählten, sondern möglichst vielen ein Fährboot zum Heil sein. Weil der Mahayana-Buddhismus glaubt, dass der gewöhnliche Mensch nicht fähig ist, aus eigener Kraft den Weg des Buddha zu gehen, wandelt sich hier Buddhas Bedeutung. Er steht nicht mehr als *historischer* Lehrer vor Augen, sondern als eine übernatürliche Gestalt, zu der die Gläubigen ihre Zuflucht nehmen, damit er sie errette. Diese Erwartung sieht Buddha nicht im ewigen Nirwana »erloschen«, sondern sucht ihn nun in Gebeten und verehrender Liebe; sie erwartet das Heil aus Gnade, nicht aus mönchischer Askese. Damit verliert der Buddhismus im Mahayana seine elitäre Struktur und wird zur Volksreligion. Nun wird verlangt,

1. ein in Gedanken, Worten und Taten reines Leben zu führen,
2. den Buddha (und alle, die an seine Seite als Bodhisattvas treten) in Liebe zu verehren,
3. den Vollendeten anzurufen,
4. dem Buddha in seinem unendlichen Mitleid mit allen Kreaturen nachzueifern,
5. über die Vollkommenheit des Buddha zu meditieren.

Diese seidene Hängerolle zeigt den Buddha, wie er vom Paradies herabsteigt. Japan, 14. Jahrhundert.

Letztes Ziel im Mahayana ist nicht, ein Vollendeter, ein Buddha zu werden, sondern ein Bodhisattva, der andere zur Erleuchtung (*bodhi*) führen kann. Hinayana und Mahayana zeigen eine unterschiedliche Einstellung zum Dasein. Das Hinayana will die Welt überwinden; das Mahayana will ihr helfen. Es erzieht seine Anhänger zu selbstlosem Einsatz für andere und erlaubt die Zuflucht zu jenseitigen Mächten. Der Nüchternheit des Hinayana steht die Gefühlswärme des Mahayana gegenüber.

Die berühmte Shwedagon-Pagode in Rangun, Myanmar (Birma). Der mit Gold beschichtete Stupa – hier im ersten Aufleuchten der Sonne – ist Symbol für Buddhas Erleuchtung.

Gebetsfahnen in Tibet.
Gebetsmühlen in Bhutan.

Die alberne Bezeichnung »Gebetsmühle« ist die Erfindung europäischer Reisender und Missionare, die damit ihrem Überlegenheitsgefühl Ausdruck gaben, wenn sie die religiösen Gebräuche, deren Bedeutung ihnen unbekannt war, lächerlich machen wollten.
Gebet im buddhistischen Sinn sind nicht die Bitten an eine außer uns stehende Macht zur Erlangung persönlicher Vorteile, sondern ein Anrufen der in uns wohnenden Kräfte. Mit anderen Worten: Der Buddhist setzt seine Hoffnung nicht auf die Macht der Götter in einem jenseitigen Himmel, sondern er glaubt an die Macht der rechten Absichten: an die Reinheit des Herzens.

Lama Anagarika Govinda

Der Tantrayana-Buddhismus

Die frühen buddhistischen Texte wurden in den indischen Schriftsprachen *pali* und *sanskrit* geschrieben. Die späteren buddhistischen Schulen verfassten ihre Texte auch in Tibetisch und Chinesisch. Die hier entstandenen Richtungen nennen wir das Tantrayana, das Fährboot der Tantratexte. Es ist ein Buddhismus, der vorgefundene volkstümliche Anschauungen, Götter- wie Dämonenglauben, in sich aufgenommen hat. Tantra ist ein Erlösungsweg, der die Erlebnisfähigkeit des Menschen einbezieht: das Wort, das Symbol, Ritualgegenstände wie Gebetsfahnen, Gebetsmühlen, Gong und Glocke, Meditationsbilder, Mandalas. Auch das Orakel hat einen Stellenwert in dieser Buddhismustradition. Beispiel für das Tantrayana kann der Buddhismus Tibets sein.
In das tibetische Hochland fand der Buddhismus erst zwischen dem 7. und 9. Jahrhundert Eingang. Wild und zuweilen kannibalisch hatten die Tibeter bis dahin einem Geisterglauben angehangen, der viele drohende Elemente kannte. Mit diesen Geisterwesen musste der eindringende Buddhismus einen Kompromiss suchen: die Ideen von der Überwindung der Leidenschaften und vom Achtteiligen Pfad vermischten sich mit Dämonen- und Teufelsglauben, mythischen Gottheiten und Kultbräuchen. Dabei entstanden Formen, unter denen die buddhistische Idee zeitweilig erstickte. Einem Mönch aus Bengalen, Atisha, gelang es, die Lehre des Buddhismus wiederherzustellen. Er gründete den Orden derer, »die den Wert der Tugend schätzen«, auch »Gelbmützen« genannt, und schuf damit die Voraussetzung für die spätere Herrschaft des Dalai Lama.
Der Titel Dalai Lama (wörtlich: »Lehrer, dessen Weisheit so groß wie der Ozean ist«) wurde erst 1578 durch einen Mongolenfürsten verliehen. Jeder Dalai Lama gilt als die Wiedergeburt seines Vorgängers. Wenn ein Dalai Lama stirbt, sagt der Tibeter: »Er wechselt seinen Körper.« Der heutige, XIV. Dalai Lama floh 1959 vor den Truppen Chinas und lebt seitdem im indischen Exil in Dháramsala. Im Blick auf die Zukunft Tibets hat er gesagt, es gehe nicht um die Institution des Dalai Lama, sondern um das tibetische Volk; darum sei es auch denkbar, dass mit ihm die Reihe der Dalai Lamas an ihr Ende komme.
Wer sich im Tantrayana über die traditionelle Religionspraxis erheben will, braucht einen geistlichen Lehrer (*guru*), der über viele Jahre den Stufenweg zur Erleuchtung führt, durch Einweisung in Riten, magische Formeln und okkulte Praktiken. Dies geschieht weniger durch Unterricht als durch Übung. Der Guru ist kein Schulmeister, sein Schüler (*tschela*) kein Schulpflichtiger. Religion verlangt hier nicht Religionsunterricht, sondern Weggemeinschaft.

Die Hauptstadt Tibets ist Lhasa, »Wohnung der Götter«, früher Sitz des Dalai Lama und Zentrum der tibetischen buddhistischen Religion. Über Lhasa befindet sich der Potala, eine Festung mit tausend Räumen aus dem 17. Jahrhundert.
Heute hat die chinesische Besiedlung in Tibet die Tibeter zu einer Minderheit gemacht.
Das weltliche und geistliche Oberhaupt Tibets ist der Dalai Lama. Die Geschichte dieses Amtes beginnt 1391. Der derzeitige Dalai Lama, Tenzin Gyatso, geb. 1935, ist der XIV. Dalai Lama in dieser Reihe. Seit 1959 lebt er im Exil in Dharámsala in Indien. Als aktiver Staatsmann verfolgt er von hier aus eine Politik strikter Gewaltlosigkeit, engagiert sich aber für die Rechte seines Volkes und die eigene Rückkehr nach Lhasa. Er beklagt, dass Kultur und Religion Tibets durch die chinesische Politik überfremdet werden. Trotz seiner Position der Gewaltlosigkeit kam es immer wieder zu Straßenprotesten von Tibetern. Sie führten 1987–1989 zu Kriegsrecht und wiederholten sich 1993 und 2008. Mönche und Nonnen bilden einen hohen Anteil der tibetischen Häftlinge in chinesischen Gefängnissen.
In Anerkennung seines Festhaltens am Prinzip buddhistischer Gewaltlosigkeit wurde dem Dalai Lama 1989 der Friedensnobelpreis verliehen.
Oben der Potala; unten links: Mönche schauen einem geistlichen Spiel zu; rechts: Tenzin Gyatso, der XIV. Dalai Lama.

Ein Vergleich zwischen Buddha und Jesus

Übereinstimmungen

Beide hatten kein Amt, setzten sich aber mit den Amtsträgern ihrer Zeit auseinander. Beide wirkten als Lehrer; sie richteten sich an das gesunde Urteil ihrer Zuhörer und vertraten eine menschenfreundliche Botschaft. Beide lebten ein Ethos, das Aufrichtigkeit und Liebe verlangt, aber alles ächtet, womit Menschen einander weh tun und Leid schaffen. Beiden schreibt man wunderbare Taten zu.

Beide trugen ihre Lehre nur mündlich vor, ohne sich um deren Weitergabe zu kümmern. An beide knüpft später eine umfangreiche schriftliche Überlieferung an. Beiden wurden Würdenamen gegeben wie »Buddha« und »Christus«, die den Glauben ihrer Gemeinden ausdrücken.

Unterschiede

Buddha war ein langes Leben von etwa achtzig Jahren beschieden; Jesus hatte nur ein kurzes Leben von etwas mehr als dreißig Jahren. Die Kenntnis Jesu stützt sich auf die kurze Zeit seiner öffentlichen Tätigkeit und die ziemlich knappe Wiedergabe seiner Botschaft; Buddhas Lehre hingegen wird in einer sehr umfangreichen Überlieferung festgehalten. Buddha starb friedlich und umgeben von seinen Schülern; Jesus starb einen gewaltsamen und einsamen Tod.

Bedeutsame Unterschiede kennzeichnen auch die Lehre: Im Zentrum des Denkens und Lehrens Jesu steht die Herrschaft Gottes, den er als einen liebenden Vater versteht, der sich besonders den Armen, Hilflosen und Unterdrückten zuwendet. Die Menschenfreundlichkeit Gottes sollen die Menschen durch ihr Leben beglaubigen. Demgegenüber verzichtet Buddha auf alle Aussagen, die Gott kennzeichnen könnten, ohne Gott zu leugnen. »Gott« bleibt bei Buddha als eine Leerstelle ausgespart.

Der Mensch, seine geschichtliche Einmaligkeit, hat für Buddha keinen Bestand über den Tod hinaus. Solange er nicht sein Karma abgearbeitet hat, muss er in immer neuen Wiedergeburten als ein stets anderer ins Leben. Jesus sieht den Menschen dagegen als einmali-

Einen Einzigen gibt es, der den Gedanken eingeben könnte, ihn in die Nähe Jesu zu rücken: Buddha. Dieser Mann bildet ein großes Geheimnis. Er steht in einer erschreckenden, fast übermenschlichen Freiheit; zugleich hat er dabei eine Güte, mächtig wie eine Weltkraft. Vielleicht wird der Buddha der Letzte sein, mit dem das Christentum sich auseinanderzusetzen hat. Was er christlich bedeutet, hat noch keiner gesagt.

Romano Guardini (1885–1968), katholischer Theologe

ges Geschöpf Gottes, das über seinen Tod hinaus zum ewigen Leben mit Gott berufen ist.
Buddha weist dem Menschen einen Weg, sich von allem, was Leid verursacht, zu lösen, um auf einem Weg der Meditation ganz frei zu werden. Dagegen ist Jesu Verhalten von der Zuwendung zu konkreten Menschen geprägt. In seiner Lehre steht nicht das Leid im Zentrum, sondern die Zuwendung zu Armen, Kranken, Ausgestoßenen und Schuldigen, um sie in offener Tischgemeinschaft der Liebe Gottes zu vergewissern. Darum ist nicht Überwindung des Leids, sondern Liebe das kennzeichnende Stichwort für Jesus.

Linke Seite: Buddha bei der Darlegung der Lehre, 6. Jh.

Rembrandt (1606–1669), Heilung der Schwiegermutter des Petrus, um 1650.

Vergleicht
- die Kindheitserzählungen von Siddhartha Gautama und Jesus → S. 132–134 und Religionsbuch 7/8, S. 54–62.
- die Bergpredigt (→ Religionsbuch 5/6, S. 128 ff.) und Buddhas Lehre (S. 139);
- Jesu Reden von Gott und Buddhas Schweigen;
- den Tod Jesu und Buddhas Sterben;
- das Verlöschen im Nirwana und den christlichen Auferstehungsglauben;
- die Titel »Buddha« und »Christus«.

Religionsbuch

für das neunte und zehnte Schuljahr

Teil 2 10. Schuljahr

Frauen in der Bibel

»Ist Gott ein Mann?« Eigentlich eine dumm verkürzte Frage, wenn wir bedenken, dass wir von Gott nur metaphorisch sprechen können. Also genauer gefragt: Warum wird von Gott durchweg in männlicher Metaphorik gesprochen?

Erste Antwort:	Weil die Bibel es tut.
Zweite Antwort:	Weil die Kirche es tut.
Dritte Antwort:	Weil die Theologen es tun.
Vierte Antwort:	Weil alle, die es so halten, Männer sind.

Diese auf Männer verengte Weltsicht beherrscht die Kultur, die Religionen, die Sprache der bekannten Weltgeschichte. Im Englischen sind *Menschen* ausschließlich *men*, Männer; *mankind* heißt die Menschheit.
Damit wollen sich Frauen heute nicht mehr abfinden. Sie rebellieren gegen ihre jahrtausendelange Unterdrückung in Ehe, Familie, Gesellschaft, Religion. Sie wissen, dass ihr Alltag sich nicht ändert, wenn die überlieferten Symbolsysteme unverändert bleiben. Sie sagen: Wenn das Göttliche nur in männlichen Bildern dargestellt wird, erfahren nur männliches Verhalten und männliche Werte ihre Rechtfertigung. Sie fragen, ob das der Wahrheit dient. Sie meinen, auch den Männern schade es, weil eine einseitig und verengt gedeutete Welt allen schadet.

Sogar die Bibel bietet Ansatzpunkte für Kritik: Gott hat »den« Menschen als Mann *und* Frau erschaffen, »als sein Abbild« (Gen 1,27). Das hebräische Wort für das Erbarmen Gottes wurde aus einem Stamm gebildet, der »Mutterleib« bedeutet. Jes 49,15 heißt es: »Kann denn eine Frau ihr Kind vergessen ...? Selbst wenn sie ihren Sohn vergessen würde: ich vergesse dich nicht.« Und Jes 66,13: »Wie eine Mutter ihren Sohn tröstet, so tröste ich euch.« In ihrem Untergrund kennt die Bibel ein Gottesbild, das von müt-

terlichen Zügen geprägt ist. Auch der *Abba* Jesu ist eher mütterlich als von jener Art, in der in unserer Gesellschaft »männliche Männer« begegnen.
Trotzdem haben viele Frauen Probleme mit der Bibel. Schon 1837 sah die Amerikanerin *Sarah Crimke* in bestimmten männlichen Bibelinterpretationen eine Ursache für die Unterdrückung der Frauen. Andere sagen, die Bibel trage »einen patriarchalischen Stempel«, der keineswegs Gottes Wort sei. Neue Aufmerksamkeit richtet sich auf alle Passagen, die Frauen betreffen. Wir wollen vier »Porträts« in diesem Kapitel herausgreifen.

Abba, ursprünglich Lallwort der Kindersprache, Bedeutung etwa wie »Papa«, eine vertrauliche Gottesanrede, die im Alten Testament noch nicht belegt ist.

Eva

Die Erzählung von der Erschaffung der Eva darf nicht Männern als Rechtfertigung ihrer Vorherrschaft dienen, so als sei zuerst der Mann gewesen; die Frau verdanke sich seiner Rippe ... Dass es sich um eine Mythe handelt, die symbolisch spricht und sorgfältig interpretiert werden will, ist zu beachten.

Schreibt den Text Gen 2,18-25 (mit Verszählung) auf ein Blatt, das ihr weiter bearbeiten könnt. (Das gleiche Verfahren empfiehlt sich für die biblischen Textgruppen der folgenden Abschnitte.)

18 Dann sprach Gott, der Herr: Es ist nicht gut, dass der Mensch
allein bleibt. Ich will ihm eine Hilfe machen, die ihm entspricht.
19 Gott, der Herr, formte aus dem Ackerboden alle Tiere des Feldes
und alle Vögel des Himmels und führte sie dem Menschen zu, um
zu sehen, wie er sie benennen würde. Und wie der Mensch jedes
lebendige Wesen benannte, so sollte es heißen. 20 Der Mensch gab
Namen allem Vieh, den Vögeln des Himmels und allen Tieren des
Feldes. Aber eine Hilfe, die dem Menschen entsprach, fand er
nicht.
21 Da ließ Gott, der Herr, einen tiefen Schlaf auf den Menschen fal-
len, sodass er einschlief, nahm eine seiner Rippen und verschloss
ihre Stelle mit Fleisch. 22 Gott, der Herr, baute aus der Rippe, die er
vom Menschen genommen hatte, eine Frau und führte sie dem
Menschen zu. 23 Und der Mensch sprach: Das endlich ist Bein von
meinem Bein / und Fleisch von meinem Fleisch. / Frau soll sie
heißen, / denn vom Mann ist sie genommen.
24 Darum verlässt der Mann Vater und Mutter und bindet sich an
seine Frau und sie werden *ein* Fleisch. 25 Beide, Adam und seine
Frau, waren nackt, aber sie schämten sich nicht voreinander. *Gen 2*

Vers 25 geht über die ursprüngliche Erzählung hinaus. Das »Nacktsein«, dessen die Menschen sich nicht schämen, bezeichnet ihre Übereinstimmung mit sich selbst. Erst die Sünde führt zum inneren Bruch. Es entsteht eine Selbstentfremdung, die sich in der biblischen Erzählung als »Scham« darstellt.

Ausgangspunkt ist das Alleinsein des Menschen. Es wird als »nicht gut« bezeichnet. Tatsächlich geschieht Menschwerdung nur durch die Zuwendung anderer. Die Mythe schützt sich selbst vor falschen Deutungen, wenn sie sagt, ihre Erzählung sei weder beobachtet noch gewusst, sondern ein »Wissen« des Tiefschlafs. Der menschliche Ursprung, jener des Mannes und jener der Frau, bleibt ein Traumbild, das seinen Ort im Vorbewussten hat und darum auch nur in Symbolen aufsteigt.

Linke Seite: Die Würde, die Masolino (1383– um 1440) dem jungen Paar gibt, steht im Gegensatz zu der verführenden Schlange, die hier ein Frauengesicht hat. Darin äußert sich keine Böswilligkeit des Malers, sondern die Macht einer Tradition, die seit dem 2. Jahrhundert die Frau als porta inferi, »Einfallstor der Hölle«, verunglimpft hat.

Die Herkunft des Symbols »Rippe« ist dunkel. Das Wort gilt, wie oft im Hebräischen, als Teil, der das Ganze vertritt. Gemeint ist die Mitte des Menschen als die Heimat des anderen. So lautet denn auch die freudige Erkenntnis: »Das ist nun endlich Bein von meinem Bein und Fleisch von meinem Fleisch.« Im Hebräischen sind die Worte, mit denen der Mann die Frau begrüßt, rhythmisch; außerdem benutzen sie ein Wortspiel, das Martin Buber so übersetzt:

Diesmal ist sie's!
Bein von meinem Gebein, Fleisch von meinem Fleisch!
Die sei gerufen *Ischa*, Weib, denn von *Isch*, vom Mann, ist die genommen.

Es ist ein Ausruf der Freude, in der Frau die Partnerin und Gefährtin zu entdecken. Die Szene bekommt ihr Gewicht von der vorangestellten Erzählung (Gen 2,19 f.): Keine Schönheit der Natur, kein Reiz der Tiere befriedigt, solange der Mensch sich nicht im Menschen wiedererkennen kann. Dazu verlässt er Vater und Mutter, um als Mann und Frau »ein Leib« zu werden.
Ziel dieser Mythe ist es, die Einheit und Gleichrangigkeit der Geschlechter zu betonen. Fragt man jedoch nach ihrer Wirkungsgeschichte, so stellt sich Verlegenheit ein: Die Welt war und ist patriarchalisch geordnet. Natürlich hat es zu jeder Zeit eine Liebe gegeben, in der – zumindest zeitweilig – Mann und Frau im Gleichklang lebten. Dennoch bevorzugen die gesellschaftlichen Strukturen einseitig die Männer. Das hat den Männern gefallen, aber hat es ihnen auch gut getan?

Meister Gislebertus, Eva, ehemals am Nordportal von Saint-Lazare, um 1140, Autun/Burgund.

Mirjam

Mirjam erscheint während des Exodus als Führerin Israels neben Mose und Aaron. Sie begegnet im ältesten Text der Hebräischen Bibel:

19 Nachdem die Israeliten auf trockenem Boden mitten durchs
Meer gezogen waren, nahm 20 die Prophetin Mirjam, die Schwester
Aarons, die Pauke in die Hand und alle Frauen zogen mit Pauken-
schlag und Tanz hinter ihr her.
21 Mirjam sang ihnen vor:
Singt dem Herrn ein Lied, denn er ist hoch und erhaben!
Rosse und Wagen warf er ins Meer. *Ex 15*

Die Flucht aus dem Sklavenhaus Ägypten ist gelungen. Nun tanzen die Frauen einen Siegestanz, der Gott als Retter preist. Wer ist diese Frau?

Siebenmal wird Mirjam in den Schriften der Bibel erwähnt (Ex 15,20; Num 12; 20,1; 26,59; Dtn 24,8 f; 1 Chr 5,29; Mi 6,4). Schreibt oder kopiert alle Texte auf ein Blatt.

Eugène Delacroix (1798–1863), Die Freiheit führt das Volk an, 1830.

Männer mach(t)en Revolutionen und führen Kriege, aber wenn es um Freiheit geht, wird sie im Symbol der Frau verstanden. Das ist so von Delacroix' Gemälde bis zur Freiheitsstatue im New Yorker Hafen von Liberty Island.

Die Darstellung der Eva durch Meister Gislebertus fällt anders aus. Hier ist die Frau Gegenstück des Mannes, ihm zugewandt, aber nicht geduckt.

1 Als sie in Hazerot waren, redeten Mir-
jam und Aaron über Mose wegen der
kuschitischen Frau, die er sich genom-
men hatte. Er hatte sich nämlich eine
Kuschiterin zur Frau genommen. 2 Sie
sagten: »Hat etwa der Herr nur mit Mo-
se gesprochen? Hat er nicht auch mit
uns gesprochen?« Das hörte der Herr.
3 Mose aber war ein sehr demütiger
Mann, demütiger als alle Menschen auf
der Erde. 4 Kurz darauf sprach der Herr
zu Mose, Aaron und Mirjam: »Geht ihr
drei hinaus zum Offenbarungszelt!« Da
gingen die drei hinaus. 5 Der Herr kam
in der Wolkensäule herab, blieb am
Zelteingang stehen und rief Aaron und
Mirjam. Beide traten vor 6 und der Herr
sprach: »Hört meine Worte! Wenn es bei
euch einen Propheten gibt, so gebe ich
mich ihm in Visionen zu erkennen und
rede mit ihm im Traum. 7 Anders bei
meinem Knecht Mose. Mein ganzes
Haus ist ihm anvertraut. 8 Mit ihm rede
ich von Mund zu Mund, von Angesicht

In der ältesten Quelle (Ex 15,20 f.) ist Mirjam die Schwester Aarons. Spätere Überlieferungen nennen Mose und Aaron Brüder (Ex 4,14; 7,1), als deren Eltern Amram und Jochebed (Ex 6,20). Erst in der jungen Quelle Num 26,59 wird Mirjam als Schwester von Mose und Aaron und Tochter von Amram und Jochebed vorgestellt. Diese Verwandtschaftsbeziehungen sind vermutlich nachträglich konstruiert worden. Die älteste Textschicht kennt Mirjam als Prophetin selbstständig neben Mose und Aaron.

Dem uralten Lied der Mirjam folgte in späterer Zeit das Lied des Mose (Ex 15,1-18): »Da schnaubtest du Sturm. Das Meer deckte sie zu. Sie sanken wie Blei ins tosende Wasser« (Ex 15,10). Es feiert den Tod der Feinde. Zwar feiert auch das Mirjamlied den Durchzug: »Rosse und Wagen warf er ins Meer«, aber es stellt das Kriegs*material* in den Vordergrund. Dies stößt zumindest die Frage an, ob Frauen früher nach anderen Lösungen gesucht haben als Männer. Lehnten sie Grausamkeit entschiedener ab? Oder richten wir mit solchen Fragen heutige Wünsche in vergangene Zeiten?

Hinter dem Mirjamlied steht die Geschichte einer Frau, die es wagte, gegen Mose aufzutreten. Zu Aaron sagte sie selbstbewusst: »Hat etwa Jahwe nur mit Mose gesprochen? Hat er nicht auch mit uns ge-

sprochen?« (Num 12,2). Diese Rede war offenbar zu aufsässig. Zur Strafe wird Mirjam aussätzig und für »sieben Tage aus dem Lager ausgesperrt«.
Nur der Prophet Micha kennt noch die alte Tradition, die Mirjam in eine Reihe mit Mose und Aaron rückt: »Ich habe Mose vor dir her gesandt und Aaron und Mirjam.« Diese Erinnerung verengte sich später auf den »Mann Mose«. Darum schafft Num 12,1-15 eine Rangordnung: Mose wird über Aaron und Mirjam gehoben, Mirjam aber erfährt besondere Demütigung, sie allein wird aussätzig, aus der Gemeinde heraus-gesetzt, wie es ihren Geschlechtsgenossinnen immer wieder geschehen ist und geschieht.

Die Tochter des Richters Jiftach

Die Frau, von der nun zu sprechen ist, hat nicht einmal einen Namen, und auch in der Christenheit ist sie meist unbekannt. Die Bibel erzählt von ihr:

30 Jiftach legte dem Herrn ein Gelübde ab und sagte: »Wenn du die
Ammoniter wirklich in meine Gewalt gibst 31 und wenn ich wohl-
behalten von den Ammonitern zurückkehre, dann soll, was immer
mir (als Erstes) aus der Tür meines Hauses entgegenkommt, dem
Herrn gehören, und ich will es ihm als Brandopfer darbringen.«
(... Jiftach siegte, und als er) 34 zu seinem Haus zurückkehrte, da
kam ihm seine Tochter entgegen; sie tanzte zur Pauke. Sie war sein
einziges Kind, er hatte weder einen Sohn noch eine andere Tochter.
35 Als er sie sah, zerriss er seine Kleider und sagte: »Weh, meine
Tochter! Du machst mich niedergeschlagen und stürzt mich ins
Unglück. Ich habe dem Herrn mit eigenem Mund etwas verspro-
chen und kann nun nicht mehr zurück.« 36 Sie erwiderte ihm:
»Mein Vater, wenn du dem Herrn mit eigenem Mund etwas ver-
sprochen hast, dann tu mit mir, was du versprochen hast, nach-
dem dir der Herr Rache an deinen Feinden, den Ammonitern, ver-
schafft hat.« 37 Und sie sagte zu ihrem Vater: »Nur das eine möge
mir gewährt werden: Lass mir noch zwei Monate Zeit, damit ich in
die Berge gehe und zusammen mit meinen Freundinnen meine
Jugend beweine.«

Ri 11

Zu dieser Geschichte muss man nicht viel sagen. Sie deutet sich selber im Schicksal der Frauen, die sich den Zielen der Männer opfern. Darum begegnet dieses Motiv auch nicht nur in der Bibel, sondern ebenso in anderen Volkstraditionen:

Die beiden Bilder links vertreten ein Programm, das sich selbst erklärt. Das Fresko aus einem italienischen Palazzo entstand nach 1550, das Foto in den 1970er Jahren. Aber sind die mundtoten Zeiten tatsächlich »jetzt um«?

zu Angesicht, nicht in Rätseln. Er darf
die Gestalt des Herrn sehen. Warum
habt ihr es gewagt, über meinen
Knecht Mose zu reden?«
9 Der Herr wurde zornig auf sie und
ging weg. 10 Kaum hatte die Wolke das
Zelt verlassen, da war Mirjam weiß wie
Schnee vor Aussatz. Aaron wandte sich
Mirjam zu und sah: Sie war aussätzig.
11 Da sagte Aaron zu Mose: »Mein Herr,
ich bitte dich, lass uns nicht die Folgen
der Sünde tragen, die wir leichtfertig
begangen haben. 12 Mirjam soll nicht
wie eine Totgeburt sein, die schon halb
verwest ist, wenn sie den Schoß der
Mutter verlässt.« 13 Da schrie Mose zum
Herrn: »Ach, heile sie doch!«
14 Der Herr antwortete Mose: »Wenn ihr
Vater ihr ins Gesicht gespuckt hätte,
müsste sie sich dann nicht sieben Tage
lang schämen? Sie soll sieben Tage lang
aus dem Lager ausgesperrt sein; erst
dann soll man sie wieder hereinlassen.«
15 So wurde Mirjam sieben Tage aus
dem Lager ausgesperrt. Das Volk brach
nicht auf, bis man Mirjam wieder he-
reinließ.

Num 12

Wie bearbeitet der Text das Konkurrenzverhältnis zwischen Mose, Aaron und Mirjam?

1 Wie soll man es deuten, wenn 1 Chr 5,29 Mirjam unter die »Söhne« Amrams gezählt wird? (Manche Übersetzungen machen aus den »Söhnen« flugs »Kinder« und verdecken die Fehlleistung.)

2 Ein besorgter frühchristlicher Bischof schrieb: »Eine Frau soll sich still und in aller Unterordnung belehren lassen. Dass eine Frau lehrt, erlaube ich nicht« (1 Tim 2,12).

Was hätte ihm Mirjam geantwortet?

1 Achtet auf Unfallberichte in der Tageszeitung. Beispiele: »Der Straßenverkehr hat im letzten Monat wieder sechs Todesopfer verlangt ...« – »Der Moloch Großstadtverkehr verschlang auch gestern wieder ein Opfer.« – »Der Krieg zwischen Irak und Iran verlangte eine Million Opfer.« Wie tief steckt im Menschen das Gefühl, für solche Ziele opfern zu müssen?

2 Eine Frau, die sich nicht als Feministin versteht, sagt: »Die Geopferten sind nicht immer Frauen, aber die Opfernden sind immer Männer.« Mit welchen Argumenten wollt ihr zustimmen oder abwehren?

3 In den zwei Weltkriegen, die Deutschland auslöste, sprach man mit Stolz von den »Opfern auf dem Altar des Vaterlandes«. Ist die Zeit vorbei, wo hunderttausende junger Menschen irgendwelchen Machtinteressen geopfert wurden?

4 Nur von den Mädchen zu beantworten: Kann das Schicksal der »Tochter des Jiftach« noch euer eigenes sein oder werden? In welcher Hinsicht? Unter welchen Umständen?

- Agamemnon, der König von Mykene, ruft seine älteste Tochter Iphigenie zu Beginn des Trojakrieges nach Aulis, angeblich, um sie mit Achilles zu verloben, in Wahrheit aber, um sie als Erstlingsgabe zu opfern, um so günstigen Fahrtwind für seine Flotte zu erhalten. In Äschylos' Drama »Agamemnon« wird sie tatsächlich geopfert; in Euripides' Tragödie »Iphigenie bei den Taurern« geschieht ihr das Gleiche wie Isaak: an ihrer Stelle liegt eine Hindin auf dem Altar; die Göttin Artemis rettet das Mädchen und versetzt es in den Tempeldienst.
- Bei den Brüdern Grimm finden wir das Motiv gleich zweimal: In dem Märchen »Das Mädchen ohne Hände« war ein Müller in Armut geraten, dann dem Bösen verfallen, der ihm Reichtum vorstellte, »wenn du mir versprichst, was hinter deiner Mühle steht«. »Was kann das anders sein als mein Apfelbaum?«, dachte der Müller und sagte »ja«. Als er heimkam, fand er zwar Reichtum vor, aber seine Frau wusste auch, dass er vom Teufel kam: »Den Apfelbaum hat er nicht gemeint, sondern unsere Tochter, die stand hinter der Mühle und kehrte den Hof.« – Ähnlich ist es in »Das singende, springende Löweneckerchen«. Beide Male zeigen die Mädchen eine außerordentliche Verantwortlichkeit und opfern sich. Für welche Erfahrungen stehen diese symbolischen Verschlüsselungen?
- In Theodor Storms »Schimmelreiter« sieht der Deichgraf, wie die Arbeiter in die Sohle eines neuen Deichs einen jungen Hund werfen. »Halt! sage ich, bringt mir den Hund! Bei unserem Werke soll kein Frevel sein!« Darauf einer der Männer: »Soll euer Deich halten, muss etwas Lebendiges hinein!« – »Was Lebendiges? Aus welchem Katechismus hast du das gelernt?« – »Aus keinem, Herr, das haben unsere Großväter schon gewusst, die sich mit euch im Christentum wohl messen durften! Ein Kind ist besser noch.«

Hinter diesen Motiven steht keine Schreibtischphantasie. Wenn für das Gelingen von Kriegen, politischen Zielen, großen Plänen ... Menschen auch nicht mehr geschlachtet werden, es heißt weiterhin, dass dies alles »Opfer koste«, und man kalkuliert Menschenopfer ein.

Maria

In einem französischen Kloster lebte *Thérèse Martin* (1873–1897), genannt Therese von Lisieux, die keine studierte Frau war, wohl aber sensibel. Sie las die Bibel und entdeckte ein Marienbild, das sie mit dem, was ihr sonst an Marienfrömmigkeit begegnete, nicht übereinstimmend fand. »Man dürfte von Maria keine unwahrscheinlichen Dinge sagen, die man bestimmt nicht weiß«, bemerkte sie. Sie verlangte, sich an die Bibel zu halten und aus der Schrift nicht mehr herauszuholen, als was sie hergibt.
Ein solches Bild der Mutter Jesu ist nüchterner, als uns die Bilderwelt des Marienlebens ausmalt. Die älteste Erwähnung Marias stammt

von Paulus: »Geboren von einer Frau« (Gal 4,4) nennt er Jesus, ohne den Namen der Mutter mitzuteilen. Paulus ist Maria vermutlich nie begegnet. Als er nach Jerusalem ging, könnte Maria dort noch gelebt haben.

Maria stammte aus Galiläa, aus dem Dorf Nazaret. Wahrscheinlich hieß sie nach alter Tradition Mirjam und noch nicht nach griechischer Art Maria. Von ihrem Sohn Jesus sagte man in Nazaret:

»Ist das nicht der Zimmermann, der Sohn der Maria und der Bruder von Jakobus, Joses, Judas und Simon? Leben nicht seine Schwestern hier bei uns?« *Mk 6,3*

Wie immer auf dem Dorf: man ist zunächst einer Familie zugehörig. In der Art, wie Jesus später sprach, spiegelt sich noch das ländliche Leben: in seinen Worten vom Brotbacken, vom Auskehren des Hauses, vom Säen und Ernten, vom Alltag der Menschen. Das Verhältnis zur Mutter erwähnen mehrere Stellen der Evangelien. Immer verblüffen Jesu Worte wegen ihrer Kühle. Als Mutter und Brüder mit ihm sprechen wollen, lässt er sie draußen stehen, weist auf seine hörenden Jünger und sagt:

»Das hier sind meine Mutter und meine Brüder.« *Mt 12,49*

In vielen Geschichten wird das ungewöhnlich aufmerksame Verhältnis Jesu zu Frauen geschildert; warum begegnete er seiner Mutter nicht ebenso? Im Blick auf sie und auf Familienbeziehungen überhaupt sagt er:

»Wer ist denn meine Mutter?« *Mt 12,48*

und definiert seine Beziehungen neu:

»Wer den Willen meines Vaters erfüllt, der ist für mich Bruder und Schwester und Mutter.« *Mt 12,50*

Jacopo da Pontormo (1494–1557), Maria der Verkündigung, 1526/28.

Lassen sich solch kritische Worte von einem Vorgang her verstehen, der Mk 3,20 f. berichtet wird? Die Verwandtschaft, heißt es dort, hielt Jesus für verrückt und wollte ihn »mit Gewalt zurückholen«. Wenn man sich eines Familienmitglieds schämt, geschieht es immer wieder, dass man angepasstes Verhalten von ihm fordert. Bot Jesus seiner Sippe nicht allen Grund zur Besorgnis? Er erregte Aufsehen und stellte Familienbeziehungen, die jedem heilig waren, infrage. Solche, die Vater, Mutter, Brüder, Kinder und Besitz um seinetwillen verlassen, pries er selig (Mk 10,29 f.). Mussten seine Angehörigen im Dorf da nicht verwirrt werden?

20 Jesus ging in ein Haus und wieder kamen so viele Menschen zusammen, dass er und die Jünger nicht einmal mehr essen konnten. 21 Als seine Angehörigen davon hörten, machten sie sich auf den Weg, um ihn mit Gewalt zurückzuholen; denn sie sagten: »Er ist von Sinnen.« *Mk 3*

Hans Memling (um 1433–1494), Madonna mit Kind.
Rogier van der Weyden (um 1400–1464), Die Beweinung (Ausschnitt).

Rechte Seite: El Greco (1541–1614), Himmelfahrt Mariens, 1577.

Welche Zukunft blüht dem weiblichen Geschlecht, dessen Eigentümlichkeit noch nie in ihrer wahren Bedeutung für die Gesellschaft erkannt wurde? Nicht eher wird die Menschheit einer harmonischen Fortentwicklung fähig werden, bis man allen Teilen der Gesellschaft das Recht gestattet, sich auszusprechen, bis man auf alle Forderungen hört und alle gegeneinander abwägt. Doch die Zeit schweigender Gleichgültigkeit gegen eigne Berechtigung ist vorüber.

Louise Dittmar (1807–1884)

Die Evangelien betonen die Fremdheit zu den Eltern sogar in den Kindheitsgeschichten. Bereits den Zwölfjährigen verstand die Mutter nicht mehr. »Wie konntest du uns das antun?«, fragt sie nach dreitägiger Suche. Und trotz der Antwort, die sie bekommt, bemerkt Lukas:

Sie verstanden nicht, was er damit sagen wollte. *Lk 2,50*

Aber er ergänzt auch:

Seine Mutter bewahrte alles, was geschehen war, in ihrem Herzen. *Lk 2,51*

Mit dem Herzen ist sie wohl immer ihrem Sohn nahe geblieben, selbst dort, wo sie ihn nicht verstehen konnte. Das war für lange Zeit, vielleicht bis zum Tod Jesu, ein schmerzlicher Prozess. Was Lukas Maria nach der Geburt ihres Kindes durch den alten Simeon im Tempel sagen lässt, ist sehr verständlich:

»Dir selber aber wird ein Schwert durch die Seele dringen.« *Lk 2,35*

Der letzte Evangelist hat die Erinnerung an Mutter und Sohn in der Kreuzesszene frei bearbeitet:

25 Bei dem Kreuz Jesu standen seine Mutter und die Schwester seiner Mutter, Maria, die Frau des Klopas, und Maria von Magdala.
26 Als Jesus seine Mutter sah und bei ihr den Jünger, den er liebte, sagte er zu seiner Mutter: »Frau, siehe, dein Sohn!« *Joh 19*

Liebe Schwestern und Brüder!

Es ist nicht leicht, eine Frau zu sein, das Erbe der jüdisch-christlichen Tradition zu tragen und ein Mensch werden zu wollen. Diese drei Dinge: Frau-Sein, Christ-Sein und Mensch-Werden widersprechen einander. Unsere Identität ist nicht bruchlos da, nicht selbstverständlich gegeben. In vielen Sprachen ist das Wort Mensch und Mann das Gleiche … In keiner Sprache, soviel ich weiß, ist Mensch und Frau dasselbe Wort.

Liebe Schwestern, wir stehen in einer Tradition, die uns beleidigt. Von der Rippe bis zur Hexe bis zur Emanze – ein Beleidigungszusammenhang. Wir sind ein Teil, nicht ein Ganzes, das »zweite Geschlecht«, nicht das erste. Wir sind B und nicht A, und insofern »nach und unter dem Mann«, wie es Karl Barth klassisch ausdrückt.

Diese Beleidigungstradition geht tief, und sie hat das Leben von jeder einzelnen Frau bestimmt. Sie hat uns dazu erzogen, unsere Identität vom Mann her zu gewinnen, so wie wir lange Zeit den Namen des Mannes annehmen mussten …

Dorothee Sölle (1929–2003)

1 Maria hat im Verlauf der Kirchengeschichte viele Ehrentitel bekommen. Manchen Menschen stehen diese Titel heute im Wege. Am ältesten ist ihre Stellung als »Mutter des Glaubens«. Was hieß für diese Frau »glauben«?

2 Ein anderer Titel nennt Maria die »Magd des Herrn« (Lk 1,38). Das widerspricht heutigem Selbstbewusstsein. Wollen Frauen nicht ihr eigener »Herr« sein und ihr Leben in eigene Hände nehmen? Als »Mädchen ohne Hände« haben sie sich lange genug unterworfen. Also nicht länger »Magd des Herrn«? Aber: Propheten und Könige nannten sich »Knechte Gottes«. Wie klingt daneben »Magd des Herrn«?

3 Vergleicht das Bild Marias, wie es im Neuen Testament gezeichnet wird, mit Bildern der christlichen Kunst, mit Bildern in euren Kirchen, mit Liedern und Gebeten.

Jesus spricht zum Jünger, nicht zu Maria. Er tritt seine Sohnesrolle an diesen ab. Wie Maria dies aufnahm – kein Wort; sie ließ es geschehen:

Und von jener Stunde an nahm sie der Jünger zu sich. *Joh 19,27*

Den »Jünger, den Jesus liebte«, kennt nur das Johannesevangelium. Während alle anderen fliehen, steht er unter dem Kreuz. Der Evangelist beschreibt ihn als jenen Schüler, den Jesus sich gewünscht hätte. Lukas zählt Maria zu den Jüngern ihres Sohnes (Apg 1,14). Diese Überlieferung hat Johannes tiefer durchdacht: Weil Maria keinen Besitzanspruch an ihren Sohn richtete und niemals aufgab, ist sie mehr als Jüngerin; sie wird Mutter dessen, der in der Nachfolge durchhält.

Sprachverständnis:

Wie spricht religiöse Erfahrung heute?

Paul Klee (1879–1940), Vor der Stadt, 1915.

Wir haben unser Sprachverständnis bisher an alten Redeformen und Gattungen geschult. Aber damit ist die religiöse Sprache noch nicht am Ende. Sie ist auch die Sprache heutiger Menschen und ihrer Erfahrungen, wobei die Glaubensüberlieferung weiterhin mitspricht. Sie wird aber nicht unverändert wiederholt, sondern in heutige Verhältnisse hineingezogen – zustimmend, fragend, widersprechend. Was geschieht, wenn ein aktuelles Erlebnis sich mit einer biblischen Perspektive vermischt? Wenn soziale und politische Vorgänge sich an Inhalten des Glaubens brechen? Die Schriftstellerin Dorothee Sölle sagt, wie sie es erlebt. Vier Texte entfalten ihren Ansatz.

Die Frau, die uns Tee brachte

Als Schriftstellerin arbeite ich mit theologischem Material, so wie bildende Künstler mit Stein, Draht, Holz oder anderen Materialien arbeiten. Die Bibel, die Geschichte der Heiligen, die Geschichte

der Kirche, das sind meine Materialien, die ich brauche, um etwas Licht auf einen dunklen Kontext zu werfen.
Ich erinnere mich an eine Protestveranstaltung der Friedensbewegung. Es goss in der Nacht und meine Gruppe hockte frierend unter einer Zeltplane. Eine Frau mittleren Alters kam auf dem Fahrrad und brachte uns heißen Tee. Sie sei Aushilfslehrerin in einem Nachbarort. Sie sagte, sie könne sich nicht offen zur Friedensbewegung stellen, wie es ihre Schwester täte. Sie würde sonst ihre Stelle verlieren. »Aber weil ich sowieso fürs Praktische bin, bring' ich euch Tee.«
Ich war glücklich über diese Begebenheit. Bei späteren Gelegenheiten versuchte ich meine Beglückung anderen mitzuteilen. Sie hörten mir zu und fanden es »sehr nett«. Das war aber nicht, was ich erlebt hatte. Ich hatte mich nicht deutlich machen können in der Sprache der Fakten.
Schließlich fiel mir dazu eine Geschichte aus dem Neuen Testament ein: von der Witwe, die Jesus beobachtet, als sie »zwei Scherflein« in den Opferkasten wirft (Mk 12,41-44). »Diese arme Witwe hat mehr in den Opferkasten geworfen als alle anderen. Denn sie alle haben nur etwas von ihrem Überfluss hergegeben; diese Frau aber, die kaum das Nötigste zum Leben hat, sie hat alles gegeben, was sie besaß, ihren ganzen Lebensunterhalt« (Mk 12,43 f.).
Als ich mich an die arme Witwe im Evangelium erinnerte, verstand ich die Frau, die den Tee brachte, besser. Ich konnte das Glück, das sie für uns bedeutete, besser erzählen. Warum ist das so? Warum hilft mir die alte Geschichte aus der Jesustradition beim Schreiben heute? Was gibt denn die mythisch-erzählende Sprache her? Etwas, das in meiner Realität zwar verborgen ist, aber meistens nicht sichtbar wird. Ich benutze das Evangelium – oder auch andere religiöse Traditionen –, um etwas, das mir lebensnotwendig ist, zu sagen. Ich gebrauche den Mythos, das mythische Sprechen, ich arbeite mit ihm, weil ich es brauche. Was nicht gebraucht wird, ist tot. Was treibt mich zu diesem Brauchen und Gebrauchen?

Als jacob sein braunes lederbüchlein
mit den adressen und telefonnummern
der letzten zehn jahre verloren hatte

Als jacob vier stunden lang vergeblich
das unterste zuoberst gekehrt hatte
fiel ihm die frau ein die
einen groschen verloren hatte ohne den sie nicht
sein mochte
Da erschrak er über sein suchen
seinen ärger und seine konzentration
weil die geschichte vom groschen
ein gleichnis ist für das reich gottes
das wir suchen sollen mit mindestens dem
aufwand
den ein verlorenes notizbuch bringt

Text und Gedichte in diesem Kapitel erläutern sich wechselseitig.
Die Gedichte sind anfangs nicht leicht zu lesen; in ihnen fehlt die Zeichensetzung (warum?). Erst wenn ihr sie laut vortragen könnt, sodass sie jedermann versteht, habt ihr euch hinreichend eingelesen. Danach überlegt:

1 Worin besteht das »religiöse Material« der einzelnen Gedichte?

2 Wie wird durch den Rückgriff auf dieses Material die heutige Welt beleuchtet?

3 Wie könnt ihr das Sehen beschreiben, das diese Texte lehren?

»Wir gehen uns nicht verloren«
sagte ernst bloch zu mir an der
haustür
neben der kleinen zypresse
jahre vor seinem tod

Mit den wünschen ist es so
manche fliegen nur so ins ziel
manche stolpern und kriechen
viele sterben zu früh
und kommen zum Sperrmüll
manche rennen davon
verlassen vater und mutter
und rufen wohl nachts einmal an
von der zelle
dann wachen wir auf und wissen
da war doch was

Mit der religion ist es so
ein haus in das wünsche
kommen dürfen
bekleidet oder nackt
nennen wir eine kirche
ein buch mit rufen wie
komm doch reinige mich führe
uns
nennen wir ein gebetbuch
ein andenken an die
gestorbenen
und ihre lebenden wünsche
nennen wir kommunion
die geschichte von einem
der gründlicher wünschte als wir
nennen wir das evangelium

Der Ofen

Als jacob klein war hat er Zeitungen ausgetragen
sie lagen im korb vorne am fahrrad
im winter war es früh dunkel und regnete
einmal stürzte jacob mit dem rad
der korb fiel um und die abendausgaben
lagen nass und verdreckt auf dem boden

jacob war elf und es war sein erster job
er muss zu hause angerufen haben konnte aber
nicht sprechen
dann kam sein vater sie hoben die nassen papiere auf
zu hause hat vater sagt jacob sie einzeln
aufgefaltet
und auf den ofen gelegt zum trocknen
er hat mich ganz fest umarmt sagt jacob
er hat nie gesagt dass es nicht wichtig sei
alles wurde warm und trocken
dann fuhren wir zusammen im auto
und mit schwung warf er die getrockneten
zeitungen
in die offenen loggien der vorstadthäuser

Als jacob diese geschichte erzählte
konnte ich den geruch
von nassem dreckigem zeitungspapier das
trocknet
nicht aus der nase kriegen
außerdem fiel mir der martin luther ein
der gott einen backofen voll liebe nannte
daran hab ich eigentlich selten gezweifelt
nur dass ich oft nicht wusste
wo der ofen stand

Antwort auf die Frage, ob das Christentum etwas Befreiendes für mich habe

Es war immer langweilig in der kirche
hör ich sagen, aber
die es mir sagt, ist schon lange erstickt.

Es hat mich nicht angesprochen
hör ich sagen, aber
ich habe keine Sprache gehört
als sie den Lautsprecher abstellten.

Es hat mir immer Angst gemacht
hör ich sagen, aber

der es mir sagt, ist täglich beschäftigt
den Overkill zu verbessern.

Das Evangelium hat mich weinen gelehrt
Es hat mir Angst gemacht vor den Angstlosen
es hat mich angesprochen unter den Sprachlosen
es hat mich durstig gemacht unter den
Gelangweilten.

Das ist ein relativer Fortschritt.

Die Sicht der Medien und die eigene Sehkraft

Eine erste Voraussetzung des Schreibens und Redens heute besteht darin, dass wir uns gegen die Umklammerung durch die Medien wehren und uns ihren Gesetzen entziehen. Diese Gesetze beherrschen unser Denken und zerstören unsere Fähigkeit zu hoffen – oder, um mich biblisch auszudrücken, die Welt mit den Augen Jesu zu sehen. Wir sind nicht in der Lage, die Frau, die nachts den Tee bringt, zu »sehen«. Dass eine mir namentlich unbekannte Frau nachts Tee zu einer Gruppe von Blockierern bringt, ist keine »Nachricht«. Meine Begebenheit – und das heißt hier: mein Glück – hat keinen news-Wert. Wenn ich versuchte, die Geschichte einem Reporter zu erzählen, würde er mich für töricht, sentimental, nicht zur Sache sprechend, eben typisch weiblich halten. Meine Geschichte ist unerheblich, sie sagt ihm und den meisten, wie er annimmt – nichts. Sie ist trivial (platt, unerheblich, gewöhnlich).

Die Medien, unter denen wir Wirklichkeit wahrnehmen, bedeuten eine Auswahl, die uns immer schon voraus ist und immer schon mächtiger ist, als was wir selber »sehen«. Das Porzellan, das die Gattin des US-Präsidenten in Washington zur Amtseinführung anschaffen lässt, ist wichtig; der Tee der Frau ist unwichtig. Indem die Medien eine bestimmte Auswahl zwischen »wichtig« und »trivial« setzen, entmündigen sie uns und üben uns darin ein, unser eigenes Leben für trivial, uninteressant und unwesentlich zu halten. Unter diesen Zwängen ist der Mythos – eine Geschichte, die die Welt in ihrer Beziehung zu Gott deutet – eine Hilfe: Er erinnert uns daran, dass auch wir in einer anderen Beziehung zur Welt stehen, als die Herren unseres Bewusstseins glauben.
Eine der mitgelieferten Botschaften, die wir von den Medien empfangen, ist, dass nur zählt, was Erfolg hat. Ich will das an einer Erfahrung klarmachen, die ich in den letzten Jahren im Zusammenhang mit der Friedensbewegung gemacht habe. Ich habe viele Interviews an alle möglichen Medienleute gegeben. Ich habe sehr lange gebraucht, bis ich die Mechanismen, unter denen sie abliefen, richtig verstand.

Dorothee Sölle (1929–2003), weltweit bekannte deutsche evangelische Theologin. Sie vertrat eine politische Theologie, die stark von der Befreiungstheologie Lateinamerikas geprägt war. Ihre mystische Frömmigkeit kennzeichnete ein selbstbewusster Feminismus. Ihr lebenslanges Engagement in der Friedensbewegung zeigte, wie sehr sie Kampf und Kontemplation miteinander verband. »Frei werden wir weder durch Rückzug ins Private, ins ›ohne mich‹ noch durch Anpassung an die Gesellschaft, in der Generale und Millionäre besonders hoch geachtet werden. Frei werden wir, wenn wir aktiv für den Frieden arbeiten lernen.«

Campbell's
CONDENSED
BEEF NOODLE SOUP

Paul Klee (1879–1940), Städtisches Juwel, 1917.

Die Entmündigung durch das Erfolgsdenken

Unbewusst nahm ich an, im Interview seien der Frager und die Befragte verbunden durch das Interesse, die Wahrheit herauszufinden. Diese Annahme ist naiv. Was die Reporter im Normalfall interessiert, ist nicht die Frage nach der Wahrheit, sondern ob die Bewegung für mehr Frieden Erfolg hat, ob ihre Vertreter – zum Beispiel ich – Macht ausstrahlen. Wie oft haben sie uns zu verstehen gegeben, dass wir zwar »nett«, aber herzlich ohnmächtig seien. Ich muss also in solchen Gesprächen versuchen, diesen Bann des Erfolgsdenkens, unter dem mein Gegenüber lebt, zu brechen, damit die Frage nach der Wahrheit überhaupt gestellt werden kann …

In einer Kultur, die uns zumutet, täglich und stündlich über Katzenfutter und Haarspray informiert zu werden, ist das Leben notwendig trivial. Die Kommunikationsmittel lehren uns eine ständige Verachtung des Lebendigen, des Schwachen und Beschützenswerten. Was nicht vermarktet werden kann, ist nicht. Was keinen Erfolg hat – jetzt –, kann so wahr sein, wie es will, es kommt nicht ins Programm. Und die Heiligkeit des Lebens, für die ich hier zu sprechen versuche, wird in den Ritualen des Konsumismus konsequent und erbarmungslos zerstört. Die mythische Sprache ist eine poetische Sprache. Sie übersteigt die Fassade der Fakten. Sie erzählt davon, dass das Leben heilig ist. Diese Heiligkeit muss immer wieder neu zur Darstellung kommen, damit wir sie nicht vergessen oder für überflüssig halten. In der mythischen Sprache danken wir für die Sonne, segnen das Brot, wünschen einander eine gute Heimkehr und erinnern uns so daran, dass das Leben eine Gabe, kein Besitz ist. Die Frau, die uns Tee brachte, und die Witwe mit den zwei Hellern stellen zusammen eine solche Weltsicht dar.

Links: Andy Warhol (1927–1987), One Hundred Campell's Soup Cans, 1962. Andy Warhol zeigt hundert Suppendosen der gleichen Geschmacksrichtung, nämlich Rindfleisch mit Nudeln. Warhol greift Objekte des Massenkonsums auf, um sie als Symbole für den Warenweltcharakter der Gesellschaft hervorzuheben.

Jesus:

Im Spiegel der Literatur

René Magritte (1898–1967), Ewigkeit, 1935.

Die hier zu sehenden Köpfe gehören in ein Museum. Sie sind hinter einer Absperrung auf Podesten platziert und tragen Inventarnummern. Zwischen Jesus und Dante befindet sich eine Portion Fett. Nicht, dass dies eine Leerstelle wäre, denn die Position trägt die Nummer 575. Ist es ein Zusatzangebot, etwa für jene, denen Jesus in der Version 574 nicht zusagt? Diesen wird angeboten, ihn sich nach eigenen Bedürfnissen selbst zu formen. Der Spachtel wird gleich dazugegeben …

Es gibt kein Bild des historischen Jesus. Es gibt kein Buch, keinen Brief, von ihm selber geschrieben. Es gibt nur das Echo seiner Worte, den Widerschein seiner Person in unserem Gewissen, in Geschichten und Gebeten, in späten Kunstwerken. Der Tübinger Theologieprofessor Fridolin Stier notierte in sein Tagebuch:

Alle, die mit Jesus gingen, mit ihm lebten und hernach über ihn berichteten, standen tief unter ihm. Sie wussten es, die häufigen Missverständnisse zwischen ihm und den Jüngern haben sich nachhaltig ins Gedächtnis der frühesten Anhänger eingeprägt. Gewiss, das Leben mit ihm war ein Lernweg, und Ostern öffnete ihnen die Augen, die Wahrheit ging ihnen auf. Aber war es die ganze Wahrheit? Was sie verkündeten, ist ihr Bild des Jesus Christus. Sie geben zu verstehen, was sie verstanden.

Und darum fragt der Tagebuchschreiber, inwieweit wohl der ursprüngliche, der wahre Jesus in das Bewusstsein und die Sprache seiner Schüler eingeflossen ist.
Dennoch, im Neuen Testament spürt der Leser noch den Atem der Ereignisse. Was aber geschah auf dem langen Weg, der uns über zwanzig Jahrhunderte von jener Zeit trennt? In Glaubenssätzen und Gebeten wurden weitere Jesusbilder entworfen. Unsere Religionsbücher haben sie in ihrer Unterschiedlichkeit vorgestellt: einen Christus nach kaiserlichem Modell, den Gegentyp des Schmerzensmannes, einen menschenfreundlichen Jesus, einen eher weichlichen, verkitschten Jesus. Wie spiegelt er sich heute in Literatur und Kunst? Dieser Frage wollen wir nachgehen.

Wenn er wiederkäme

Keiner hätte es so schwer, wenn er wiederkäme, sich als der zu präsentieren, der er ist, wie jener Mann von Nazaret, dessen Geschick es ist, nicht vergessen worden zu sein. Er müsste sich aus vielen Überkleidungen herausschälen, in die er von den Seinen – gerade von denen, die ihn nicht vergessen haben – gesteckt worden ist. Und wie viele, zum Teil vollendet schöne Bilder und Statuen, unter denen sein Name steht, müsste er von Wänden und Konsolen entfernen, traurig erstaunt: Ach, so seht ihr mich?

Wenn er wiederkäme – der russische Dichter *Fjodor M. Dostojewski* hat diese Vision in einer grausigen Szene ausgemalt: Wie es wäre, wenn Jesus noch einmal unter den Menschen umherging, wenn er – beispielsweise – nach Sevilla ins 16. Jahrhundert gekommen wäre, wo gerade am Tage zuvor in Gegenwart des Königs, des Hofes, der Ritter, der Kardinäle und der schönsten Hofdamen der Kardinal-Großinquisitor »fast ein ganzes Hundert Ketzer auf einmal hat ›zur größeren Ehre Gottes‹ verbrennen lassen«:

Der Großinquisitor

Er ist leise und unauffällig erschienen, doch alle – das ist seltsam – erkennen Ihn. Das Volk strebt mit unbezwinglicher Macht zu Ihm hin, es umringt Ihn, sammelt sich um Ihn und folgt Ihm nach ... und gerade in diesem Augenblick geht über den Platz, an der Kathedrale vorbei, der Kardinal-Großinquisitor selbst. Er ist ein Greis von fast neunzig Jahren, groß und aufrecht, mit vertrocknetem Gesicht und eingesunkenen Augen. Er streckt den Finger aus und befiehlt den Wächtern, Ihn zu ergreifen. Und so groß ist seine Macht, so gut abgerichtet, so unterwürfig und ihm ängstlich gehorsam das Volk, dass die Menge sofort vor den Wächtern auseinander weicht, diese legen in der Grabesstille, die jäh eingetreten ist, Hand an Ihn und führen Ihn ab.

El Greco (Domínikos Theotokópoulos, 1541–1614), Der Großinquisitor – Kardinal Don Fernando Niño de Guevara (1596–1601).

Großinquisitor heißt im Mittelalter der Vorsteher der Inquisition für ein Land. Der Großinquisitor wurde üblicherweise vom Papst eingesetzt. Er war bevollmächtigt, durch Verhöre, Folter und Verurteilung zum Scheiterhaufen gegen wirkliche und vermeintliche Ketzer vorzugehen. In Deutschland gab es im frühen 13. Jahrhundert den Großinquisitor Konrad von Marburg. In Portugal und Spanien wurden die Großinquisitoren vom König ernannt.
In Dostojewskis Erzählung ist der Großinquisitor Metapher für jegliche Macht, die den Menschen statt Freiheit Sicherheit verspricht, um sie beherrschen zu können.

Die Dichtung vom Großinquisitor kritisiert die Überzeugung, dass der Mensch gesagt bekommen müsse, »wo es lang geht«; was er zu glauben, zu tun und zu lassen habe.

Der Großinquisitor wird als ein Mann von Format gezeichnet, der aber den Menschen die Fähigkeit zur Freiheit abspricht und ihnen dafür ein bescheidenes Glück, das Glück kraftloser Kreaturen, zuerkennt.

Zutiefst bestimmt den Großinquisitor eine Machtsucht, die ihn glauben lässt, durch seine Kirchenordnung die Sache Jesu verbessern zu müssen. Es wird aber deutlich: Die schärfste Kritik allen Kirchentums und der Christenheit insgesamt ist die Lehre und Gestalt Jesu selbst. Eine Kirche, die sich diesem Maßstab nicht stellt, hört auf, Kirche Jesu Christi zu sein.

Die Verlegung der Szene in das Sevilla des 16. Jahrhunderts ist als Gleichnis zu verstehen: Was aus vergangener Zeit erzählt wird, lässt fragen, wo und wie sich die Sache heute zeigt.

- Gibt darauf das Bild von Lovis Corinth »Ecce homo« eine Antwort?
- Oder Elisabeth Langgässers »Saisonbeginn« (→ S. 170)?
- Wie seht ihr die möglichen Verbindungen?

Die Wache bringt den Gefangenen in einen engen und düsteren, gewölbten Kerker in dem alten Bau des Heiligen Tribunals und schließt ihn dort ein. Der Tag vergeht. Da öffnet sich plötzlich im tiefen Dunkel die eiserne Tür des Kerkers und herein kommt langsam, eine Leuchte in der Hand, der greise Großinquisitor selbst. Er ist allein, hinter ihm schließt sich sofort die Tür. Er bleibt am Eingang stehen und blickt lange, eine Minute oder zwei, Ihm ins Gesicht. Endlich tritt er leise näher, stellt die Leuchte auf den Tisch und sagt zu Ihm: Bist Du es? Du? Doch noch bevor er eine Antwort erhält, fügt er rasch hinzu: Antworte nicht, schweige. Was könntest Du auch sagen? Ich weiß nur zu gut, was Du sagen würdest. Auch hast Du gar kein Recht, dem etwas hinzuzufügen, was Du schon früher gesagt hast. Warum bist Du gekommen, uns zu stören? Denn Du bist gekommen, uns zu stören, und Du weißt das selbst. Weißt Du aber, was morgen geschehen wird? Ich weiß nicht, wer Du bist, und will auch gar nicht wissen, ob Du es wirklich bist oder nur Sein Ebenbild, doch morgen noch werde ich Dich richten und als den schlimmsten aller Ketzer auf dem Scheiterhaufen verbrennen lassen, und dasselbe Volk, das heute Deine Füße geküsst hat, wird morgen auf einen Wink von mir herbeistürzen, um Kohlen auf Deinen Scheiterhaufen zu schaufeln. Weißt Du das? Ja, vielleicht weißt Du es, fügte er in tiefem Nachdenken hinzu, ohne auch nur für eine Sekunde seinen Gefangenen aus den Augen zu lassen.

Selbstverständlich dürfen wir die Frage dieser Erzählung aus ihrer historischen Einrahmung lösen und auf andere Zeiten und Orte übertragen. Wäre er wirklich willkommen, wenn er je unter die Menschen zurückkehrte?

Lovis Corinth (1858–1925), Ecce homo, 1925.

In die Mitte genommen, mit gefesselten, überkreuzten Händen, nach vorne ausstreckt, steht der gefolterte, dornengekrönte und verhöhnte Jesus. Seine nackten Arme sind übersät von den Spuren erlittener Schläge, das Gesicht ist vom Schmerz gezeichnet, der Körper in ein rotes Gewand gehüllt, das an Blut und Hinrichtung denken lässt, doch hat die gequälte Gestalt ihre Würde nicht verloren.
Lovis Corinth hält sich, was die Jesus-Darstellung angeht, eng an Joh 19,5 f.: »Jesus kam heraus; er trug die Dornenkrone und den purpurroten Mantel. Pilatus sagte zu ihnen: ›Seht, da ist der Mensch!‹« Frühere Übersetzungen lauteten: »Seht, welch ein Mensch!«
Nun sollte man meinen, den von Pilatus vorgeführten Jesus flankiere ein römischer oder auch jüdischer Zeitgenosse. Stattdessen überrascht das Begleitpersonal: es kommt stracks aus unserer Zeit. Den Gefangenen, Gefolterten, zum Tod Verurteilten führen Arzt und Soldat vor. Welche Erfahrungen mögen hinter dieser Darstellung stehen?
Wer liefert Ihn aus? Wer spricht das Todesurteil – gestern, heute, morgen? Dieses Bild entstand 1925. Wer sagt jeweils neu: »Warum bist Du gekommen, um uns zu stören?«

Unter den Bedingungen der nationalsozialistischen Judenverfolgung hat Elisabeth Langgässer in einer Kurzgeschichte gezeigt, wie unerwünscht Jesus geblieben ist, es sei denn, man könnte ihn ins tote Bild, in einen Folklore-Rahmen zurückdrängen, um ihn nicht lebendigen Leibes wiedererkennen zu müssen:

1 In diesem Buch gibt es zwei Fotos, die dieser Erzählung zuzuordnen sind. Welche sind es?

2 Ist die Erzählung erfunden oder historisch begründet?

3 Es besteht ein tiefer Zusammenhang zwischen Langgässers »Saisonbeginn« und der Erzählung von Klara Asscher-Pinkhof »Haben Lügen kurze Beine?« (Religionsbuch 5/6, S. 58). Beschreibt diesen Zusammenhang. Beantwortet dabei folgende Fragen: Warum nennt Jopie den Namen Jesus? Was bedeutet die fragende Überschrift »Haben Lügen kurze Beine?« Ist Jopie ein Lügner? Oder spricht die Geschichte von einer anderen Lüge und anderen Lügnern?

4 Beantwortet die Frage des Titels »Haben Lügen kurze Beine?« Setzt diese und die Erzählung von Elisabeth Langgässer in Beziehung zu Marc Chagalls Bild »Die weiße Kreuzigung« (Religionsbuch 5/6, S. 63). Beachtet auf diesem Bild besonders die Darstellung des gekreuzigten Jesus.

Saisonbeginn

Ein Bergdorf rüstet sich für die nächste Fremdenverkehrssaison. Die Häuser und Gasthöfe sind frisch herausgeputzt, es ist ein heißer Spätfrühlingstag, ein Atemzug noch, dann werden die Sommergäste da sein. Zuvor sollen drei Männer ein Schild aufstellen, am Ortseingang, zur Begrüßung der Gäste, gerade suchen sie den besten Platz dafür. Dort, wo es geschickt gewesen wäre, steht bereits ein Kreuz, ebenfalls mit einem Schild über dem Christuskopf; dessen Inschrift immer noch so, wie sie Pilatus geschrieben hatte: I.N.R.I. Also müssen die Männer eine andere Stelle suchen, an der ihr Schild Beachtung findet. Zunächst denken sie, der beste Blickfang sei kurz vor dem Wegekreuz, an der gleichen Straßenseite; da aber geht es zu einer Tankstelle hinein. Weiter hinaus scheint auch unpassend, weil es dort bereits zu sehr vom Ortsschild entfernt sein würde, und der Kurort soll doch »den Vorzug dieses Schildes und seiner Inschrift für sich beanspruchen«. So rücken sie das Schild wieder näher, jetzt gerade dem Kreuz gegenüber, sodass aller Verkehr zwischen beiden passieren müsste. Schon haben sie angefangen mit ihrer Arbeit, als ihnen auffällt, dass eine große Buche mit ihrem Blätterdach im Sommer das Schild halb zudeckt. Jetzt bleibt nur noch die Stelle neben dem Kreuz, »gewissermaßen der Platz des Schächers zur Linken«. Also graben sie endgültig dort ihr neues Schild ein.

Schulkinder kommen vorbei und helfen, reichen Hammer und Nägel, suchen passende Steine. Zwei Nonnen, welche die Blumenvase am Kreuz auffrischen, blicken einander unsicher an, bevor sie weitergehen. Männer, die vom Acker kommen, lachen oder schütteln nur den Kopf, ohne etwas zu sagen, die Mehrzahl aber bleibt unberührt und zeigt weder Beifall noch Ablehnung. So vollenden die Arbeiter ihr Werk.

Der Pfosten steht jetzt eingegraben mit dem neuen Schild neben dem Kreuz. Selbst der sterbende Christus am Kreuz scheint sich mit letzter Kraft zu bemühen, die Inschrift aufzunehmen: offensichtlich geht sie ihn, »der bisher von den Leuten als einer der ihren betrachtet und wohl gelitten war«, gleichfalls an ... Als die Männer den Kreuzigungsort verlassen und ihr Handwerkszeug wieder zusammenpacken, blicken alle drei noch einmal befriedigt zu dem Schild mit der Inschrift auf. Sie lautet: »In diesem Kurort sind Juden unerwünscht.

Nach Elisabeth Langgässer

Der Gekreuzigte

Nach 1945, als das ganze Ausmaß des Massenmordes am jüdischen Volk sichtbar geworden war, war die Gestalt des leidenden und hingerichteten Jesus für jüdische Schriftsteller Symbol ihrer Trauer und Klage. Das spiegelt der Text von *Hilde Domin*:

Weniger als die Hoffnung auf ihn
das ist der Mensch
einarmig
immer

Nur der gekreuzigte
beide Arme
weit offen
der Hier-Bin-Ich

Die Lyrik des jüdischen Dichters *Paul Celan* berührt ebenfalls die Christusgestalt, zumal das Bild des leidenden Christus, der sich mit dem Menschen in der Todesstunde vereint:

Tenebrae

Nah sind wir, Herr,
nahe und greifbar.

Gegriffen schon, Herr,
ineinanderverkrallt, als wär
der Leib eines jeden von uns
dein Leib, Herr.

Bete, Herr,
bete zu uns,
wir sind nah.

Windschief gingen wir hin,
gingen wir hin, uns zu bücken
nach Mulde und Maar.

Zur Tränke gingen wir, Herr.

Es war Blut, es war,
was du vergossen, Herr.

Es glänzte.
Es warf uns dein Bild in die Augen, Herr.
Augen und Mund stehen so offen und leer, Herr.

Wir haben getrunken, Herr.
Das Blut und das Bild, das im Blut war, Herr.

Bete, Herr,
wir sind nah.

Tenebrae heißt Finsternis, Todesdunkel. Die Ermordung des jüdischen Volkes wird in Beziehung gesetzt zum Tod Jesu. Dabei wird Jesus zurückgeholt in sein eigenes Volk. Das Gedicht versteht sich nicht aus »jüdisch-christlicher« Gemeinsamkeit.
Die ersten zwei Zeilen erinnern an einen berühmten Vers von Hölderlin: »Nah ist / Und schwer zu fassen der Gott …« Auch in den Psalmen heißt es oft, dass Gott den Menschen nahe sei. In den »Duschräumen« von Auschwitz, haben Juden, um Atem ringend, diese Psalmen gebetet. Paul Celan beschrieb an anderer Stelle »die von Fingernägeln gepflügte Decke« der Gaskammern. Ihnen war Gott nicht nah, vielmehr waren diese Juden »dem Herrn« nahe: »Gegriffen schon, Herr,/ ineinander verkrallt, als wär / der Leib eines jeden von uns /dein Leib, Herr.«
Sie seien erstickend »noch im Tode ineinander verkrallt« gewesen, wusste Celan. Nun fordert »der Leib eines jeden von uns …« das Leiden des Juden Jesus von der Kirche zurück. Sie hatte ihnen die Schuld am Kreuzestod zugeschrieben, weil »die Finsternis des jüdischen Volkes, das unseren Herrn nicht erkannte, Ihn zum Galgen des Kreuzes verurteilte«.
Sie gehen zu einer »Tränke«, die nicht frisches Wasser bietet, wie Psalm 23 verspricht, sondern nur Blut. In ihrem Schicksal erkennen die Todgeweihten das Spiegelbild Jesu. Sie trinken »was du vergossen, Herr«. Das Schicksal Jesu ist ihr eigenes. Augen und Mund stehen offen im Tod … »Bete, Herr«, wird die übliche Ordnung umgedreht, »wir sind nah.« Nah, weil tot.

Hier steht »Jesus« gegen alles, was in Gesellschaft und Kirche missfällt. Dabei wird die jüdisch-römische Welt bei Kästner unbekümmert in die eigene gesellschaftliche Gegenwart übersetzt: »Du kämpftest tapfer gegen sie / und gegen Staat und Industrie / und die gesamte Meute.«

Welches Recht besteht zu solcher Sehweise?

Wo überzeichnet der Text? Ist die Charakterisierung Jesu als Revolutionär, Kämpfer für die Freiheit, »gegen Staat, Industrie und die gesamte Meute« richtig getroffen? Starb er umsonst? Vergleicht dazu den Text von Dorothee Sölle, S. 160 ff.

Michael Mathias Prechtl (1926–2003), Hermann Kesten im Café, 1979.

Hier sitzen drei Männer zusammen, die zu Lebzeiten einander nie hätten begegnen können. Links, der rüstige Alte, mit groben Cordhosen, die Brille auf der Nase, ist Mose. Er hat seine steinernen Gesetzestafeln mitgebracht. Ihm gegenüber der andere große Lehrer, mit nacktem Oberkörper und tätowiertem Judenstern. Wie hätte die Christenheit 1933 bis 1945 auf diesen Jesus reagiert? Auch er trägt eine Kopfbedeckung, doch ist seine Dornenkrone in blühende Pracht ausgeschlagen. Die beiden Tischgenossen nimmt er nicht zur Kenntnis. Er schaut in ein Buch, das er unter der Tischkante auf dem Knie hält, als wisse er, dass es sich nicht gehört, in Gesellschaft von zwei Freunden zu lesen, zumal nicht, wenn man gemeinsam ein Café aufgesucht hat (und angesichts seiner oft bewiesen eigenen Hochachtung vor gemeinsamem Essen und Trinken). Doch scheint ihn das Buch nicht zu begeistern. Wie sollte es auch? Ist es doch

Der Erfolglose

Noch vor der Zeit, in der dem Judentum das Massengrab geschaufelt wurde, schrieb *Erich Kästner* sein Gedicht »Dem Revolutionär Jesus zum Geburtstag«. Es steht für eine Reihe ähnlicher Texte der Enttäuschung und Kritik.

Zweitausend Jahre sind es fast,
seit du die Welt verlassen hast,
du Opferlamm des Lebens!
Du gabst den Armen ihren Gott.
Du littest durch der Reichen Spott.
Du tatest es vergebens!

Du sahst Gewalt und Polizei,
du wolltest alle Menschen frei
und Frieden auf der Erde.
Du wusstest wie das Elend tut
und wolltest allen Menschen gut,
damit es schöner werde.

Du warst ein Revolutionär
und machtest dir das Leben schwer
mit Schiebern und Gelehrten.
Du hast die Freiheit stets beschützt,
und doch den Menschen nichts genützt.
Du kamst an die Verkehrten!

Du kämpftest tapfer gegen sie
und gegen Staat und Industrie
und die gesamte Meute.
Bis man an dir, weil nichts verfing,
Justizmord, kurzerhand, beging.
Es war genau wie heute.

Die Menschen wurden nicht gescheit.
Am wenigsten die Christenheit,
trotz allem Händefalten.
Du hattest sie vergeblich lieb.
Du starbst umsonst. Und alles blieb
beim Alten.

Kästners Gedicht lebt vom Kontrast: hier Arme, dort Reiche, hier das Verbrechen, dort Güte; hier revolutionärer Aufstand, dort Staat, Industrie, Polizei. Es ist durchzogen von der Überzeugung, alles sei vergeblich gewesen. Die spürbare Sympathie für den »Revolutionär« Jesus scheint sich mit Kästners Hoffnungslosigkeit für seine eigene Zeit zu vermischen.

Der Narr

Es ist keine modische Erscheinung, sondern eine alte christliche Tradition, Jesus im Bilde des Narren, des Clowns, gar des Irren zu deuten. Die Evangelien geben dazu selbst einen Anstoß: Mk 3,21 berichtet, die Angehörigen Jesu hätten ihn mit Gewalt am öffentlichen Sprechen hindern wollen mit dem Argument: »Er ist von Sinnen«. Herodes und die Soldaten treiben ihren Spott mit Jesus, ziehen ihm ein »Prachtgewand« an, verhöhnen ihn als Narr (Lk 22,63 ff.; 23,11). Paulus aber zieht für seine Jünger die Schlussfolgerung: »Wir sind Narren um Christi willen« (1 Kor 4,10). Auch alte Legenden erzählen von Menschen, die ein Bild Jesu sein könnten, wenngleich – oder weil – sie als Narren gelten. Die folgende Parabel – nach *Sören Kierkegaard* – gehört hierhin:

mit fast zweitausendjähriger Verspätung über ihn selbst geschrieben worden. Der dritte am Tisch nimmt den Ehrenplatz ein. Auch er ist Jude und wird nun gerahmt von den prominentesten Männern seines Geschlechts. Es ist der Dichter Hermann Kesten, 1900 in Nürnberg geboren und 1996 gestorben in Riehen bei Basel. Nur Kesten nimmt mit den Betrachtern des Gemäldes Kontakt auf. Im Gegensatz zu seinen Kollegen ist allein er mit der Gegenwart beschäftigt: gerade hat er den Kaffeelöffel in die Hand genommen, um in seiner Tasse zu rühren. Was hat er sich eigentlich bestellt? Und was haben seine Begleiter gewählt? Das Bild enthält einige Rätsel. Es ist nicht ohne Ironie, aber der Bilderfries über der Tischszene erinnert eine ernste Zeit …

Der Clown und der brennende Zirkus haben mehrfache Abwandlungen gefunden. Eine davon ist diese:

Unsere Stadt brannte. Die Leute rannten an mir vorbei, als wären sie besessen. Seid ihr besessen?, rief ich ihnen zu. Keiner antwortete mir, bis auf einen, und der sagte: Ja. Wovon?, rief ich ihm nach. Vom Unglück, schrie der Mann. Woher kam das Unglück zu euch?, fragte ich. Vom Himmel hoch, sang der andere. Nein, rief ich, aus dir selber. Da drehte sich der Mann um, ging auf mich zu und wollte mich totschlagen. Schlag mich nur tot, sagte ich, meinen Satz schlägst du nicht tot. Der Mann schlug mir ins Gesicht. Das macht nichts, sagte ich und weinte, mich schlägst du und dich triffst du. Der Mann fiel hin und weinte. Ich setzte mich zu ihm auf die Erde und streichelte ihn. Dann fragte ich ihn: Warum weinst du? Weil du recht hast, flüsterte der andre, und warum weinst du? Weil ich recht habe, antwortete ich.

Wolfgang Weyrauch

Dieser Text greift erneut auf die Figur des Clowns zurück. In der Weise, wie der seine Wange hinhält und allenfalls entgegnet: »Mich schlägst du und dich triffst du«, sich dann zu dem anderen setzt, ihn streichelt und zugleich über ihn weint …, kann auch jener Narr wieder erkannt werden, der dieses Verhalten lehrte.

Anders als bei Kästner erhellt der Text von Willms eine tiefere Sicht: »in dir Jesus / sind die leerstellen / die blinden stellen des lebens / als stellen gottes sichtbar geworden.«

Mit welchen Beschreibungen Jesu kannst du einen Text aus dem Neuen Testament verbinden?
Überzeichnen die Formulierungen des Gedichtes das Verhalten Jesu? Oder verzerren sie es?
Macht das Gedicht die Gestalt Jesu deutlicher? Oder bekommt sie ein einseitiges Profil?
Gibt es Parallelen zu dem Gedicht von Erich Kästner?

Ein Reisezirkus brach in Flammen aus, nachdem er sich in Dorfnähe niedergelassen hatte. Der Direktor wandte sich an die Darsteller, die schon für ihre Nummer hergerichtet waren, und schickte den Clown ins Dorf, um Hilfe beim Feuerlöschen zu holen; das Feuer könne nicht nur den Zirkus zerstören, sondern über die ausgetrockneten Felder rasen und das Dorf selber vernichten. Der angemalte Clown rannte Hals über Kopf auf den Marktplatz und rief allen zu, zum Zirkus zu kommen und zu helfen, das Feuer zu löschen. Die Dorfbewohner lachten und applaudierten diesem neuen Trick, durch den sie in die Schau gelockt werden sollten. Der Clown weinte und flehte, er versicherte, dass er jetzt keine Vorstellung gebe, sondern dass das Dorf wirklich in größter Gefahr sei. Je mehr er flehte, desto mehr johlten die Dörfler, bis das Feuer über die Felder sprang, die Häuser erreichte und sich ausbreitete. Noch ehe die Menschen zur Besinnung kamen, waren ihre Häuser zerstört.

Nicht fern von der Deutung Jesu als Clown oder Narr ist auch der Text von *Wilhelm Willms.* Dieser Text füllt die Figur des von der Gesellschaft unverstandenen und abgelehnten Lehrers einer neuen Menschlichkeit.

jesus,
du hast alles auf den kopf gestellt
du hast die frommen
der unmenschlichkeit überführt
den tempelbetrieb
als geschäftemacherei entlarvt
du hast bei samaritanischen atheisten
eine neue gläubigkeit entdeckt
du hast dirnen und zöllnern
mehr sensibilität
nachgesagt für das reich gottes
als schriftgelehrten und hohenpriestern
du hast polizeivorschriften
bürgerliche übereinkünfte
infrage gestellt
und durchbrochen
du hast tempelgesetze links
überholt
und lächerlich gemacht
wenn sie sich zu wichtig nahmen
du hast dich zu allen
an den tisch gesetzt
und alle zu dir an den tisch geladen
in dir Jesus
sind die leerstellen
die blinden stellen des lebens
als stellen gottes sichtbar geworden.

Roland Peter Litzenburger (1917–1987), Christus der Narr, 1973.

Geburt – Tod – Auferstehung

Viele Texte der neueren Literatur knüpfen an die Inhalte der großen Kirchenjahrsfeste an, besser gesagt: bei dem, was in unserer Gesellschaft daraus geworden ist. Das geschieht oft ironisch, mit scharf geißelnder Kritik. So etwa bei *Friedrich Dürrenmatt* unter dem Titel »Weihnacht«:

Es war Weihnacht. Ich ging über die weite Ebene. Der Schnee war wie Glas. Es war kalt. Die Luft war tot. Keine Bewegung, kein Ton. Der Horizont war rund. Der Himmel schwarz. Die Sterne gestorben. Der Mond gestern zu Grabe getragen. Die Sonne nicht aufgegangen. Ich schrie. Ich hörte mich nicht. Ich schrie wieder. Ich sah einen Körper auf dem Schnee liegen. Es war das Christkind. Die Glieder weiß und starr. Der Heiligenschein eine gelbe gefrorene Scheibe. Ich nahm das Kind in die Hände. Ich bewegte seine Arme auf und ab. Ich öffnete seine Lider. Es hatte keine Augen. Ich hatte Hunger. Ich aß den Heiligenschein. Er schmeckte wie altes Brot. Ich biss ihm den Kopf ab. Alter Marzipan. Ich ging weiter.

Hier knüpft die Landschaftsschilderung an Weihnachtsvorstellungen an. Aber bereits dieser Entwurf ist doppeldeutig. Erst recht der Blick auf das Christkind: kein Knabe im lockigen Haar, sondern ein lebloses Ding, eine essbare Puppe. Wenn die Feste des Christentums, die Symbole des Glaubens ihre Signalkraft verlieren, beginnt das Verstummen, die Luft ist tot, der Himmel schwarz, die Sterne gestorben …

Statt der Bissigkeit Dürrenmatts stellt das »Weihnachtslied« von *Peter Huchel* Fragen, die beantworten muss, wer Weihnachten feiert:

O Jesu, was bist du lang ausgewesen,
O Jesu Christ!
Die sich den Pfennig im Schnee auflesen,
sie wissen nicht mehr, wo du bist.

Sie schreien, was hast du sie ganz vergessen,
sie schreien nach dir, o Jesu Christ!
Ach kann denn dein Blut, ach kann es ermessen,
was alles salzig und bitter ist?

Die Trän' der Welt, den Herbst von Müttern,
spürst du das noch, o Jesuskind?
Und wie sie alle im Hungerhemd zittern
und krippennackt und elend sind!

O Jesu, was bist du lang ausgeblieben
und ließest die Kindlein irgendstraßfern.
Die hätten die Hände gern warm gerieben
im Winter an deinem Stern.

Wenn die Gestalt Jesu zu einer Fundsache trockenen, faden Geschmacks heruntergekommen ist; wenn von jenem, der einmal im Bild der Sonne gesehen und verehrt wurde in einer abgestorbene Welt ohne Wärme und Licht nichts als eine Marzipanpuppe zurückgeblieben ist, dann dürfte die Zeit für ihn und seine Sache vorbei sein. In dieser Sicht ist der frühe Dürrenmatt-Text nur noch als »Nachwort« zu begreifen.
Wie seht ihr das?

Alle unterstellen, dass Jesus ihnen Trost, Nahrung, Wärme, eben die Überwindung ihres Elends bringen könnte.
Doch wie soll das geschehen, wenn er nicht mehr da ist? So bleibt nur die Klage um einen vermissten Jesus, dessen »Stern« selbst verloren ging, und dessen Licht nicht einmal mehr ein Warmreiben der Hände erlaubt.
Nimmt man den folgenden Text hinzu: »Christus hat keine Hände …«, so ist eindeutig, dass die Klage um den ausgebliebenen Jesus eine Klage ist, die ihn in Menschen und Einrichtungen der eigenen Notzeit nicht mehr vertreten sieht.

In diesem Verständnis ist Christus so lebendig oder tot, wie Christen lebendig oder tot sind. Von der Freiheit und Liebe Christi kann keine Rede sein, wenn diese Freiheit und Liebe nicht das Programm handelnder Menschen sind. Es bleibt auch hohl, über die Menschlichkeit Jesu zu sprechen und einzelne Geschichten davon zu erzählen, wenn jene, die dies tun, nicht zugleich Menschlichkeit erfahrbar machen. Wenn ihre Menschlichkeit nicht Hoffnung auf eine neue Welt bedeutet, wird die Chiffre Christus zur Floskel.

Vergleiche ihn ruhig mit anderen
größen
sokrates
rosa luxemburg
gandhi
er hält das aus
besser ist allerdings
du vergleichst ihn
mit dir

Dorothee Sölle

Es gibt einen alten Text, der auf diese Klage eine Antwort ist:

Christus hat keine Hände, nur unsere Hände,
um seine Arbeit heute zu tun.
Er hat keine Füße, nur unsere Füße,
um Menschen auf seinen Weg zu führen.
Christus hat keine Lippen, nur unsere Lippen,
um Menschen von ihm zu erzählen.
Er hat keine Hilfe, nur unsere Hilfe,
um Menschen an seine Seite zu bringen.

Man kann vom »Krippenkind« nichts erwarten, wenn man selbst und die Zeit ringsum auf Christlichkeit verzichten. »Erlösung«, so haben wir gesagt, ist nicht abgeschlossen (vgl. Religionsbuch 7|8, S. 198 ff.). Bleibt das eigene Leben dem Geist Jesu versperrt, ist die Klage nicht auf Jesus, sondern auf jene zu richten, die von ihm lassen.

Oskar Kokoschka (1886–1980), Christus hilft den hungernden Kindern, 1945.

Mit der Passion und dem Tod Jesu haben Schriftsteller der jüngeren Zeit am häufigsten ihre eigenen Erfahrungen verbunden und symbolisch gedeutet. Der Mensch trägt die Züge des Gekreuzigten und der Gekreuzigte vertritt den leidenden Menschen. So in einem Gedicht von *Eva Zeller.*

Wann
wenn nicht
um die neunte Stunde
als er schrie
sind wir ihm
wie aus dem Gesicht geschnitten

Nur seinen Schrei
nehmen wir ihm noch ab
und verstärken ihn
in aller Munde.

Nur dem Gekreuzigten der neunten Stunde, als er schrie: »Mein Gott, mein Gott, warum hast du mich verlassen?« sind wir »wie aus dem Gesicht geschnitten«. Was heißt das?

Zwar tragen die kleinen Zettel, die man bei Beerdigungen austeilt zum Gedenken an Verstorbene, oft nur platte Sprüche, ohne Anstoß für die Hoffnung der Menschen. Aber die Worte, die *Marie Luise Kaschnitz* über »Ein Leben nach dem Tode« aufschrieb – geben sie nicht Anstöße zum Denken und Leben?

Glauben Sie fragte man mich
An ein Leben nach dem Tode
Und ich antwortete: ja
Aber dann wusste ich
Keine Auskunft zu geben
Wie das aussehen sollte
Wie ich selber
Aussehen sollte
Dort

Ich wusste nur eins
Keine Hierarchie
Von Heiligen auf goldenen
Stühlen sitzend
Kein Niedersturz
Verdammter Seelen
Nur

Nur Liebe frei gewordne
Niemals aufgezehrte
Mich überflutend

Kein Schutzmantel starr aus Gold
Mit Edelsteinen besetzt
Ein spinnwebenleichtes Gewand
Ein Hauch
Mir um die Schultern
Liebkosung schöne Bewegung
Wie einst von tyrrhenischen Wellen
Wie von Worten die hin und her
Wortfetzen
Komm du komm

Schmerzweb mit Tränen besetzt
Berg-und-Tal-Fahrt
Und deine Hand
Wieder in meiner

So lagen wir lasest du vor
Schlief ich ein
Wachte auf
Schlief ein
Wache auf
Deine Stimme empfängt mich
Entlässt mich und immer
So fort

Mehr also, fragen die Frager
Erwarten Sie nicht nach dem Tode?
Und ich antworte
Weniger nicht.

Die Ausgangsfrage ist nicht ungewöhnlich. Das Ja und das Nein darauf sind noch keine Antwort. Sie bedarf der weiteren Ausführung.

»Aber dann wusste ich / Keine Auskunft zu geben / Wie das aussehen sollte«, konkreter: »Wie ich selber / Aussehen sollte / Dort«.

Das »Dort« erfährt eine entschiedene Entrümpelung. Die üblichen Klischees werden abgetan. Von »Himmel« und »Hölle« ist keine Rede. Wenn überhaupt etwas gesagt werden darf, dann nur von der Liebe, von der Erinnerung an gemeinsame Tage am westlich von Italien gelegenen tyrrhenischen Meer, von gewechselten Worten …
Fast unbemerkt wechselt die Sprache ins Präsens: »Wache auf …«
Das erwartete Leben nach dem Tod verbindet die Autorin vorrangig mit der Hoffnung, mit dem Geliebten wieder vereint zu sein – »deine Hand wieder in meiner« –, weniger erwartet sie nicht.

Das Christusbild

Mit der Gestalt des guten Hirten wurde eine in der Antike bereits vorhandene Vorstellung auf Jesus übertragen. Das Bild erinnert an die Menschenfreundlichkeit Jesu, der sich gerade der Schwachen angenommen hat. Herrschaft und Autorität verbinden sich mit dieser Gestalt nicht. (1)

Nach dem Konzil von Nicäa (→ S. 121) formt der Kaiserkult auch das Christusbild. Als »Allherrscher« (Pantokrator) erscheint er im monumentalen Format mit erhobener Rechten und weiteren Herrschaftssymbolen in den nun entstehenden Basiliken. (2)

Im hohen Mittelalter tritt ein krasser Wandel ein: der leidende Christus kommt ins Bild, in tiefer Erniedrigung und Verletztheit. Das Kreuz ist nicht länger Triumphkreuz; die Dornenkrone löst die Königskrone ab. Schließlich ist er bei Grünewald nur noch ein von Wunden und Schmerzen entstellter Menschenleib, in dem sich von Krankheit und Leid gezeichnete Menschen wiedererkennen können. (3)

1

2

3
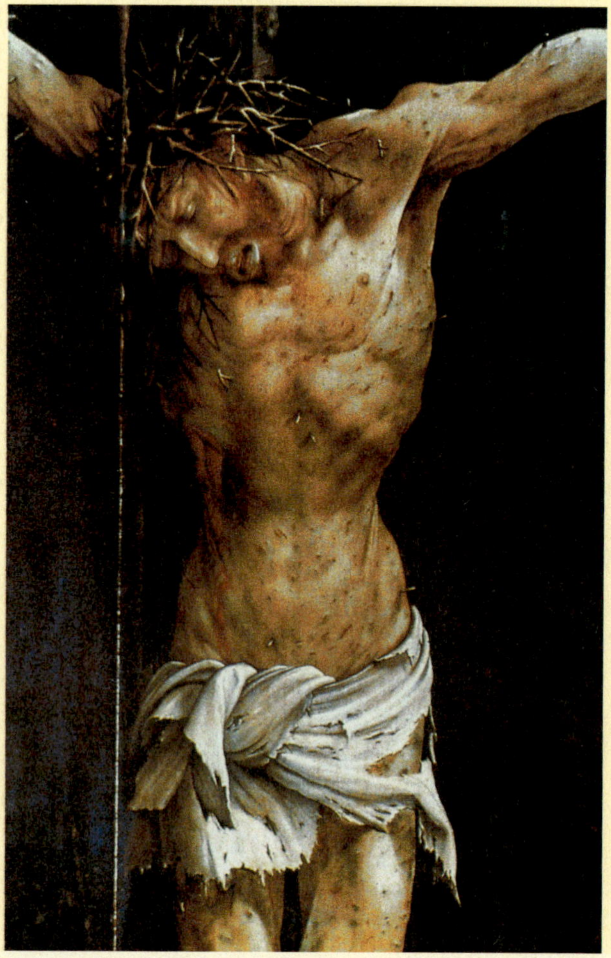

4

Die Reformation bewahrt als Kultbild nur das Kruzifix. Es entstehen aber auch neue Bildthemen, die vor allem den Worten Jesu Ausdruck geben sollen; Beispiel dafür ist das Gemälde von Lucas Cranach »Lasset die Kindlein zu mir kommen«. (4)

Nach der Reformationszeit greift die katholische Kirchenkunst im Barock auf die Pantokrator-Darstellungen zurück, vor allem in der Deckenmalerei. In der Wieskirche thront Christus auf einem raumüberspannenden Regenbogen. Mit Strahlen um das Haupt, weist er auf seine Seitenwunde, während Engel über ihm das Kreuz als sein Siegeszeichen tragen. (5)

5

(1) Der gute Hirte, Marmorstatuette, erste Hälfte des 4. Jh.s

(2) Christus als Pantokrator, Klosterkirche Daphni bei Athen, um 1100.

(3) Matthias Grünewald (1480–1528), Die Kreuzigung Jesu (Ausschnitt), 1515.

(4) Lucas Cranach der Ältere (1472–1553), Christus segnet die Kinder, um 1540–1550).

(5) Johann Baptist Zimmermann (1680–1758), Deckenfresko der Wieskirche, 1753–54.

6

Nach 1750 und im folgenden 19. Jahrhundert verliert das Christusbild an Kraft. Die Figuren scheinen wie aus Wachs geformt und leblos in den Raum gestellt. Schon damals klagten Zeitgenossen wie Caspar David Friedrich, dass nun das Sanfte und Weiche zur Mode geworden sei, eine Nachäffung früherer Zeiten. 1822 schuf der Däne Bertel Thorvaldsen (1768–1844) mit seiner Christus-Skulptur einen Typ, der in zahllosen Bildvarianten wieder begegnet und bis heute in kitschigen Kopien und Andachtsbildchen verbreitet ist. (6)

Dieser Typ tendiert zum Süßlichen hin, ist ohne Zeitbezug und verstellt in seiner Klischeehaftigkeit den Jesus der Evangelien. In Massenproduktionen, die vor allem an Wallfahrtsorten verkauft werden, sind neben kraftlosen Jesusfiguren vor allem Madonnen und populäre Heilige in allen erdenklichen Geschmacklosigkeiten zu haben. Man kann diesen Kitsch auch als Zersetzung der Glaubenswelt ansehen. (7)

7

8

9

Erst nach dem Ersten Weltkrieg nehmen Lovis Corinth (→ S. 169), George Grosz, Max Beckmann und Ernst Barlach (vgl. Religionsbuch 7/8, S. 48, 83, 182) das Christusbild in Auseinandersetzung mit ihrer eigenen Zeit wieder auf. Nachdem Barlach 1916 einen ratlos-ohnmächtigen Christus darstellte, der entsetzt vor unzähligen Kreuzen steht, die nunmehr die ganze Welt überziehen, schuf der Mexikaner José Clemente Orozco 1932/34 ein Wandgemälde, das den Gekreuzigten in eine waffenstarrende Welt zurückkehren lässt. Eine solche Welt trägt den Namen Christi zu Unrecht, darum fällt er sein eigenes Kreuz, um es einer Christenheit zu nehmen, unter deren Völkern die Gewalt nur gewachsen ist. Sie sollen sich nicht mehr auf ihn berufen dürfen. (8)

Ganz anders ist ein halbes Jahrhundert später das Christusbild des Wiener Künstlers Arnulf Rainer. Er übermalt ältere Werke und sagt damit: Bewertet das Sichtbare nicht zu hoch und achtet auf die Wirklichkeit hinter dem Sichtbaren. (9)

(6) Bertel Thorvaldsen (1770–1844), Christus, 1821.

(7) Verkaufsangebot von Andachtsgegenständen in Italien.

(8) José Clemente Orozco (1883–1949), Jesus fällt sein Kreuz, Wandgemälde aus dem Zyklus »Epic of New World Culture«, 1932–34.

(9) Arnulf Rainer (geb. 1929), Christusbild, 1981–83.

Óscar Arnulfo Romero

Die Republik von El Salvador (= Der Erlöser) besteht seit 1841. In ihren ersten vierzig Jahren wechselten die Präsidenten 48-mal, meist durch Palastrevolutionen. 1881 wurde ein Gesetz über den freien Landerwerb erlassen: In der Folgezeit sammelte sich der Landbesitz in den Händen einiger weniger Reicher. Damit begann die Verarmung der Landbevölkerung (Campesinos). Die sozialen Spannungen verschärften sich. 1932 kam es zu einem Militärputsch, verbunden mit einem Massaker von ungeheurer Brutalität. Seitdem stehen sich in El Salvador eine Oligarchie (= Herrschaft einer kleinen Gruppe), die ihren Reichtum verteidigt, und wechselnde Gruppen revolutionärer Volksbewegungen gegenüber. Als Óscar Romero Erzbischof von San Salvador wurde, glaubte er noch, dass die Kirche aus »guten Reichen« und »guten Armen« bestehe, und es sei möglich, sich von »bösartigen Reichen« und »revolutionären Armen« zu distanzieren. Sein Engagement für das geschundene Volk brachte ihn aber schon bald von diesem naiven Schema fort. In seiner »Pastoralbotschaft« für 1980 schildert er die sozialen Verhältnisse so:

Auf dem Lande entbinden 67% der Mütter ohne medizinischen Beistand; sechzig von hundert Kindern, die dort geboren werden, sterben; bloß 37% haben Zugang zur Wasserversorgung; 73% aller Kinder leiden an Unterernährung; die Hälfte der Landbevölkerung kann nicht lesen; mehr als 250.000 Familien leben in Behausungen mit nur einem Raum. An diesem unhaltbaren Zustand ist die ungleiche Bodenverteilung schuld: 0,7% verfügen über 40% des Landes, und dabei handelt es sich natürlich um den besten Boden, der zum Anbau der gewinnbringenden Produkte genutzt wird.

Óscar Romero kam selbst vom Dorf. Sein Vater arbeitete auf dem Telegraphenamt; der Mutter wurde besondere Güte nachgesagt. Der Sohn studierte Theologie in der Hauptstadt San Salvador, später in Rom. Nach seiner Priesterweihe war er Dorfpfarrer, später Bischofssekretär und Generalvikar. 1970 wurde er Weihbischof, im Februar 1977 Erzbischof von San Salvador.

Der Einführung Romeros als Erzbischof in der Hauptstadt gingen Morde an jungen Priestern voraus. Wenige Tage später zeigte der Staatsapparat, was er vom Protest der Bürger hielt: Die drei offiziellen Oppositionsparteien hielten in jenen Februartagen die *Plaza Libertad* in San Salvador besetzt, sechs Tage lang, um den offensichtlichen Betrug einer gerade stattgefundenen Wahl anzuprangern. Am 28. Februar versammelten sich etwa zehntausend Menschen auf dem Platz. Da wurde das Gebiet von Nationalgardisten eingekreist. Gegen Abend begannen sie ihr Massaker: Tausende flüchteten in die Rosario-Kirche an der Plaza, die Gardisten schossen blind um sich, in die Kirche warfen sie Gas; später kamen Lastwagen, um die Toten

Der Mord an Erzbischof Romero wurde von der Wahrheitskommission für El Salvador untersucht, die aufgrund der Friedensvereinbarungen zwischen der Regierung und der FMLN (Nationale Befreiungsfront) 1992 eingerichtet worden war. Der Bericht der Kommission von 1993 zieht folgende Schlüsse: »1. Es ist völlig offensichtlich, dass der frühere Major Roberto D'Aubuisson den Befehl zur Ermordung des Erzbischofs gab und dass er den Mitgliedern seines Sicherheitsdienstes, die als ›Todesschwadron‹ handelten, genaue Anweisungen gab, wie der Mord zu organisieren und zu überwachen sei.« … Und »4. Es ist völlig offensichtlich, dass der Oberste Gerichtshof eine aktive Rolle dabei spielte, die Auslieferung des früheren Kapitän Saravia (der zusammen mit anderen aktiv in die Planung und Ausführung des Mordes verwickelt war) aus den Vereinigten Staaten und seine anschließende Haft in El Salvador zu verhindern. Indem er so handelte, stellte er unter anderem die Straflosigkeit für diejenigen sicher, die den Mord planten.«
In El Salvador wurde bis 2004 niemand für den Mord an Erzbischof Romero vor Gericht gestellt.

und Verwundeten aufzusammeln und Wasserfahrzeuge, um das Blut von den Straßen zu waschen. Romero, der an diesem Tage erst seinen Umzug besorgt hatte, sagte:

Hören wir auf zu reden ... Öffnet eure Türen allen, die sich in Gefahr glauben. Überprüft, ob sie wirklich verfolgt werden; wenn ja, dann nehmt sie hinein und versteckt sie.

Dem geheimen Morden versuchte Romero durch gezielte Öffentlichkeitsarbeit entgegenzutreten. Der Entmutigung der kirchlichen Mitarbeiter begegnete er durch vermehrte Kontakte. Eines Tages räumte er sein Büro aus und erklärte: »Wir machen hier ein Café!« Dieses Café wurde eine wunderbare Einrichtung. Streikende Arbeiter, fremde Reporter, verfolgte Campesinos, Seminaristen, Priester, Bischöfe ... sie alle trafen sich hier, tauschten Nachrichten aus, ermutigten einander.

Die Atmosphäre war total verändert. Man begann sich im Hause wohlzufühlen. In der Mitte aber stand Bischof Romero. Man konnte ihn in seinem Büro, wo die Tür immer offen war, sehen oder in der Cafeteria. Ob er lächelte oder ernst war, immer strahlte er tiefe Stille aus, die sein Kern zu sein schien. Wenn etwas Unvorhergesehenes kam, ging er in die Halle und rief alle zusammen, um sie um Rat zu fragen. Er sprach wenig und hörte viel zu.

In den ersten Monaten von Romeros Amtszeit in San Salvador wurden weitere junge Priester ermordet. Am 12. März Pater *Rutilio Grande SJ*. Er hatte vier Wochen zuvor in einer Predigt gesagt: »Es ist praktisch verboten, in unserem Lande Christ zu sein.« Erzbischof Romero ordnete an, dass am neunten Tag nach Rutilios Tod im ganzen Land nur *eine* Messe stattfinde.

In der Geschichte der Kirche von El Salvador ist noch nie so viel diskutiert worden wie damals. Die Oberschicht schrie: Todsünde! Genau jetzt, wo wir mehr beten müssen als je zuvor! Alle Priester mussten zu einer gemeinsamen Messfeier zusammenkommen. Es war überwältigend, auf dem Platz vor der Kathedrale die riesige Menge von Gläubigen zu sehen. Die Leute verstanden die Geste und fühlten sich gestärkt. Dies war für unseren Bischof der erste Kampf auf der Seite des Volkes, auf der Seite der Armen.

Am 11. Mai wurde ein weiterer Priester ermordet, *Alfonso Navarro*, 35 Jahre alt. Schon im Januar hatte eine Bombe sein Auto samt Garage und Haus zerstört. An jenem 28. Februar hatte er auf der *Plaza Libertad* gepredigt; danach begannen die täglichen Morddrohungen. Romero sagte bei seiner Beerdigung:

Alfonso war wie ein Beduine in der Wüste, der den Reisenden sagte: Hier geht es nicht durch, hier nicht! Aber sie hörten nicht auf ihn und töteten ihn.

Die Kirche würde ihre Liebe zu Gott und ihre Treue zum Evangelium verraten, wenn sie aufhörte, die Stimme derer zu sein, die keine Stimme haben.
Óscar Romero

Um Erzbischof Romeros Leben und Tod zu verstehen, ist es notwendig, die sozialen und politischen Verhältnisse Lateinamerikas zu kennen. Das Kapitel »Soziale Gerechtigkeit« (S. 66 ff.) ist dafür ein erster Hintergrund. Notiert alle Fragen, die der obige Bericht über Romero und die Vorgänge in El Salvador bei euch wecken. Beschafft dazu weiteres Informationsmaterial. Folgende Stellen könnt ihr um Länderberichte und aktuelles Material anschreiben: »Misereor«, Mozartstraße 9, 52064 Aachen (www. misereor.de). – »Adveniat«, Bernestraße 5, 45127 Essen (www.adveniat.de). – »Missionszentrale der Franziskaner«, Albertus-Magnus-Str. 39, 53177 Bonn (www.mzf.org). – »Brot für die Welt«, Stafflenbergstraße 76, 70184 Stuttgart (www.brot-fuer-die-welt.de). Durch aufgeteilte Referate könnt ihr ein Gesamtbild entwerfen. Das einbezogene Informationsmaterial lässt sich auch für eine Wandzeitung im Schulbereich nutzen.

Mörder Romeros sind Armeeangehörige

Erst im Sommer 2004 wurde mit Álvaro Saravia, ehemaliger Leutnant der salvadorianischen Luftwaffe, eine der an der Ermordung Romeros beteiligten Personen vor Gericht gestellt und verurteilt. Saravia wurde angeklagt, die Mordwaffe beschafft, den Todesschützen zur Kapelle des Krankenhauses gebracht und ihn nach der Tat bezahlt zu haben.

Saravia lebte mindestens seit 1987 in den USA. Das Amnestiegesetz von 1993 verhinderte, dass Saravia und andere in El Salvador selber zur Rechenschaft gezogen werden konnten. Die Interamerikanische Menschenrechtskommission hält das Amnestiegesetz für verfassungswidrig. In El Salvador wurde diese Einschätzung ignoriert.

Der Prozess gegen Saravia fand in Fresno, Kalifornien statt. In der Urteilsbegründung heißt es: »Die Regierung deckte systematisch Menschenrechtsverletzungen, um die Oligarchie und das Militär an der Macht zu halten.« Als der Richter bekannt gab, welche Geldstrafe der Angeklagte den Klägern zu zahlen habe, erklärte er auch, die angerichteten Schäden seien von einer nur schwer zu erfassenden Größe.

Trotz dieses Verfahrens vor einem US-Gericht bleiben Zweifel am Verhalten der US-Regierung. Wer ermöglichte Saravia ein Leben in Kalifornien? Dokumente der CIA und des State Department der USA zeigen, dass die US-Regierung schon 1980 von der Beteiligung Saravias an der Ermordung Romeros Kenntnis hatte. Das Verfahren lässt fragen: Für wie viele Straftaten, die Hunderttausenden von salvadorianischen Zivilisten das Leben kosteten, sind die Regierungen El Salvadors und der USA als ihr wichtigster Verbündeter verantwortlich? Die Gräueltaten, die während des Krieges begangen wurden, sind keine Wahnsinnstaten skrupelloser Militärs, sondern perfekt geplante Aktionen, die »von außen« finanziert wurden.

Am 19. Mai erfolgte ein Angriff auf die Farm San Francisco. Campesinos hatten hier Land besetzt, um etwas anbauen zu können, mit erklärter Bereitschaft, Pacht dafür zu zahlen. Aber die Miliz kam, ebenfalls arme Campesinos in Uniformen, Handlanger fremder Interessen.

Alle Häuser wurden durchsucht. Wer Bibel oder Gesangbuch besaß, wurde verhaftet, viele geschlagen, einige getötet. Die Kirche wurde zerstört. Das »Brot des Lebens« dieser Gemeinschaft wurde auf den Boden geworfen. Es war die totale Entwürdigung der Eucharistie, des Leibes Christi: Volk, Gemeinschaft, Priester – auf dem Weg zur Befreiung – zertrampelt und massakriert. Unser Bischof bat uns wiederum, den Verfolgten die Türen zu öffnen.

Am 1. Juli 1977 trat der neue Präsident gleichen Namens, General Romero, die Macht an. Er kam nach einem Wahlbetrug, der offenkundiger war denn je.

Ich erinnere mich gut an Luis' und Pepes Tränen in jener Nacht, als sie an meine Tür klopften. Sie waren beim Auszählen der Wahlstimmen, als die Gardisten kamen, sie schlugen, die Urnen umwarfen und mitnahmen.

Der neue Präsident lud Erzbischof Romero zu seiner Amtseinführung ein, machte Versprechungen, übte gleichzeitig über den päpstlichen Nuntius, durch andere Bischöfe und Freunde Druck aus. Óscar Romero aber sah klar, was gespielt wurde. Seine Bedingungen zur Aufnahme von Beziehungen: Ende der Unterdrückung des Volkes, Aufdeckung der Morde – und erst dann wieder Gespräche.
In dieser Zeit nahm Romeros Wort ständig an Bedeutung zu. Die katholische Radiostation und die Zeitung »Orientación« wurden immer stärker beachtet. Des Erzbischofs Sonntagspredigten hatten die höchsten Einschaltquoten aller Landesprogramme. Am 13. Januar 1980 sagte er:

Wir werden den Taten, nicht den Versprechungen glauben. Die Unterdrückung muss aufhören, die Situation der politischen Häftlinge aufgeklärt werden; es muss eine gründliche Untersuchung

erfolgen über die blutigen Vorfälle, die sich auf dem Lande abgespielt haben. Es betrübt mich zu sehen, wie es mit den Verschwundenen steht ... Die Kirche verteidigt die Menschenrechte und besteht darauf, dass das Verschwinden von Menschen aufgeklärt werde ...

In seiner Predigt vom 17. Februar 1980 sagte Óscar Romero, es sei deutlich,

dass die jetzige Regierung der Unterstützung durch das Volk entbehrt, dass sie sich nur auf die Armee und die Hilfe einiger fremder Staaten stützt ... Von dieser Besorgnis gedrängt, habe ich mir erlaubt, einen persönlichen Brief an den Präsidenten (der USA) Carter zu schreiben. Ich werde ihn absenden, sobald ich weiß, was ihr darüber denkt: »Herr Präsident, ich bin sehr besorgt über die Meldung, nach der die Regierung der Vereinigten Staaten die Frage prüft, wie sie die Aufrüstung von El Salvador unterstützen kann ... Die jetzige Regierungsjunta und vor allem die Armee und das Sicherheitskorps haben sich leider nicht als fähig erwiesen, die schweren nationalen Probleme praktisch und strukturell zu lösen. Sie haben im Allgemeinen bloß zu unterdrückender Gewalt gegriffen ...«

In seiner Predigt am folgenden Sonntag aber sagte der Erzbischof:

Im Namen des Evangeliums möchte ich die Vereinigten Staaten dringend darum bitten, unseren Streitkräften keine Hilfe mehr zu gewähren, solange diese ihre Haltung nicht ändern ... denn es gibt keine Garantie dafür, dass die Stärkung des Militärs zum Wohl des Volkes gereicht.

Für solch freimütige Reden galt, was schon dem König von Israel über Amos gesagt wurde: »Das Land kann seine ganzen Reden nicht mehr aushalten« (Am 7,10). Am Abend des 24. März 1980 feierte der Erzbischof ein Jahrgedächtnis für Frau Sara de Pinto. In seiner Ansprache sagte Romero: »Wir wissen, dass niemand für immer stirbt und dass diejenigen, die ihre Aufgabe mit tiefem Glauben, mit Hoffnung und Liebe erfüllt haben, die Krone erhalten werden. In diesem Sinne beten wir für Doña Sarita und für uns selbst ...«, da fiel, von einem Scharfschützen abgegeben, der tödliche Schuss auf Óscar Arnulfo Romero.

Eine ganz kleine Gruppe von Christen, darunter einige katholische Nonnen und eine ganze Anzahl von spanisch sprechenden Flüchtlingen, stand vor dem Weißen Haus in Washington ...

Wir hatten ein altes Symbol christlicher Frömmigkeit gewählt, die Betrachtung der Leidensstationen Christi auf seinem Weg zum Kreuz. Er wird gefangen genommen, er wird verhört, er wird mit einer Dornenkrone gekrönt, er bricht das erste Mal unter dem Kreuz zusammen, bis zum Tod unter der Folter. Ein Sprecher erinnert daran, dass heute der Todestag Jesu sei, dass am gleichen Tag vor elf Jahren Martin Luther King erschossen wurde [4. 4.1968] und dass vor wenigen Wochen Óscar Romero, Erzbischof in San Salvador, während er die Messe las, ermordet wurde [24. 3. 1980].

Die Namen der einzelnen Stationen des Leidens Jesu wurden genannt und jeweils dazu große Bildtafeln hochgehalten ... Da sah man zu dem Text *Er wird gefangen genommen* ein Foto, wie die Polizei Bauern in einen Jeep stößt und abtransportiert. Da sahen die Passanten und wir, die den Gottesdienst feierten, wie Frauen ihre verschleppten und wohl ermordeten jungen Söhne suchten; darunter stand *Er bricht zum ersten Mal unter dem Kreuz zusammen*. Da sahen wir einen von Kugeln durchsiebten Körper am Straßenrand liegen. Da waren unter der Überschrift *Er wird ausgepeitscht* die heutigen Folterwerkzeuge zu sehen, die *picana*, das Elektrofoltergerät, der Wassereimer, in den jemand bis zum Ertrinken getaucht wird. Der Kommentar war kurz und nüchtern, wir beteten zusammen, und zwar meist traditionelle Gebete. Wir waren eine kleine Gruppe, höchstens vierzig, Tausende von geschäftigen Angestellten und Touristen gingen vorbei. Wir waren sehr wenige.

Dorothee Sölle

»Auflösung« einer Protestdemonstration vor einem Kirchenportal durch »Sicherheitskräfte«. São Paulo, Brasilien, 1978.

Jenseits des Denkens

Maurits Cornelis Escher (1898–1972), Band ohne Ende, 1956.

Auf unserem Bild ergeben sich die Köpfe zweier Menschen, einer Frau und eines Mannes, aus einem *spiralförmigen Streifen, der in sich geschlossen ist, also ein endloses Band darstellt. Die Köpfe stehen vor einem dunklen Hintergrund, vor dem lauter Kugeln schweben, die sich auch in die Tiefe des Raumes hinein verlieren. Es lassen sich sowohl kosmische als auch mikrokosmische Vorstellungen damit verbinden. Die individuellen Menschen, die als eine einzige Schleife hier erscheinen, schaffen eine Spannung zwischen Endlichem und Unendlichem.*

Der Verlust

Martin Walser: Ich kann mich nicht mehr so verrenken. Ich habe Gott mit diesen Formeln geerbt, jetzt verliere ich ihn durch diese Formeln.
Jonatan: Genau.
Pamphalon: Hihi, genau falsch. Wie wäre es, wenn du »diese Formeln« übersteigen würdest, anstatt vor ihnen zu kapitulieren?
Jonatan: Wohin soll ich denn da kommen? Wenn ich nicht mehr glauben kann, so wie ich zu glauben gelehrt wurde, bin ich halt nicht mehr gläubig.
Pamphalon: Wieder falsch!
Jonatan: Nein!
Pamphalon: Ja! Wenn du nicht mehr glauben kannst, so wie du meinst, es gelernt zu haben, musst du einen Schritt weiter gehen. Glauben heißt nicht, zeitbedingte Vorstellungen zu bejahen.
Jonatan: Ich sehe mich mehr und mehr auf dem Weg zum Atheismus.

Dietrich Bonhoeffer: Einen Gott, den wir uns vor-stellen können, können wir auch wieder weg-stellen.
Pamphalon: Der gewöhnliche Atheismus ist gar keiner. Er ist der Protest gegen ungenügende und falsche Formeln.
Simone Weil: Atheismus ist eine Reinigungsübung von hohem Nutzen, weil er Abgötterei und andere Einbildungen austreibt.
Jonatan: Welche Denkmodelle haltet ihr denn für überholt?
Pamphalon: Das solltest du selber sagen! Du hast doch Martin Walser gerade zugestimmt. Dann überprüfe auch, welche Gottes-Formeln für dich unzulänglich geworden sind.
Adolf Muschg: Ich meine, ich müsste das Thema an einer ganz anderen Ecke anfangen. Es gibt im Zen-Buddhismus eine Geschichte, wo ein Meister gefragt wird, wer »Buddha« sei. Der sagt sofort: »Zwei Pfund Flachs«, denn er ist gerade beim Flachszählen. Mir scheint, unsere Art nach Gott zu fragen, würde – wieder in der Sprache des Zen-Buddhismus – bedeuten, einen Fisch zu fragen, was Wasser sei. Er schwimmt im Wasser!

Wenn ihr das Bild betrachtet, zu welchen Gedanken regt es an? Zweifellos hat es etwas mit dem Menschen als Mann und Frau zu tun, auch mit dem Kosmos – aber was mit Gott?

Der hundertste Name Allahs

Das wachsende Unternehmen und zunehmender Wohlstand drängten Hakim in tiefere Schwermut. Er überließ das Geschäft bald ganz seiner Frau und versenkte sich in den Koran und die Schriften des Glaubens. Der Tag, an dem Fatime den fünfzigsten Lastwagen kaufte, war der gleiche, an dem er begriff, wohin er sein Sinnen und Trachten zu richten hatte: auf den hundertsten Namen Allahs. In ihm liegt das Geheimnis der Welt verborgen. Aber so viel Hakim auch las, nirgends stand er geschrieben …
Während nun eines Tages wieder eine große Buchsendung eintraf, – die deutschen Philosophen in Gesamtausgaben –, hörte Hakim eine Stimme: »Hakim, lass die Bücher ungelesen! Hakim, lass die Bücher ungelesen!« Und dieselbe Stimme gab ihm den Auftrag: »Hakim, fahre nach Paris, in die Rue Geoffroy 17, zu dem Schuhmachermeister Albert Dupont. Er weiß den hundertsten Namen Allahs! Hakim, fahre nach Paris …«
Hakim machte sich auf den Weg und fand Monseur Dupont. »Ich komme wegen des hundertsten Namens, Herr Dupont, wegen des hundertsten Namens!« Aber der Schuhmachermeister hörte gar nicht hin. Ihn interessierten Füße und Schuhe, und alles, was ihn trieb, war der Wunsch, seinen Kunden ein angenehmes, gesundes Schuhwerk zu fertigen.

Günter Eich (1907–1972) gilt als der eigentliche Begründer des deutschen Hörspiels. In seinem Stück »Der hundertste Name Gottes« umschreibt er Gotteserfahrungen, wie sie das tägliche Leben bieten kann.

Hakim: Herr Dupont, halten Sie mich nicht hin! Wie heißt er, wie heißt der hundertste Name Allahs?
Dupont: Ich weiß nicht, wie ich zu der Ehre komme.
Hakim: Weil mich der Prophet zu Ihnen geschickt hat. Es muss einen Grund haben.
Dupont: Gewiss. Sonst hätte Sie Ihr Prophet nicht gerade zu mir – Ich muss jetzt den linken notieren, möchte auch eine Zeichnung Ihres Knöchels anfertigen.

René Magritte, Das Fernglas, 1963.

Dieses Bild verlangt vom Betrachter eine über das Übliche hinausgehende Wahrnehmungsfähigkeit, obwohl es doch so einfach und klar erscheint. Der linke Fensterflügel gibt einen Blick auf das ruhige Meer mit einem wolkigen Himmel darüber frei. Beim zweiten Blick verwirrt jedoch gleich das tiefe Dunkel zwischen den beiden Fensterflügeln. Falls es Nacht ist, die draußen herrscht, könnten die Fensterrahmen nur eine gemalte Welt zeigen. Dann wäre die Dunkelheit hinter dem Fensterspalt die Wirklichkeit und das, was wir sehen, nur ein Gemälde. Aber das Ganze erweist sich als viel schwieriger, wenn wir den zweiten Flügel genauer anschauen. Er zeigt die gleiche Landschaft wie der Blick auf den (durch den?) gegenüberstehenden Fensterflügel, aber das schräg gestellte Fenster erlaubt nun überraschenderweise den Blick nach oben auf den dort sichtbaren Fensterrahmen. Also handelt es sich doch nicht um eine Gemälde, sondern um durchsichtiges Glas? Die Frage kann nur bestätigt werden, wenn zusätzlich die Horizontlinie zwischen Meer und Himmel beachtet wird. Sie ist durchgehend, was ausgeschlossen wäre, wenn der halb geöffnete Flügel mit einem Gemälde gefüllt wäre. Welcher Blick zeigt die wahren Verhältnisse? Könnte es sein, dass selbst das Stück Fensterrahmen und die Horizontlinie des schräg stehenden Flügels gemalte Perspektiven sind? Der tief schwarze Spalt zwischen den beiden Flügeln oder die Landschaft, die hinter ihren Glasscheiben zu sehen ist? Was also stimmt? Welche Fernsicht haben wir tatsächlich vor uns?

Weitere Fragen drängen sich auf: Sind die Gegenstände, die uns umgeben, die wir analysieren und benennen, Fenster in die Wirklichkeit oder schließen sie uns in allem, was sie uns sagen, umso strenger in unsere eigene Welt ein? Was wissen wir, wenn wir das Weltall ausspähen, das Atom spalten über das »Mysterium« des Seins? Erhellt uns das Licht der Wissenschaft oder erhellt uns das Dunkel des Nichtwissens? Geht der vermeintliche Blick durchs Fenster wirklich in die Ferne oder endet er schon an der Scheibe,

Hakim: Denken Sie doch nach!
Dupont: Ich gebe zu, dass ich für alles etwas vergesslich bin, was nicht mit Füßen zusammenhängt.
Hakim (hoffnungsvoll): Bestimmt ist es so. Versuchen Sie sich zu erinnern!
Dupont: Ich kenne Ihren Glauben zu wenig. Ich hatte immer gemeint, Allah hieße Allah.
Hakim: Allah ist Allah und hat hundert Namen. Neunundneunzig davon sind bekannt.
Dupont: Aha! Zum Beispiel?
Hakim: Der Einzige, der Ewige, der Erste.
Dupont (listig): Ich weiß ihn.
Hakim: Ja?
Dupont: Der Letzte.
Hakim: Name vier in der Liste des Ibn Magja.
Dupont (ebenso enttäuscht): ... Kehren wir zu den Füßen zurück.

Mit seinem Eifer für Hakims Schuhe, die dieser gar nicht will, bringt Dupont Hakim zur Verzweiflung. Enttäuscht verlässt er das Geschäft, um nach diesem offensichtlichen Irrtum des Propheten wieder heimzufliegen. Da stößt ihn die Stimme unbarmherzig in die frostige Wirklichkeit von Paris zurück: »Hakim, geh in das Restaurant ›Au Poisson Rouge‹ in der Rue de la Harpe und frage nach der Köchin Janine. Sie weiß den hundertsten Namen Allahs.« Im ›Poisson Rouge‹ findet Hakim Janine, eine wohlbeleibte Person. »Die weltberühmte Küche, Monsieur, das bin ich!«, sagt sie. Aber von Janines Berufsstolz will Hakim nicht viel hören. Ungeduldig unterbricht er alle Hinweise auf Janines Küchenkünste.

Hakim: Den Namen, Janine! Allahs Namen, den hundertsten! Sie wissen ihn!
Janine: Ein Losungswort?
Hakim: Möglicherweise eine Art Losungswort. Aber nicht die üblichen neunundneunzig, Janine!! Damit lasse ich mich nicht abspeisen!
Janine: Bei mir wird niemand abgespeist! Meine Ehre als Köchin –
Hakim: Den hundertsten Namen Allahs! ...
Janine: Wenn es dich beruhigen würde, könnte ich ein Gericht so benennen. Ich habe schon seit längerer Zeit ein Muschelragout im Kopf. Verstehst du, das alles sind Kompositionen. Man ist schließlich auch ein Künstler.
Hakim: Sie enttäuschen mich, Janine ...

Hakim verließ Janine in tiefen Zweifeln. Konnte Mohammed sich irren? Weder Dupont noch Janine hatten vom hundertsten Namen Allahs auch nur die geringste Ahnung gehabt, sie kannten nicht einmal die neunundneunzig anderen. Er begann, Kursbücher und Flugpläne zu studieren. Aber gerade, als er sich für seine Abreise entschlossen hatte, griff der Prophet nochmals ein: »Hakim, geh zu Mademoiselle Ninon Dufresne in der Rue du Beau Soupir 18. Sie weiß den hundertsten Namen Allahs.«

Hakim: Guten Tag, Ninon!
Ninon: Guten Tag, –
Hakim: Hakim.
Ninon: Guten Tag, Hakim.
Hakim: Der Name sagt Ihnen nichts?
Ninon: Was soll er mir sagen?
Hakim: Ich dachte, Sie wüssten, dass ich komme.
Ninon: Ich wusste es nicht, aber ich freue mich.
Hakim: Um alle Missverständnisse gleich aus der Welt zu schaffen –
Ninon: Es wird keine Missverständnisse geben.
Hakim: Ich kam nicht in dieses Haus, weil es ein solches Haus ist.
Ninon: Sondern?
Hakim: Wissen Sie den hundertsten Namen Allahs?
Ninon: Wenn Sie es mir erklären würden – !
Hakim: Nicht die neunundneunzig Namen, die jeder kennt! Den hundertsten, den Namen, der alles begreift, der Himmel und Erde bewegt –
Ninon: Seien Sie mir nicht böse, aber ich verstehe nichts von all dem.
Hakim: Dann ist auch das ein Missverständnis.
Ninon (aufrichtig bekümmert): Es tut mir furchtbar leid.
Hakim: Ich verstehe den Propheten nicht.
Ninon: Aber, nicht wahr, Sie verlangen nicht, dass ich ihn verstehe?
Hakim: Eigentlich doch.
Ninon: Und deswegen kamen Sie?
Hakim: Ja.
Ninon: Und gerade zu mir.
Hakim: Ja.
Ninon: Ich möchte Sie nicht enttäuschen. Offen gesagt: Ich bin nicht besonders klug.
Hakim: Mit Klugheit hat es auch nichts zu tun.
Ninon: Ich bedaure es oft. Mancher möchte unterhalten sein. Sie glauben nicht, wie viel Probleme es auf der Welt gibt, nach denen ich gefragt werde. Da ist Allah eines von den kleinsten.
Hakim: Es ist das größte.

weil sie keine Scheibe sondern Illusionsmalerei ist? Ist demnach das tiefe Dunkel, das der Spalt zwischen beiden Fensterflügeln freigibt, nicht der eigentliche Blick in die Unendlichkeit? Auch wenn unser Bild die Antwort nicht enthält, es sprengt die alltägliche Naivität und ist allein darin schon befreiend.

Alle jene Bilder und Vorstellungen sind der Balken in deinem Auge. Drum wirf sie hinaus, alle Heiligen und Unsere Frau aus deiner Seele, denn sie alle sind Kreaturen und hindern dich an deinem großen Gott. Ja selbst deines gedachten Gottes sollst du quitt werden, aller deiner noch so unzulänglichen Gedanken und Vorstellungen über ihn wie: Gott ist gut, ist weise, ist gerecht, ist unendlich: Gott ist nicht gut, ich bin besser als Gott; Gott ist nicht weise, ich bin weiser als er, und Gott ein Sein zu nennen, ist so unsinnig, wie wenn ich die Sonne bleich oder schwarz nennen wollte. Alles, was du da über deinen Gott denkst und sagst, das bist du mehr als er, du lästerst ihn, denn, was er wirklich ist, vermögen all jene weisen Männer in Paris (= Theologen der dortigen Universität) nicht zu sagen. Hätte ich auch einen Gott, den ich zu begreifen vermöchte, so wollte ich ihn niemals als meinen Gott erkennen. Drum schweig und klaffe nicht über ihn, behänge ihn nicht mit den Kleidern der Attribute und Eigenschaften, sondern nimm ihn »ohne Eigenschaft«, als er ein überseiendes Sein und eine überseiende Nichtheit ist in der stillen Wüste seiner Gottheit namenlos.

Du erniedrigst den unendlichen Gott zur melken Kuh, die man um der Milch und des Käses, um des eigenen Profits willen schätzt.

Ite, faciunt capram de Deo, pascunt eum foliis verborum. Item faciunt Deum histrionem, dant sibi veteres et viles vestes suas. – Diese machen aus Gott eine Ziege, füttern ihn mit Wort-Blättern. Ebenso machen sie aus Gott einen Schauspieler, geben ihm ihre alten und schlechten Kleider.

Du tust so wie jene, die, wenn es ihnen gut geht, Gott loben und ihm wohl vertrauen, wie denn etliche sagen: »Ich habe zehn Malter Korn und ebenso viel Wein in diesem Jahre, ich vertraue fest auf Gott!« Ganz recht, sage ich, du hast volles Vertrauen – zu dem Korn und dem Wein!

Hakim erfuhr bei Ninon spontane Zuwendung und Freundlichkeit. Auf Geheiß der Stimme blieb er bei ihr eine Nacht, doch den hundertsten Namen Allahs fand er nicht. Als er verzweifelt Paris verlassen wollte, erfuhr er, dass alle seine Bankkonten gesperrt worden waren und gleichzeitig telegraphierte ihm seine Frau, sofort heimzukehren. Mittellos machte er sich auf den Weg – zu Fuß – in den grünen Schuhen, die er bei Monsieur Dupont bestellt und mit dem letzten Bargeld bezahlt hatte. Aber erst in Damaskus erkannte er, was vorgegangen war: Aus politischen Gründen war er als Ausländer enteignet und zusammen mit Fatime aus allem Besitz gewiesen worden. Bettelarm kamen sie schließlich als Dienstboten in der ägyptischen Botschaft unter.

Hakim: Als mir der Star gestochen war, sah und hörte ich den hundertsten Namen Allahs hundert- und tausendfach. Im Ruf eines Vogels und im Blick eines Kindes, in einer Wolke, einem Ziegelstein und im Schreiten des Kamels.
Jüngling: Das alles ist also …
Hakim: Es kann sein!
Jüngling: Schattierungen!
Hakim: Die vor Eurer Ungeduld nicht gelten.
Jüngling: O Vater der Weisheit, Ihr übersetzt.
Hakim: Wenn Ihr es so nennen wollt.
Jüngling: Ich aber will den Namen, wie er ist.
Hakim: Man muss übersetzen, wenn das Original nicht zu verstehen ist.
Jüngling: Ich bestehe darauf.
Hakim: Geduldet Euch, junger Herr, Ihr besteht auf Eurem Tod!
Ein Tor wird aufgestoßen.
Botschafter (zornig): Was für ein Gemurmel hier im Treppenhaus? Habe ich einen Hausmeister oder einen Märchenerzähler? Wie, und das nennst du die Treppe gefegt? Abkömmling eines Schakals, Exkrement einer Wanderratte, Bazillus im Darm einer Hornviper! Nicht genug, dass du mein Bad benutzt, verdreckst du auch noch meine Treppe mit dem Abdruck deines Hintern! Allah verwandle dich in einen Mistkäfer! *Er schlägt die Tür zu.*
Hakim (ehrerbietig): Allahs Wille geschehe nach Ihrem Wunsch, mein Gebieter.
Jüngling: Der Botschafter?
Hakim: Er selbst.
Jüngling: Mir ist vor Schrecken fast das Herz stehen geblieben.
Hakim: Ein reizender alter Herr.
Jüngling: Wirklich?
Hakim: Folkloristisch sehr interessant. Er schreibt zur Zeit mit mir zusammen ein wissenschaftliches Werk.
Jüngling: Theologisch?
Hakim: Eine Sammlung arabischer Schimpfwörter, unter besonderer Berücksichtigung des Damaszener Dialekts. Ein Kairoer Verlag interessiert sich schon für das Buch.

Jüngling: Ach?
Hakim: Über dem Gespräch mit Euch aber habe ich versäumt, den hundertsten Namen Allahs aufs Neue zu übersetzen.
Jüngling: Ich bin begierig!
Hakim: In den Glanz dieser Treppe junger Herr! Nehmt den Besen und helft mir!

Schleier

Wolfgang Koeppen: Es ist die Sage, dass man zu Stein wird, wenn man die Wahrheit sieht. Ich möchte das entschleierte Bild sehen, selbst wenn ich zur Säule erstarre. Aber vielleicht wäre auch dies noch nicht die Wahrheit, und hinter dem Bild, das mich erstarren ließ, kämen andere Bilder, andere Schleier, noch unbegreiflichere, noch unzugänglichere, vielleicht noch furchtbarere, und ich wäre ein Stein geworden und hätte doch nichts gesehen. Etwas ist für uns unsichtbar neben der Welt und neben dem Leben. Aber was ist es?

Jonatan: Es gibt also für uns kein entschleiertes Bild, sowenig wie uns der hundertste Name Allahs bekannt wird? »Ihr besteht auf Eurem Tod!«, hat Hakim gesagt.

René Magritte (1898–1967), Dies ist kein Apfel, 1964.

Der Wein Gottes ist immer schon im Keller

Jonatan: Eckhart, du bist ein schwieriger Denker.
Meister Eckhart: Ich bin kein Denker.
Jonatan: Was bist du dann?
Meister Eckhart: Ich bin Gottes inne geworden.
Jonatan: Wie das?
Meister Eckhart: Gott leuchtet im tiefsten Grund der Seele, ob der Mensch daran denkt oder nicht.
Jonatan: Welche Menschen meinst du?
Meister Eckhart: Jedweden. Gott ist dem Menschen näher als dieser sich selber.
Jonatan: Dann müsste jedermann, jedefrau von Gott wissen.
Meister Eckhart: Ich sag dir: Der Wein Gottes ist immer schon im Keller. Es kommt nur darauf an, dass der Mensch hinabsteigt und einholt, was seit jeher sein eigen ist. – Aber das Nächste ist zugleich das Allerentfernteste.
Jonatan: Wieso?
Pamphalon: Kennst du nicht die Geschichte von jenem Jungen, der seine Brüder an einen Ort führen wollte, wo sie die Wahrheit über sich selbst erfahren konnten? Da heißt es: Sie gingen lange und noch am selben Tag kamen sie zu jenem Brunnen.
Jonatan: Gelesen, nicht verstanden und darüber hinweg gelesen.

Du gibst nur vor, Gott zu suchen; in Wahrheit machst du aus Gott eine Kerze, mit der du etwas anderes suchst, und hast du es gefunden, so wirfst du die Kerze weg.
Wer aber Gott recht in Wahrheit hat, der hat ihn an allen Stätten und auf der Straße und bei allen Leuten ebenso gut wie in der Kirche oder in der Einöde oder in der Zelle … Ein solcher Mensch trägt Gott in allen seinen Werken und an allen Stätten, und alle Werke dieses Menschen wirkt allein Gott.

Er muss lernen, die Dinge zu durchbrechen und seinen Gott darin zu ergreifen.

Meister Eckhart (um 1260–1328)

Das verschleierte Bild zu Sais

Ein Jüngling, den des Wissens heißer Durst
Nach Sais in Ägypten trieb, der Priester
Geheime Weisheit zu erlernen (…);

Stets riss ihn seine Forschbegierde weiter,
Und kaum besänftigte der Hierophant
Den ungeduldig Strebenden. »Was hab ich,
Wenn ich nicht alles habe?«, sprach der Jüngling.
»Gibt's etwa hier ein Weniger und Mehr?
Nimm einen Ton aus einer Harmonie,
Nimm eine Farbe aus dem Regenbogen,
Und alles, was dir bleibt, ist nichts, solang
Das schöne All der Töne fehlt und Farben.«

Indem sie einst so sprachen, standen sie
In einer einsamen Rotonde still,
Wo ein verschleiert Bild von Riesengröße
Dem Jüngling in die Augen fiel. Verwundert
Blickt er den Führer an und spricht: »Was ist's,
Das hinter diesem Schleier sich verbirgt?«
»Die Wahrheit«, ist die Antwort. »Wie?«, ruft jener,
»Nach Wahrheit streb ich ja allein, und diese
Gerade ist es, die man mir verhüllt?«

»Das mache mit der Gottheit aus«, versetzt
Der Hierophant. »Kein Sterblicher, sagt sie,
Rückt diesen Schleier, bis ich selbst ihn hebe.
Und wer mit ungeweihter, schuld'ger Hand Den heiligen, verbot'nen früher hebt,
Der, spricht die Gottheit – « »Nun?« –
»Der *sieht* die Wahrheit.«
»Ein seltsamer Orakelspruch! Du selbst,
Du hättest also niemals ihn gehoben?«
»Ich? Wahrlich nicht! Und war auch nie dazu
Versucht.« – »Das fass ich nicht. Wenn von der Wahrheit
Nur diese dünne Scheidewand mich trennte – «
»Und ein Gesetz«, fällt ihm sein Führer ein.
»Gewichtiger, mein Sohn, als du es meinst,
Ist dieser dünne Flor – für deine Hand
Zwar leicht, doch zentnerschwer für dein Gewissen.«

Pamphalon: Dann hör dir noch eine Geschichte an, die dich auf die Spur bringen kann:
Jeden Tag ging Nasrudin mit einem Esel über die Grenze, die Lastkörbe hoch mit Stroh beladen. Da er zugab, ein Schmuggler zu sein, durchsuchten ihn die Grenzwachen immer wieder. Sie machten Leibesvisitationen, siebten das Stroh, tauchten es in Wasser und verbrannten es sogar von Zeit zu Zeit. Unterdes wurde Nasrudin sichtlich wohlhabender. – Schließlich setzte er sich zur Ruhe und zog in ein anderes Land. Dort traf ihn Jahre später einer der Zollbeamten. »Jetzt könnt Ihr es mir ja verraten, Nasrudin«, sagte er. »Was habt Ihr damals nur geschmuggelt, als wir Euch nie etwas nachweisen konnten?« – »Esel«, sagte Nasrudin.
Jonatan: Und die Auflösung, bitte?
Pamphalon: Willst du schon wieder auf eigene Anstrengung verzichten? Ich geb' sie dir hier spiegelverkehrt. Du darfst aber erst nachschauen, wenn du selbst deine Antwort formuliert hast.

[Die Vermutung, das Göttliche müsse weit weg oder sehr kompliziert sein, beruht auf Unkenntnis. Ein Mensch, der so denkt, ist zum Sehen und Erkennen unfähig. Das Göttliche ist »nah« und auch »weit weg«, jedoch in einem anderen Sinn, als der Zeitgenosse annimmt.]

Glück inklusive Schmerz

Jonatan: Also gut. Ich bin über die naiven Gottesbilder, die zu engen Begriffe, die falschen »Eigenschaften« Gottes hinaus. Ich verstehe sogar, dass der Atheismus nützlich ist, wie Simone sagt, wenn er die Abgötterei und andere Unzulänglichkeiten austreibt. Was ich sonst gehört habe in euren paradoxen Bildern, gibt mir zu denken. Damit bin ich noch nicht fertig.
Pamphalon: Wenn du richtig verstanden hast, wirst du nie damit fertig. Das Wort Gott steht für nichts, mit dem man »fertig« werden könnte.
Jonatan: Du hast natürlich recht. Unsere Sprachgewohnheiten führen leicht zu falschen Worten. Aber eins sag mir bitte noch: Was erwartest du, wenn du »Gott« sagst? Macht dich der Glaube an Gott glücklich?
Pamphalon: Ich zweifle.
Jonatan: Macht er dich wenigstens zufrieden?
Pamphalon: Ich zweifle.
Jonatan: Macht er dich denn wenigstens menschlicher?
Pamphalon: Das denke ich schon.
Jonatan: Aber Glück und Zufriedenheit?
Pamphalon: War Israel glücklich mit seinem Gott? Oder Jesus mit seinem Abba? Ich zweifle. Glück, Zufriedenheit …, das verspricht die Werbung alle Tage. Es sind keine hinreichenden Worte für die Gotteserfahrung. Der Gottesglaube garantiert nicht irgendwelches Glück und irgendwelchen Trost.

Jonatan: Dann sag genauer, welches Glück du von Gott erwartest.
Pamphalon: Wenn wir sagen können »Glück inklusive Schmerz«, so bin ich einverstanden.
Jonatan: Ich nehme an, du wehrst dich dagegen, dass Glück mit Wohlstand verwechselt wird?
Pamphalon: Ich verstehe es so: Es ist Glück, wenn wir das alltägliche, gleichgültige, laute Herz eintauschen gegen ein offenes, mitfühlendes, strömendes Herz. Aber ein solches Herz ist immer leidensfähig; es wird vom Leid der Welt berührt. Darum sage ich: Glück inklusive Schmerz. Das Glück, das dem jungen Siddhartha blühen sollte, als man ihn gegen Alter, Hunger, Krankheit und Tod abschirmte, ist jedenfalls ein Glück, das mit »Gott« nicht zusammengeht.
Jonatan: Also ist Glück nichts, was man ausschließlich für sich haben könnte?
Pamphalon: Gott glauben führt aus der Zuschauerrolle heraus. Du kannst nicht passiv bleiben, während die Armut um sich greift, die Zerstörung der ökologischen Kreisläufe auf eine Grenze ohne Wiederkehr zustrebt.
Jonatan: Ist Engagement ein anderes Wort für Glaube?
Pamphalon: Glauben heißt – zum Beispiel –, die Statistiken der Weltnöte, das soziale und politische Wissen zu Gebeten werden zu lassen. Und Beten heißt: dass wir Stellung nehmen. Und Kirche heißt: unsere Ängste und Wünsche so zu formulieren, dass wir gemeinsam mit ihnen leben und an ihnen arbeiten können.
Jonatan: Also steht das Wort Gott immer auch für ein durchdachtes, engagiertes Verhältnis zur Welt?
Pamphalon: Wer Gott sagt, findet sich nicht ab. Nicht mit Daten und Fakten, und nie mit Gleichgültigkeit. Wir fragen, glauben, hoffen, engagieren uns über die Daten – das Vorgegebene – hinaus, oft auch gegen ihre erdrückende, entmutigende Macht. An Gott glauben heißt: Ich gebe mich nicht auf, nie. Ich gebe dich nicht auf, nie. Ich gebe die Welt nicht auf, nicht einmal am Jüngsten Tag.

Gott ist nur eigentlich,
er liebt und lebet nicht,
wie man von dir und mir
und andren Dingen spricht.

Ich bin nicht außer Gott
und Gott nicht außer mir,
ich bin sein Glanz und Licht
und er ist meine Zier.

Der Jüngling ging gedankenvoll nach Hause.
Ihm raubt des Wissens brennende Begier
Den Schlaf, er wälzt sich glühend auf dem Lager
Und rafft sich auf um Mitternacht. Zum Tempel
Führt unfreiwillig ihn der scheue Tritt.
Leicht ward es ihm, die Mauer zu ersteigen,
Und mitten in das Innre der Rotonde
Trägt ein beherzter Sprung den Wagenden.

...

Er tritt hinan mit ungewissem Schritt,
Schon will die freche Hand das Heilige berühren,
Da zuckt es heiß und kühl durch sein Gebein
Und stößt ihn weg mit unsichtbarem Arme.
Unglücklicher, was willst du tun? so ruft
In seinem Innern eine treue Stimme.
Versuchen den Allheiligen willst du?
Kein Sterblicher, sprach des Orakels Mund,
Rückt diesen Schleier, bis ich selbst ihn hebe.
Doch setzte nicht derselbe Mund hinzu:
Wer diesen Schleier hebt, soll Wahrheit schauen?
»Sei hinter ihm, was will! Ich heb ihn auf.«
(Er ruft's mit lauter Stimm.) »Ich will sie schauen.« Schauen!
Gellt ihm ein langes Echo spottend nach.

Er spricht's und hat den Schleier aufgedeckt.
Nun, fragt ihr, und was zeigte sich ihm hier? Ich weiß es nicht. Besinnungslos und bleich,
So fanden ihn am andern Tag die Priester
Am Fußgestell der Isis ausgestreckt.
Was er allda gesehen und erfahren,
Hat seine Zunge nie bekannt. Auf ewig
War seines Lebens Heiterkeit dahin,
Ihn riss ein tiefer Gram zum frühen Grabe.
»Weh dem«, dies war sein warnungsvolles Wort,
Wenn ungestüme Frager in ihn drangen;
»Weh dem, der zu der Wahrheit geht durch Schuld,
Sie wird ihm nimmermehr erfreulich sein.«

Friedrich von Schiller

Die innere Mitte

Henri Matisse (1869–1954), Ikarus, 1947.

Von Ikarus und seinem Vater Dädalus erzählt die griechische Mythologie, dass beide auf der Insel Kreta vom König Minos gefangen gehalten wurden. Da Minos die Seefahrt kontrollierte, erfand Dädalus Flügel für sich und seinen Sohn. Dazu befestigte er Federn mit Wachs an einem Gestänge. Vor dem Start schärfte er Ikarus ein, nicht zu hoch und nicht zu tief zu fliegen, da sonst die Feuchte des Meeres oder die Hitze der Sonne zum Absturz führen würde. Auf dem Flug in die Freiheit wurde Ikarus übermütig. Er stieg so hoch hinauf, dass die Sonne das Wachs seiner Flügel schmolz, die Federn sich lösten und er ins Meer stürzte.
Matisse hat einmal geschrieben: »Wer sich der Malerei widmen will, sollte sich als erstes die Zunge abschneiden.« Er wollte keine Deutung seiner Bilder vorgeben.
Was bleibt uns? Wir sehen einen schwarzen Ikarus auf grenzenlosem Ultramarin. Sterne oder Flammen zucken ringsum. An der Stelle des Herzens hat Ikarus einen roten Fleck – einen Blutfleck?
Wie wollen wir diesen Ikarus sehen? Als ein Bild unserer selbst? Als Sehnsucht nach Freiheit? Als Symbol für unseren Weg zur eigenen Mitte?

Der Sprung in den Brunnen

Bekannt, aber deswegen noch nicht verstanden, ist die Geschichte von jenem Mädchen, das zum Brunnen geht, Wasser zu holen. Und wie es sich bückt, den Eimer aus dem Brunnen zu ziehen, bückt es sich zu tief und fällt hinein.
Jeder, der selbst schon einmal über den Rand eines alten Brunnens geschaut hat, versteht, dass ein Sturz in den modrigen Schacht mit dem Leben bezahlt werden kann. In unserer Geschichte geht es aber

nicht um einen Brunnen, der in den Tod hinein verschluckt, denn das Märchen erzählt im folgenden Satz: Und als es erwachte und wieder zu sich selber kam …

Offensichtlich ist dieser Brunnen ein Ort, an dem der Mensch zu sich selber findet. Die Tiefe, in die er gelangt, ist auch nicht finster, gruselig und erstickend, sondern wird als eine schöne Wiese beschrieben, »auf der die Sonne scheint und sind vieltausend Blumen«. Gleichzeitig ist es ein Ort, an dem der Mensch fähig wird, die Sprache der Dinge zu verstehen. Wie das Mädchen nämlich weitergeht, kommt es zu einem Backofen, der voller Brot ist; das Brot aber ruft: »Ach! zieh mich raus, zieh mich raus! Ich bin längst ausgebacken!« Was man backt, kocht oder gart, ist nur für eine kleine Weile gut. Hinterher verbrennt alles und ist dann ungenießbar. Das Mädchen aber erkennt die Situation, die keinen Aufschub zulässt. Es tritt hinzu und holt die Brote heraus.

Was wird erzählt? Wenn ein Mensch in den »Brunnen« springt (oder fällt), also zu sich selber kommt, kann er die Sprache der Dinge verstehen. Der »Backofen« vertritt die vielen Situationen, die uns täglich herausfordern, einen An-spruch an uns stellen und unsere Antwort erwarten.

Wo aber gibt es jenen geheimnisvollen Brunnen, in den wir hinabsteigen oder springen müssen, um zu uns selbst zu finden?

Von diesem Brunnen wird auch so erzählt:

Eines Tages ging der Knabe zu seinen Brüdern. Er sagte zu ihnen: »Gebt Acht! Ich will, dass wir zusammen einen merkwürdigen Ort aufsuchen.«

»Wohin willst du uns denn führen?«, fragten die Brüder.

»Ich will euch dahin führen, wo ihr die Wahrheit über euch selbst erfahren sollt.«

Die Brüder baten ihn: »Lass es doch sein, es lohnt sich nicht. Danke, wozu sollen wir schon wieder ausziehen?« Sie wollten nicht gehen.

Der Jüngste aber bestand darauf: »Entweder ihr kommt mit, oder ihr seht mich nie wieder!« So zwang er sie, mit ihm zu gehen.

Sie gingen lange, aber noch am selben Tag kamen sie zu jenem Brunnen. Der Jüngste sagte zum ältesten Bruder: »Ich will dich anbinden und in den Brunnen hinunterlassen. Schau dir an, was es dort zu sehen gibt.«

Der Älteste begann zu weinen: »Warum willst du mich in den Brunnen hinunterlassen?« Er hatte Angst. Er bat um Gnade. Der Jüngste sagte: »Wir müssen dort hin!« Er band ihm einen Strick unter den Armen her und ließ ihn hinunter. Aber kaum war der Bruder ein paar Klafter tief, begann er zu schreien und zu weinen – noch ein bisschen, und die Angst zerreißt ihn: »Ich sterbe, ich sterbe!« Noch nicht einmal ein Viertel des Brunnen war er hinunter.

Der Knabe zog ihn heraus, denn nun sah er, was für ein Mensch das war.

Dem Weg dieses Kapitels zu folgen, hängt nicht von Intelligenz, sondern von Bereitschaft ab. Ob sie besteht, kannst du an folgenden Fragen testen:

1 Bist du in der Lage, langsam und mit innerer Offenheit zu lesen?

2 Nimmst du dir dazu eine bewusst gewählte Zeit?

3 Suchst du einen Platz zum Lesen und Nachdenken, der ruhig ist und an dem du dich wohl fühlst?

4 Hältst du es für möglich, einzelne Partien ein zweites und weiteres Mal zu durchdenken?

5 Merkst du dir Fragen, Einwände, Überlegungen für ein Gespräch in der Klasse?

Dann kam der zweite. Auch ihn band der Knabe und ließ ihn hinunter. Kaum war er bis zur Hälfte des Brunnens gekommen, begann er zu schreien vor Angst: »Ich sterbe, ich sterbe!« Er zog ihn heraus.
Nun kam die Reihe an den Jüngsten. Er sagte: »Hört zu! Wie viel ich auch weinen und schreien werde, zieht mich nicht hoch. Lasst mich hinunter, bis ihr fühlt, dass der Strick leicht geworden ist.« Die Brüder begannen, ihn zu bitten: »Du bist unser Jüngster! Warum willst du von uns gehen?« Sie baten ihn, er möge sie doch nicht verlassen, aber er wollte nicht auf sie hören. Da banden sie ihn und ließen ihn hinunter.

»Brunnen« sind Symbole einer Tiefe, in welcher der Mensch zu sich selbst kommen kann. Der Junge hatte zu seinen Brüdern gesagt: »Wo ihr die Wahrheit über euch selbst erfahren könnt«.
In einem anderen Märchen, das wir bereits kennen, wurde dieser »Ort« nicht als »Brunnen«, sondern als »Falltür« beschrieben, die den Weg nach unten freigibt – sofern der Mensch sich »versinnt«.
Vielen Menschen mag es geschehen, dass sie nie dorthin gelangen, wo sie den Weg in ihre eigene Tiefe, die Wahrheit über sich selbst finden. Wahrscheinlich werden sie sagen, die Falltür zu diesem Abstieg nie gesehen zu haben – und doch gibt es sie auf dem Boden einer jeden stillen Stunde: Man muss nur stille werden, sich versinnen, um den Weg von außen nach innen, vom Rand zur Mitte hin zu finden.

Zu sich selbst finden

In den Mythen und Märchen der Welt wird in vielerlei Weise erzählt, wie Menschen hören und sehen lernen, sich auf den Weg machen und zu sich selbst finden. Manchmal wird dieser Weg als Suche nach dem »Wasser des Lebens« beschrieben. Er ist reich an Hürden und Aufgaben, die das Weiterkommen erschweren oder gar versperren. Es gibt keine Gruppenreisen dorthin. Wer seine innere Mitte finden will, muss zu eigenen Wagnissen bereit sein, – mit Gefährten, ohne Gefährten, auch ins Dunkle hinein, aber stets im Vertrauen, dass der Weg sich lohnt.

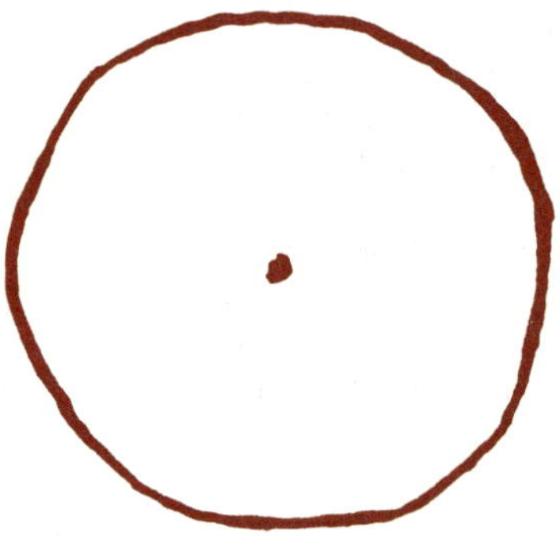

Ich weiß nicht, was ich bin;
ich bin nicht, was ich weiß:
Ein Ding und nicht ein Ding,
ein Pünktchen und ein Kreis.

Hier folgt die Wegbeschreibung:

Kannst du stille sein und alle Zerstreuung lassen? Beispielsweise, bevor du die Hausaufgaben beginnst oder auch bevor du zu Bett gehst: eine kleine Weile die Augen schließen und nichts tun, nichts denken, nichts planen, einfach abschalten. Es ist nicht leicht. Man muss den inneren Monolog, der uns fortwährend programmiert, aufheben können. Nur in kleinen Schritten und über eine längere Zeit gibt es Fortschritte. Hier sind einige Hilfen dazu:

- Hol dir einen schönen Kieselstein, der gut in der Hand liegt. Schließ die Augen und empfinde ihn nur mit dem Tastsinn. Lass nichts daneben gelten, keine Musik, keine Ablenkung; der Stein ist für diese Minuten die ganze Welt. Wenn möglich, meide alle Gedanken und sei eins mit dem Stein.
- Statt eines Kieselsteins kann es ein Schneckenhaus sein, eine frische Kastanie, eine Nuss, ein Weizenkorn. Sinnvoll sind Dinge, die eine geschlossene Form und eine Mitte haben.
- Wenn du aber nicht fühlen willst – so fühlen, als sei dies die einzige Möglichkeit, Wirklichkeit wahrzunehmen – so sei ganz Auge und nichts daneben: nimm ein Gänseblümchen oder eine andere einfache Blume, eine kleine Baumscheibe, eine durchschnittene Frucht, ein Blatt, ein Mandala.
- Auch ein Gedicht, mit gesammelter Aufmerksamkeit gesprochen, kann dich in die innere Ruhe führen. Finde deinen Vers, dein Lied, dein Gedicht!

Mandala (Sanskrit: Kreis), eine symbolische Gestalt, die in zahlreichen Formen begegnet. Meistens wird das M. durch einen Kreis und die durch den Mittelpunkt gehenden Weltachsen gekennzeichnet. Viele Kulturen errichteten Behausungen, Tempel und Städte in M.-form. Als Meditationsfigur kann das M. ein Bild des Selbst sowie Gestalt der inneren Ordnung sein. (→ S. 140 ff.)

Um die Stille, von der jeder Mensch einen Vorrat in sich trägt, nicht aufzubrauchen, ist es wichtig, ihre Grenzen zu verteidigen: Sprich so leise wie möglich und nie lauter als notwendig! Höre dich selbst sprechen und prüfe, ob deine Worte verhalten genug sind.
Lerne zuzuhören ohne Ungeduld! Manche Menschen mögen immer nur selbst reden. Beobachte deine Neigungen.
Geh sparsam mit Unterhaltungsangeboten um. Lebe aus eigenen Kräften, ohne Abhängigkeit von Fertigwaren. Nur so entdeckst du deine Möglichkeiten. Oder brauchst du ständig laufende Musik? Hier sind einige Sätze zum Abschreiben und Bedenken:

- »Das Schweigen ist die Mitte des Menschen ...« *Max Picard*
- »Lärm ist hörbarer Müll. Die ›sichtbaren‹ Abfälle werden von Müllwagen abgeholt, der ›hörbare‹ Abfall bleibt da.«
- »Das deutsche Wort Lärm stammt vom italienischen Alarm, und dieses wiederum ruft all'arme: zu den Waffen! Unbewusst werden wir ständig zu den Waffen gerufen, wenn wir Lärm hören. Wir werden alarmiert.«
- »Viele junge Leute sind walkman-süchtig. Sie liegen auf dem Bett oder auf dem Boden und lassen sich die Musik aus dem Kopfhörer in die Ohren laufen, als ›söffen‹ sie durch ihr Hör-Organ – durchschnittlich 24 Stunden pro Woche mit um die 100 Dezibel. ›Irre‹ sei das – und ›geil‹ – sagen sie. Sie meinen, dass ihnen ohne die Musikspritze die Alltagsrealität nicht erträglich wäre. Musik als Rauschmittel. Als dope. Sie sagen ›volle power‹. Nirgendwo haben sie sie. Dadurch bekommen sie sie.« *Joachim-Ernst Berendt*

Halt an, wo läufst du hin,
der Himmel ist in dir:
Suchst du Gott anderswo,
du fehlst ihn für und für.

Nichts ist, das dich bewegt,
du selber bist das Rad,
Das aus sich selbsten läuft
und keine Ruhe hat.

Die Ros' ist ohn' Warum,
sie blühet, weil sie blühet,
Sie acht' nicht ihrer selbst;
fragt nicht, ob man sie siehet.

Freund, es ist auch genug.
Im du mehr willst lesen,
So geh und werde selbst die Schrift
und selbst das Wesen.

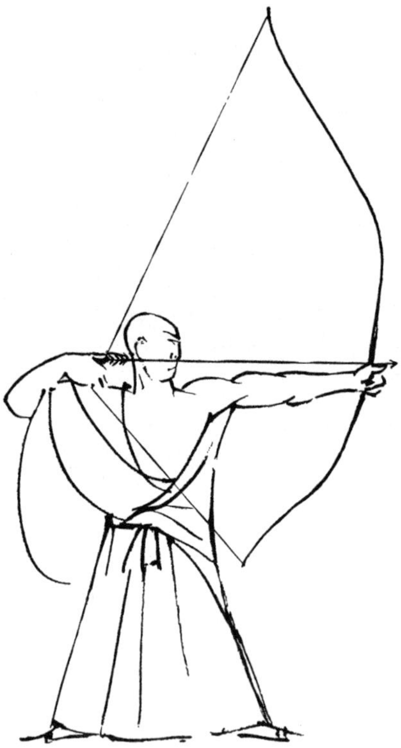

Aufmerksamkeit

Hier sind Geschichten aus dem Zen-Buddhismus, die Aufmerksamkeit verlangen und Aufmerksamkeit als ein Leben aus der Mitte lehren:

Die Anfänger

Vier Schüler, die enge Freunde waren, versprachen einander, sieben Tage lang Schweigen zu bewahren.

Am ersten Tag waren sie alle still. Ihre Meditation hatte glückverheißend begonnen, aber als die Nacht kam und die Öllampen trübe wurden, konnte sich ein Schüler nicht zurückhalten, einem Diener zuzurufen: »Sieh nach den Lampen!«

Der zweite Schüler war überrascht, den ersten reden zu hören. »Wir sollten doch kein Wort sprechen«, sagte er.

»Ihr seid beide dumm. Warum redet ihr?«, fragte der dritte.

»Ich bin, der Einzige, der nicht gesprochen hat«, stellte der vierte Schüler fest.

Leer werden

Nan-in, ein japanischer Zen-Meister (1868–1912), empfing den Besuch eines Universitätsprofessors, der etwas über Zen erfahren wollte.

Nan-in servierte Tee. Er goss die Tasse seines Besuchers voll und hörte nicht auf weiterzugießen.

Der Professor beobachtete das Überlaufen, bis er nicht mehr an sich halten konnte. »Es ist übervoll. Mehr geht nicht hinein!«

»So wie diese Tasse«, sagte Nan-in, »sind auch Sie voll mit Ihren eigenen Meinungen und Spekulationen. Wie kann ich Ihnen Zen zeigen, bevor Sie Ihre Tasse geleert haben?«

Jede Minute Zen

Nan-in erhielt Besuch von Tenno, der ein Lehrer geworden war. Der Tag versprach regnerisch zu werden, darum trug Tenno Holzschuhe und hatte einen Regenschirm bei sich. Nachdem Nan-in ihn begrüßt hatte, bemerkte er: »Ich nehme an, du hast deine Holzschuhe im Vorraum gelassen. Ich möchte gerne wissen, ob dein Regenschirm rechts oder links von den Holzschuhen steht.«

Tenno wusste in seiner Verwirrung keine sofortige Antwort zu geben. Er erkannte, dass er nicht in der Lage war, sein Zen in jeder Minute bei sich zu haben. Er wurde Nan-ins Schüler und er studierte weitere sechs Jahre, um sein Jede-Minute-Zen zu vervollkommnen.

Zen

Was Zen ist, kann man nicht definieren. Es hat damit zu tun, wie ein Mensch lebt.

»Das kann beim Schnüren der Schuhe beginnen, frühmorgens, wenn die Zeit knapp ist und der Stress groß und plötzlich ein Schuhbändel reißt. Der Ort, an dem es um die großen Fragen des Lebens geht, ist immer da, wo wir uns gerade befinden. In der Küche, in der Schule, im Hauptbahnhof. Überall. Beim Zähne putzen, beim Schreiben, beim Einkauf im Supermarkt. Jederzeit. Das Geheimnis des Lebens ist nicht an besonders heiligen Orten versteckt. Wenn es ein Versteck hat, dann ist es das ganz Gewöhnliche, oft Übersehene, kaum Beachtete. Oder ist es umgekehrt?«

Lorenz Marti

Gelassenheit

Der Zen-Meister Hakuin wurde von seinen Nachbarn als einer, der ein reines Leben führte, gepriesen.
Ein schönes Mädchen, dessen Eltern ein Lebensmittelgeschäft besaßen, wohnte in der Nähe. Da entdeckten die Eltern, dass ihre Tochter schwanger war. Das machte die Eltern sehr böse. Das Mädchen wollte nicht gestehen, wer der Mann war, aber nach langem Drängen nannte sie schließlich Hakuin.
In großem Ärger gingen die Eltern zum Meister. »So?«, war alles, was er zu sagen hatte.
Nachdem das Kind geboren war, brachte man es zu Hakuin. Er hatte seinen guten Ruf verloren, was ihm jedoch keine Sorgen machte, und er kümmerte sich in bester Weise um das Kind. Von seinen Nachbarn erhielt er Milch und alles andere, was das Kleine benötigte.
Ein Jahr später konnte die junge Mutter es nicht länger aushalten. Sie erzählte ihren Eltern die Wahrheit – dass der echte Vater ein junger Mann sei, der auf dem Fischmarkt arbeite. Die Mutter und der Vater des Mädchens gingen wieder zu Hakuin und baten ihn um Verzeihung; sie entschuldigten sich des Langen und Breiten und wollten das Kind wieder mitnehmen. Hakuin war einverstanden. Während er das Kind übergab, war alles, was er sagte: »So?«

Wenn du etwas genau und lange ansiehst, dann entdeckst du Dinge, die für die anderen unsichtbar sind. Die meisten Menschen machen den Fehler, dass sie versuchen, etwas ganz Besonderes zu sehen, wo es doch nur darum geht, das Gegenwärtige zu entdecken.

Rabbi Shelomo ben Yitzhaki

Qiangli Liang (geb. 1964), Eine Frau Nr. 2, 1996.

Beten oder: Kann man einen Kuss durch Boten senden?

Als zu dem Lehrer des inneren Lebens einmal ein Junge kam, entspann sich folgendes Gespräch:

Junge: Zeige mir, wie ich beten kann.
Lehrer: Kann man einen Kuss durch Boten senden?
Junge: Es käme wohl anderes an, als gemeint ist.
Lehrer: Genauso wenig kann ich, wenn es um den inneren Weg geht, dich mit Worten unterweisen. Was immer ich weiß, kann dir nicht ersparen, selbst zu suchen.
Junge: Ich will auch keine Worte und Sätze. Mich irritiert, was ich übers Beten lernte. Vieles erscheint mir schablonenhaft. Es macht mich stumm. Was heißt beten?
Lehrer: Beten ist verantwortetes Leben.
Junge: Dann braucht es keine Worte?
Lehrer: Nicht immer. Aber ohne Sprache gibt es kein Menschsein. Was uns bewegt, drängt auch ins Wort.
Junge: Es gibt Menschen, die schämen sich, Gebete zu sprechen, weil sie meinen, es höre sie doch niemand.
Lehrer: Was tust du, wenn du alleine bist?
Junge: Was schon? Arbeiten, lesen, nachdenken, Musik hören, singen ...
Lehrer: Und wenn du singst, für wen singst du dann?
Junge: Wieso? Für mich! Aus Lust am Singen.
Lehrer: Also um deiner selbst willen?
Junge: Ja, aus Freude am Singen.
Lehrer: Hört dir Gott dabei zu?
Junge: Wenn ich richtig verstanden habe, was du von Gott sagst, ist »hören« schon der falsche Ausdruck. Eher müsste ich sagen: Gott singt mit.
Lehrer: Das finde ich gut. Hast du an Meister Eckharts Wort gedacht: »Im Seelengrund ist Gottes Grund mein Grund und mein Grund Gottes Grund. Hier lebe ich aus meinem Eigenen, wie Gott aus seinem Eigenen lebt«?
Junge: Es hat mich überzeugt, Gott nicht von draußen her zu suchen, sondern in mir selbst. Wenn er meine tiefste Mitte ist – so wie auch

Gott ist noch mehr in mir,
als wenn das ganze Meer
In einem kleinen Schwamm
ganz und beisammen wär.

Wer Gott um Gaben bitt't,
der ist gar übel dran:
Er betet das Geschöpf
und nicht den Schöpfer an.

Was Gott ist, weiß man nicht:
er ist nicht Licht, nicht Geist,
Nicht Wahrheit, Einheit, Eins,
nicht, was man Gottheit heißt.

Man kann den höchsten Gott
mit allen Namen nennen,
Man kann ihm wiederum nicht
einen zuerkennen.

deine Mitte und unser aller Mitte –, ist das, was wir zuinnerst sagen, immer auch zu Gott gesagt.

Junge: Du sagst, das wahre Gebet sei Gebet des Herzens, nicht des Mundes. Was »sagt« das Herz eigentlich?

Lehrer: Das Herz sagt sich selbst. Es bedeutet die Mitte und die Zusammenfassung all unserer Kräfte.

Junge: Was heißt, sich selbst sagen?

Lehrer: Das Gebet des Herzens ist nicht etwas Bestimmtes oder Begrenztes, weder Bitte, noch Schuldbekenntnis, noch Dank. Es ist die reine Fülle, die uns auf Gott hin möglich ist. Christlich heißt diese Fülle Liebe.

Junge: Es wird über nichts mehr geredet als über die Liebe. Trotzdem weiß ich nicht, ob die Menschen die Liebe wirklich suchen.

Lehrer: Die Liebe ist etwas sehr Einfaches und Selbstverständliches. Aber die einfachsten und selbstverständlichsten Taten des Herzens sind in unserer Gesellschaft meist mühsam zu erlernen. Schon das Denken über die Liebe ist fehlgeleitet.

Junge: Wie meinst du das?

Lehrer: Man denkt, Liebe sei Bindung an eine bestimmte Person. Das ist nicht so. Liebe ist eine Haltung, eine Ausrichtung des Herzens, die das Verhältnis zu allen Menschen und zur ganzen Welt betrifft. Wenn jemand nur einen einzigen Menschen zu lieben vorgibt, allen anderen gegenüber aber gleichgültig oder gar ablehnend bleibt, ist seine vermeintliche Liebe nur eine Spielart von Egoismus. Wenn du zu einem anderen sagen kannst: »Ich liebe dich«, musst du auch sagen können: »Ich liebe in dir alle Menschen; ich liebe das Leben; ich liebe die ganze Welt und ich liebe mich selbst.«

Junge: Warum mich selbst?

Lehrer: Die Liebe ist unteilbar. Die Liebe zu dir selbst ist mit der Liebe zu anderen grundsätzlich verbunden.

Junge: Erklär mir das bitte genauer.

Lehrer: Nur wer sich selbst achtet, weil er in sich ruht – oder anders gesagt: nur wer glücklich ist –, kann lieben. Darum heißt es: »Liebe deinen Nächsten wie dich selbst.«

Junge: Liebt jeder, der die Menschen liebt, in seiner Liebe zugleich Gott?

Lehrer: Jede wahre Liebe meint, wissend oder nicht, immer auch Gott.

Junge: Ist Lieben also eine Form des Gebets?

Lehrer: So darf man sagen – sofern du bedenkst: Wer liebt, übernimmt Verantwortung. Wer betet, stellt sich seiner Verantwortung. Darum ist der Weg des Gebets immer ein Weg wachsender Liebesfähigkeit.

*

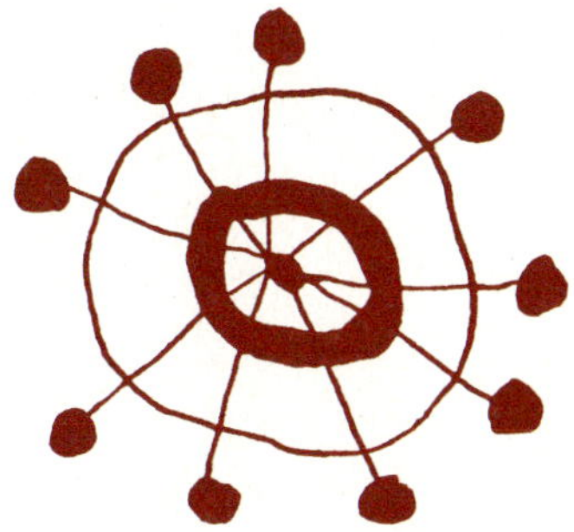

Man sagt, Gott mangelt nichts,
er darf nicht unsrer Gaben,
ist's wahr – was will er dann
mein armes Herze haben?

Die Welt ist mir zu eng,
der Himmel ist zu klein,
wo wird doch noch ein Raum
für meine Seele sein?

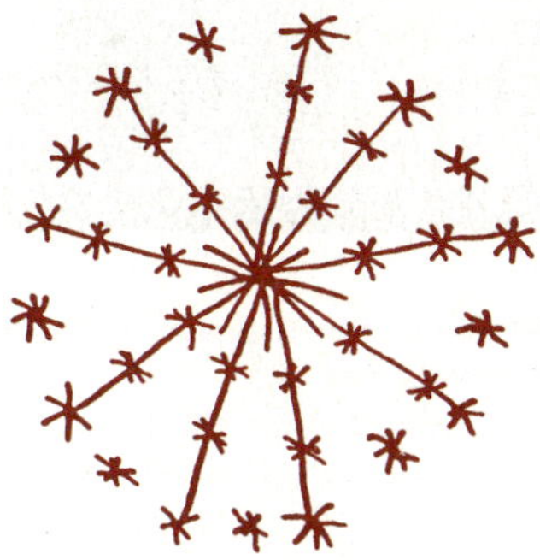

Freund, so du etwas bist,
so bleib doch ja nicht stehn,
man muss aus einem Licht
fort in das andre gehn.

Er liebte es, seiner Mutter zuzusehen, wie sie über den großen Küchentisch gebeugt stand, die Hände bis zu den Ellbogen in den Teig grub und die Masse im Takt knetete und walkte. Dann formte sie lange Rollen, schnitt sie durch, und aus jedem Stück wurde ein rundes Brot.

Isabel Allende

Junge: Bitte eine Probe aufs Exempel! Was heißt: Zu Tisch beten? Da wird für volle Tische gedankenlos gedankt, während eine Milliarde Menschen nie satt wird und Millionen jährlich verhungern.
Lehrer: Danken kann nur, wer sieht und nachdenkt. So gehören Umweltverstand und Verantwortungsbereitschaft heute zum Tischgebet.
Junge: Wie meinst du das?
Lehrer: Achte einmal darauf, wie achtlos Schulbrote verkommen, die Teller nur halb leer gegessen werden, Speisen verderben und zum Abfall wandern, weil man sich daraus kein Gewissen macht. Hier beginnt die Frömmigkeit!
Junge: Du hältst also das Wegwerfen vertrockneten Brotes für unfromm?
Lehrer: Geschieht es gedankenlos? Oder fehlt es an der Zucht, das weniger Schmackhafte ebenfalls zu verwenden? Beides ist sündhaft.
Junge: Ein starkes Wort.
Lehrer: Selbst wenn es auf dieser Welt keinen Hunger gäbe, wäre die Ehrfurcht vor der Nahrung elementar für unser Menschsein.

Junge: Und was ist mit den Häusern, in denen nach dem Dankgebet die Essensreste vom Teller weg in den Mülleimer kommen?
Lehrer: Das ist wie Feuer und Wasser.
Junge: Dann ist auch das Tischgebet Ausdruck einer Lebenshaltung.
Lehrer: Wie jedes Gebet.
Junge: Es beginnt also nicht mit der Mahlzeit und endet nicht damit.
Lehrer: Für einen Bauern beginnt das Tischgebet zum Beispiel beim Düngen oder im Umgang mit den Tieren. Chemiker, die zu Tisch beten, verpflichten sich bewusst der Gesundheit ihrer Mitmenschen – mehr als dem Profit. Und wenn Hausfrauen einkaufen, kochen, backen, ist diese Arbeit das Rückgrat ihres Gebets.
Junge: Gibt es auch eine Frömmigkeit bei Tisch?
Lehrer: Das Erste wäre: Sehen, was da steht.
Junge: Ist das nicht selbstverständlich?
Lehrer: Keineswegs. Viele Menschen sehen nicht, mit welcher Liebe und Mühe eine Mahlzeit bereitet und angeboten wird; sie beachten nicht den aufmerksam gedeckten Tisch. Wie wollen sie da Gott danken für gute Dinge, für die sie bei ihren Mitmenschen blind sind?
Junge: Und dann, was kommt danach?
Lehrer: Was denn wohl? Dass wir es uns schmecken lassen!
Junge: Das ist auch nichts Besonderes.
Lehrer: Muss es etwas Besonderes sein? Die meisten Menschen erreichen nie das Selbstverständliche. Sie löffeln das Essen in sich hinein, ohne es zu genießen. Es gehört aber zur Frömmigkeit, die guten Dinge zu genießen, die das Leben schenkt.

Matalena stellte die bauchige Strohflasche auf den Tisch.
»Zur Gesundheit«, sagte der Mönch und hob das Glas. »Frau Wirtin, könnte ich ein Stück Brot bekommen? Dann trinkt es sich besser.«
Er brach das Brot und reichte Don Paolo ein Stück.
»Weizenbrot mit Rotwein, etwas Besseres gibt es nicht«, sagte er. »Aber man muss ruhigen Herzens sein«, fügte er hinzu.

Ignazio Silone

Junge: Ich finde es schön, dass die Freude am Leben für dich zur Frömmigkeit gehört.
Lehrer: Noch etwas muss ich erwähnen: Zu Tisch beten heißt, allen danken, die das Mahl bereitet haben. Wie wollte man Gott danken können ohne Dankbarkeit gegen unsere Nächsten? Und da wir nicht immer – aber bisweilen schon! – allen danken können, denen wir Leben, Speise, Arbeit, Freude verdanken, darum sagen wir alles in allem: Gott!

*

Junge: Den meisten Menschen liegt eher das Bitten auf der Zunge als das Loben und Danken.
Lehrer: Es ist schwerer zu bitten als zu danken.
Junge: Das wundert mich. Sagt man nicht: »Not lehrt beten«?
Lehrer: Sorgen und Wünsche äußern ist noch kein Bittgebet.
Junge: Wieso?
Lehrer: Die eigene Not vor Gott bringen heißt, sich besinnen, welcher Teil der Not bekämpft und welcher angenommen werden muss, damit wir in beidem reifen.
Junge: Die Not einmal bekämpfen und einmal annehmen?
Lehrer: Es gibt Notlagen, die sind unannehmbar; man muss alles, was man ist und hat, gegen sie einsetzen. Andere Notlagen sind unabänderlich … Zuletzt für jeden der Tod. Wollten wir das Unabänderliche verdrängen, würden wir uns selbst verfehlen.
Junge: Gott bitten hieße dann, die eigene Verantwortung in dieser Sache zu suchen?
Lehrer: Jedes Bittgebet ist ein Suchen und ein Sich-Besinnen.
Junge: Aber warum soll dieses Suchen und Besinnen Beten sein?
Lehrer: Weil es im Bemühen um letzte Ehrlichkeit geschieht.
Junge: Dann ist das Bittgebet der Versuch, sich seiner Not zu stellen.
Lehrer: So ist es.
Junge: Auf diese Weise werde ich die Not aber gerade nicht los. Statt sie an Gott abzutreten, übernehme ich meinen Part.
Lehrer: Gewiss. Doch indem ich das tue, indem ich mich stelle, stelle ich mich zugleich Gott anheim.
Junge: Belastet ein solches Gebet nicht mehr, als dass es befreit?
Lehrer: Wer sich seiner Not zu stellen vermag, ist schon befreit. Er ist ja auch nie allein angesichts dieser Not, in ihm und durch ihn selbst wirkt Gott.

Robert Delaunay (1885–1941), Kreisformen. Sonne Nr. 2, 1912/13.

Ich glaube keinen Tod –
Sterb ich gleich alle Stunden,
so hab ich jedes Mal
ein besser Leben funden.

Krankheit und Tod

Edvard Munch (1863–1944), Das kranke Mädchen, 1885/86.

Der Kopf des Mädchens ist der Mutter zugewandt, doch scheinen die Augen niemanden und nichts anzusehen. Die innere Befindlichkeit bleibt verborgen, wie dies auch für die gebeugte Mutter gilt. Zu erwarten wäre eine Geste, durch welche die Mutter die Tochter hält, tröstend, stärkend, in der sich Schwäche und Halt verbinden. Und dennoch ist dies die undeutlichste Stelle des Bildes, so verwischt, dass man nicht sagen kann, von welcher Art die Berührung ist. Was diese Geste im Unklaren lässt, äußert sich auch in der Sprache von Gesicht und Kopf.

Unser achtzehnjähriger Sohn David war schon zweimal wegen eines Gehirntumors operiert worden. Seither litt er unter einer Gesichtsnervenlähmung, wiederholten Geschwüren an der Hornhaut der Augen, Gleichgewichtsstörungen, Gehschwierigkeiten und teilweisem Verlust des Gehörs. Er hatte Anfälle und täglich nahm er vier Arten von Medikamenten ein.
Wieder wuchs ein Tumor. David ist immer ein so besonderer Mensch gewesen, der anderen viel zu geben hatte. Aber die meisten Leute fürchteten sich vor seinen Gebrechen oder sie waren zu beschäftigt, um ihn wirklich kennenzulernen. Er hatte wenig Freunde und die Welt war einsam für ihn. Er akzeptierte das und machte die Musik und seine Gitarre zu seinen Freunden. Sein Zimmer war ein sicherer, warmer Ort für ihn, voll Musik und Kunst, voll Lachen und Liebe. Jetzt fühlte er sich sogar hier einsam und verlassen, weil so viel Spannung und Müdigkeit im Haus war. So viele Tränen und kaum noch Lachen! Das Schlimmste war, dass der Tumor wuchs, und David wuss-

te, dass er bald taub sein würde – kein Stereo mehr, keine Beatles, keine Gitarre, keine Musik mehr. Er würde gar keine Freude mehr haben. Jetzt sagte er mir, er wolle nicht mehr leben …
An einem Donnerstag im August rief ich Elisabeth Kübler-Ross an und fragte sie, ob ich David zu einem Workshop »Leben, Tod und Übergang« bringen könnte. Mit Hilfe vieler guter Menschen geschah es. Als wir am ersten Morgen zum Frühstück kamen, erlebten wir die übliche Reaktion auf David: Er ist zwei Meter groß, hat eine rote Afrofrisur und einen roten Bart. Die rechte Seite seines Gesichts ist wegen seiner Lähmung nach unten verzogen. Sein rechtes Augenlid ist zugenäht. Er geht mit weit gespreizten Beinen, um das Gleichgewicht zu halten. Und er ist taub. Manchen Leuten war das unangenehm. Manche fürchteten sich. Aber bald kamen sie näher und fingen an, mit ihm zu kommunizieren. Jedem Menschen, der ihm einen Schritt entgegenkam, schenkte er seine bedingungslose Liebe.

Im März wurde ich gebeten, zu fünf Mittelschulklassen der Oberstufe zu sprechen – ihnen zu sagen, was es für eine Familie bedeutet, dem Tod gegenüberzutreten. Ich wollte diesen Schülern so gerne zeigen, dass es sogar im Angesicht des Todes möglich ist, sich am Leben zu freuen …
David will sich nicht mehr operieren lassen und wir stimmen dieser Entscheidung zu. Er hat keine Angst. Die Verständigung mit ihm ist sehr mühsam, meistens schriftlich in Verbindung mit einer Form von Zeichensprache. Ihn zu umarmen ist das Beste und das tun wir oft. Manchmal überwältigt uns unser Schmerz und dann müssen wir weinen, aber wir lachen auch und lieben und genießen jeden Tag. Die Liebe wird immer bei uns sein!
Im Dezember bekam David Lungenentzündung mit Komplikationen und war dem Tode nahe, aber unsere Familie brauchte seine Hilfe noch, und so blieb er noch ein Weilchen. Er starb plötzlich am 7. März. Wir waren bei ihm und wir waren dankbar, dass wir uns durch unsere Schuldgefühle und unsere Angst hatten hindurcharbeiten können, sodass wir ihn, als die Zeit gekommen war, in Frieden gehen lassen konnten.

Wie deutet ihr den erstaunlichen Satz: »… aber unsere Familie brauchte seine Hilfe noch«?
Wie würde jeder Einzelne von euch reagieren, wenn ihr David im Schwimmbad begegnetet?
Stellt euch vor, David gehörte zur eigenen Familie. Wie würdet ihr David begleiten? Der Bericht von Davids Mutter weckt noch weitere Fragen.

Die Krankheit zum Tode

Die folgenden Aufzeichnungen stammen von einer an Krebs erkrankten Frau:

Dadurch, dass ich nicht mehr so beweglich bin, bin ich sehr ans Haus gebunden. Aber ich spüre, dass ich eigentlich sehr viel in mir habe und dass ich mir da so einen inneren Raum erschließen kann. Ich habe eben gemerkt, die Tür geht nicht nach außen auf, wie ich es jahrelang gedacht habe, sie geht nach innen auf.

Ferdinand Hodler (1853–1918), Die kranke Valentine Godé-Darel, 1914.

Valentine Godé-Darel litt vier Jahre an ihrer Krebskrankheit. In dieser Zeit malte Hodler sie in einer Reihe außergewöhnlicher Bilder, welche die fortschreitende Zerstörung ihrer Gesundheit und zugleich seine Liebe und Verehrung für sie festhalten.

Das Bild wird bestimmt von der Spannung zwischen der Horizontalen der liegenden Frau und der Vertikalen ihres hochgebetteten Kopfes. Die Weite des Raumes betonen die drei Rosen am rechten Bildrand.

Ich sehe die Dinge dankbarer, bewusster und intensiver. Ich habe die Erfahrung gemacht: Sorg dich nicht um die nächste Zukunft. Deine nächste Zukunft ist der nächste Augenblick. Und so lebe ich jetzt von Augenblick zu Augenblick. Ich möchte so gern den Menschen vermitteln, dass sie nicht warten, bis eine Krise auf sie zukommt, sondern dass sie leben, den jetzigen Moment, den heutigen Tag.
Als ich zwei Monate zu Hause fast immer im Bett lag, konnte ich das nicht mehr aushalten und fing an zu weinen und sagte: »Ich bin doch nicht mehr zumutbar für euch.« Da sagte Reinhard zu mir: »Ich glaube, du bist nicht mehr zumutbar für dich selber.« Das war der Punkt: Ich konnte mich nicht mehr ertragen. Das traf genau den Nagel auf den Kopf.
Ich musste noch mal eine Operation machen und eine neue Therapie, – da habe ich gedacht: Du musst das Leben loslassen. Und ich habe eigentlich gespürt: Ich bin auch dafür bereit.
Es ist mir in den letzten Monaten so klar geworden, dass die wirklichen Entscheidungen nicht in meiner Hand sind. Ich habe einen gewissen Spielraum und den kann ich ausnutzen. Ich kann mit mir gesundmachende Erfahrungen machen oder ich kann mich noch zusätzlich krank machen durch Ängste. Also habe ich diesen Spiel-

raum, wie ich etwas erlebe. Aber was mit mir geschieht, das habe ich nicht in der Hand … Dein Wille geschehe. Manchmal ist es sehr schwer, aber es ist doch meine Erfahrung: Wenn ich annehme, was ist, das ist mir eine ungeheure Hilfe.

Die letzten Wochen

Ihr Mann berichtet:

Es war erstaunlich, wie sie immer mehr Dinge loslassen konnte. Jeden Tag etwas Neues. Das Essen fiel ihr schwer, das Schlafen, das Aufrichten im Bett. Sie konnte diese zunehmende Schwäche ohne Bitterkeit und ohne Klage annehmen. Bei allem, was sie tat oder sagte, war sie sehr bewusst.
Am letzten Tag dachte sie intensiv über ihr Leben nach. Am vorletzten Tag sagte sie zu mir: »Also, ich möchte wieder so leben, wie ich gelebt habe. Auch die Krankheit nehme ich an. Was ich ändern würde: Ich möchte mir etwas mehr Zeit für mich selbst nehmen.«
… Dieses Sorgen für sie, vor allem die körperlich-medizinische Betreuung, brachte mich manchmal an die Grenzen meiner seelischen und auch körperlichen Belastbarkeit. Andererseits spürte ich,

Ferdinand Hodler (1853–1918), Die sterbende Valentine Godé-Darel, 1915.

Dieses Bild, nicht mehr Öl auf Leinwand, sondern Kreide mit Öl auf braunem Papier, zeigt wie die Krankheit fortschritt und Valentine auszehrte.

Hodler hat von seiner Freundin Valentine während ihrer Krebskrankheit über hundert Porträts gemacht, ein Werkzyklus von ergreifender Schönheit und Intensität. Diese Bilder von Valentines Sterben sind in der Kunstgeschichte ohne Parallele.

dass mir diese sorgende Aktivität zugleich Kraft gab. Wenn ich in einer Klinik passiv hätte zusehen müssen, ohne mich aktiv um sie kümmern zu können, dann hätte ich es – äußerlich gesehen – leichter gehabt. Aber zu Hause konnte ich meine Gefühle von Liebe, Sorge und Schmerz, die ich für sie empfand, auf vielfältige Weise in Arbeit für sie, in körperlichem Kontakt mit ihr oder in Worten ausdrücken. Und ich habe erfahren: Wenn ich in der Gegenwart lebte, hatte ich immer die Kraft, die ich in der jeweiligen Situation brauchte.

Die letzten Stunden

Die Stunden bis zu ihrem Tod am Abend waren die intensivsten, die ich bei ihr oder mit ihr erlebt habe, in dem Bewusstsein, sie in wenigen Stunden körperlich zu verlieren. Aber es war auch schmerzvoll, ihr mühsames Ringen um Atem zu hören ... Immer war mindestens einer von uns bei ihr im Zimmer, lag oder saß neben ihr und hielt ihre Hand oder streichelte sie.

Edvard Munch (1863–1944), Tote Mutter und Kind, 1897/99.

Wir schauen in ein fensterloses Zimmer, das lediglich mit einem freistehenden Bett und einer Kommode möbliert ist. Im Bett liegt die tote Mutter.

Einsam, mit dem Rücken zu den Vorgängen im Sterbezimmer, von niemandem beachtet, steht das Kind am Bett der Mutter, frontal dem Betrachter des Bildes zugewandt.

Als sie nicht mehr atmete, waren wir alle drei relativ ruhig. Wir weinten, streichelten und küssten sie und schlossen ihre Augen. Ihr Gesicht war entspannt. Angelika benachrichtigte dann einige nahe Verwandte. – Daniela und ich zogen ihr eine schöne Bluse, Rock und Strümpfe an. Ich hätte früher nie gedacht, dass ich dazu fähig wäre; aber ich tat es gern, ich empfand es als gut, so für sie zu sorgen. – Wir sprachen miteinander, wir weinten, fassten uns und Annemarie an. Wir hatten ein Gefühl der Ruhe und Erleichterung darüber, dass sie den Übergang geschafft hatte, dass wir ihr dabei hatten helfen können in einer Weise, wie sie und wir es uns gewünscht hatten. Ich war dankbar, dass die drei Kinder und ich sie hatten begleiten können und dass sie ohne Kampf und ohne Schmerzen gestorben war. Ihr Gesicht bekam einen schönen Ausdruck, sehr friedlich, und eine Stunde nach ihrem Tod war deutlich ein Lächeln auf ihrem Gesicht zu sehen ... Da waren keine Schmerzen mehr, keine Anstrengung weiter zu leben und keine Anstrengung zu sterben, sondern einfach Frieden.

1 Diese Aufzeichnungen fordern zum eigenen Nachdenken heraus. Knüpft mit Erfahrungen und Fragen an und sprecht darüber.

2 Vielen Menschen ist das Sakrament der Krankensalbung keine eigene Erfahrung. Der Ort dieses Sakramentes ist die Krankheit, nicht das Lebensende. Es setzt voraus, dass der Ernst einer Krankheit bewusst vergegenwärtigt wird. Kann die Symbolhandlung der Krankensalbung dennoch tröstlich sein? Warum?

Alfred Rethel (1816–1859), Der Tod als Erwürger und der Tod als Freund, 1847/8 und 1851.

Die Gesichter des Todes

Der Weg zum Tode, wie er voranstehend bezeugt wird, ist für die Mehrzahl heutiger Menschen ungewöhnlich. Den meisten gilt der Tod als Angst einflößend und unfassbar. Der Tod ist Störfaktor in einer Gesellschaft, die auf Gesundheit und Leistung setzt. Das Sterben wird tabuisiert, aus der Familie und Gesellschaft verdrängt. Die meisten Menschen sterben nicht von Angehörigen und Freunden umgeben, sondern der Öffentlichkeit entzogen, einsam, um den »eigenen Tod« betrogen. Wie war das früher? Wie könnte es auch heute sein?

Der erwartete Tod

Die Literatur des frühen Mittelalters verrät, dass damals der gewöhnliche Tod nicht aus dem Hinterhalt anfiel. Immer ließ er Zeit zur Vorahnung:

Lieber guter Herr, gedenkt Ihr denn so bald zu sterben?« – »Ja«, antwortete Gawan, »so erfahrt denn, dass ich nur noch zwei Tage leben werde.« Weder Gefährten noch Arzt wissen das so genau wie der Betroffene.

König Ban war vom Pferde gestürzt. Als er zu sich kommt, bemerkt er, dass das rote Blut ihm aus Mund, Nase und Ohren quillt. Er richtete seinen Blick zum Himmel und sprach, wie er's verstand: »Herrgott, steh mir bei, denn ich sehe und ich weiß, dass mein Ende nahe ist.«

Ich sehe und ich weiß.

Das Sakrament der Krankensalbung

»Ist einer von euch krank«, heißt es im Jakobusbrief, »dann rufe er die Presbyter der Kirche zu sich; sie sollen Gebete über ihn sprechen und ihn im Namen des Herrn mit Öl salben« (5,14).
Das Sakrament der Krankensalbung kann jeder Gläubige empfangen, der wegen Krankheit und Altersschwäche in Lebensgefahr gerät. Die Feier dieses Sakramentes besteht im Wesentlichen in der Salbung der Stirn und der Hände des Kranken. Diese Salbung verleiht eine besondere Gnade, die den Kranken zu seinem eigenen Wohl und zum Wohl der ganzen Kirche mit dem Leiden Christ vereint, ihm Trost, Friede, Mut und auch die Vergebung der Sünden schenkt, wenn der Kranke nicht beichten konnte. In jedem Fall bereitet diese Salbung den Kranken auf seinen Hinübergang in die Ewigkeit vor.

Roland fühlt, dass der Tod ihn ganz übermannt. Vom Kopf steigt er nieder nach dem Herzen. Er *fühlt*, »dass seine Zeit gekommen ist«.

Immer wieder heißt es: »Er *fühlte*, dass er werde sterben müssen«; »er *wusste*, dass sein Ende nahe war«; »er *erkannte*, dass ihm sein Tod bevorstand«. Manche Vorahnungen hatten den Charakter des Wunderbaren; insbesondere eines trog nie – die Erscheinung eines Verstorbenen, und sei es im Traum.

»Erkenne dich selbst« las der Pilger, wenn er den Apollo-Tempel zu Delphi betrat. Der Satz wird Thales zugeschrieben. Es heißt, das Delphische Orakel habe ihm die Krone der Weisheit zuerkannt.
»Erkenne dich selbst« steht auch unter dem römischen Todesbild, das jedem Menschen sein endgültiges Schicksal vor Augen stellt.
Über die Totentänze des Mittelalters hat sich die Warnung vor einem todesvergessenen Leben bis in die Kunst der Gegenwart erhalten. In diesem Buch finden sich zwei weitere Bilder des gleichen Themenkreises. Wo?

»Der Tod konnte über hundert Arten, sich anzukündigen, gebieten«, schrieb der französische Schriftsteller *Chateaubriand* (1768–1848), doch fügte er gleich hinzu: »für das Volk«. Für Chateaubriand sind diese hundert Arten alle »wundersam«. Für den mittelalterlichen Menschen aber war die Ankündigung des Todes ein natürliches Geschehen, selbst wenn es von ungewöhnlichen Vorgängen begleitet war. Das zeigen Berichte wie dieser hier:

Sie selbst hat ihr Leichenbegräbnis vorbereitet ... und ihre Angelegenheiten geordnet – und dies alles, ohne dass ihr das Geringste fehlte. Als sie schließlich alle notwendigen Anordnungen getroffen, um ihrem Gatten alle Besorgnisse zu ersparen, starb sie am Tag und zur Stunde, die sie bezeichnet hatte.

Ausläufer dieser Einstellung zum Tode reichen im ländlichen Raum bis an die Schwelle des 20. Jahrhunderts. Als der russische Dichter *Tolstoi* auf einem Provinzbahnhof zum Sterben kam, seufzte er: »Und die Muschiks? Wie sterben denn die Muschiks?« Nun, die Muschiks (Bauern) starben damals noch wie Roland, Gawan oder König Ban: sie *wussten* vorher davon.

Eine französische Bäuerin: »Im Alter von vierundsiebzig Jahren bekam sie eine Halsgeschwulst. Nach vier Tagen: ›Geht und holt mir den Herrn Pfarrer.‹ Der Pfarrer kam und wollte ihr die Krankensalbung geben. ›Noch nicht, Herr Pfarrer, ich werde Sie benachrichtigen, wenn es soweit ist.‹ Zwei Tage später: ›Geht und sagt dem Herrn Pfarrer, er soll mir die Krankensalbung und Wegzehr bringen.‹«

Eine westfälische Bäuerin: »Eigentlich müsste der Pastor kommen, aber der ist auch ein alter Mann. Ich will sehen, wie ich alleine mit dem Herrgott fertig werde«, legte sich hin und starb in der Nacht darauf.

Sie gingen alle aus dieser in die andere Welt hinüber als Beobachter der Zeichen – der Zeichen an sich selbst. Sie hatten es mit dem Sterben nicht eilig, aber wenn sie ihre Stunde nahen fühlten, starben sie, nicht zu früh und nicht zu spät, im Bewusstsein ihres Übergangs in ein anderes Dasein.

François Barraud (1899–1934), Selbstbildnis, 1931.

Viele Künstler haben ihr Selbstbildnis mit einer Darstellung des Todes verknüpft. Der faltenreiche Vorhang hat etwas Bühnenhaftes. Rechts oben ist er ein wenig eingebeult, als sei er schon einmal berührt worden.

Wenn wir Menschen gelegentlich als »Sterbliche« umschrieben werden, sind wir nicht als jene gemeint, die sterben können, sondern als jene, die eines Tages tatsächlich sterben. Lebenslang erfahren wir dieses wirkliche Sterben allerdings nur als das Sterben anderer.

Aber natürlich gab es auch immer ein Aufbäumen gegen den Tod, vor allem dann, wenn der Tod unerwartet einem jungen Menschen gegenüber stand, wie dies die folgende Legende erzählt:

Die weiße Rose

Der Konvent der grauen Mönche von Altenberg war der Gnade gewürdigt worden, dass kein Mönch sterben solle, ohne dass er drei Tage zuvor eine weiße Rose auf seinem Platz im Chorgestühl fände; doch war die Rose nur sichtbar für den, auf dessen Stuhl sie lag. Nicht jeder Mönch hatte in der Vergangenheit die Kraft gefun-

1 Der Abschnitt »Die Gesichter des Todes« bietet Informationen über die Einstellungen des Menschen zu Sterben und Tod im letzten Jahrtausend. Jede dieser Informationen ist erstaunlich genug, um sie näher zu bedenken und gemeinsam zu besprechen. Geht deswegen den Text schrittweise im Klassengespräch durch.

2 Versucht Todesanzeigen und Totenzettel aus mehreren Generationen aufzutreiben (in vielen Familien kann man solche Funde machen) und vergleicht diese Dokumente: Wie hat sich die äußere Gestalt geändert? Welche Bilder und Symbole wechseln? Wie verändern sich der Textumfang, die Angaben über den Verstorbenen, die Bekundungen des Glaubens?

3 Jüngere Untersuchungen behaupten, dass der Glaube an ein Leben nach dem Tod rascher verfällt als der Glaube an Gott, wenngleich die Nachdenklichkeit der Kranken auch die Hoffnung auf ein Weiterleben wieder weckt. In Gruppen, die geleitete Sterbemeditationen durchführen, ist der Glaube an den Übergangscharakter des Todes hoch. Wie sind eure Positionen?

4 Auf alten Friedhöfen könnt ihr ebenfalls die veränderten Einstellungen zum Tod studieren: Welcher Symbolik begegnet ihr in der Grabmalkunst? Wie wandelt sie sich? Wodurch unterscheiden sich alte und neue Grabsteine am deutlichsten? Untersucht diese Fragen an den Friedhöfen eurer Heimat.

5 Es gibt kaum eine Landschaft in Deutschland ohne alte jüdische Friedhöfe. Oft sind sie so vergessen und abgelegen, dass sie zum unbekannten Land gehören. Erkundet, wo in eurer Heimat Juden beerdigt wurden, besucht ihre Grabstätten. Macht euch kundig, wodurch sich jüdische Friedhöfe von christlichen Friedhöfen unterscheiden: im Erscheinungsbild, im Glaubensverständnis, in Beerdigungsbräuchen, in der Pflege.

den, den Mitbrüdern zu sagen, dass ihm das Zeichen gegeben war, aber alle verstanden doch, die letzte, genau begrenzte Frist zur Läuterung zu nutzen, die ihnen Gottes Güte einräumte. Sie glaubten in Altenberg, dass sich ihnen der Tod auf eine schönere Weise nähere als anderen Menschen, doch wuchs bei einigen darüber auch die Sorglosigkeit, vor einem unerwarteten Tod sicher zu sein.

Nun geschah es, dass in der Morgenfrühe eines Maitages der junge Mönch Ansgar die hohe Kirchenhalle betrat und auf seinem Platz eine weiße Rose fand. Aufs erste hin wollte er an einen Gruß aus der Welt draußen denken, doch als er die Rose in die Hand nahm und ihren Duft einsog, fühlte er – bis ins Herz erbebend –, dass diese Rose in keinem irdischen Garten gewachsen war und ihm sein Lebensende ankündigte. Zugleich befiel ihn das Grauen vor der Nähe der Ewigkeit, für die er sich noch nicht bereit wusste. Ohne sich weiter zu besinnen, legte er die Rose auf den benachbarten Sitz des Bruders Wilhelm, eines gebeugten Mönches, von dem alle gefürchtet hatten, er könnte den letzten harten Winter nicht überstehen. Dann vergrub er das Gesicht in seine Hände, während die Mitbrüder den Chor füllten und ihre Plätze einnahmen.

Als Wilhelm kam, der seinen Sitz neben ihm hatte, wagte Ansgar nicht aufzuschauen, doch fühlte er, dass die Gemeinschaft ihn hinfort nicht mehr tragen würde. Auch während des Tages schien ihm, dass alle ihn anblickten, weil die Veränderung, die in ihm geschehen war, ihn brandmarke. Was hatte er getan, als er die Rose von sich wies und dem Mitbruder vorlegte? Noch ehe er sich selbst Antwort wusste, hatte Bruder Wilhelm seinen nahen Tod dem Konvent angezeigt und zugleich mitgeteilt, dass Unrechtes damit vor sich gehe, denn die Rose, die er auf seinem Platz fand, habe sich langsam rot gefärbt. Nicht für ihn sei sie bestimmt gewesen, doch habe er sie angenommen in seinem Herzen. Nun müssten alle die Schuld des einen tragen, sonst sei sie vielleicht zu schwer für diesen und verderbe auch die Gemeinschaft der Mönche.

Vor der Vesper betrat Bruder Ansgar erneut alleine den Chor der Kirche, wie er es auch am Morgen getan hatte. Er fand dort den greisen Bruder Wilhelm, die blutrote Rose in Händen und im Anblick des goldenen Westfensters versunken, dessen Stunde mit der untergehenden Sonne gekommen war. Er zögerte, dann warf er sich ihm vor die Füße, um die Rose zurückzunehmen. Der Greis sah ihn an und verstand, doch schweigend verwehrte er dem jungen Mönch sein Begehren. Sie knieten ein letztes Mal im Chorgestühl nebeneinander. In der Nacht wurde Wilhelm aus diesem Leben abgerufen – und Ansgar folgte ihm in der Frist, die ihm die vergebene und dann wieder angenommene Rose angezeigt hatte. Danach aber erschien die Rose niemandem wieder. Die grauen Mönche von Altenberg mussten fortan für ihr Ende bereit sein, ohne noch andere Mahnung zu empfangen, als die alltäglich sich hinter dem goldenen Westfenster neigende Sonne.

Der öffentliche Tod

Der hässliche und gemeine Tod ist im Mittelalter ein plötzlicher Tod und auch ein einsamer Tod ohne menschliche Begleitung. Der Sterbende wurde im Allgemeinen nicht allein gelassen. Er musste den Mittelpunkt einer Versammlung bilden. 1707 wird berichtet, dass Mme. de Montespan weniger Angst hatte zu sterben, als allein zu sterben. Als sie fühlte, dass es ans Sterben ging, rief sie ihre Dienerschaft zusammen, »bis hinunter zum Geringsten«, ihre Sünden zu bekennen und sie um Verzeihung zu bitten. Noch zu Beginn des 19. Jahrhunderts konnte jeder, sogar ein der Familie Unbekannter, sich dem Priester auf dem Weg zu einem Sterbenden anschließen und dessen Haus und Zimmer mit betreten. Man starb öffentlich. Die Prophezeiung des Philosophen *Pascal* (1623–1662), dass man einmal allein sterben werde, war den Menschen noch unvorstellbar.

Bis zum Beginn des Ersten Weltkriegs veränderte der Tod im gesamten Abendland alle privaten und öffentlichen Vorgänge: Man schloss die Vorhänge im Sterbezimmer, zündete Kerzen an, stellte Weihwasser auf, das Haus füllte sich mit Nachbarn und Freunden, alle sprachen nur im Flüsterton. Wenn der Priester sich auf den Weg machte, Krankensalbung und Abendmahl zu bringen, teilte eine Glocke dies der Gemeinde mit. – Später wurde der Tote daheim aufgebahrt, alle kamen, um von ihm Abschied zu nehmen, der Gottesdienst und das Gebet für den Toten versammelte die Dorfgemeinde, der Trauerzug führte über öffentliche Straßen zum Friedhof.

Christian Ludwig Bokelmann (1844–1894), Trauerfeier in Nordfriesland, 1887.

Die Bestattungsfeier beginnt mit der Einsegnung des Sarges vor dem Sterbehaus. Es könnte ein Kindersarg sein. Verwandte und Nachbarn haben sich eingefunden. Die Kinder, wie die Erwachsenen gekleidet, stehen seitlich. Es sind lauter Jungen; sie halten Bücher in ihren Händen, aus denen sie ein Lied vorsingen. Ihre Kappen haben sie abgenommen und auf die Erde gelegt. Auch die Männer halten ihre Hüte in den Händen. Alle sind dunkel gekleidet, die älteren Frauen tragen weiße Hauben. Die Familie des Toten scheint rechts vom Pfarrer zu stehen …

Inzwischen hat die Gesellschaft den Tod ausgebürgert. Die besonderen Leichenwagen von einst sind Limousinen gewichen, die im Straßenbild nicht mehr auffallen. Die Gesellschaft legt keine Pause mehr ein. Der Tod des Einzelnen unterbricht nicht mehr den Alltagsbetrieb. Das Leben in der Stadt wirkt so, als ob niemand mehr stürbe. Während bis zum Zweiten Weltkrieg lange Zeit Trauerkleidung getragen wurde – Witwen legten sie gewöhnlich nie mehr ab –, beschränkt sich dies heute auf wenige Wochen oder Tage, wenn nicht auf den Tag der Beerdigung alleine. Ein schroffer Wandel noch jungen Datums.

Der Beginn der Lüge

Die Veränderung begann in der zweiten Hälfte des 19. Jahrhunderts im Verhältnis zwischen dem Sterbenden und seiner Umgebung. Wir können sie an literarischen Zeugnissen aufzeigen:
1859 erschien von *Leo Tolstoi* die Erzählung »Drei Tode«:
Eine Frau ist an Tuberkulose erkrankt, die Ärzte haben sie aufgegeben. Also ist es Zeit, sie darüber in Kenntnis zu setzen ... doch nun tritt das Neue auf. Der Ehemann will um jeden Preis vermeiden, seiner Frau zu sagen, wie es um sie steht: »Das würde sie umbringen.« Und: »Nicht ich werde es sein, der sie aufklärt.« Die Mutter der Sterbenden weigert sich ebenfalls. Schließlich bewegt man eine alte Kusine dazu. Diese bemüht sich »durch eine geschickt geführte Unterhaltung, sie auf die Idee des Todes vorzubereiten«. Die Kranke aber unterbricht sie: »Ah, meine Liebe ... Behandelt mich doch nicht wie ein Kind ... Ich weiß, dass ich jetzt nicht mehr viel Zeit habe.« Tatsächlich wird ab jetzt immer öfter am Krankenbett die Komödie gespielt: »Es ist alles beim Alten.«
Hatte hier die Sterbende noch die Kraft, sich gegen ihre Bevormundung zu wehren, so kehrt sich in der Folgezeit das Verhältnis um. Man richtet sich in der Verheimlichung ein. Man sagt: »Wenigstens hat er (oder sie) den Tod nicht gespürt«. Das »Den-Tod-nicht-Spüren« ist an die Stelle des »Sein-Ende-nahe-Fühlen« getreten. Das zeigt sich an einer zweiten Erzählung Tolstois, »Der Tod des Iwan Iljitsch« (1884):

Wahrheit am Krankenbett ist niemals die Ankündigung des Sterbens, Wahrheit am Krankenbett bedeutet die Sinnerschließung des Sterbens. Erst damit wird der Schritt in die volle Wirklichkeit getan ... Die Erfassung der Wahrheit ist aber nicht eine Sache des Augenblicks, sondern ein zeitlich andauernder Prozess, ein Miteinander-Voranschreiten, eine Auseinandersetzung. *Eugen Ansohn*

Auch im Krankenhaus stirbt man gewöhnlich nicht in dem Zimmer, in dem sich noch Mitpatienten befinden. Im Normalfall befindet sich der Kranke zunächst mit mehr oder weniger kranken anderen Menschen in einer Abteilung, in einem Zimmer. Er gewöhnt sich an den Bettnachbarn, lernt dessen Besucher kennen. Liegt er lange im Krankenhaus, so wechseln die Nachbarn, entstandene menschliche Beziehungen verlieren sich wieder. Intime Gespräche mit den Angehörigen sind kaum mehr möglich, weil immer andere zuhören. Langeweile schleicht sich ein, nur durch die pflegerische Routine unterbrochen ...

Eingang zum Aachener Großklinikum.

Iwan Iljitsch sitzt in seiner Krankheit gefangen wie ein Tier in der Falle. Die Frau tut so, als glaube sie, er sei nur deshalb krank, weil er seine Arzneien nicht regelmäßig nimmt. Auch der Arzt spielt die Komödie mit. Er tritt ins Krankenzimmer mit einem Gesichtsausdruck, als wolle er sagen: »Da habt ihr euch mal wieder etwas überschreckt, aber das werden wir gleich haben.« Schließlich beginnt die lange Nacht, die Durchquerung des Tunnels. Iwan quält, dass keiner eingestehen will, was doch alle wissen, dass es vielmehr ihr Wille ist, ihn in seiner entsetzlichen Lage zu belügen, und dass sie ihn zwingen, die Heuchelei mitzuspielen. Mehr als einmal möchte er aufschreien: Hört auf zu lügen! Ihr wisst es und ich weiß es ebenso gut, dass ich sterben muss, so hört doch wenigstens zu lügen auf!

Ivan Iljitsch ist schwer erkrankt. Ihm wird bewusst, dass ihm wahrscheinlich der Tod bevorsteht; aber seine Frau, sein Arzt und seine Familie verschwören sich heimlich, ihn über die Schwere seines Zustandes im Unklaren zu lassen. »Einzig Gerassim log niemals.«

Gerassim ist ein junger Bedienter. Er kommt vom Lande und ist den volkstümlichen Ursprüngen noch nahe: »Er allein hatte begriffen, um was es sich handelte, und er hielt es auch nicht für nötig, es zu verbergen, sondern er hatte ganz einfach Mitleid mit seinem abgezehrten schwachen Herrn.« Er scheut sich nicht, dieses Mitleid zu zeigen, indem er ihm die Dienste erweist, deren Schwerkranke nun einmal bedürfen.

Gerührt von seiner Ergebenheit, schickt ihn Ivan eines Tages fort, dass er ein wenig ausruht und auf andere Gedanken kommt. Da antwortet ihm Gerassim: »Alle werden wir sterben. Warum sich nicht ein bisschen Mühe geben?« Und Tolstoi fährt fort: »Er wollte damit ausdrücken, dass ihm die Mühe nicht lästig falle, weil er dies alles für einen Sterbenden tue, damit einst, wenn ihm sein Stündlein schlüge, jemand ihm ein gleiches erweisen würde.«

Der einsame Tod

Der nächste Entwicklungsschritt in der Geschichte des Sterbens führt zum heimlichen Tod im Krankenhaus. Es begann damit in den dreißiger Jahren und gilt seit Mitte des 20. Jahrhunderts als Regel. Von Jahrzehnt zu Jahrzehnt empfand man den Kranken im Haus lästiger. Der wachsende Komfort und das ebenso zunehmende Hygienebewusstsein machen empfindlich. Heutige Menschen mögen nicht mehr wie ihre Vorfahren die Anblicke und Gerüche ertragen, die mit der Pflege von Schwerkranken verbunden sind. Allerdings verteilten sich früher auch die Lasten breiter. Verwandte, Nachbarn und Freunde nahmen tätigen Anteil. Diese Gruppe der Helfer ist heute klein geworden, meist auf den Ehepartner geschrumpft, selbst die Kinder können oder wollen die kranken und alten Eltern manchmal nicht mehr versorgen. So werden Schwerkranke nur noch »stationär« gepflegt. Das Krankenhaus mit seiner Zellendisziplin entlastet die Familien, es wird aber auch der Ort des einsamen Todes. Nach einer Untersuchung waren in England nur ein Viertel der »Leidtragenden« beim Tod ihrer nächsten Angehörigen anwesend. Kranke wie Gesunde wünschen sich, den Tod nicht mehr wahrnehmen zu müssen. »Ich werde um meinen Tod betrogen«, sagte ein Patient, der mit Schläuchen und Röhren gespickt auf der Intensivstation lag.

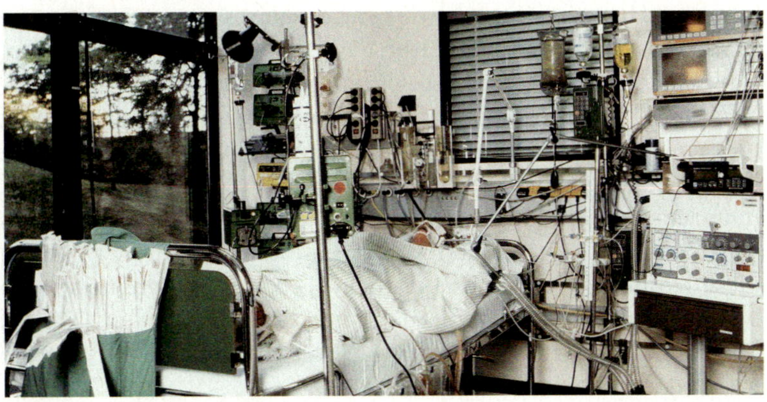

Intensivstation.

Neues Testament:

Die Apostelgeschichte

Bettina Rheims (geb. 1952), Jesus und die Apostel, 1998.

Über das Leben Jesu, seine Botschaft und seine Zeit wissen wir vor allem aus den Evangelien. Aber welche Quellen berichten über die Anfänge der christlichen Gemeinde und deren Entwicklung?
Aus den vierziger und fünfziger Jahren des ersten Jahrhunderts schrieb Paulus Briefe an Gemeinden, die er im Mittelmeerraum gegründet hatte. Sie enthalten auch Nachrichten über Verhältnisse im hellenistischen Christentum. Wie aber sahen die Anfänge in Jerusalem und im palästinischen Christentum aus? Als einzige Quelle erzählt davon die Apostelgeschichte. Dieses Kapitel soll zeigen, was für ein Buch das ist und mit welchen Augen es gelesen werden will.

Apostelgeschichte und Geschichtsschreibung

Der deutsche Name »Apostelgeschichte« steht für die frühchristliche Bezeichnung *Acta Apostolorum*, »Taten der Apostel«. Dieser Titel ist irreführend, denn die Schrift erzählt nur von Petrus und Paulus; die übrigen Apostel erwähnt sie nur beiläufig. Auch geht es nicht um die »Taten« der Apostel. Der Verfasser will keine menschliche Tüchtigkeit herausstellen, sondern zeigen, wie der Geist (Jesu) in der Kirche durch Menschen wirkt.
Das Buch soll der Kirche Freunde werben. Gegen Ende des 1. Jahrhunderts, als es geschrieben wurde, lagen die Anfänge der Gemeinden schon weit zurück; ihre Begründer waren längst gestorben. Die Hoffnung auf eine baldige Wiederkehr Christi hatte sich nicht erfüllt. Es entstanden abweichende Lehrmeinungen; der erste Eifer erlahmte, Verdrossenheit und Zweifel breiteten sich aus. In dieser Situation sollte die neue Schrift ermutigen und trösten. Durch ihre Erzählung von den Anfängen der Gemeinden wollte sie Vertrauen für den weiteren Weg wecken.
Eine solche Absicht lässt keine Geschichtsschreibung im modernen Sinne zu. Historiker sagen, »wie es war«, aber sie trösten nicht und geben auch keine Glaubenszuversicht. Aber für einen antiken Autor war es kein Problem, beide Absichten zu vereinen.
Nach heutigen Begriffen hat sich die antike Geschichtsschreibung nicht mit bewusster Sorgfalt um Originalquellen bemüht. Man war bereits mit dem Rückgriff auf zweitrangige Zeugnisse zufrieden. Auch gab es kaum Möglichkeiten, eine Information zu überprüfen, wie dies für heutige Journalisten und Historiker Pflicht ist. Doch mit diesem Mangel verbinden sich auch Vorzüge: Die Alten wussten zu deuten, innere Linien herauszuarbeiten und darzustellen. Dies gilt für die antike Geschichtsschreibung insgesamt; es trifft auch auf die Apostelgeschichte zu.

Der Verfasser

Die Apostelgeschichte hat denselben Verfasser wie das Lukasevangelium; durch ihr Vorwort (1,1-3) gibt sie sich als eine Fortsetzung des Evangeliums zu erkennen. Aber woher wissen wir, dass beide Schriften von Lukas stammen? Nirgendwo steht sein Name. Nur Kol 4,14 erwähnt »den Arzt Lukas, unseren lieben Freund«, als Reisebegleiter des Paulus (vgl. 2 Tim 4,11). Die Forschung zweifelt daran, in ihm den Evangelisten und Verfasser der Apostelgeschichte sehen zu dürfen. Wenn wir dennoch von »Lukas« als Verfasser sprechen, so steht der Name für einen letzthin Unbekannten.

Christus als Lehrer der Jünger, Domitilla-Katakombe, Rom, 4. Jh.

Die Quellen

Für das Lukasevangelium ist die Quellenlage erkennbar (s. Religionsbuch 7/8, S. 52). Die Quellen der Apostelgeschichte liegen im Dunkeln. Einen deutlichen Komplex bilden nur die sogenannten Wir-Berichte, in denen die Erzählung in die 1. Person Plural übergeht (16,10-17; 20,5-15; 21,1-18; 27,1-28,16). Es sind Reisenotizen, hinter denen vermutlich ein Augenzeuge steht. Für die anderen Teile hat der Verfasser Einzelmaterialien zur Verfügung gehabt, die er in einen Gesamtplan einarbeitete.

Die Zeit

Eine »Geschichte der Kirche« schreibt man nicht, wenn man das Ende der Weltzeit vor Augen glaubt. Die baldige Wiederkunft Christi wird nicht mehr erwartet. Der Verfasser rechnet mit einer Zeit der Kirche. Das lässt auf die Verhältnisse im ausgehenden 1. Jahrhundert schließen.

Die Absicht

Die Apostelgeschichte hat christliche und heidnische Leser vor Augen, vielleicht sogar Beamte der römischen Staatsmacht, die für den christlichen Glauben geworben oder günstig gestimmt werden sollen. Deshalb betont sie mehrfach, dass Christen friedliebende Menschen sind; wer sie dennoch verfolgen will, soll bedenken, was der Pharisäer Gamaliel vor dem Hohen Rat erklärte: »Wenn dieses Werk von Menschen stammt, wird es zerstört werden; stammt es aber von Gott, so könnt ihr sie nicht vernichten; sonst werdet ihr noch als Kämpfer gegen Gott dastehen« (5,38 f.). Dementsprechend werden die Ereignisse des Anfangs gedeutet: der Leser soll Gottes Wirken darin erkennen, sein Vertrauen in die Zukunft soll gestärkt werden.

Frauen beim eucharistischen Mahl. Priszilla-Katakombe, Rom, um 240.

Das Leben der Urgemeinde

Wer in den neunziger Jahren des 1. Jahrhunderts schreibt, war selbst nicht mehr Augenzeuge der Anfänge. Das ist dem Buch auch anzusehen. Lukas verarbeitet älteren Stoff. Seine Darstellung soll der Kirche Vorbild sein, darum schildert er die Jerusalemer Urgemeinde eher idealistisch als realistisch:

[32] Die Gemeinde der Gläubigen war ein
Herz und eine Seele. Keiner nannte
etwas von dem, was er hatte, sein Eigentum, sondern sie hatten
alles gemeinsam ... [34] Es gab auch keinen unter ihnen, der Not litt.
Denn alle, die Grundstücke und Häuser besaßen, verkauften ihren
Besitz, brachten den Erlös [35] und legten ihn den Aposteln zu Füßen.

Apg 4

Die Nähe zu den Anfängen schimmert aber noch zwischen den Zeilen durch, etwa wenn es um den Aufbau der christlichen Gemeinden geht. Das lässt sich an drei Momenten zeigen:

Öffentlich und in den Häusern

In der Abschiedsrede des Paulus vor kleinasiatischen Gemeindeleitern wird betont, das Evangelium sei »öffentlich und in den Häusern« verkündet worden. Öffentlichkeit ist Lukas wichtig; sie gehört zu seinem Verständnis des Evangeliums, erstens, weil Gottes Wirken in Jesus »sich ja nicht in irgendeinem Winkel zugetragen hat« (26,26); zweitens, weil diese Botschaft »ganz Israel« angeht (2,36); drittens, weil das Christentum auch Anerkennung und Schutz in der Öffentlichkeit der römischen Welt finden soll.

Ergänzt in den folgenden Zitaten die fehlenden Ortsangaben:

3,11-26:	Petrus predigte in der ...;
5,20.42:	Die Apostel lehrten das Volk in der ...;
4,5-22; 5,27-41:	Die Apostel verkündigten vor dem ...;
9,20:	Paulus verkündete Jesus in den ...;
15,5.14-41:	Paulus und seine Begleiter verkündeten das Wort Gottes in den ...;
17,17:	Paulus sprach täglich auf dem ...;
17,22-34:	Paulus predigte auf dem ...;
18,26:	Apollos sprach täglich im ...;
19,9:	Paulus sprach täglich im ...;
25,23-26,32:	Paulus sprach vor dem jüdischen König Agrippa, dessen Frau Berenike, dem Hofstaat, führenden Männern und dem römischen Statthalter im ...

Aber alles Reden in der Öffentlichkeit hätte noch keine Gemeinde gebildet. Dafür war das Gespräch in den Häusern wichtig. Wenn in der Apostelgeschichte von »Haus« gesprochen wird, kann sowohl ein Gebäude wie die Familie gemeint sein, durchweg die Großfamilie

In den Städten und den Häusern

Die Jesusbewegung war auf dem Lande zu Hause. Sie war eine Gruppierung von Wanderpredigern. Männer und Frauen sowie allerhand seltsames Volk wurde an einen Tisch geladen – Gleichnis für das Reich Gottes.

Das Urchristentum entwickelte sich in den Städten. Es trat ein in die »große Welt«. Nun kamen Wohlhabende hinzu. Es bildeten sich Gemeinden nach den Ordnungsvorstellungen des römischen Hauses: Der Familienvater war Oberhaupt, die Frauen ihm untertan.

mit Eltern, Kindern, Enkeln, weiteren Verwandten und Sklaven. Für die antike Religiosität spielte dieser Rahmen eine große Rolle. Der römische Politiker Cicero sagte im Jahre 57 v. Chr.:

Was ist unantastbar, was stärker durch religiöse Bräuche aller Art geschützt als das Haus eines jeden Bürgers? Hier sind die Altäre, die Herdfeuer, die Familiengötter; hier finden die Opfer, die Kulthandlungen, die Riten statt; hier ist ein Asyl, für jedermann so heilig, dass man niemanden von dort wegführen darf.

Diese Wertschätzung des Hauses kam auch den frühen Christen zugute. Hier war für sie ein Schutzraum, in dem sich die ersten Gemeindekeime entfalten konnten. Darum ist es auch nicht Zufall, dass sich die christliche Kultur, ihre Gottesdienste und Missionsarbeit aus der *Hauskirche* entwickelt haben (vgl. Religionsbuch 5/6, S. 101). Hier gab es keine Anonymität. Der persönliche Kontakt, das Gespräch, die Überzeugungskraft des Einzelnen wirkten sich ermutigend aus.

Männer und Frauen

Das Neue Testament ist in einer Zeit entstanden, in der die Gesellschaft patriarchalisch verfasst war. Die Männer stehen vornean. Sie sind es, die z. B. in Predigten und Briefen angesprochen werden. Gleichwohl sind mit der vielfach benutzten Anrede »liebe Brüder« auch die »lieben Schwestern« gemeint. Überhaupt wird im Neuen Testament mehrfach hervorgehoben, dass es besonders die Frauen waren, die sich für das Evangelium offen zeigten.

Ergänzt in den folgenden Zitaten die Personenangaben:

1,12-14:	Zur Urgemeinde gehörten außer den Aposteln ...;
5,14:	Immer mehr wurden vom Glauben geführt, Scharen von ...;
8,12:	Taufen ließen sich ...;
9,36:	In Joppe lebte eine Jüngerin namens ...;
16,1:	Timotheus war der Sohn der Jüdin ...;
16,14:	Nach dieser Darstellung hieß die erste Christin auf europäischem Boden ...;
17,4.12:	In Thessalonich schlossen sich dem Paulus unter zahlreichen Griechen nicht wenige ...;
17,34:	Nach der Rede des Paulus auf dem Areopag von Athen (Hügel, auf dem Rat und Gerichtshof tagten) wurde auch gläubig ...;
18,2.26:	Zur Gemeinde von Korinth gehörten auch die Frauen ...;
Röm 16:	Besondere Grüße trug Paulus für folgende Frauen auf ...

Lukas, der in seinem Evangelium eine besondere Aufmerksamkeit für das freundschaftliche Verhältnis Jesu zu Frauen zeigt, erwähnt auch die aktive Mitarbeit vieler Frauen am Aufbau der urchristlichen Kirche. Sie leisten Dienste für Notleidende und stehen ebenso im Dienst der Verkündigung. Phöbe, eine Frau in der Hafenstadt Kenchreä bei Korinth wird Röm 16,1 als *diakonos* bezeichnet. Das könnte darauf hinweisen, dass Frauen zur Gruppe der Gemeindeleiter gehörten (vgl. zum Ganzen S. 150–157).

Frauen im frühen Christentum

Genaue Informationen über die Arbeit der Frauen in den Anfängen des Christentums haben das 1. Jahrhundert nicht überlebt. Keine einzige Frau wird unter den ursprünglichen Aposteln erwähnt. Hauptfigur aller Missionierung ist Paulus. Frauen treten nur als Helferinnen oder Gegnerinnen seiner Mission auf.
Dennoch gab es Frauen schon vor Paulus, auch wenn in seinen Briefen immer nur von »Brüdern« die Rede ist. Die von Paulus erwähnten Frauen sind wohl nur die Spitze des Eisbergs, dessen größerer Teil aus dem öffentlichen Bewusstsein verdrängt wurde, als das Christentum mehr und mehr römische Ordnungsvorstellungen übernahm.

Paulus lässt erkennen, dass Frauen auf gleicher Basis mit ihm zusammengearbeitet haben:

Phil 4,2-3 stellt er fest, dass Euodia und Syntyche Seite an Seite mit ihm kämpfen.

Röm 16,1 wird »Phöbe, unsere Schwester«, herausgestellt, die ein Dienstamt für die Gemeinde in Kenchreä hat.

Röm 16,3 f. nennt Priska als Arbeitskollegin des Paulus (auch 1 Kor 16,19 und 2 Tim 4,19).

Röm 16,7 nennt Junia zusammen mit Andronikus als »angesehene Apostel«, die sich vor Paulus zu Christus bekannt haben.

1 Kor 9,5 fragt Paulus: »Haben wir nicht das Recht, eine gläubige Frau mitzunehmen, wie die übrigen Apostel und die Brüder des Herrn und Kephas?«

Taufe und Gemeindebildung

Immer wieder ist in der Apostelgeschichte von der Taufe die Rede. Wenn jemand auf das Evangelium hin sagt: »Was sollen wir tun?«, heißt die Antwort: »Kehrt um und jeder von euch lasse sich auf den Namen Jesu Christi taufen ...« (2,38). So wie Paulus berichtet, er habe »das Haus des Stephanus« getauft (l Kor 1,16), ist auch in der Apostelgeschichte mehrfach von solchen Vorgängen die Rede: Lydia »und ihr Haus« ließen sich taufen (16,15); der Gefängnisaufseher »ließ sich und alle die Seinen sofort taufen« (16,33); der Synagogenvorsteher Krispus »kam mit seinem ganzen Haus« zum Glauben (18,8). Sie empfingen die Taufe als Zeichen ihrer Umkehr, der Vergebung, der Christuszugehörigkeit und des Geistempfangs.
Obwohl die Apostelgeschichte nicht als Augenzeugenbericht missdeutet werden darf, ist sie doch die einzige und beste Quelle für die erste Zeit des Christentums und des frühesten Gemeindelebens.

Volker Stelzmann (geb. 1940), Petrus, 1988.

Petrus und Paulus. Gravierte Kalksteinplatte, 4. Jh.

Petrus und Paulus

Als führende Männer der Urkirche stellt die Apostelgeschichte Petrus und Paulus heraus. Dabei ist eine Parallelität auffallend: beide halten acht Reden, beide heilen einen Lahmen und wecken einen Toten auf, beide treten einem Magier gegenüber, beide engagieren sich für die Heidenmission. Aber dieses Schema verwischt das historische Bild.

Petrus

Petrus begegnet nur im ersten Teil der Apostelgeschichte. In seinem Evangelium hat ihn Lukas als den künftigen Hauptmissionar dargestellt, der die Initiative zum Christuszeugnis ergreift. Ebenso zeigt er ihn in der Apostelgeschichte als Erst-Apostel: Er ist der erste Jünger und der erste Zeuge, noch vor dem Empfang des Gottesgeistes (1,16-26). Er spricht als Erster vor Juden aus aller Welt an Pfingsten (2,14-41). Er vermittelt die Geistgabe (zusammen mit Johannes) an die Getauften in Samaria (8,14-17). Er erreicht schließlich als Erster den Durchbruch zu den Heiden (10,1-11,18). So ist er deren Apostel schlechthin. Er spricht in ihrem Namen das erste Christusbekenntnis (Lk 9,20; Apg 2,14). Nachdem aber Petrus den Durchbruch zur Heidenmission erreicht hat, lässt Lukas ihn aus seinem Geschichtsentwurf abtreten (12,17). Die letzte Erwähnung beim Apostelkonzil (15,7-12) unterstreicht noch einmal die Rolle des Petrus für die Einleitung der Heidenmission.

Paulus

Das Paulusbild der Apostelgeschichte ist komplizierter. Lukas nennt Paulus nie Apostel. Diesen Titel behält er »den Zwölfen« vor. Insofern stellt er Paulus unter deren Autorität. Trotz des breiten Raumes, den Paulus in der Apostelgeschichte einnimmt, fällt auf, dass Lukas nie aus dessen Briefen zitiert. Hat Lukas diese Briefe nicht gekannt? Dafür spricht einiges, denn sein Paulus unterscheidet sich deutlich von dem Bild, das Paulus von sich selbst gibt. Lukas schildert Paulus als einen Wundertäter, dessen Werke im Dienste der Mission stehen. Damit entsprechen sich zwar Paulus- und Petrusbild, aber dieser Paulus widerspricht der Darstellung, die Paulus von sich selber gibt.

Lovis Corinth (1858–1925), Paulus, 1911.

Ergänzt die Wundertaten:

13,6-12:	Ein »negatives« Wunder galt dem Zauberer Elymas: Paulus schlug ihn mit ...;
14,8-10:	Als Paulus in Lystra einen ... Mann heilte, schrie die Menge: »Die Götter sind in Menschengestalt zu uns herabgestiegen!«
19,12:	Man nahm dem Paulus sogar seine ... weg und legte sie den Kranken auf.
20,7-12:	Als ein junger Mann aus dem Fenster fiel, weil des Paulus Predigt ihn eingeschläfert hatte, warf sich Paulus als ein neuer Elija (2 Kön 4,34) ...

Vergleicht damit die Wundertaten des Petrus: 5,3-10; 3,1-10; 5,12-16; 9,36-42.

Ähnliches gilt für die Reden. »Ja, die Briefe, so wird gesagt, die sind wuchtig und voll Kraft, aber sein persönliches Auftreten ist matt und seine Worte sind armselig« (2 Kor 10,10). Diesen Angriff wehrt Paulus noch ab, indem er sagt, »auch in eurer Gegenwart können wir tatkräftig aufwarten« (10,11). Etwas später räumt er aber im gleichen Brief ein: »Im Reden mag ich ein Stümper sein, aber nicht in der Erkenntnis« (2 Kor 11,6). Lukas entwirft hingegen das Bild eines sicheren Redners, der seine Zuhörer fesselt (vgl. 13,16 ff.; 21,40 und 22,1 ff.; 23,1 ff. u.ö.). Die Inhalte, von denen die Paulusbriefe handeln, finden sich in den Reden der Apostelgeschichte – wenn überhaupt – nur schwach gespiegelt.

Die Forschung ist überwiegend der Ansicht, dass der Verfasser der Apostelgeschichte kein Reisebegleiter des Paulus gewesen sein kann. Offensichtlich hat er keine klaren Vorstellungen von dem historischen Paulus gehabt. Es zeigt sich auch, dass die Reden, welche die Apostelgeschichte Paulus in den Mund legt, nicht die Fragestellungen der Paulus-Zeit wiedergeben, sondern jene vom Ende des Jahrhunderts. Mit diesen Reden spricht Lukas zur Kirche seiner Zeit; er will ihr Mut machen zum Glaubenszeugnis inmitten beginnender Verfolgungen.

Die Zeit der Kirche

Anliegen und Grundlinie der Apostelgeschichte ist es, der noch unsicheren Kirche ihre Zeit anzusagen. Darum münden Jesu Lehren in einem Auftrag an seine Zeugen; die aber begleitet der Gottesgeist »bis ans Ende der Erde«. Zugleich will Lukas zeigen, dass das Christentum »nicht in irgendeinem Winkel« (26,26) seinen Anfang nahm. Er stellt die Erfolge durch Zahlenangaben heraus und nennt bekannte Namen von Menschen, die Christen wurden oder sich ernsthaft mit christlichen Glaubenszeugen unterhielten.

Ergänzt die Zahl der gewonnenen Neuchristen:

2,41: Am Pfingsttage kamen etwa ... Menschen zur Gemeinde hinzu.

4,4: Nach der Rede des Petrus und Johannes vor dem Hohen Rat stieg die Zahl der gläubigen Männer auf etwa ...

6,7: In Jerusalem nahm sogar eine unbestimmte, aber ... Anzahl von Priestern den Glauben an.

21,20: Als Paulus den Jakobus in Jerusalem besuchte, sagte man stolz zu ihm: Du siehst, Bruder, wie viele ... unter den Juden gläubig geworden sind.
(Vgl. die unbestimmten Hinweise 11,21: 18,10.)

Ergänzt die Namen der Personen, denen Paulus begegnet, und beachtet die Reihenfolge:

13,4 ff.: Auf Zypern ließ der Prokonsul ... den Paulus rufen.

18,12 ff.: Der Prokonsul ... von Achaia nahm eine jüdische Anklage gegen Paulus nicht an.

22,25 ff.: In Jerusalem erschrak der ..., als er hörte, dass Paulus geborener Römer war.

24,1 ff.: Der Hohepriester ... erhob Anklage gegen Paulus vor dem römischen Statthalter ...

25,1 ff.: Der nachfolgende römische Statthalter ... sagte zu Paulus: »An den Kaiser hast du appelliert; zum Kaiser sollst zu gehen.«

25,13 ff.: Paulus wird dem jüdischen König ... und seiner Gemahlin ... im Statthalterpalast zu Caesarea vorgeführt.

28,7 ff.: Auf der Reise nach Rom heilt Paulus den Vater des ..., des »Ersten« der Insel Malta.

Test:

1 Was unterscheidet moderne und antike Geschichtsschreibung?

2 Durch welche Bemerkung gibt sich der Verfasser der Apg auch als Verfasser des Lukasevangeliums zu erkennen?

3 Wie unterscheidet sich die Quellenlage im Lk-Evangelium von derjenigen in der Apg?

4 Welche inneren Gründe lassen auf die Abfassungszeit der Apg schließen?

5 Mit welcher Absicht wurde die Apg verfasst?

Lukas konnte auf den Tod der Apostel bereits zurückblicken. Er wusste, wie das Leben von Petrus, Paulus und vielen anderen unter den Verfolgungen des Kaisers Nero geendet hatte. Die Hoffnung auf eine rettende Wiederkunft Christi sah er als irreführend an. Darum setzte er die Weisung, nicht unnütz »zum Himmel emporzuschauen« (1,11) an den Anfang seines Buches. Er schildert Petrus als denjenigen, der als Erster die christliche Botschaft der Welt verkündet. Er entwirft ein Paulusbild, das der Kirche bei neuer Verfolgung Hoffnung machen soll.
Die Auseinandersetzung mit der jüdischen Herkunft war damals schon nicht mehr offen. Lukas hatte die Judenmission abgeschrieben: »Darum sollt ihr nun wissen: Den Heiden ist dieses Heil Gottes gesandt worden. Und sie werden hören« (28,28; vgl. 13,45). Er wirft

den Juden vor, aus Missgunst Unruhen ausgelöst und Verfolgungen angezettelt zu haben (17,5). Die Spannungen zwischen Juden und einem überwiegend hellenistisch gewordenen Christentum hatten zugenommen (vgl. Religionsbuch 5/6, S. 88 ff.).
Umso mehr sucht Lukas das Wohlwollen der Römer. Im Römischen Reich mussten die Christen schließlich leben; darum wirbt Lukas in seinem Buch um römische Achtung und Anerkennung. Juden und Christen aber lebten sich immer mehr auseinander. Der Bruch zwischen ihnen verschärfte sich weiter. In seinen Folgen reicht er bis in unsere Zeit. Erst nach Auschwitz begann eine Neubesinnung darauf, dass das Judentum die Wurzel ist, der das Christentum eingepfropft wurde, wie Paulus Röm 11,18 klarstellt: »Nicht du trägst die Wurzel, sondern die Wurzel trägt dich!«

Die jüdische Religion ist für uns nicht etwas »Äußerliches«, sondern gehört in gewisser Weise zum »Inneren« unserer Religion. Zu ihr haben wir somit Beziehungen wie zu keiner anderen Religion. Ihr seid unsere bevorzugten Brüder und, so könnte man gewissermaßen sagen, unsere älteren Brüder.

Johannes Paul II. zu den Juden von Rom beim ersten Besuch eines Papstes in einer Synagoge am 13. April 1986.

Die vier großen Gestalten der christlichen Frühzeit – Johannes und Petrus; Markus und Paulus –, die hier in einer Ruine stehen und selbst zerfallen, haben ein Gemälde von Albrecht Dürer von 1526 zum Vorbild. Die Interpretation von Samuel Bak (geb. 1933), ein Überlebender des Holocaust, gibt zu denken.

Linke Seite (S. 222): El Greco (Domínikos Theotokópoulos, 1541–1614), Pfingsten, um 1600.

Die Ökumene

Im Grüngürtel von New Haven, Connecticut (v. l. n. r.): die Trinity Episcopal Church, die Congregationalist Center Church, die kongregationalistische United Church – eingebunden in ein dichtes Netz von Wegen und Straßen.

Je älter das Christentum wurde und je weiter es sich verbreitete, umso mehr abweichende Lehrmeinungen entstanden. Seit dem 2. Jahrhundert war die Kirche fortwährend mit Streitfragen befasst. Verurteilungen und Kirchenausschlussverfahren häuften sich. Nicht immer überzeugte das Bemühen, den tatsächlichen oder vermeintlichen Irrlehrer zu verstehen und mit ihm brüderlich um die Wahrheit in Lehre und Leben zu ringen. Der Verlust der kirchlichen Einheit kündigte sich schon früh an.

Die orthodoxen Kirchen

Die erste Großgruppe bilden die orientalischen Nationalkirchen. Sie trennten sich von der an Rom orientierten Christenheit im 5. bis 7. Jahrhundert. Dazu gehören verschiedene syrische Kirchen in Antiochia und Indien, die Kirche von Armenien und die koptische Kirche. Es ist die Gruppe der älteren orientalischen Nationalkirchen.

Die zweite Gruppe hat sich aus der Konstantinischen Reichskirche im oströmischen Reich (Byzanz) entwickelt. Über Jahrhunderte bestanden Spannungen zwischen »Westrom« und »Ostrom«. Im Jahr 1054 förderten politische Umstände den Bruch: es kam zu einer Kirchenspaltung (Schisma). Die byzantinischen Kirchen erkennen seitdem den Papst nicht mehr als ihr Oberhaupt an. Orthodox (rechtgläubig) nennen sie sich und sehen sich als Bewahrer des urchristlichen Erbes. Sie verstehen sich aber weiterhin gemeinsam mit der römischen Kirche als die »eine, heilige, katholische und apostolische Kirche«.

Im 14. Jahrhundert, als die Türken immer näher rückten und die Orthodoxie bedrohten, waren viele Byzantiner überzeugt, dass die Trennung überwunden werden müsse. 1367 kam es zu einem Religionsgespräch zwischen dem byzantinischen Kaiser Joannes V. und dem römischen Erzbischof von Konstantinopel, Paulus. Sie trafen sich im kaiserlichen Palast:

Was sind deine Absichten?«, fragte der Kaiser. Paulus erwiderte: »Die Union der Kirchen.« Darauf der Kaiser: »Dein Wunsch ist gut und gottgefällig. Doch wie soll er erfüllt werden? Mit Gewalt und Tyrannei oder durch die Überzeugungskraft der Wahrheit und den kirchlichen Gepflogenheiten entsprechend?«
Darauf Paulus: »Durch die Überzeugungskraft der Wahrheit.«

Der Kaiser hielt dann folgende Rede: »Wer die Kirche spalten will, zerreißt den Leib Christi, kreuzigt den Herrn und durchbohrt mit der Lanze seine Seite. Brächte es Erfolg, wenn ich mich im Interesse der Union lebendig verbrennen ließe, ich würde selbst das Holz zusammentragen, das Feuer anzünden und mich in die Flammen stürzen!
...
Ich denke, dass diese Einheit deshalb nie zustande gekommen ist, weil seit der Zeit, da sich das Schisma ausbreitete, bis heute von eurer Seite die Frage nie brüderlich und freundschaftlich untersucht wurde, sondern immer lehrmeisterlich, aus einem Machtbewusstsein heraus und gleichsam despotisch ...
Sei überzeugt, Bischof: Solange bei euch diese Meinung vorherrscht, gibt es keine Union der Kirche.
Da ich nun mehr weiß über die Lage hierzulande, so nimm meinen Rat an. Es ist folgender: Es ist eine allgemeine, ökumenische Synode zu veranstalten. Hier in Konstantinopel sollen zusammenkommen die Bischöfe aus dem Sprengel des ökumenischen Patriarchen, und zwar von nah und fern, das heißt, auch der von Russland mit einigen seiner Bischöfe; dann aber auch die übrigen Patriarchen – Antiocheia, Alexandreia und Jerusalem ... Auch der Papst soll Stellvertreter entsenden, wie es die alte Gewohnheit und Ordnung vorsieht. Und dies alles soll geschehen in der Liebe des Heiligen Geistes und in Brüderlichkeit. So sollen dann die ärgerlichen Differenzen zwischen uns und euch untersucht werden.«
Als Paulus diese Worte des Kaisers vernahm, sagte er: »Was brauchen wir denn eine Versammlung mit vielen Leuten? Mir geht es nur um dich. Könnte ich dich gewinnen, hätte ich alles gewonnen. Du bist ja

Schon im Neuen Testament tauchen Fragen nach der reinen Lehre auf:

[8] Achtet auf euch, damit ihr nicht preisgebt, was wir erarbeitet haben, sondern damit ihr den vollen Lohn empfangt. [9] Jeder, der darüber hinausgeht und nicht in der Lehre Christi bleibt, hat Gott nicht ... [10] Wenn jemand zu euch kommt und nicht diese Lehre mitbringt, dann nehmt ihn nicht in euer Haus auf, sondern verweigert ihm den Gruß. Denn wer ihm den Gruß bietet, macht sich mitschuldig an seinen bösen Taten. *2 Joh*

Welcherart Abweichungen damals vorlagen, wissen wir nicht, doch ist es immer so, dass unter Menschen unterschiedliche Positionen entstehen. Das Neue Testament lässt in der Summe seiner Schriften bereits einen Fächer uneinheitlicher Glaubensstile erkennen, hält aber an der von Christus geoffenbarten Wahrheit fest.

1 Griechische Mitschüler gehören zur griechisch-orthodoxen Kirche. Können sie oder ihre Eltern euch davon berichten?

2 Die russisch-orthodoxe Kirche schaut zusammen mit den römisch orientierten Kirchen auf tausend Jahre Christentum in Russland zurück. Könnt ihr Informationsmaterial zusammentragen?

3 Ikonen vertreten am deutlichsten die orthodoxe Frömmigkeit. Unser Unterrichtswerk hat mehrfach Ikonen abgebildet. Welche Merkmale unterscheiden Ikonen von der westlichen christlichen Bilderwelt?

4 Wer die Frömmigkeit des orthodoxen Russland tiefer kennenlernen will, findet in Tolstois Volkserzählungen einen ersten Leitfaden. Wer Tolstois persönliches Schicksal studiert – er wurde aus der russisch-orthodoxen Kirche ausgeschlossen –, erfährt auch etwas von den Spannungen in dieser Tradition.

eine Art Bratspieß, an dem alle anderen wie Fleischstücke hängen. Und wie du dich drehst, drehen sie sich mit.« – Dagegen der Kaiser: »So einfach sind die Sachen nicht! Gewiss, man nimmt mein Wort an und fügt sich ihm, wenn es Gottes Wahrheit ist und dem richtigen Dogma entspricht; dann folgt man mir. Sonst aber nicht ... Dies entspräche auch nicht unserem Kirchenwesen. Glaube soll nicht erzwungen werden.«
Paulus: »Es gibt keinen wahren Glauben außerhalb der päpstlichen Jurisdiktion ...«
Der Kaiser entgegnete: »Du hast ja selbst zugegeben, dass unser Bekenntnis dem eurigen nicht widerspricht ...«
Nach vielen weiteren Worten sagte Paulus schließlich: »Heilig, gut und wahr ist, was du gesagt hast. Darum bin ich auch jetzt von Herzen mit einem Konzil, das abzuhalten ist, einverstanden.«

Man hielt fest, dass mit Beginn des Monats Juni des Jahres 1367 die genannte Synode in Konstantinopel abgehalten und zu Ende geführt werden sollte. Dennoch fand die Synode nicht statt. Kaiser Joannes V. entschloss sich vielmehr zu einem Alleingang, reiste nach Rom und trat dort zur römischen Kirche über. Die Kirchenspaltung aber besteht bis auf den heutigen Tag.
Nach Jahrhunderten der Fremdheit besuchte Papst Paul VI. 1967 Patriarch Athenagoras in Istanbul und eröffnete damit wieder das Gespräch.

Links: Das Osterfest verbindet sich in der russischen Kirche mit lebendigen Bräuchen und Feiern. Hier werden die Osterspeisen gesegnet.

Rechts: Am Ostersonntag gehen Gläubige wie Atheisten zu den Gräbern ihrer Verwandten, Freunde und Bekannten. Dort bleiben sie den ganzen Tag, essen, trinken und sprechen miteinander – auch zu den Toten – und schmücken die Gräber.

Unten: Das Oberhaupt der russisch-orthodoxen Kirche bei einer Messe im Kloster Sagorsk in der Nähe von Moskau.

In der Reformation

Die Einheit der westlichen Kirche zerbrach in den reformatorischen Kämpfen nach 1520. *Martin Luther* hatte allerdings nie die Gründung einer eigenen Kirche im Sinn. Dennoch entwickelte sich aus seinen Reformansätzen ein kirchlicher Neubau.
Auch von der Schweiz gingen Reformen aus, die mit den Namen Zwingli und Calvin verbunden sind. Sie unterscheiden sich in mancherlei Hinsicht von der evangelisch-lutherischen Tradition, insbesondere die Lehre von *Jean Calvin*. Die Gesamtheit der Konfessionen, die der Reformation entstammen, lässt sich folgendermaßen vorstellen:

Die genannten konfessionellen Richtungen sind zum Teil auch in Deutschland vertreten. Verschafft euch für die eigene Region einen Überblick. Falls ihr Besuche bei den jeweiligen Gemeinden macht, gewinnen die knappen Andeutungen dieses Kapitels Profil. Vielleicht könnt ihr auch einzelne Vertreter des christlichen Spektrums in euren Unterricht einladen.

1. Die Anglikanische Kirchengemeinschaft

Obwohl die Kirchengemeinschaft aus dem Bruch Heinrichs VIII. mit Rom hervorgegangen ist, wird die Reformation hier nicht als Bruch empfunden. Man versteht sich »romfrei«, aber in der apostolischen Tradition. Im 17. Jahrhundert breitete sich die »Church of England« in den britischen Kolonien und entlang den Welthandelsstraßen aus. Drei Strömungen kennzeichnen die heutigen anglikanischen Gemeinschaften:
Im 18. Jahrhundert entstand eine Erweckungsbewegung (Methodisten), die als »evangelikaler« Flügel bis heute einflussreich ist. Die Anstöße zur Sklavenbefreiung (vgl. Wilberforce, S. 68) und zur Mission gingen wesentlich von hier aus.
Im 19. Jahrhundert förderte die Oxford-Bewegung einen »anglo-katholischen« Flügel, der die Nähe zu den orthodoxen Kirchen und zur römisch-katholischen Kirche betont.
Die dritte Richtung bilden die Liberalen.

Die Pfingstbewegung ist eine Strömung im Christentum, die insbesondere das Wirken des Heiligen Geist betont. Sie ist weltweit die erfolgreichste Strömung des Christentums im 20. Jahrhundert.

Damit verwandte Glaubensrichtungen existierten bereits im Europa und Amerika des 18. Jahrhunderts, etwa in Form der verschiedenen Erweckungsbewegungen. Das heutige Pfingstchristentum entstand Anfang des 20. Jahrhunderts. Mit ihm verwandt ist die charismatische Bewegung, die sich seit Anfang der Sechzigerjahre des letzten Jahrhunderts entwickelte.

Die charismatische Bewegung ist eine konfessionsübergreifende Strömung. Sie betont die von Gott einem Gläubigen gegebenen besonderen Fähigkeiten, die als Geistesgaben (von griech. *charis* = Gabe) jedem Christen zugänglich sind. In der Kirchen- und Theologiegeschichte hat es diese Strömung wahrscheinlich schon immer gegeben. Seit den 1960er Jahren aber entwickelte sich die charismatische Bewegung quer durch die verschiedenen Kirchen wie der anglikanischen, lutherischen und römisch-katholischen Kirche, zugleich auch in vielen Freikirchen.

2. Die Baptisten

Anfangs nannte man so jene Gemeinden, welche die Erwachsenentaufe forderten, doch trifft der spöttisch gemeinte Name nicht ihr Hauptmerkmal. Die Baptisten wollen weniger organisierte Kirche sein als ein Modell der Urgemeinde. Darum ist es für sie auch kein Mangel, wenn zwischen ihren Kirchen Meinungsvielfalt besteht. Die Lehre ist calvinistisch geprägt. Die Trennung von Staat und Kirche gehört zu den Grundsätzen. Mission und Verkündigung werden als Auftrag aller betrachtet. Es gibt keine Ämterhierarchie. In den USA gehört ein Großteil der Schwarzen zu baptistischen Gemeinden. Martin Luther King ist der bekannteste baptistische Pfarrer (vgl. S. 87).

3. Die Kongregationalisten

Diese Bewegung entstand in England im 17. Jahrhundert. Aus Protest gegen Parlamentsbeschlüsse traten Geistliche aus der Staatskirche aus und bildeten selbstständige Gemeinden, die zeitweilig hart verfolgt wurden. Einige fanden Zuflucht in Holland, andere wanderten nach Amerika als *Pilgrimfathers* aus und gründeten den Staat

Evangelikal, ein noch junges Wort für bibeltreues Christentum. Es wird in den USA immer mehr verwendet für Christen, die in der Tradition der bibeltreuen Erweckungsbewegungen stehen. Evangelikale finden sich in theologisch konservativen Gemeinden; auch in den evangelischen Landeskirchen gibt es Evangelikale, die zu den treuesten Gottesdienstbesuchern zählen. Durch intensive Mission, insbesondere aus den USA, ist ein zunehmender Anteil der lateinamerikanischen Bevölkerung, ehemals traditionell katholisch, zu einer evangelikal geprägten Form des Protestantismus übergetreten. Evangelikale sehen die Bibel als Gottes Wort, von Menschen aufgeschrieben, aber von Gottes Geist inspiriert. Über das genaue Verständnis der Inspiration besteht keine Einigkeit. Nicht alle Evangelikalen glauben beispielsweise daran, dass die Bibel wortwörtlich von Gott eingegeben ist und darum irrtumslos sei. Doch gilt die Bibel als der verbindliche Maßstab des Glaubens und der Lebensführung, nach dem sich alles andere richten muss.

Neuengland. Unter *Oliver Cromwell* (1599–1658) veränderten sie auch in England die Gesellschaft. Im Zentrum des kirchlichen Lebens steht die Ortsgemeinde. Mit den Grundsätzen örtlicher Selbstbestimmung, Verantwortung, Freiheit und Toleranz haben sie die westliche Demokratie, vor allem in Großbritannien und den USA, wesentlich geprägt. Mehr als andere waren (und sind) sie die Vorkämpfer einer Ökumenischen Bewegung.

4. Die Lutheraner

Martin Luther hat es abgelehnt, die Kirche der Reformation nach sich zu benennen. Auch in diesem Fall war »lutherisch« anfänglich ein gegnerisches Schimpfwort. Heute sind die auf Luther zurückgehenden Kirchen (seit 1947) im Lutherischen Weltbund zusammengeschlossen. Die deutschen evangelisch-lutherischen Landeskirchen haben sich in der Vereinigten Ev.-Luth. Kirche Deutschlands (VELKD) organisiert.

Pieter Saenredam (1597–1665), St. Odolphus-Kirche in Assendelft, 1649.

Fast überall außerhalb des lutherischen Deutschland gehörte zur Reformation die Beseitigung jeder Spur katholischen »Aberglaubens«. Auf diesem Gemälde einer holländischen reformierten Kirche, kehrt die Gemeinde dem Altar, der früher Mittelpunkt der Kirche war, den Rücken zu und versammelt sich um die Kanzel. Aus dem Raum ist alles entfernt, was die Aufmerksamkeit vom gepredigten Wort ablenken könnte.

5. Die Reformierten

Neben den evangelisch-lutherischen Landeskirchen gibt es die reformierten Kirchen. Ihre Stammväter sind *Calvin* und *Zwingli*. Darum gibt es die evangelisch-reformierte Tradition besonders in der Schweiz. Von dort aus hat sie sich in die Niederlande und nach England verbreitet: Aus Frankreich wurde sie in den Hugenottenkriegen (vgl. S. 22) mit Gewalt vertrieben. Reformiertes Gedankengut hat viele protestantische Kirchen in Europa und Nordamerika befruchtet. Kennzeichnend sind schmucklose Kirchenräume, einfache Predigtgottesdienste, gemeinsame Gemeindeleitung durch Pfarrer und Laien.

Eine besondere Ausprägung der reformierten Tradition ist die presbyterianische Ordnung. Im angelsächsischen Bereich wollte man eine demokratische Gemeindeverfassung; eine päpstliche, bischöfliche oder staatskirchliche Prägung lehnte man ab (Presbyter =

Fundamentalismus. Im engeren Sinn bezeichnet das Wort eine im nordamerikanischen Protestantismus entstandene Bewegung, die gegen »modernistische« Tendenzen innerhalb des US-amerikanischen Protestantismus antrat. Das gemeinsame »Fundament« der Fundamentalisten ist ursprünglich ein wörtlich verstandener religiöser Basistext.

Die Päpstliche Bibelkommission nahm 1993 zum Fundamentalismus Stellung:

Der Fundamentalismus betont über Gebühr die Irrtumslosigkeit in Einzelheiten der biblischen Texte, besonders was historische Fakten oder sogenannte wissenschaftliche Wahrheiten betrifft. Oft fasst er als geschichtlich auf, was gar nicht den Anspruch auf Historizität erhebt; denn für den Fundamentalismus ist alles geschichtlich, was in der Vergangenheitsform berichtet oder erzählt wird, ohne dass er auch nur der Möglichkeit eines symbolischen oder figurativen Sinnes die notwendige Beachtung schenkt …

Dem Fundamentalismus kann man auch eine Tendenz zu geistiger Enge nicht absprechen. Er erachtet z. B. eine alte vergangene Kosmologie, weil man sie in der Bibel findet, als übereinstimmend mit der Realität. Dies verhindert jeglichen Dialog mit einer offenen Auffassung der Beziehungen zwischen Kultur und Glauben …

Der fundamentalistische Zugang ist gefährlich, denn er zieht Personen an, die auf ihre Lebensprobleme biblische Antworten suchen. Er kann sie täuschen, indem er ihnen fromme, aber illusorische Interpretationen anbietet, statt ihnen zu sagen, dass die Bibel nicht unbedingt sofortige, direkte Antworten auf jedes dieser Probleme bereithält. Ohne es zu sagen, lädt der Fundamentalismus doch zu einer Form der Selbstaufgabe des Denkens ein.

Sebastiaen Vrancx (1573–1647), Inneres der Jesuitenkirche in Antwerpen.

Bernard Picart (1673–1733), Calvinistischer Abendmahlgottesdienst in Amsterdam, 1733.

Ältester). Eine ständige Kirchenleitung gibt es nicht. Es wird grundsätzlich nur für eine begrenzte Zeit gewählt. Es gibt auch keine Anordnungs- und Verfügungsgewalt. In England haben die Puritaner für diese Kirchenordnung gekämpft. Als sie in der Staatskirche damit nicht durchkamen, schlossen sie sich zu eigenen presbyterianischen Gemeinschaften zusammen.

6. Die Methodisten

Begründer dieser Erneuerungsbewegung – innerhalb der Kirche von England – ist John Wesley (1703–1791). Weil er einen Studentenkreis in Oxford zu einer geregelten (methodischen) Art des Studiums und der Lebensführung anleitete, entstand der Name ebenfalls als Spottbezeichnung. Versuche, ihn abzustreifen, waren erfolglos. Wesley suchte eine innere Erneuerung des Christentums, erfuhr jedoch so viele Hindernisse, dass er – gegen seine ursprüngliche Absicht – Begründer einer neuen freikirchlichen Gemeinschaft wurde. Er war unter veränderten Lebensverhältnissen für neue kirchliche Arbeitsformen: Laienpredigt, Erziehungsarbeit, Erwachsenenbildung. Zum Methodismus führte also keine neue Glaubenslehre, sondern der Wunsch der Wiederbelebung des »alten Christentums« als Religion der Liebe. Die methodistische Kirche versteht sich als Teil der einen Kirche Jesu Christi. Ökumenische Gesinnung gehört zu ihrem Verfassungsauftrag.

Die hier vorgestellten Gruppierungen sind nicht einheitliche Richtungen, sondern Gemeinschaftsformen mit oft großen Unterschieden. Außerdem werden die hier aufgezählten Kirchen auch von inneren Richtungskämpfen bestimmt. Hier sind zunächst die »Fundamentalisten« zu nennen. Der Begriff Fundamentalismus geht auf die Protestbewegung gegen »modernistische« Tendenzen innerhalb des US-amerikanischen Protestantismus zurück und wurde in diesem Zusammenhang erstmals verwendet. Er richtet sich gegen die moderne Theologie bzw. insbesondere gegen die historisch-kritische Betrachtung der Bibel und die Evolutionslehre. – Das noch relativ neue Wort »evangelikal« bezeichnet eine konservative Richtung innerhalb des Protestan-

Giuseppe Pennasilico (1861–1940), Die Heilsarmee, London.

Den Völkern das Evangelium zu künden, wurde im Gang der Zeiten unterschiedlich verstanden und wohl auch missverstanden. Straßenmissionen, wie sie dem 19. Jahrhundert entstammen, werden weniger Glaubwürdigkeit finden als gelebte Solidarität.

tismus, die sich auf die Bibel als einzige Glaubensgrundlage beruft. Evangelikale Christen verbinden mit der Bibel eine klare persönliche Willensentscheidung für Jesus Christus. Die Freikirchen sind überwiegend evangelikal geprägt. Weltweit gehören etwa ein Drittel aller Christen zu den Evangelikalen.

Das Bild von Grant Wood (1892–1942), Amerikanische Gotik, 1930, ist eine Kritik an der Gründermoral der Pilgrimfathers und ihrer Frömmigkeit: Mann und Frau halten sich aufrecht. Ihr Ausdruck hat etwas Strenges. Man glaubt beiden, dass sie in einer strikten Ordnung leben, aber auch eine innere Unausgefülltheit verbergen. Die Heugabel mit ihren gefährlichen Spitzen warnt davor, der Familienwelt und ihrer autoritären Ordnung zu nahe zu treten.
Dieses Christentum zeigt sich nicht einladend, sondern verschlossen, abwehrend, militant, zugleich aber auch moralisch und standfest – Kennzeichen, die nicht nur das amerikanische Christentum prägen.

Die Sekten

Daneben bestehen noch die zahlreichen Sekten: kleinere Zusammenschlüsse, die sich wegen eines abweichenden Glaubensbekenntnisses vom christlichen Hauptstrom zurückziehen und auf ihre eigene Gemeinschaft beschränken. Zu den Sekten zählt man z. B. die Zeugen Jehovas, die Neuapostolische Kirche, die Adventisten, die Mormonen und Scientology (→ religionsbuch.de). Bei ihnen gibt es auch Übergänge zu nichtchristlichen und weltanschaulichen Zusammenschlüssen. Die meisten Sekten kommen heute aus den USA. Oft gründen sie sich auf einen konservativen Lebensstil und verfolgen ein verengtes Programm, das sich dem Bemühen um Einwurzelung des Christentums in fremde Kulturen (Inkulturation), um Freiheit und Eigenständigkeit hindernd in den Weg stellt.
Bei all den verschiedenen Entwicklungen und vielfältigen Spaltungen, Kirchen und Bekenntnisgruppen darf nicht übersehen werden: Es geht um die *eine* Wahrheit, die sich in Christus gezeigt hat. An ihm, Christus, müssen sich Christen immer wieder neu orientieren. Teilwahrheiten dürfen nicht isoliert und als das Ganze der Wahrheit angesehen werden. Überdies gilt: Niemand, weder ein Einzelner noch eine Gruppe, kann sich das Wort Gottes selber sagen. Das Wort Gottes, das Christus selbst ist, kommt auf uns zu. Es wird überliefert durch die Tradition (lat. *trahere, überliefern*), und geht letztlich zurück auf Jesus von Nazaret. Die Wahrheit des Wortes Gottes kann aber nur im Glauben, d. h. im Erfülltwerden vom Heiligen Geist, erkannt werden.

Johann Konrad Friedrich

Die Fremdheit des Nächsten

Die Geschichte der christlichen Glaubensgemeinschaften ist eine Geschichte des Unfriedens. Der Weg zur heutigen religiösen Toleranz war bitter und beschämend (vgl. S. 20 ff.). Selbst nachdem der Toleranzgedanke das politische Denken erreicht hatte, blieben sich im Alltagsleben die Konfessionen noch lange fremd und feind. In der deutschen Landschaft gibt es genügend Erinnerungen daran. Konfessionsgrenzen zu überschreiten, war für den Einzelnen abenteuerlicher und folgenreicher, als ins Ausland zu gehen. Wie sich dies im privaten Leben zeigen konnte, erzählt ein französisch-preußischer Offizier aus der Zeit Napoleons: *Johann Konrad Friedrich*, 1789 in Frankfurt am Main geboren, 1858 in Le Havre gestorben.

Das Unglück, eine Lutheranerin zu lieben

Friedrich hatte sich 1814 wegen einer fiebrigen Krankheit in Avignon einquartieren müssen. Dort logierte er bei einer Familie Giraud und befreundete sich mit der Tochter des Hauses:

Ein Donnerwetter zog sich über meinem Haupt zusammen, als ich eines Tages bei Tisch erwähnte, dass ich Protestant, und zwar ein Lutheraner, sei. Man lachte anfänglich dazu und meinte, ich scherze, denn auch diese Leute stellten sich unter einem Lutheraner noch eine Art Ungeheuer vor, bis ich sie ganz ernstlich versicherte, dass ich die Wahrheit gesagt und sie auch durch Erkundigung herausgebracht hatten, dass ich wahr gesprochen. Eines Morgens erhielt ich ein Billet vom alten Giraud, in welchem er mir erklärte, dass er von heute an nicht mehr an einem Tisch mit mir speisen könne, indem ihm sein und der Seinigen Seelenheil zu teuer sei, als es so auf das Spiel zu setzen. Ich möge mich daher je eher je lieber um eine andere Wohnung umtun, sofern ich mich nicht bekehren und in den Schoß der allein selig machenden Kirche zurückkehren wolle, um auch das Heil meiner armen Seele zu wahren. In diesem Fall könne ich auf seine innigste Freundschaft und Liebe sowie der seiner Angehörigen fest zählen ... Marguerite kam auf mein Zimmer und bat mich, in Tränen gebadet, fußfällig, ich möge doch katholisch werden, weil ich sonst dem Teufel mit Haut und Haar verfallen sei und sie mit, da sie das Unglück gehabt, einen Lutheraner zu lieben. Ich konnte das arme Kind nicht zu einer vernünftigen Ansicht bringen und trostlos verließ sie das Zimmer. Sie hatte mir gestanden, dass ihr der Beichtvater gesagt, dass ihr ihre Bekanntschaft mit mir, wenn ich mich nicht bekehre, die ewige Verdammnis zuziehen könne. Das ganze Haus war in größten Alarm geraten und die Frauen weinten unaufhörlich. Ich ging zu den Leuten und suchte sie zu beruhigen, aber ich glaube, der Teufel selbst hätte ihnen jetzt keine größere Furcht einflößen können als mein Anblick. Alle bekreuzigten sich und gaben mir zu verstehen, indem sie ihre Gesichter abwendeten, ich möge doch das Zimmer verlassen ... Ich nahm mir vor, auf die wenigen Tage noch ein anderes Logis zu

1 Analysiert das Glaubens- und Kirchenverständnis der Familie Giraud.

2 Von welcher Kenntnis, von welchem Verständnis eines Lutheraners ist bei den Girauds auszugehen?

3 Fragt nach ähnlichen Denk- und Verhaltensweisen in der Geschichte eurer Heimat.

4 Grenzt Toleranz gegen Gleichgültigkeit ab.

mieten und sah mich sogleich danach um. Als ich aber nach Hause kam, trat mir ein Dienstmädchen mit einem offenen Papier entgegen, das sie mir übergab und auf welchem geschrieben stand, dass die Familie, aus guten Christen bestehend, auch keine Stunde länger mit einem in alle Ewigkeit verdammten Ketzer unter einem Dach zubringen könne und sich daher so lange auf das Land begeben habe, bis ich ausgezogen sei. Die Miete möge ich nur an das Dienstmädchen entrichten, welches Befehl habe, den Betrag dem Beichtvater einzuhändigen, der ihn zum Frommen der Kirche verwenden werde, um die Sünde, mich so lange im Haus geduldet zu haben, einigermaßen wieder zu sühnen. – Ich bezog nun auf die wenigen Tage, die ich noch in Avignon verweilte, ein Zimmer in einem Gasthaus und habe nie wieder jemand von Girauds gesehen.«

Wilhelm von Kügelgen (1802–1867), Porträt- und Historienmaler, Schriftsteller. Bekannt geworden ist er vor allem durch seine »Jugenderinnerungen eines alten Mannes«, die ein lebendiges und anschauliches Bild des geistigen und bürgerlichen Lebens zu Beginn des 19. Jahrhunderts geben. Wilhelm von Kügelgens Erinnerungen beschreiben ein Gegenbild zu den Erfahrungen Friedrichs. Die Atmosphäre seines Elternhauses war liberal, die Mutter, Lutheranerin, erzog den Sohn evangelisch, wenngleich Wilhelm seinen katholischen Vater bei dessen Kirchenbesuchen begleitete.

Katholisch-evangelische Andacht

Des Öfteren trieb mich das Herz, den Vater in die Messe zu begleiten, denn es war mir schmerzlich, ihn, der sonst alles mit uns teilte, kirchlich so isoliert zu wissen, und immer schien er sich zu freuen, wenn ich mit ihm ging. Die stillen Morgengottesdienste, die dämmernde Kirche, der ferne Hochaltar mit seinen Lichtern ... das alles war mir sehr erbaulich. Es zog mich an des Vaters Seite nieder auf die Knie, und dann fühlte ich mich ihm noch inniger verbunden und verwandt ...

Wenn mein Vater mit uns betete, hatte er dies die längste Zeit in einer Art und Weise getan, die unser evangelisches Bewusstsein nicht befremdete. Speziell Katholisches war nie hervorgetreten, bis wir vor kurzem im Familienkreise ein Buch gelesen hatten, welches in uns allen mehr oder weniger katholische Sympathien weckte. Es war dies die Biographie des heiligen Vinzenz von Paul. Als wir nun eines Sonntagsabends mit dem Vater von unserem Helden sprachen ..., pries der Vater die katholische Kirche, die auch mit ihren verstorbenen Gliedern in steter Gemeinschaft bleibe, mit solchen wenigstens, deren Seligkeit sie sich vergewissert habe. Aber auch wir Protestanten, fuhr er fort, glaubten gar nicht an den Tod der Kinder Gottes, sondern vielmehr, dass sie erst jetzt in Wahrheit lebten. Lebten sie aber: warum denn sollten wir sie nicht um Segen und Fürbitte ansprechen, da sie uns in dem allmächtigen Gott doch wirklich immer nahe seien? Er glaube daher, so schloss mein Vater, dass es uns nur erbaulich sein könne, wenn er den heiligen Vinzenz, der uns ja nun kein Fremder mehr sei, im Abendgebete von jetzt ab und zu um seine Fürsprache anginge; wo nicht, so möchten wir es sagen ...

So kann ich nicht leugnen, dass wir bösen Protestanten eine Zeit lang mit unserem lieben Vater einen katholischen Heiligen angerufen haben. Von meiner Seite geschah dies freilich ohne sonderliche Freudigkeit, da man sich des Zweifels nicht ganz entschlagen konnte, ob jener auch hinlänglich offene Ohren habe.

1 Welche Anschauungen kennzeichnen in dieser Schilderung die katholische Glaubenswelt?

2 Welche Problematik spiegelt der Satz: »Denn es war mir schmerzlich, ihn, der sonst alles mit uns teilte, kirchlich so isoliert zu wissen«?

3 Welche Gefahren und Chancen enthält die konfessionelle Mischehe für die Christlichkeit der Familie?

1 Vereinbart mit euren Religionslehrern einen gemeinsamen Unterricht über die Frage: Was ist katholisch, was ist evangelisch? Versucht zunächst eine (schriftliche?) Antwort a) für die eigene Konfession, b) für die andere Konfession. Prüft bei der Auswertung, ob vorwiegend äußere Merkmale eure Wahrnehmung bestimmen. Wenn ihr die eigene und die andere Konfession tiefer erfassen wollt, fragt nach dem unterschiedlichen Verständnis von Kirche, Amt und Glauben.

2 Die katholische Kirche ist trotz ihrer Einheit nicht uniform. Wie in den anderen Großkirchen gibt es große Spannungen und unterschiedliche Richtungen. Ebenso wie in den evangelischen Kirchen, Freikirchen und Sekten haben sich auch hier fundamentalistische Richtungen entwickelt. Fundamentalistisch kann man eine Glaubensform nennen, die nicht geschichtlich denkt und deren Sprachverständnis naiv ist. Statt Metaphern und Symbole als Metaphern und Symbole zu verstehen, bleibt man am äußeren Wortlaut hängen.
Es gibt evangelische wie katholische Fundamentalisten. Innerhalb einer Konfession kann manchmal die Verständigung zwischen den verschiedenen Richtungen schwieriger sein als das theologische Gespräch über die Konfessionsgrenze hinweg. Habt ihr dafür Beispiele?

Die ökumenische Bewegung

Nachdem die gespaltene Christenheit sich wechselseitig verurteilt hatte und einander fremd geworden war, wuchs – zunächst klein und unscheinbar – der Wunsch nach Verständigung. Alle kannten ja die Bitte Jesu, »dass alle eins seien ..., damit die Welt glaube« (Joh 17,21). In diesem Gebet wird die Einheit der Jünger Jesu nicht auf Zweckmäßigkeit gegründet. Sie sollen eins sein, »wie du, Vater, in mir bist und ich in dir, sollen auch sie in uns eins sein.«

Die Annäherung und Verständigung der christlichen Gemeinschaften fällt deshalb so schwer, weil fast jede für sich in Anspruch nimmt, das ganze wahre Christentum zu repräsentieren. Die heutigen Einheitsbemühungen sind darauf gerichtet, diese Enge zu sprengen und die anderen Glaubensformen im christlichen Spektrum zu achten. Um dieses Ziel bemüht sich die ökumenische Bewegung.
Das Wort *Ökumene* ist griechischer Herkunft und meint »die ganze (bewohnte) Erde«. Es konnte aber auch auf die eigene (hellenistische) Kultur eingeschränkt verstanden werden. Dann aber machte es die eigene Welt zur Welt überhaupt und erklärt die »Barbaren« als nicht zur Ökumene, also zur Menschheit gehörig.
Diese Sicht kommt im römischen Sprachgebrauch offen daher: die lateinische Übersetzung von Ökumene, *orbis terrarum*, meint lediglich das Imperium Romanum. Politisch bedeutete das: nur Römer sind Weltbürger, Nichtrömer müssen unter die Ordnung Roms gestellt werden.
Nach der Konstantinischen Wende (vgl. Religionsbuch 5/6, S. 94 f.) nennt man ein Konzil und ein Glaubensbekenntnis ökumenisch und verbindet damit den Anspruch, von der ganzen Kirche anerkannt zu werden. Die Einheit von Kirche und Staat bringt es zugleich mit sich, dass solche Beschlüsse notfalls mit Gewalt durchgesetzt werden. Wie dies ausfiel, zeigt die Geschichte (vgl. Religionsbuch 7/8, S. 99–102; 104–106, 246 f.).

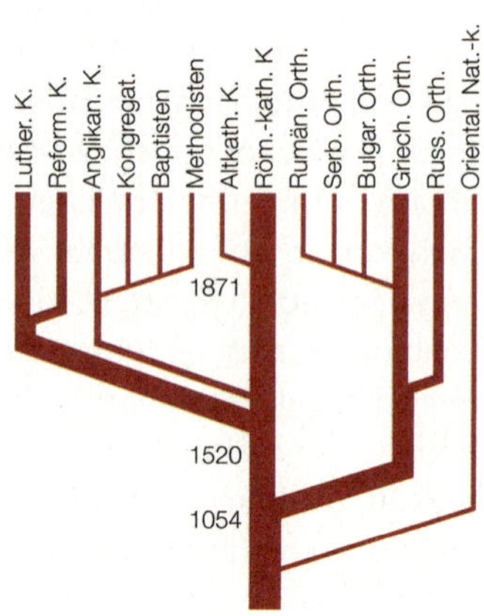

Auch die Reformation beendete nicht das Denken in Machtstrukturen. Im Verhältnis aller christlichen Konfessionen zur nichtchristlichen Welt schlug nun das Grundmuster des antiken Rom durch: der Auftrag zur Heidenmission verquickte sich mit der Aufgabe, die »Barbaren« oder »Wilden« zu zivilisieren. Erst seit Mitte des 20. Jahrhunderts, als der Kolonialismus alten Stils endgültig zusammenbrach (vgl. S. 98–109), begann sich der christliche Glaube aus dem Überlegenheitsdenken Europas zu befreien. Er betrachtet heute seine Botschaft nicht länger als eine Importangelegenheit, welche die einheimischen Kulturen überfremden dürfte.

Der heutige Sprachgebrauch benutzt das Wort Ökumene wieder im frühchristlichen Verständnis. Es meint also die ganze Erde und die ganze Christenheit, doch kommen neue Bedeutungen hinzu. Ökumenisch gesinnt sein, schließt auch den Willen ein, trennende Grenzen abbauen zu wollen. Damit geht der Blick über die Christenheit hinaus. Kirche gibt es nicht für sich. Sie kann nicht auf Kosten anderer leben. Die Achtung fremder Kulturen und Religionen gehört zum ökumenischen Selbstverständnis der Christen.
Die ökumenische Bewegung führte dazu, dass sich über 300 christliche Kirchen im *Ökumenischen Rat der Kirchen* (ÖRK; engl. World Council of Churches, WCC) zusammengeschlossen haben. Ihr Arbeitszentrum ist Genf. Die römisch-katholische Kirche hat sich dem ÖRK nicht angeschlossen. Ursprünglich lautete ihr Vorbehalt, was sich von ihr getrennt habe, diene der Einheit nur durch seine Rückkehr. Das Zweite Vatikanische Konzil aber hat eine neue Haltung gesucht. Die katholische Kirche erklärte ihre Mitschuld an der Kirchenspaltung; sie erkennt die getrennten christlichen Gemeinschaften als Kirchen oder kirchliche Gemeinschaften an; sie stellt sich selbst unter die Verpflichtung ökumenischen Denkens und Handelns; sie ist zur praktischen Zusammenarbeit mit nichtkatholischen Christen bereit, zu gemeinsamem Gebet und gemeinsamen Wortgottesdiensten.

Gleichzeitig sind Theologen in stiller Arbeit dabei, alte Grenzen zu überwinden. Sie untersuchen, ob das, was einmal trennte, immer noch trennen muss. Dabei haben sie eine vertiefte Sicht vieler Glaubensfragen gewonnen und in manchen Fragen eine kirchentrennende Auslegung überwunden. Hinzu kommt, dass Probleme, die vor einem halben Jahrtausend zu Streit Anlass gaben, heute geringer gewertet werden. Dagegen stehen Christen jetzt vor neuen Fragen, die nicht mehr konfessionell sind und die auch nur gemeinsam bestanden werden können. So etwa gab es zu Luthers und Calvins Zeiten keinen Atheismus. Heute muss ein gemeinsamer Glaube darauf antworten. Auch die ökologischen Probleme, die soziale Ungerechtigkeit in der Welt und die Unfriedlichkeit ihrer Völker verlangen vereinte Anstrengungen. Das Zusammenwirken aller Christen ist Notwendigkeit geworden.

3 Gibt es in eurer Region noch konfessionelle Spannungen? Wenn ja, welche Ursachen haben sie? Lassen sie sich überwinden? Welche Formen gemeinsamer Arbeit bestehen zwischen den Kirchengemeinden? Welche könnte es geben? Bieten auch Schule und Religionsunterricht Ansätze zu ökumenischer Gemeinsamkeit?

4 Welche Einrichtungen der evangelischen Kirche könnt ihr in eurer Heimat durch einen Besuch besser kennenlernen? Informiert euch zunächst über das Spektrum ihrer Aktivitäten und erkundet, zu welcher Stelle ein Studiengang, mit welchem Mitarbeiter ein Gespräch möglich ist.

Am meisten unbekannt sind oft kleinere freikirchliche Gemeinden. Welche gibt es bei euch? Kennt ihr beispielsweise die Heilsarmee? Wollt ihr nicht einmal ihre Vertreter aufsuchen oder in den Unterricht einladen?

Religionen:

Christentum und Weltreligionen

Der Titel der Zeitschrift »The Missionary News« von 1866 zeigt die Anbetung (des christlichen) Gottes durch alle Völker der Erde.

Fremde Religionen zu verstehen ist nicht leicht. Ist es überhaupt wichtig? Geht uns der Glaube der Indianer etwas an? Jener der australischen Ureinwohner? Der afrikanischen Stämme? Viele mögen Nein sagen. Aber setzen wir ein Gedankenexperiment dagegen: Wenn die weißen Siedler in Australien und Amerika zur Religion der Ureinwohner einen Zugang gehabt hätten, wäre dann die Geschichte ihrer Begegnung anders verlaufen? Hätten die spanischen Eroberer die indianischen Reiche Mittelamerikas ebenso rücksichtslos vernichten können, wenn ihnen die Glaubenswelt der Azteken, der Mayas und Inkas nicht so fremd gewesen wäre?

Religionen sind nicht das Beiwerk einer Kultur, sondern ihre Seele. Wer die Religion eines Naturvolkes versteht, weiß von dessen Innenwelt. Er sieht die Menschen nicht mehr von außen, sagt nicht, ihre »Körbe« seien leer, sondern erkennt in ihnen die »wunderbaren Sachen vom Himmel«.

Das gilt auch für die heutigen Weltreligionen. Zwar mag man sagen, um mit Japanern ins Geschäft zu kommen, müsse man deren religiöse Tradition nicht kennen. Und wer mit Arabern und Türken, Indonesiern und Pakistani Handel treibe, brauche keine Kenntnis des Islam. Zwar gehen viele Wege der heutigen Weltwirtschaft und der Politik an der Religion vorbei. Aber ob das dem Verständnis der Völker und dem Frieden der Welt dient? Wie nahe kommt man den Menschen, wenn man von ihrer Religion nichts weiß?

Das Doppelgesicht der Religionen

Wer die Weltgeschichte kennt, weiß allerdings, dass Religionen zum Guten wie zum Bösen Anstoß geben können. In ihrem Namen sind schon viele grausame Kriege geführt worden. Auch heute gibt es Hass und fanatische Aggressionen zwischen den Angehörigen verschiedener Religionen. Immer wieder flammen Kriege auf, in die sich religiöse Motive mischen. Religiöser Eifer kann blind machen und zur Verteufelung des Andersgläubigen führen. Selbst dann, wenn die eigene Religion eine höhere Moral lehrt.

Manche Religionen neigen dazu, die Welt, wie sie ist, passiv hinzunehmen, und nur das eigene Heil zu suchen; für das Recht der Unterdrückten und das Überleben dieser Erde geschieht nichts – oder zu wenig. Wenn aber Gebet und Versenkung gesucht werden, ohne die Bereitschaft zu sozialem und politischem Engagement, wird Religion fragwürdig. Zwar kann nicht jeder das Ganze verfolgen, aber die Gesamtheit einer Glaubensgemeinschaft muss Verantwortung für das Ganze kennen.

Religionen spiegeln menschliche Sehnsüchte und Hoffnungen; sie rühren an Gefühle, bewegen zu Liebe und Hilfeleistung. Sie können, wenn sie sich durch andere Religionen berührt oder verletzt sehen, auch Zorn, Hass und Feindschaft schüren. Umso wichtiger ist es, dass jede Religion sich mit der Geschichte ihrer eigenen Schuld befasst. Es ist der einzige Weg, dem Zwang zur Wiederholung auszuweichen.

Sammelt über einen begrenzten Zeitraum alle Nachrichten, die Religionen betreffen. Sortiert und bewertet sie, aber gebt euch Rechenschaft über die Maßstäbe eures Urteils. Von welchen Kriegen wisst ihr, in die sich religiöse Motive mischen?

Selbsterkenntnis und Gesprächsfähigkeit

An erster Stelle ist das Christentum hierzu aufgerufen. »Das Geheimnis der Erlösung heißt Erinnerung«, sagt ein jüdisches Wort. Es gilt auch Christen. Solange alte Schuld beschönigt oder vertuscht wird, besteht keine Hoffnung auf Umkehr und Erneuerung.

Das Christentum hat heute kritischen Zugang zu seiner eigenen Geschichte. Es weiß inzwischen um die Zeiten seiner Friedlosigkeit. Sofern diese Geschichte der Schuld in den eigenen Gemeinden – also in der Breite einer Religion – bedacht und betrauert wird, kann es auch eine Geschichte der Hoffnung geben. Wer sich erinnert, kann vergangene Fehler vermeiden und neue Wege suchen. Das Ausschließen und Vernichten Andersgläubiger, die Verfolgung der Juden, die Hinrichtung der Ketzer, die Begleitung von Kriegen … alle diese schuldhaften Verstrickungen bedürfen der Aufarbeitung. Nur so holt das Christentum seine eigene Christlichkeit ein. Es ist Voraussetzung für ein Miteinander der Weltreligionen.

Der zweite Schritt besteht in einem aktiven Interesse an den Religionen der Erde. Die Schwäche der christlichen Missionsarbeit in vergangenen Zeiten war es, die Religionen der Völker, zu denen man ging, nicht wirklich kennengelernt zu haben (vgl. S. 89–109). So blieb das Christentum in sich selbst verstrickt; es sah fremde Kulturen von außen, mit europäischen Augen. Diese Kulturen aus ihrer eigenen

Welche Kapitel dieses Religionsbuches bieten Voraussetzungen zu christlicher »Selbsterkenntnis und Gesprächsfähigkeit«? Kann die Kritikfreudigkeit an der Kirche auch einer tieferen Selbsterkenntnis im Wege stehen?

Die Kapitel über andere Religionen in den schulischen Religionsbüchern gehören auch zum »Weltgespräch der Religionen«. Je mehr die Völker der Welt zusammenrücken, umso mehr müssen sie voneinander wissen. Natürlich genügt kein Faktenwissen ohne tieferes Verstehen. Wie beurteilt ihr die Kapitel über Judentum, Islam, Naturreligionen, Hinduismus und Buddhismus in diesem Unterrichtswerk?

Friedenstreffen der Religionen in Assisi am 27. 10. 1986 auf Einladung des Papstes Johannes Paul II. Ein zweites Treffen fand im Jahr 2002 statt.

Quelle heraus wahrzunehmen, lag noch jenseits der Möglichkeiten. Das ist heute anders. Das Ende des Kolonialismus und die Befreiungsbewegungen in der Dritten Welt haben dem Christentum die Augen für die Werte fremder Völker geöffnet. Von jetzt an ist das Studium der nichtchristlichen Glaubensformen Pflicht. Wer im Namen Jesu zu den Menschen geht, muss die geistigen Wurzeln dieser Menschen kennen und achten.
Dabei kann sich etwas Neues ereignen. Das Studium fremder Religionen lässt nämlich nicht nur andere Menschen besser verstehen, sondern hilft auch, sich selbst tiefer zu verstehen. Das Christentum ist ja auch in die Geschichte der Menschheit verwoben. Es hat jüdische Wurzeln. Es ist über die Bibel mit den Religionen des Vorderen Orients verbunden. Es hat griechische, römische und germanische Einflüsse aufgenommen. Selbst die vorgeschichtliche Religionswelt lebt in christlichen Symbolen und Bräuchen weiter. So wie der Mensch in seiner biologischen Entwicklung aus mineralischen, pflanzlichen und tierischen Lebensformen hervorgegangen ist, hat auch die christliche Glaubenswelt viele Anteile früherer Religionen in sich aufgenommen.

Der Theologe Hans Küng (geb. 1928) hat die »Stiftung Weltethos« begründet.

Das Projekt Weltethos wird von vier Grundüberzeugungen getragen:

Kein Friede zwischen den Nationen ohne Friede zwischen den Religionen!

Kein Friede zwischen den Religionen ohne Dialog zwischen den Religionen!

Kein Dialog zwischen den Religionen ohne globale ethische Standards!

Kein Überleben unseres Globus ohne ein globales Ethos, ein Weltethos, gemeinsam getragen von religiösen und nicht-religiösen Menschen!

Das Weltgespräch der Religionen

Inzwischen ist es selbstverständlich, dass im heutigen Christentum den Religionen der Welt hohe Achtung entgegengebracht wird. Wie sehr dies geschieht, sagt ein Text des Zweiten *Vatikanischen Konzils*:

Die katholische Kirche lehnt nichts von alledem ab, was in diesen Religionen wahr und heilig ist. Mit aufrichtigem Ernst betrachtet sie jene Handlungs- und Lebensweisen, jene Vorschriften und Lehren, die zwar in manchem von dem abweichen, was sie selber für wahr hält und lehrt, doch nicht selten einen Strahl jener Wahrheit erken-

nen lassen, die alle Menschen erleuchtet ... Deshalb mahnt sie ihre Söhne, dass sie mit Klugheit und Liebe, durch Gespräch und Zusammenarbeit ... jene geistlichen und sittlichen Güter ..., die sich bei ihnen finden, anerkennen, wahren und fördern.

Schon der Inder *Vivekananda* (1863–1902) hatte gesagt: »Die Weltreligionen sind nicht Konkurrenten, sondern Brüder. Warum schließen wir uns nicht zusammen und bilden eine Familie des Glaubens zur Ehre des Vaters, der in allem wirksam ist?«
Tatsächlich kam es mehrfach zu Versuchen, einen »Weltbund der Religionen« zu gründen, der die Freundschaft zwischen den Religionen fördern und damit den Frieden unter den Völkern kräftigen sollte. Ein Versuch, die Gemeinsamkeiten von Weltreligionen zu beschreiben und ein minimales Regelwerk aufzustellen, das alle akzeptieren, ist das Projekt Weltethos. 1993 trafen sich in Chicago Vertreter vieler verschiedener Religionen. In vier Leitsätzen verpflichteten sie sich
- auf eine Kultur der Gewaltlosigkeit und der Ehrfurcht vor allem Leben
- auf eine Kultur der Solidarität und eine gerechte Wirtschaftsordnung
- auf eine Kultur der Toleranz und ein Leben in Wahrhaftigkeit
- auf eine Kultur der Gleichberechtigung und die Partnerschaft von Mann und Frau.

Worum es geht, kann im kleineren Maßstab an der christlichen Ökumene abgelesen werden. An ihr zeigt sich die Friedensfähigkeit der Christen. Wenn sich die Ökumene über das Christentum hinaus auf alle Religionen und die gesamte Menschheit hin erweitert, kann sie vielleicht einmal zum Gewissen für Gerechtigkeit, Frieden und Bewahrung der Schöpfung werden.

1 Könnt ihr folgende Positionen a) je für sich begründen und b) in ihrer Spannung zueinander erörtern?

(1) »Alle Religionen sind wahr, da sie nur verschiedene Wege zu Gott darstellen: ›Ein und derselbe Mond spiegelt sich in allen Wassern. Alle Monde im Wasser sind eins in dem einen einzigen Mond.‹«

(2) »Die vielen Namen Gottes kennzeichnen unterschiedliche Gottesbilder. Es ist nicht einerlei, ob ich Gott unter dem Namen Allah, Vishnu, Shiva, Krishna, Re, Zeus, Wotan oder Christus anrufe. Jeder Name enthält ein anderes Programm, andere Werte und andere Entwürfe von Mensch und Welt.«

(3) »Christus und die Kirche überschreiten alle Besonderheiten der Rasse oder der Nation und können deshalb von niemand und nirgendwo als fremd erachtet werden ... Wenngleich Gott Menschen, die er weiß, zum Glauben führen kann, so liegt doch auf der Kirche die Notwendigkeit und das heilige Recht der Evangeliumsverkündigung. Deshalb behält heute und immer die missionarische Tätigkeit ihre ungeschmälerte Bedeutung und Notwendigkeit.«

2 Eine kleine Missionsgeschichte der Neuzeit findet sich in folgenden Kapiteln:

Im Religionsbuch 7/8:
Las Casas: S. 68–75.
P. E. Arns, R. Pfau, L. Bidaud: S. 212–223.

Im Religionsbuch 9/10:
Die Dritte Welt, S. 66–77.
Von der Westkirche zur Weltkirche, S. 98–109.

3 Woran kann zukünftige Missionsarbeit, die das Miteinander der Weltreligionen im Blick hat, anknüpfen?

Die Ökumene der abrahamischen Religionen

Wenig Aufmerksamkeit hat bisher eine »abrahamische Ökumene« gefunden. Damit ist die Begegnung der drei monotheistischen Religionen – Judentum, Christentum, Islam – gemeint, die sich alle auf Abraham, den »Vater des Glaubens« berufen (vgl. Religionsbuch 5/6, S. 30-34; 181).

Unter den großen Weltreligionen gibt es keine engere Verwandtschaft als zwischen Juden und Christen. Für alle Christen ist die Wiederentdeckung ihrer Herkunft aus dem Judentum eine dringende Tat des Friedens nach fast zweitausend Jahren des Unfriedens. Sie müssen sich bewusst werden, dass sie mit den Juden die Hebräische Bibel als Heilige Schrift gemeinsam haben; dass Jesus ein Jude war und sich seinem Volk zugehörig wusste; dass der christliche Gottesdienst sich der Frömmigkeit und Praxis der Synagoge verdankt. »Die jüdische Religion ist für uns nicht etwas ›Äußerliches‹, sondern gehört in gewisser Weise zum ›Inneren‹ unserer Religion«, sagte Papst Johannes Paul II., als er 1986 die Synagoge in Rom besuchte.

Auch der Islam hat vieles mit Juden und Christen gemeinsam. Die arabische Welt leitet sich von Abraham (Ibrahim) und dessen Sohn Ismael ab (vgl. Gen 21); sie zählt ebenfalls Jesus, »Mirjams Sohn und Knecht Allahs«, zu ihren religiösen Ahnen. Das Gespräch über diese Gemeinsamkeiten, die weiter tragen können, als dies heute Juden, Christen und Muslime in ihrer Mehrzahl ahnen, hat noch kaum begonnen – und ist doch einer der wichtigsten Beiträge für eine Welt gemeinsamer Verantwortung und Friedensbereitschaft.

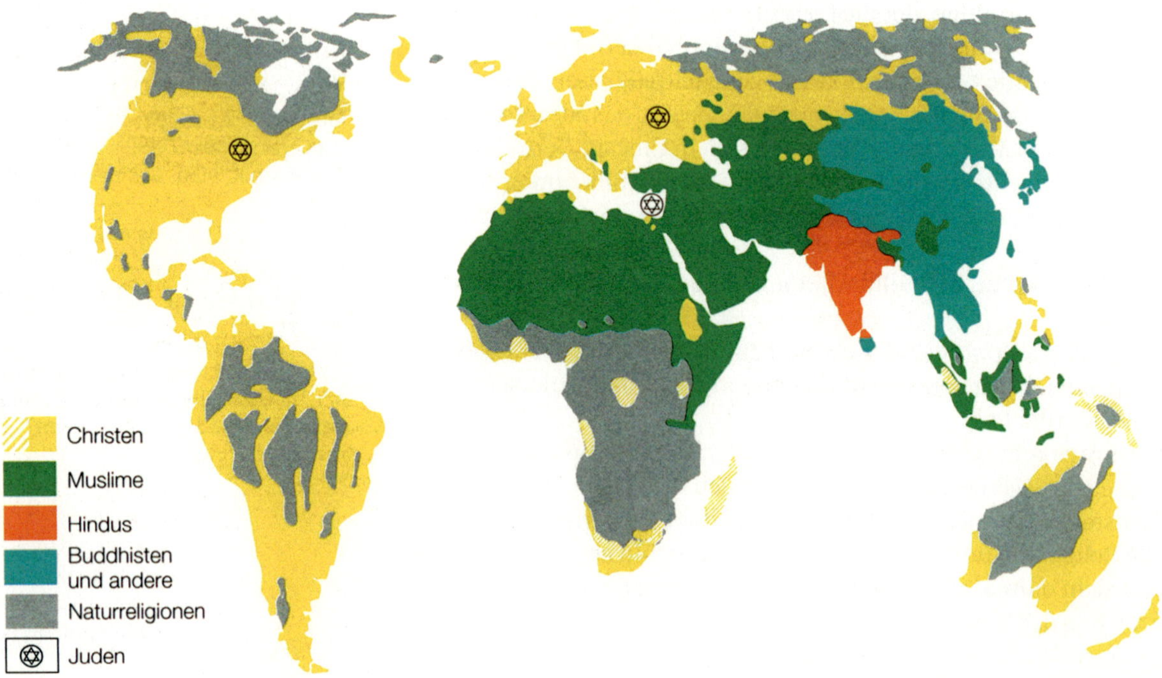

Der Schatz hinterm Ofen

Die folgende Legende verbindet das Fremde und das Ureigene in einer hintergründigen Weise miteinander:

Die Juden in Krakau waren arm, aber hätten doch gerne ein eigenes Bethaus gehabt. In diesen Jahren der Not nun war ihrem Rabbi Eisik, Sohn Rabbi Jekels, im Traum befohlen worden, nach Prag zu gehen, um dort unter der Brücke, die zum Königsschloss führt, nach einem Schatz zu graben. Als der Traum zum dritten Mal wiederkehrte, zögerte Rabbi Eisik nicht länger und machte sich auf den weiten Weg nach Prag.
Dort aber fand er die Brücke Tag wie Nacht von Wachen besetzt und er getraute sich nicht unter ihren Bögen zu graben. Doch kam er jeden Morgen her und umwanderte die Brücke bis zum Abend. Das fand die Aufmerksamkeit des christlichen Hauptmanns der Brückenwache.
Was er hier suche oder erwarte, wollte der wissen. Rabbi Eisik fasste sich ein Herz und erzählte, welcher Traum ihn nach Prag geführt hatte. Der Hauptmann hörte es staunend und lachte: »Und da hast du dich eines Traumes wegen aufgemacht? Da hätte ich ja meinerseits aufbrechen müssen, träumte mir doch, ich solle in Krakau in der Stube eines Juden, Eisik, Sohn Jekels, nach einem Schatz hinterm Ofen suchen. Nun hab' ich mir vorgestellt, dass ich dort, wo die eine Hälfte der Juden Eisik, die andere Jekel heißen mag, Haus um Haus aufreiße!« Und er lachte. Rabbi Eisik aber verneigte sich stumm, wanderte heim und hob den Schatz, mit dem jenes Bethaus errichtet wurde, das nach ihm geheißen ist.

Alles, was der Rabbi von Geburt an wusste, half ihm nicht. In der Ferne musste ein Fremder, der nicht erfasste, was er dem Rabbi wies, den Weg zum eigenen Reichtum zeigen. So bedarf es gar oft des Weges zu anderen, um aus deren Munde zu vernehmen, was im eigenen Hause unbeachtet verborgen ist.

Ephraim Mose Lilien (1874–1925), Passah, 1900.

1 Auf Reisen interessieren fremde Kulturen und Religionen. Kommen aber die Menschen solcher Länder zu uns – als Asylanten oder Gastarbeiter – begegnet ihnen viel Gleichgültigkeit und Ablehnung. Kennt ihr in eurer Heimat solche Menschen? Und auch ihre soziale Situation und religiöse Welt?

2 Israel und die arabischen Staaten bilden ein großes Konfliktbündel. Was sind die Ursachen? In welcher Form spielen die beiden Religionen mit hinein? Welches Islam-Bild zeichnet die politische Berichterstattung? Vergleicht es mit dem Kapitel »Islam« im Religionsbuch 5/6.

3 In manchen Städten gibt es Einrichtungen fremder Religionen, beispielsweise eine Moschee. Wo in eurer Umgebung hat eine nichtchristliche Religion ihren Versammlungsort? Informiert euch und nehmt Kontakt auf.

→ religionsbuch.de

Das 19. und 20. Jahrhundert

Jacques-Louis David (1748–1825) war sowohl der Maler der Französischen Revolution als auch der »Hofmaler« Napoleons. Sein Bild von 1808 zeigt die Krönung Joséphines durch Napoleon (hier nur ein Ausschnitt).
Pius VII., rechts im Bilde, erhebt seine Hand zum Segen, bleibt aber nur Statist. Napoleon schreitet, mit dem Caesarendiademgeschmückt, auf seine Gemahlin zu, um sie eigenhändig zu krönen.
Die Schwestern Napoleons, Caroline und Pauline, müssen Joséphines Schleppe halten. Die oben zu sehende Frau auf dem breiten Thronsessel ist Napoleons Mutter Laetitia, die in Wirklichkeit bei der Krönung nicht anwesend war.

Die Französische Revolution stand seit 1790 unter der Devise des Grafen *Mirabeau*: »Il faul décatholiser la France« (Frankreich muss vom Katholizismus runter). Derselbe Mirabeau hatte auch gesagt: »Ich will die Wiederherstellung der Ordnung, aber nicht die Wiederherstellung der alten Ordnung.« Daran war auch gar nicht zu denken. Die Revolution entfaltete ihre Brutalität, fraß zum Schluss die eigenen Kinder und brachte dann einen Mann nach oben, der die ganze Welt erobern wollte, seine Heere von Schweden bis Ägypten jagte, von Madrid bis Moskau, dabei zwei Millionen Menschen seinem Machtwahn opferte und eines Tages genauso verschwand, wie er aufgetaucht war: *Napoleon Bonaparte* (1769–1821).
Zwanzig Jahre lang verwandelte er Europa in ein Schlachtfeld, überstrahlte seine Kriege mit Geistesmacht und Herrscherkraft. Napoleon versöhnte Frankreich mit der katholischen Kirche, die den neuen Staat anerkannte, sodass auch der Staat die Kirche als Religion »der Mehrheit der Franzosen« akzeptierte, und ließ sich über seine brutalen Kriege hinweg als Friedensbringer feiern.

Säkularisation: Die Enteignung der Kirchengüter

1801 erzwang Napoleon mit seinen Truppen die Abtretung der linksrheinischen Länder an Frankreich. Der danach zu Lunéville ausgehandelte Friedensvertrag legte fest, die betroffenen Fürsten seien mit Kirchenbesitz zu entschädigen. Für diese Entschädigung wurden 80 Abteien, über 200 Klöster, 22 Bistümer und Erzbistümer, 18 katholische Universitäten und viele Schulen aufgehoben. Das geschah rücksichtslos. Herrliche Kirchen und stattliche Klöster verhökerte man, brach sie als Baumaterial ab, missbrauchte sie als Magazine, Fabriken, Lagerhäuser und Scheunen. In Trier konnte man Chorgestühl als Brennholz, den Wagen für einen Taler, kaufen. Kostbare Bibliotheken kamen in Staatsarchive, falls sie nicht verschachert und verschleudert wurden.

Die Kirche verlor alte Rechte und Privilegien. Das war schmerzlich und zugleich auch hilfreich. Viele Gegebenheiten entstammten mittelalterlichen Verhältnissen, die sich überlebt hatten. Aber an die Stelle der bisherigen Adelskirche trat zunächst ein großes Durcheinander. 1817 amtierten nur noch drei Bischöfe. Da mit den Enteignungen auch der Lebensunterhalt von Pfarrern und Domherren verloren gegangen war, verpflichtete sich der Staat, einen finanziellen Ausgleich zu zahlen. Diese Verpflichtung wird bis heute erfüllt. 1821 und 1824 erfolgte jene Neugliederung der Bistümer, die bis zum Tage gilt. Die neue Armut förderte die Besinnung auf Seelsorge und Gemeinde.

Die Karikatur von 1803 zeigt Angehörige verschiedener Orden, die das Vermögen ihrer Klöster abgeben. Der bayerische Löwe auf dem Sockel deutet den Zusammenhang zwischen Säkularisation und dem Ende des Heiligen Römischen Reiches Deutscher Nation an.

Restauration und Biedermeier

Nachdem Napoleon von der Weltbühne abgetreten war, trafen sich die Fürsten Europas in Wien, um die seit 1789 verwirrte Ordnung wiederherzustellen. Alles sollte wieder so werden, wie es vorher gewesen war. Nunmehr kämpften sie gegen den Geist der Französischen Revolution:

Der König von Spanien führte wieder die Inquisition ein. In Piemont musste zum Lesen- und Schreibenlernen Erlaubnis eingeholt werden; wer unter 1500 Lire verdiente, hatte den Analphabetismus als Untertanenpflicht zu übernehmen. In den Ländern der Habsburger lebten alte Spezialitäten wieder auf: Zensurschikanen, Hausdurchsuchungen, Spitzelwesen. Feierliche Höfe und Adelstreffen prägten

erneut die Öffentlichkeit. Preußen verbot Goethes »Egmont«, Schillers »Wilhelm Tell« und »Die Räuber«. Der Freiherr vom Stein kritisierte: »Sie erheben ihr Gehalt aus der Staatskasse ... und ziehen ihre Kinder wieder zu gleich brauchbaren Schreibmaschinen auf.«
Insgesamt sollten die Bürger sich aus der Politik heraushalten. Das war nach der unruhigen Zeit manchen auch recht. Man beschäftigte sich mit der Familie, mit Büchern, insbesondere mit Musik: Für viele eine nach innen gewandte Zeit, die man heute »das Biedermeier« nennt.

Wohnung des Schlossermeisters Hauschild in Berlin, Gemälde, 1843.

Auch im kirchlichen Leben spiegelte sich diese Entwicklung. Überall entstanden »Freundeskreise«, in denen Gleichgesinnte zusammenkamen, um über Glaube und Erziehung, Kultur und Frömmigkeit miteinander zu sprechen. Durchaus fruchtbare Impulse gingen von dieser Innerlichkeit aus. Das öffentliche Geistesleben aber blieb weiterhin von religionskritischen und liberalen Gedanken beherrscht.

Die Kohlenbergwerke

Es treten Fälle ein, dass Kinder mit ihrem vierten Jahre, öfter mit dem fünften, häufig mit dem sechsten, zwischen dem siebenten und achten, gewöhnlich aber mit dem vollendeten achten in die Arbeit kommen ...

Im Alter von sechs Jahren und aufwärts werden die Kinder dazu verwendet, die gefüllten Kohlenwagen aus dem Nebenstollen in den Hauptstollen teils zu stoßen, teils zu ziehen und in den Treibschacht zu bringen, eine Arbeit, welche nach der einstimmigen Aussage aller Augenzeugen die ununterbrochene Anstrengung der gesamten Körperkräfte der jungen Arbeiter in Anspruch nimmt. Den Beweis davon mag Folgendes liefern. Die Nebenstollen in Halifax haben meistens nur 16 bis 20 Zoll

Kinderarbeit in einem englischen Steinkohlebergwerk, Lithographie 1844.

Die soziale Frage

Die Ruhe und Muße, in der das Bürgertum lebte, war aber nur die Vorderseite der Dinge. Im Hintergrund entwickelten sich andere Prozesse, die eine völlig neue Welt heraufführen sollten.

Erfindungen

Das Ideal der Aufklärung (vgl. S. 28 f.), mit den Verstandeskräften die Welt zu erforschen, veränderte mehr, als es die Jakobiner in Paris mit ihrer Guillotine bewirkt hatten. Man studierte die Natur und machte eine Entdeckung nach der anderen. 1776 gelang es in England James Watt, eine brauchbare Dampfmaschine zu konstruieren, die in Baumwollspinnereien, in Schmieden und Bergwerken Arbeitsapparate antreiben konnte. Dann kam *Robert Louis Stevenson* und setzte 1814 die Dampfmaschine auf Räder. Als 1820 auch das Walzen der Schienen gelang, wurde die Erfindung praktikabel: die Eisenbahn fauchte bald durch ganz Europa. »Ich muss in meinem Land auch so eine Eisenbahn haben, und wenn sie tausend Taler kosten sollte«, sagte der Fürst von Anhalt-Cöthen, und alle anderen Landesherren fielen in den Chor mit ein. Auf Flüssen und Meeren lösten Dampfschiffe die Segler ab, und 1833 baute England bereits den ersten Kriegsdampfer. Dann richtete sich die Aufmerksamkeit auf die Elektrizität: der Dynamo wurde erfunden, *Edison* verdrängte mit seiner Glühbirne Petroleum und Gas, *Gauß* und *Weber* entwickelten den ersten Telegraphen, Spinnmaschinen revolutionierten den Textilmarkt, die Nutzung der Steinkohle erlaubte immer größere Dampfmaschinen, die Schnellpresse führte zur Tageszeitung.
In ihrer Summe veränderten diese Erfindungen die Welt ins Nützlich-Hässliche. Feuerschlote qualmen seitdem in den blauen Himmel, Maschinen lärmen durch die Landschaft, Bahnlinien zerschneiden Berge, schütten Böschungen auf, Kohlenhalden und Abraum wachsen in die Höhe, Industrieanlagen drängen sich an die Randzonen der Städte, – lange Zeit ohne Blick auf die ökologischen Folgen.

Das neue Problem

In der neuen technischen Entwicklung war England führend. Dort gab es bereits so märchenhafte Dinge wie Streichhölzer, Stearinkerzen und Stahlfedern. 1840 kam die Pennypost, die in ganz England Briefe gegen das Einheitsporto von einem Penny beförderte (innerhalb der preußischen Grenzen kostete die Briefzustellung damals noch zehn bis zwanzig Silbergroschen). 1833 prahlte ein englischer Autor, die Länge des Garns, das während nur eines Jahres in England gesponnen wurde, sei ausreichend, um die Erde gleich zweihunderttausendmal zu umspannen, und fügte hinzu: »Die Menschen haben Werke vollbracht, die fast gottgleich sind.«

Höhe, und in diesen muss ein Knabe einen Korb, der mit 2 bis 5 Zentner Kohlen beladen ist, auf Händen und Füßen kriechend fortziehen ... Sobald das Kind dann in etwas höhere Stollen kommt, kann es sich endlich aufrichten; geht es aber in fallende Stollen, so muss es die Last aufhalten, die von selbst abrollt ...

Aus einem »Commissionsbericht«

In seinen »Briefen aus Wuppertal« vom März und April 1839 schildert Friedrich Engels die sozialen Verhältnisse seiner Heimatstadt:

Von fünf Menschen sterben drei an Schwindsucht, und alles das kommt vom Branntweintrinken. Dies aber hätte wahrlich nicht auf eine so furchtbare Weise überhand genommen, wenn nicht der Betrieb der Fabriken auf eine so unsinnige Weise von den Inhabern gehandhabt würde ... Aber es herrscht ein schreckliches Elend unter den niedern Klassen, besonders bei den Fabrikarbeitern in Wuppertal; syphilitische und Brustkrankheiten herrschen in einer Ausdehnung, die kaum zu glauben ist; in Elberfeld allein werden von 2500 schulpflichtigen Kindern 1200 dem Unterricht entzogen und wachsen in den Fabriken auf, bloß damit der Fabrikherr nicht einem Erwachsenen, dessen Stelle sie vertreten, das Doppelte des Lohnes zu geben nötig hat, das er einem Kinde gibt.

Arbeitersiedlung um 1850

Nachtasyl in London 1859

Arbeiterwohnküche um 1900

1834 schrieb Adalbert Stifter: »Ich möchte eine Wohnung von zwei großen Zimmern haben, mit wohlgebohnerten Fußböden, auf denen kein Stäubchen liegt, neue Geräte, edel, massiv, antik, einfach, scharfkantig und glänzend; seidne, graue Fenstervorhänge wie matt geschliffenes Glas ...«

Aber die Kehrseite der Dinge war auch längst Realität. In den Manufakturen, in denen Hunderte, bisweilen Tausende Arbeit fanden, verdrängten bald Maschinen die Menschen. Hatten bisher Handwerker komplette Werkstücke gefertigt, so wurde jetzt der Arbeitsprozess zerlegt und an Maschinen gebunden. Ungelernte Arbeitskräfte übernahmen die immer gleichen Handgriffe: Die moderne Fabrik war entstanden. Zuerst spürten die Weber die Folgen. Viele wurden arbeitslos, denn mechanische Webstühle ersetzten nun das Handwerk. Die Fabrikherren drückten die Löhne, erpressten einen gegen den anderen. Das Lied vom »Blutgericht« erinnert an die damalige Stimmung:

Ihr Schurken all, ihr Satansbrut, ihr höllischen Dämone,
ihr fresst der Armen Hab und Gut, und Fluch wird euch zum Lohne!

In ganz Deutschland setzte die Auswanderung nach Nordamerika ein.
Es herrschte das Gesetz des Stärkeren. Damit sich die Maschinen bezahlt machten, wurde die Arbeitszeit verlängert. Nachtarbeit kam hinzu, nicht selten Sonntagsarbeit. Der Arbeitstag wuchs auf dreizehn, vierzehn Stunden an, gegen Ende der vierziger Jahre ging er ins Maßlose, bis zu 16 und noch mehr Stunden. Die Löhne wurden gedrückt. Erschöpfung, Krankheit, Alter gingen auf eigenes Risiko. Mit Lohnabzug wurde meist willkürlich bestraft: eine neue Form der Sklaverei.
Weil viele Männer mit ihrem Arbeitslohn die Familie nicht ernähren konnten, mussten Frauen und Kinder ebenfalls in die Fabrik. Es entstand Verwahrlosung. Eine englische Untersuchung notierte Kinderäußerungen:

Kürzlich war ich krank und bat, um acht Uhr aufhören zu dürfen, und man sagte mir, wenn ich ginge, brauchte ich nicht wiederzukommen.

Manchmal arbeiteten wir bis um halb neun am nächsten Abend, nachdem wir schon vorher die ganze Nacht gearbeitet hatten. Wir arbeiten auch in Essenszeiten, außer zur Mittagessenszeit. Ich habe manchmal drei, manchmal vier Nächte in der Woche gemacht.

Erste Antworten

Die himmelschreienden Notstände machten die Gesellschaft ratlos. Die in Jahrhunderten gewachsene Ordnung half nicht mehr weiter. Wie konnte man den Arbeitern in ihrer Abhängigkeit von den Fabrikherren helfen, sodass sie menschenwürdig leben und ihre Familien ernähren konnten?

Karl Marx (1818–1883)

Weltweit das größte Echo auf seine Ideen fand der in Trier geborene Karl Marx. Gern wäre er Professor geworden, aber Preußen duldete nur Männer, die sich mit Königtum und Adel einverstanden zeigten. So übernahm Marx die Schriftleitung einer rheinischen Zeitung. Aufgrund seiner kritischen politischen Linie zog er sich bald Ablehnung und Landesverweis zu. Er ging ins Exil nach London, wo er das Elend der Arbeiterschaft kennenlernte. Zusammen mit seinem Freund *Friedrich Engels* aus Barmen veröffentlichte Marx im Februar 1848 das »Manifest der Kommunistischen Partei«. Darin hieß es, die bisherige Geschichte sei eine Geschichte von Klassenkämpfen. Immer hätten sich Unterdrücker und Unterdrückte gegenübergestanden. Jetzt aber sei der Arbeiter ein bloßes Zubehör der Maschine geworden. Um aus ihrer elenden Lage herauszukommen, müssten die Arbeiter sich zusammenschließen und die Herrschaft der Kapitalisten stürzen.

Dann wird das Eigentum an Fabriken und anderen Produktionsmitteln abgeschafft ... Mögen die herrschenden Klassen vor einer kommunistischen Revolution zittern. Die Proletarier haben nichts zu verlieren als ihre Ketten. Sie haben eine Welt zu gewinnen. Proletarier aller Länder, vereinigt euch!

Staat, Adel und Besitzbürgertum bekämpften dieses Programm. Auch die Kirchen waren entschiedene Gegner. Sie stießen sich an dem Aufruf zur Revolution – die brutale Gewalt der Französischen Revolution war noch in Erinnerung – sowie an der kommunistischen Absicht, die Religion abzuschaffen, weil sie die Arbeiter hindere, ihre eigenen Interessen wahrzunehmen.

Robert Owen (1771–1851)

Viele soziale Errungenschaften hat sich die Arbeiterschaft durch ihre Organisationen selbst erkämpfen müssen. Aber es gab auch Fabrikanten, die ihrerseits eine neue Sozialordnung suchten. Am berühmtesten ist der Engländer Robert Owen, der sich um menschenwürdige Zustände in seinen Fabriken mühte. Kinder unter zehn Jahren ließ er nicht mehr arbeiten, begrenzte den Arbeitstag auf 10,5 Stunden, gründete Kinderschulen, richtete eine Kranken- und Altersversicherung ein. Er machte auch erste Versuche, seine Arbeiter am Firmeneigentum zu beteiligen. Das setzte Signale für ganz Europa.

1 Die evangelischen Landeskirchen fühlten sich besonders an ihre jeweiligen Landesfürsten gebunden. Ihnen erschien der Aufruf zur Revolution gotteslästerlich: »Wird das Maul, das so große Dinge redet, das so ungescheut die Majestäten lästert und wider den Gott im Himmel so steif, stolz und höhnisch redet, so ungestraft fortreden und alles vernichten?«
Was macht die kirchliche Ablehnung einer sozialen Revolution verständlich? Was macht sie problematisch?

2 Marx nannte die Religion den »Seufzer der bedrängten Kreatur, das Gemüt der herzlosen Welt ... Sie ist das Opium des Volkes.«
a) Deutet dieses Zitat.
b) Setzt euch kritisch damit auseinander. Welche Einwände lassen sich von Amos, Elisabeth von Thüringen, Paulo Arns, Ruth Pfau, Lucien Bidaud, Vinzenz von Paul ... her machen?
c) Lenin hat formuliert, Religion sei »Opium für das Volk«. Was unterscheidet diese Behauptung von der Auffassung, die Marx vertreten hatte?

3 Walter Dirks (1901–1991), katholischer Journalist, urteilt: »Als das Proletariat vor hundert Jahren die Augen aufschlug und zum Bewusstsein seiner selbst erwachte, war es nicht so, dass Christus hochmütig verworfen wurde; es war vielmehr so, dass Christus sozusagen gar nicht da war ... Die Last des proletarischen Unglaubens liegt auf unseren Schultern. In den Irrtum verfielen die Marxisten, die größere Schuld hatten die Christen.«
Ist das richtig geurteilt? Zu einfach? Oder zu streng?

1 Dem Diakonischen Werk der Evangelischen Kirche in Deutschland gehören als Mitglieder an die Diakonischen Werke der 22 Landeskirchen der EKD, neun Freikirchen mit ihren diakonischen Einrichtungen sowie 81 Fachverbände der verschiedensten Arbeitsfelder. Diese Mitglieder arbeiten in über 27 000 selbstständigen Einrichtungen mit mehr als einer Million Betreuungsplätzen. Es sind dort über 450 000 hauptamtliche Mitarbeiterinnen und Mitarbeiter voll- oder teilbeschäftigt.
Ferner gibt es etwa 3 600 diakonische Selbsthilfe- und Helfergruppen. Mitgetragen wird die diakonische Arbeit von den rund 18 000 Gemeinden der Landes- und Freikirchen. Rund 400 000 ehrenamtliche Mitarbeiterinnen und Mitarbeiter sind in der Diakonie aktiv.
Wie viele Einrichtungen der Diakonie gibt es bei euch? Schaut ins Telefonbuch; legt eine Liste an.
→ religionsbuch.de/diakonie

2 Die soziale Not führte in der deutschen katholischen Kirche zu vielen neuen Ordensgründungen. Die meisten von ihnen verpflichteten sich zu Krankenpflege, Sozialfürsorge und Schulwesen. Welche Orden kommen diesen Aufgaben in eurer Region heute noch nach?

1897 schlossen sich die zahlreichen Caritasvereine zum »Caritasverband« zusammen. Caritas ist eine in vielen Ländern tätige Hilfsorganisation der katholischen Kirche. Das internationale Caritas-Netzwerk umfasst weltweit 162 Organisationen. Der Deutsche Caritasverband mit Sitz in Freiburg ist Dachverband der 27 Diözesan-Caritasverbände und der Fachverbände (s. S. 58, 60).
Fordert Informationen über dessen Tätigkeitsfelder an:
Deutscher Caritasverband,
Karlstr. 40,
79104 Freiburg.
→ religionsbuch.de/caritas

Johann Hinrich Wichern (1808–1881)

Auch in den Kirchen erwachten Initiativen, lange bevor der Staat sich der sozialen Not annahm. In Hamburg sah der evangelische Pfarrer Johann Hinrich Wichern das Elend Jugendlicher. 1833 nahm er in sein Haus, im Rauchwerk (Busch) gelegen und darum von den Leuten »Rauhes Haus« genannt, die Ersten von ihnen auf.

Bis auf einen waren sie in gänzlicher Verwahrlosung und Verwilderung aufgewachsen ... Nur wenige hatten früher nicht auf Steinhaufen, Blockwagen, Stalltreppen viele ihrer Nächte zugebracht.

Die Jungen zimmerten Möbel, legten einen Garten an, eine Werkstatt, später dann Schneiderstube, Schuhmacherwerkstatt, Schlosserei, Schmiede. Immer neue Jugendliche wünschten Aufnahme und Heimat. Es entstand ein Dorf. 1848 sagte Wichern auf dem Kirchentag in Wittenberg:

Für die Not unseres Volkes gibt es nur eine Rettung, und die sollte die Kirche bringen. Sie muss innere Mission treiben, das heißt, sie muss in christlicher Nächstenliebe den Ärmsten des Volkes helfen.

Nach Wicherns Vorbild entstanden überall in Deutschland Werke der »Inneren Mission«. Ihre Tätigkeit reicht bis zum heutigen Tag.

Wilhelm Emmanuel von Ketteler (1811–1877)

war der Erwecker des sozialen Gewissens auf katholischer Seite:

Da reden wir dauernd von Gott, Freiheit, Demokratie und von einem neuen deutschen Staat, den wir bauen wollen. Was nutzt das alles, wenn Tausende von armen Leuten sich kaum ernähren und kleiden können?«,

sagte er als Mitglied der Nationalversammlung in der Frankfurter Paulskirche. Früher schon, noch als Pfarrer im Münsterland, warnte er:
»die Besitzenden und Nichtbesitzenden stehen sich feindlich gegenüber, die massenhafte Verarmung wächst von Tag zu Tag, das Recht des Eigentums ist in der Gesinnung des Volkes erschüttert.«

Und als Bischof von Mainz:

Die katholische Kirche hat in ihrer Lehre vom Eigentum nichts gemein mit jener Auffassung des Eigentumsrechtes, die man gewöhnlich in der Welt antrifft und der gemäß der Mensch sich als den unbeschränkten Herrn seines Eigentums ansieht. Nimmermehr kann die Kirche den Menschen das Recht zuerkennen, mit den Gütern der Welt nach Belieben zu schalten und walten ...

Ketteler schärfte die soziale Bindung des Eigentums ein.

Die Industrialisierung der Welt hatte soziale Probleme geschaffen, die mit Theorien und mit Nothilfe nicht zu bewältigen waren. Natürlich regten sich auch in der Arbeiterschaft Initiativen. 1863 gründeten Vertreter deutscher Arbeitervereine in Leipzig den Allgemeinen Deutschen Arbeiterverein. Ihr Präsident wurde *Ferdinand Lassalle.* Erstes Ziel war das allgemeine Wahlrecht für Arbeiter. Dadurch, so hoffte Lassalle, würden die Arbeiter über den Staat Einfluss auf ihre eigenen Verhältnisse gewinnen.
1859 wurde die Sozialdemokratische Arbeiterpartei gegründet; sie bekannte sich zu den revolutionären Ideen von Karl Marx. 1875 gelang es *August Bebel,* beide Parteien zu vereinigen. Schon 1877 saßen zwölf ihrer Abgeordneten im Deutschen Reichstag.
Der Kanzler *Otto von Bismarck* verfolgte mit größtem Misstrauen, wie die Arbeiterpartei anwuchs. Auch die Kirchen sahen in der marxistischen Sozialdemokratie eine Bedrohung. Bismarck erklärte sie als »gemeingefährlich« und erwirkte ihr Verbot. Erst 1890 erfolgte ihre Wiederzulassung als Sozialdemokratische Partei Deutschlands. Der Kanzler hatte inzwischen erkannt, dass mit Verboten nichts gewonnen war. »Geben Sie dem Arbeiter das Recht auf Arbeit, solange er gesund ist, sichern Sie ihm Pflege, wenn er krank ist, sichern Sie ihm Versorgung, wenn er alt ist«, erklärte Bismarck im Reichstag und glaubte, dass die Sozialdemokraten »dann ihre Lockpfeife vergebens blasen werden«. Es gelang ihm, die Krankenversicherung, die Unfallversicherung, sowie die Alters- und Invaliditätsversicherung durchzusetzen. Damit war eine Sozialpolitik eingeleitet, die allzu scharfe Gegensätze zwischen reich und arm in Deutschland verhindern half.

Kurz darauf nahm auch Papst *Leo XIII.* 1891 in seinem Rundschreiben »Rerum novarum« (Der neuen Sachen) das Wort. Er lehnte den Sozialismus ab, weil dieser das Recht auf Eigentum bestreite. Auch sah der Papst keinen unversöhnlichen Gegensatz zwischen besitzender und besitzloser Klasse. Es gehe der Kirche darum, Brücken zu bauen. Darum mahnte er die Arbeiter an ihre Pflichten und verlangte von den Arbeitgebern gerechte Löhne. Den »gebührenden Verdienst vorenthalten ist eine Sünde, die zum Himmel schreit«, schärfte er ein. Das soziale Gewissen der Kirche wurde durch dieses Lehrschreiben aufgerüttelt.

1 Darf jemand selbst verdiente hundert Euro aus Übermut oder Angeberei verbrennen?

2 Wie würde von Kettelers Einwand lauten?

3 Als Reichstagsabgeordneter verlangte Ketteler Arbeitszeitverkürzungen, Entschädigung bei zeitweiliger oder dauernder Arbeitsunfähigkeit, Einschränkung der Frauenarbeit, Verbot von Sonntags- und Kinderarbeit, Kontrolle der Arbeitsplätze, Förderung gemeinnütziger Genossenschaften. Welche Argumente hättet ihr ihm zur Begründung seiner Forderungen bei Arbeitgebern genannt?

Leo XIII. (1810–1903) war von 1878 bis 1903 Papst, der erste »Enzyklikapapst«, denn er verfasste 86 dieser päpstlichen Rundschreiben. Sein Ziel war es, die Kirche aus ihrer selbst gewählten Isolierung gegenüber den neuzeitlichen Entwicklungen herauszuführen. Er nahm an den sozialen Fragen seiner Zeit Anteil und schrieb die erste Sozialenzyklika der katholischen Kirche.

Die Kirche im Nationalsozialismus

Der Weg vom Kaiserreich zum Nationalsozialismus ist nicht ohne Zusammenhang. Schon 1848 hatte es großdeutsche Träume gegeben. Im Zuge wirtschaftlichen Aufschwungs seit 1895 entwickelte sich ein Großmacht-Verlangen, das 1914 am ausbrechenden Weltkrieg und 1918 an der Niederlage beteiligt war. 1914 erfasste das ganze deutsche Volk Kriegsjubel. Nach 1918 aber unterblieb die allgemeine Trauer über den Krieg und seine Opfer. Der eigene Anteil an der Katastrophe wurde im Volk verdrängt. Man nannte den Versailler Vertrag von 1919 einen Schandvertrag, war unzufrieden mit der Demokratie, sah sich durch Arbeitslosigkeit und Armut gedemütigt: Nährboden für eine Politik, die eine erneute Kehrtwende zu nationaler Größe versprach.

Als die Nationalsozialistische Deutsche Arbeiterpartei (NSDAP) nach zunächst sehr bescheidenen Erfolgen bei der Reichstagswahl 1930 große Erfolge erzielte, kam es auf katholischer wie evangelischer Seite zu intensiven Diskussionen. Auf die Frage, ob ein Katholik »eingeschriebenes Mitglied der Hitlerpartei sein kann«, ob jemand, »der sich zu den Grundsätzen dieser Partei bekennt, zu den hl. Sakramenten zugelassen werden« könne, lautete in manchen Diözesen die Antwort: »Wir müssen das verneinen.« Weniger entschieden war die evangelische Seite. Dort bekannten sich große Kreise zu einem »artgemäßen Christus-Glauben«, während andere kein Interesse an einem germanisch gewendeten Christentum zeigten.

Dann kam Hitlers Wahlsieg vom 5. März 1933. Und schon am nächsten Tag machte der Vorsitzende der katholischen Zentrumspartei, Prälat Ludwig Kaas, das Angebot, einen Strich unter die Vergangenheit zu ziehen. Hitler seinerseits schlug werbende Töne gegenüber der Kirche an und versprach Zugeständnisse in der Schulpolitik und anderen Kircheninteressen, sodass die Fuldaer Bischofskonferenz bereits am 28. März glaubte, »das Vertrauen hegen zu können, dass die vorbezeichneten allgemeinen Verbote und Warnungen nicht mehr als notwendig betrachtet zu werden brauchen«. Die Aussichten auf ein Konkordat (Vertrag), in dem katholische Kirche und Hitler-Staat ihre wechselseitigen Interessen einvernehmlich abstimmten, bewog viele Bischöfe zu Unterstützungsreden.

Die Bayerischen Bischöfe am 5. Mai 1933:

Niemand darf jetzt aus Entmutigung und Verbitterung sich auf die Seite stellen und grollen.

Die Gesamtheit der deutschen Bischöfe am 3. Juni 1933:

Gerade in unserer heiligen, katholischen Kirche kommen Wert und Sinn der Autorität ganz besonders zur Geltung ... Es fällt deswegen uns Katholiken auch keineswegs schwer, die neue starke Autorität im deutschen Staatswesen zu würdigen und uns mit jener Bereitschaft ihr zu unterwerfen, die sich nicht nur als eine natürliche

Versailler Vertrag, der Friedensvertrag zwischen Deutschland und den Alliierten zur Beendigung des 1. Weltkrieges. Aufgrund dieses Vertrages verlor Deutschland alle Kolonien. Abtreten musste es folgende Gebiete (z.T. nach Volksabstimmungen): Memelgebiet an Litauen, Teile von Posen, Westpreußen und Oberschlesien an Polen, das Hultschiner Ländchen an die Tschechoslowakei, Elsass-Lothringen an Frankreich, Eupen-Malmédy an Belgien, Nordschleswig an Dänemark; Danzig kam als Freie Stadt unter die Verwaltung des Völkerbundes. Die Stärke des Heeres wurde auf 100 000 Mann begrenzt, der Besitz von Panzern, schwerer Artillerie und Flugzeugen verboten. Der V.V. wurde in Deutschland von allen politischen Kräften abgelehnt. Der Kampf dagegen war ein Anlass für den Aufstieg des radikalen Nationalismus und besonders der NSDAP.

Nationalsozialismus, die von Hitler organisierte Bewegung (Nationalsozialistische Deutsche Arbeiter Partei, Abkürzung: NSDAP), die von 1920 bis 1932 sehr allmählich in Deutschland an Einfluss gewann und von 1933 bis 1945 die Politik Deutschlands bestimmte. Der N. war kein einheitliches Gedankensystem, sondern enthielt viele irrationale Ideen. Im Zentrum standen Antisemitismus und Führerprinzip. Er geriet in Konflikt mit allen gesellschaftlichen Kräften, die seinen geistigen Herrschaftsanspruch nicht akzeptierten, insbesondere mit den Kirchen.

1 Analysiert die Äußerung der Bischöfe vom 3. Juni 1933. Warum soll es Katholiken leicht fallen, sich einer starken Autorität zu unterwerfen? Warum wird der Gehorsam als »natürliche und übernatürliche Tugend« bezeichnet?

2 Es gibt auch ein »Lob des Ungehorsams«. Wann ist Ungehorsam zu loben? Wo findet jede Gehorsamspflicht ihre Grenzen?

3 Im Blick auf die damalige Rolle der deutschen katholischen Kirche bemerkt ein Kritiker: »Die Katholiken können Bürger, aber nicht Bürgen der Demokratie sein.« Was meint der Kritiker? Gilt die Kritik heute noch?

Tugend, sondern wiederum als eine übernatürliche kennzeichnet, weil wir in jeder menschlichen Obrigkeit einen Abglanz der göttlichen Herrschaft und eine Teilnahme an der ewigen Autorität Gottes erblicken (Röm 13,1 ff).

Am 20. Juli 1933 schlossen Kirche und NS-Staat einen Vertrag, das so genannte *Reichskonkordat*. Darin wurde freie Religionsausübung garantiert und das Recht auf religiöse Erziehung, Unterrichtung und Volksbildung anerkannt. Für Hitler war dieser Vertrag ein großer außenpolitischer Erfolg. Zugleich hatte er die Kirche damit auf Seelsorge und Caritas zurückgedrängt. Dennoch bejubelte die katholische Kirche in Deutschland den Abschluss, weil er oft umstrittene Rechte bestätigte. Schon ein Jahr später begann das Erwachen. Hitler hatte nie daran gedacht, das Reichskonkordat einzuhalten. Gerade erst abgeschlossen, wurde es von Anfang an missachtet. Aber während die katholische Kirche dem Staat als geschlossener Block gegenüberstand, versuchte das Regime, die Einheit der evangelischen Seite zu sprengen. 1932 wurde die Bewegung »Deutsche Christen« gegründet. Sie sollte einen Keil in die Kirche treiben, vor allem mit ihrem Judenhass und den Parolen von einer Germanisierung des Christentums.

Seit 1922 bemühte sich der Vatikan vergeblich um einen Konkordatsabschluss mit Deutschland. Bald nach seiner »Machtergreifung« bot Hitler der katholischen Kirche einen solchen Vertrag an. Dieser wurde durch Vizekanzler Franz von Papen (links) als Vertreter des Deutschen Reiches und Kardinalstaatssekretär Eugenio Pacelli (dem späteren Papst Pius XII.) als Vertreter des Vatikans unterzeichnet (dritter von links).

Wer nichtarischer Abstammung oder mit einer Person nichtarischer Abstammung verheiratet ist, darf nicht als Geistlicher und Beamter der allgemeinen kirchlichen Verwaltung berufen werden …

Die »Religion des Blutes« wurde propagiert – als »arteigene Religion des deutschen Volkes«.
Fortan zeigte der Nationalsozialismus immer offener sein totalitäres Gesicht. Die Kirchen wurden aus der Öffentlichkeit verdrängt. »Was soll eine katholische Tagespresse? Wir brauchen keine katholische und keine protestantische, sondern eine deutsche Tagespresse«, hieß es 1935. Auch die kirchlichen Vereine seien »geeignet, die deutsche Volksgemeinschaft zu stören«. Am Palmsonntag 1937 antwortete Papst Pius XI. auf diese Entwicklung mit der Enzyklika »Mit brennender Sorge«. Er warf darin der Regierung Vertragsbruch vor: »Der Anschauungsunterricht der vergangenen Jahre … enthüllt Machenschaften, die von Anfang an kein anderes Ziel kannten als den Vernichtungskampf.«
Zur nationalsozialistischen Rassepolitik sagte die Enzyklika:

Bischof Bornewasser von Trier und Bischof Sebastian von Speyer neben Reichskommissar Bürkel, Reichsinnenminister Frick und Reichspropagandaminister Dr. Goebbels bei einer Feierstunde anlässlich der Rückgliederung des Saarlandes an Deuschland.

Wer die Rasse oder das Volk oder den Staat oder die Staatsform zur höchsten Norm aller, auch der religiösen Werte macht und sie mit Götzenkult vergöttert, der verkehrt und verfälscht die gottgeschaffene und gottbefohlene Ordnung der Dinge.

Konkordat (von lateinisch *concordare*, »in Einklang bringen«), Vertrag zwischen einem Staat und dem Vatikan über die Wahrung der Kirchenrechte im jeweiligen Staat.

Der NS-Staat bezeichnete die Verbreitung dieses Schreibens als »hochverräterisch« und begann nunmehr einen offenen Kirchenkampf.

Galen, Clemens August Graf von (1878–1946), mutig streitender Bischof gegen das »Neuheidentum« des NS-Regimes. In drei berühmt gewordenen Predigten protestierte er gegen die Beschlagnahme von Klöstern zur Verwendung durch die Partei und vor allem gegen die Tötung von Geisteskranken durch den NS-Staat.

Dietrich Bonhoeffer (1906–1945), evangelischer Theologe, wirkte 1930/31 am Union Theological Seminary in New York, wurde anschließend Studentenpfarrer in Berlin, 1935 Leiter des Predigerseminars der Bekennenden Kirche in Finkenwalde.
1936 wurde ihm seitens des NS-Regimes die Lehrerlaubnis entzogen, 1937 das Predigerseminar vorübergehend aufgelöst, 1938 B. aus Berlin ausgewiesen. 1940 erhielt er Redeverbot, 1941 Schreibverbot, doch setzte er seine wissenschaftliche Arbeit fort und schloss sich der Widerstandsbewegung an. Am 5. April 1943 wurde er verhaftet und in den letzten Kriegstagen zusammen mit führenden Männern des Widerstands im KZ Flossenbürg, wie vor ihm sein Bruder Klaus und zwei Schwäger, ermordet. Mit seinen Briefen aus dem Gefängnis hat B. die Theologie außerordentlich angeregt.

Schauprozesse wurden gegen Geistliche und Ordensleute geführt, kirchliche Schulen aufgehoben, Konzentrationslager eröffnet, gegen die es kein Rechtsmittel gab. Auch der Krieg unterbrach die Anfeindungen nicht. Aber während der Terror gegen die Juden, ihre Demütigung, Enteignung, Inhaftierung und Vernichtung keine öffentliche und allgemeine christliche Solidarität weckte, erhob sich im Bischof von Münster, *Clemens August Graf von Galen*, öffentlicher Protest gegen die Tötung geistig behinderter Menschen:

Wehe den Menschen, wehe unserem Volk, wenn das heilige Gottesgebot: Du sollst nicht töten ... nicht nur übertreten wird, sondern wenn diese Übertretung sogar geduldet und ungestraft ausgeübt wird.

Dafür »den Bischof aufzuhängen« war ein erster Vorschlag, doch wagte man es mitten im Kriege nicht; die Rache und das Ende der Kirchen sollten nach dem Kriege folgen.
Auf evangelischer Seite stand die »Bekennende Kirche« im Widerstand. Sie wehrte sich dagegen, ihre Glaubensbotschaft »dem Wechsel der jeweils herrschenden weltanschaulichen und politischen Überzeugung zu überlassen«. Sie bestritt den Staat als »einzige und totale Ordnung menschlichen Lebens« und lehnte es ab, sich als Kirche unter »mit Herrschaftsbefugnissen ausgestattete Führer« zu stellen. Ein hervorragender Vertreter der Bekennenden Kirche war *Dietrich Bonhoeffer*. Als ihn im Gefängnishof Berlin-Tegel ein Mitgefangener fragte, wie er es als Christ und Theologe verantworten könne, am aktiven Widerstand gegen Hitler teilzunehmen, sagte er, es könne nicht reichen, als Pfarrer die Opfer eines wahnsinnigen Autofahrers zu beerdigen und Angehörige zu trösten; wichtiger sei es, dem betrunkenen Fahrer das Steuerrad zu entreißen.
Das Bild vom kirchlichen Widerstand gegen den Nationalsozialismus prägen vor allem die Namen einzelner Menschen. Ihre Gegenwehr geschah auf eigenes Risiko hin. Es gab aber auch den Widerstand des kleinen Mannes: stumme Verweigerungen und Zeugnisse zivilen Mutes. Die Geschichtsbücher sprechen kaum davon, obwohl diese Opposition nicht unterschätzt werden darf. Sie durchzog viele Kirchengemeinden. Insgesamt bewahrten die Kirchen allein durch ihren Gottesglauben ein kritisches Potential des Misstrauens und der Ablehnung. Hitler kannte diese Gegenposition. In einem Tischgespräch sagte er am 8. Februar 1942:

Der größte Volksschaden sind unsere Pfarrer beider Konfessionen. Ich kann ihnen die Antwort jetzt nicht geben, aber alles kommt in mein großes Notizbuch. Es wird der Augenblick kommen, da ich mit ihnen abrechne ohne langes Federlesen. Ich werde über juristische Zwirnsfäden in solchen Zeiten nicht stolpern. Da entscheiden nur Zweckmäßigkeitsvorstellungen. Ich bin überzeugt, in zehn Jahren wird das ganz anders aussehen.

Der Verrat an den Juden

Der Judenhass der Nationalsozialisten hat verschiedenartige Wurzeln. Eine dieser Wurzeln ist christlichen Ursprungs (vgl. Religionsbuch 5/6, S. 52 ff.; Bd. 7/8, S. 104): der Antijudaismus, der sich in den mittelalterlichen Pogromen und Gettos äußerte. Sie lähmte die Kirchen, dem staatlichen Mordprogramm entgegenzutreten.
Schon zur Zeit der Weimarer Republik (1919–1933) hatte Hitler seine Judenpolitik aufgedeckt.

Den gewaltigsten Gegensatz zum Arier bildet der Jude ... Er ist und bleibt der typische Parasit, ein Schmarotzer, der wie ein schädlicher Bazillus sich immer mehr ausbreitet.

Er wollte die Juden aus dem deutschen Volkskörper ausscheiden. Aber nur wenige nahmen damals seine Hetze ernst.
Am 26. April 1933 sagte Hitler zu Bischof Berning von Osnabrück:

Samuel Bak (geb. 1933), Study I, 1995.

Der jüdische Maler Samuel Bak hat den Holocaust überlebt; alle seine Bilder sind von dieser Erfahrung gezeichnet.

In fast allen deutschen Städten und Kreisen gibt es Untersuchungen und Dokumentationen über die NS-Zeit. Tragt dieses Material zusammen. Verteilt Referate über Formen der Anpassung und des Widerstands.
Wie wählte die Bevölkerung in eurer Heimat 1933? Stimmt es, dass die Masse des Volkes vom nazistischen Taumel ergriffen war?

1 Wie verlief die Nacht vom 9. zum 10. November 1938 in eurer Heimat? Welche Schriften sind darüber erschienen? Auf welche Weise wird die Erinnerung daran wach gehalten? Was könnt ihr tun, um das Geschehen nicht dem Vergessen anheimzugeben?

2 Viele gutwillige Menschen, auch die offizielle Kirche, entschuldigten sich damals mit ihrer eigenen Ohnmacht. Dagegen steht folgende Erfahrung: Am 27. Februar 1943 wurden alle jüdischen. Männer aus »Mischehen«, die noch in Berlin verblieben waren, von ihrer Arbeitsstelle geholt und im Verwaltungsgebäude der jüdischen Gemeinde in der Rosenstraße 2–4, Berlin-Mitte, zum Abtransport zusammengeführt. Als deren Ehefrauen davon hörten, rotteten sie sich in der Rosenstraße zusammen. »Gebt uns unsere Männer heraus!«, riefen sie und ließen sich auch durch Drohungen, aufgerichtete Waffen und Verhaftungen nicht einschüchtern, sondern lösten – zum ersten und einzigen Mal in der NS-Zeit! – einen öffentlichen, solidarischen Protest für die Rechte der Juden aus. Für das Regime etwas ganz Neues und Verwirrendes. Noch nie hatte sich in der deutschen Bevölkerung öffentlicher Unmut über das Vorgehen gegen Juden geäußert. Jetzt, im Krieg, mitten in Berlin, war ein Protest, und wenn auch nur der empörter Ehefrauen, heikel und verunsichernd. Das Einmalige geschah: Die verhafteten jüdischen Männer wurden wieder freigegeben!

Frage: Was hätte ein Protest der Kirchen, der Kirchengemeinden, zugunsten der Juden bewirken können? Hätte er Auschwitz verhindert? Warum war dieser Protest nicht möglich?
Zweite Frage: Wo mangelt es heute an öffentlichem Protest?

Man hat mich wegen der Behandlung der Judenfrage angegriffen. Die katholische Kirche hat 1500 Jahre lang die Juden als Schädlinge angesehen, sie ins Getto gewiesen und so weiter. Da hat man erkannt, was die Juden sind … Ich gehe zurück auf die Zeit, was man 1500 Jahre lang getan hat … Ich sehe die Schädlinge in den Vertretern dieser Rasse für Staat und Kirche, und vielleicht erweise ich dem Christentum den größten Dienst.

Die Antwort des Bischofs ist nicht bekannt. Doch als in den folgenden Jahren die Judenfeindschaft in Judenverfolgung und schließlich in Judenvernichtung überging, erhoben die Kirchen keinen offiziellen Protest, etwa durch ein gemeinsames Wort der Bischöfe. Es kam zu keinem Zeichen, dass der Solidarität und der Zusammengehörigkeit demonstrativ öffentlichen Ausdruck verliehen hätte.
Mit seinen Verfolgungsmaßnahmen gegen die Juden überbot der NS-Staat alle Schikanen, die es in den Jahrhunderten zuvor gegeben hatte: Boykott jüdischer Geschäfte; Entlassung aller Juden aus dem Staatsdienst; Berufsverbot für jüdische Ärzte und Anwälte, für Schriftsteller, Journalisten …; Verbot der Eheschließung mit Juden, Studienverbot an Hochschulen und Universitäten, Zerstörung der Synagogen, der jüdischen Geschäfte und Wohnungen; Verbot jüdischer Zeitungen; Verbot des Besuchs von kulturellen Veranstaltungen, von Badeeinrichtungen; Verlust des Mieterschutzes; Verbot der Handwerksberufe … und schließlich Einweisungen in Konzentrationslager, Deportationen, fabrikmäßige Ermordung.
In diesen Jahren schloss die Mehrheit der Deutschen für Juden ihre Türen. Die europäischen Staaten schauten weg. Verbreitete, über

Jahrhunderte gebildete antijudaistische Vorurteile auch in den eigenen Reihen schwächten die Kirchen, den Verbrechen des neuen nationalsozialistischen Antisemitismus öffentlich entgegenzutreten. Die Kirchen blieben auch Gefangene ihrer wiederholt erfahrenen Ohnmacht gegen den NS-Staat. Die Sorge vor den Folgen eines Kirchenkampfes seitens des Staates war verbreitet.
Es gab zudem den Zweifel, ob ein Protest nicht schaden würde. Der Rabbiner von Münster bat nach der Pogromnacht 1938 den Bischof von Galen, stille zu halten, um nicht noch mehr Terror gegen die Juden zu wecken. Aber kirchliche Hilfe für Juden fand in der Tat nur vereinzelt statt: Der evangelische Propst *Heinrich Grüber* verhalf mit seinem Büro vielen Juden zur Flucht. Der schwäbische Pfarrer Julius von Jan protestierte öffentlich, als am 9. November 1938 die Synagogen brannten; sein Bischof *Theophil Wurm* ließ ihn fallen. Auf katholischer Seite erhob der Berliner Dompropst *Bernhard Lichtenberg* seine Stimme im Gottesdienst:

Was gestern war, wissen wir, was morgen ist, wissen wir nicht, aber was heute geschehen ist, das haben wir erlebt: Draußen brennt der Tempel – das ist auch ein Gotteshaus.

Im Frühjahr 1942 besaßen die deutschen Bischöfe und auch die päpstliche Kurie gesicherte Nachrichten, dass die Deportationen der Juden in den Osten keine Umsiedlung, sondern die Vorbereitung für ihre physische Ausrottung bedeuteten. Die Informationen stammten aus dem 1938 eingerichteten »Hilfswerk beim Bischöflichen Ordinariat Berlin«, wo sich namentlich Dr. Margarete Sommer,

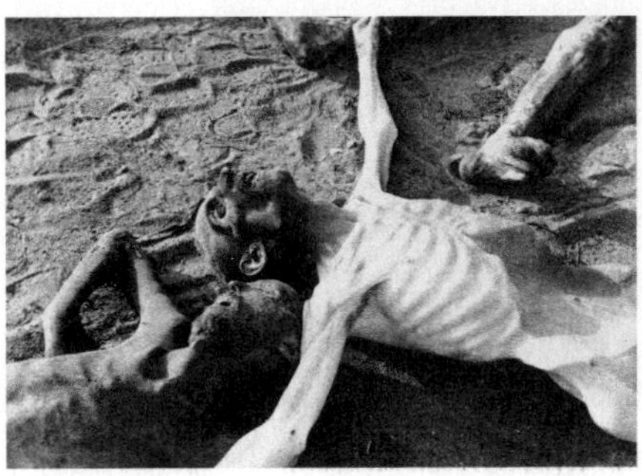

Grüber, Heinrich (1891–1975), evangelischer Theologe, setzte sich nach 1933 für die Bekennende Kirche ein und organisierte Hilfe für die Opfer der Nürnberger Gesetze (Judengesetzgebung). Nach Einrichtung einer entsprechenden Hilfsstelle in Berlin, erhielt G. zwei Jahre KZ-Haft in Sachsenhausen und Dachau.

Jan, Julius von (1897–1964). Eine knappe Woche nach der »Kristallnacht«, am Bußtag, dem 16. November 1938, kritisierte Pfarrer Jan im württembergischen Oberlenningen öffentlich von der Kanzel und sagte: »Gotteshäuser, die anderen heilig waren, sind ungestraft niedergebrannt worden, das Eigentum der Fremden geraubt oder zerstört. Männer, die unserm deutschen Volk treu gedient und ihre Pflicht gewissenhaft erfüllt haben, wurden ins KZ geworfen, nur weil sie einer anderen Rasse angehörten!« Für seine Predigt wurde J. neun Tage später von der SA zusammengeschlagen und ins Gefängnis geworfen, nach monatelanger Haft aus Württemberg ausgewiesen, ein Jahr später zu 16 Monaten Gefängnis verurteilt.

Lichtenberg, Bernhard (1875–1943) Dompropst an der St. Hedwigs-Kathedrale in Berlin, ein Helfer der Juden in ihrer Verfolgung. Er wurde am 23. 10. 1941 wegen seines öffentlichen Gebetes für Juden und KZ-Häftlinge denunziert, verhaftet und für zwei Jahre ins Strafgefängnis Berlin-Tegel verbracht. Schwer erkrankt starb er auf dem Transport ins KZ Dachau.

Otto Dix (1891–1969), Die sieben Todsünden (Ausschnitt), 1933.

Dompropst Lichtenberg und der spätere Bundesminister Heinrich Krone für die Auswanderung verfolgter Menschen, vornehmlich katholischer Juden, bemühten.
Immerhin haben die deutschen Bischöfe in ihrem letzten gemeinsamen Hirtenbrief aus Fulda über die »Zehn Gebote« 1943 geschrieben und von den Kanzeln verkünden lassen:

Tötung ist in sich schlecht, auch wenn sie im Interesse des Gemeinwohls verübt würde: An schuld- und wehrlosen Geistesschwachen, ..., an Menschen fremder Rassen und Abstammung.

Im gleichen Sinne sagte Erzbischof Frings am 12. März 1944 von einer Kölner Kanzel:

Niemand darf seiner Güter oder gar seines Lebens beraubt werden, der unschuldig ist, etwa deshalb, weil er einer fremden Rasse angehört. Das kann nur als himmelschreiendes Unrecht bezeichnet werden.

Als der Zweite Weltkrieg beendet, das NS-Regime überwunden war, legte der Rat der Evangelischen Kirche in Deutschland im Oktober 1945 ein Schuldbekenntnis ab:

Wohl haben wir lange Jahre hindurch im Namen Jesu Christi gegen den Geist gekämpft, der im nationalsozialistischen Gewaltregiment seinen furchtbaren Ausdruck gefunden hat, aber wir klagen uns an, dass wir nicht mutiger bekannt, nicht treuer gebetet, nicht fröhlicher geglaubt und nicht brennender geliebt haben ...

Schon im August 1945 hatte die Fuldaer Bischofskonferenz katholischerseits etwas deutlicher formuliert:

Furchtbares ist schon vor dem Kriege in Deutschland und während des Krieges durch Deutsche in besetzten Ländern geschehen. Wir beklagen zutiefst: Viele Deutsche, auch aus unseren Reihen, haben sich von den falschen Lehren des Nationalsozialismus betören lassen, sind bei den Verbrechen gegen menschliche Würde gleichgültig geblieben; viele leisteten durch ihre Haltung den Verbrechen Vorschub, viele sind selber Verbrecher geworden.

Von der Schuld gegenüber den Juden war in beiden Verlautbarungen der Kirchen nicht die Rede.

Das Zweite Vatikanische Konzil

Erst ein kirchliches Großereignis führte das Umdenken herbei. 1958 war *Angelo Giuseppe Roncalli* (1881–1963) als *Johannes XXIII.* Papst geworden. Wie es noch nie ein Papst getan hatte, sagte er zu Juden: »Ich bin Josef, euer Bruder!« (vgl. Gen 45,4). Damit signalisierte er eine neue Grundeinstellung, die besonders deutlich wurde, als er die Welt 1959 mit dem Plan eines neuen Konzils überraschte und dieses Konzil 1962 eröffnete.
Es war der Wunsch des Papstes, dass die Gesamtkirche ihr Verhältnis zu den Juden überdenke. Für viele Bischöfe eine kühn gestellte Aufgabe! Im Bericht über die Konzilsberatungen heißt es: »Die Theologen waren innerlich nicht darauf vorbereitet ... Das Problem war einfach das Stiefkind der Theologie.« In dem deutschen Kardinal *Augustin Bea* (1881–1968) hatte das Konzil aber einen Anwalt, der sich für ein radikales Umdenken einsetzte. Er erinnerte an die haarsträubenden Verbrechen des Nationalsozialismus gegen sechs Millionen Juden und sagte, man müsse auch die eigene Schuld sehen: Allzu lange hätten die Kirchen das jüdische Volk des »Gottesmordes« angeklagt und »als von Gott verflucht« hingestellt. Hier sei innere Erneuerung vonnöten. Schließlich erklärte das Konzil:

Im Bewusstsein des Erbes, das sie mit den Juden gemeinsam hat, beklagt die Kirche ... alle Hassausbrüche, Verfolgungen und Manifestationen des Antisemitismus, die sich zu irgendeiner Zeit und von irgendjemandem gegen die Juden gerichtet haben.

Wie die Aufarbeitung kirchlicher Schuld gegenüber den Juden seitdem fortgeschritten ist, macht ein Gebet Papst Johannes Pauls II. (1978–2005) deutlich:

Gott unserer Väter, du hast Abraham und seine Nachkommen auserwählt, deinen Namen zu den Völkern zu tragen. Wir sind zutiefst betrübt über das Verhalten aller, die im Laufe der Geschichte deine Söhne und Töchter leiden ließen. Wir bitten um Verzeihung und wollen uns dafür einsetzen, dass echte Brüderlichkeit herrsche mit dem Volk des Bundes ...

1 Versöhnung ist ohne Erinnerung nicht möglich. Die Konzilserklärung lässt offen, wer denn dieser »irgendjemand« war, der zu »irgendeiner Zeit« sich gegen die Juden versündigte. Wie ist die Leerstelle auszufüllen?

2 Der Theologe Karl Rahner meinte, das Verb, die Kirche »beklagt«, sei »zu schwächlich« ausgefallen. Welche Verben würdet ihr wählen?

3 Das Wort »Gottesmord« (deicidium) wurde in der Konzilserklärung vermieden. Der Kommentar dazu lautete, solche und ähnliche Namen müssten »aus dem christlichen Vokabular ganz und gar verbannt werden«. Außerdem könne das Wort »zu falschen historischen und theologischen Interpretationen führen«. Warum ist es historisch und theologisch falsch, von »Gottesmord« zu sprechen?

Johannes XXIII. (1881–1963), bürgerlicher Name Angelo Giuseppe Roncalli, wurde am 28. Oktober 1958 als Nachfolger von Pius XII. zum Papst gewählt. Wegen seines hohen Alters zunächst als Übergangspapst angesehen, zeigte sich bald, dass er Mut zu historischen Veränderungen hatte. Als erster Papst seit der Reformation entwickelte er Bewusstsein für Fragen der Ökumene. Unerwartet rief er das Zweite Vatikanische Konzil ein, das am 11. Oktober 1962 eröffnet wurde. Die Vorgänger Pius Xi. und Pius XII. hatten zwar über ein Konzil nachgedacht, letztlich aber darauf verzichtet. Das Konzil sollte der katholischen Kirche den Weg zur Zeitgenossenschaft im 20. Jahrhundert öffnen. Vor allem ging es ihm nach der Katastrophe der Judenvernichtung we-

Natürlich befasste sich das Konzil noch mit vielen weiteren Fragen. Innerkirchliche Themen wurden neu durchdacht; die Beziehungen der Kirche nach außen wurden erstmals positiv beschrieben: das Verhältnis zu den übrigen Kirchen und Gemeinschaften, zu den nichtchristlichen Religionen und zur heutigen Welt.
Damit zog die katholische Kirche einen Schlussstrich unter Jahrhunderte. Was sich seit der Reformation an Feindschaft, Spannung, Vorbehalt, Abwehr und Polemik entwickelt hatte, sollte überwunden werden. Eine neue Zeit konstruktiver Zusammenarbeit, der verständigen Begegnung mit der übrigen Christenheit, mit Juden, mit den anderen Religionen und der heutigen Welt sollte beginnen. Das weckte neue Kirchenfreude und führte zu hochgespannten Erwartungen. Aber schon bald gab es erste Dämpfer: »Unsere Zeit ist nicht für alles reif. Auch die Kirche ist noch unterwegs«, schrieben die niederländischen Bischöfe. Und tatsächlich zeigten die Jahrzehnte seitdem, wie sehr sich Erwartung und Enttäuschung, Drängen und Beharren mischen und zu neuen Spannungen in der Kirche führen.

Die Christenheit in der Gegenwart

Einem Teil der katholischen Christen ist das Konzil zu weit gegangen. »Die Dämme sind gebrochen«, sagen sie. »Die Schutzmauern der Kirche wurden von ihr selbst geschleift.« Sie beklagen den ökumenischen Geist, die Veränderungen in der Liturgie: Volkssprache statt lateinischer Sprache, das Zurückholen des Altars in den Gemeinderaum, die Zuwendung des Priesters zum Volk hin, die Handkommunion. Unter der Führung des französischen Erzbischofs *Marcel Lefebvre* spaltete sich eine konservative Gruppierung ab. Sie behauptet, die Reformen des Konzils verrieten die katholische Tradition; sie seien ketzerisch.

Auf der anderen Seite wird beklagt, dass die Hoffnungen des Konzils auf eine erneuerte Kirche durch die Entwicklung seitdem zerstört würden: die römische Kirchenleitung übe einen zentralistischen Einfluss aus, missachte und hemme die Initiativen an der Basis; Bischöfe würden ohne Beteiligung des Volkes und manchmal gegen dessen erklärten Willen ernannt; ungelöste Probleme (Zölibat, Ehescheidungen, Zulassung von Frauen zu kirchlichen Ämtern) würden verdrängt; man könne darüber nicht mehr »mit evangelischem Freimut« sprechen. Enttäuschung und Resignation im Kirchenvolk sei die Folge.

Diese Kritik zielt auf innerkatholische Verhältnisse. Darüber hinaus aber stehen alle Kirchen und kirchliche Gemeinschaften unter veränderten Bedingungen.

1. Europa ist nicht länger der Mittelpunkt der Welt. Das Christentum muss seine europäische Gestalt zurücklassen, wenn es in anderen Kontinenten heimisch werden soll. Die Aufgabe heißt »Inkulturation«.
2. Unter den Bedingungen der Medienkultur, der allgemeinen Schulbildung und eines (oft einseitig) kritischen Denkens schreitet die Entfremdung gegenüber bisherigen Glaubens- und Frömmigkeitsformen fort. Die Fähigkeit, den christlichen Glauben in moderne Sprache zu übersetzen, ist nur gering entwickelt.
3. Die Formen der Volkskirche schwinden. In Zukunft werden die Menschen nicht mehr aufgrund ihrer Kulturzugehörigkeit dem Christentum angehören. Sie müssen sich bewusst dazu entscheiden. Das führt zu einer Minderheitenposition. Das Christentum kann dadurch aber auch glaubwürdiger werden.
4. Das Christentum wird weiterhin »das Evangelium verkünden«, damit das Leben gelingt unter dem Zuspruch und Anspruch Gottes. Die Form, in der dies geschieht, ist nicht gleichbedeutend mit der Erwartung, die Welt solle christlich werden.
5. Die Kirche hat das ihr überlieferte Wort Gottes zu verkünden, »gelegen oder ungelegen« (2 Tim 4,2). Auf dieses Wort Gottes, das Christus selbst ist, muss sie sich konzentrieren und selbst immer wieder neu öffnen. Nur so kann sie und können Christen Zeichen der Hoffnung in dieser Welt sein.

sentlich darum, ein neues Verhältnis zum Judentum und zu anderen Religionen zu gewinnen.

Den Abschluss des Konzils erlebte Johannes XXIII. nicht mehr. Am 3. Juni 1963 erlag er einem Krebsleiden. Unter seinem Nachfolger Paul VI. wurde das Konzil 1965 zu Ende geführt.

Kurz vor seinem Tod formulierte Johannes XXIII. eine Bußgebet, das um Sinnesänderung der Christen in ihrem Verhältnis zu den Juden bittet:

Wir erkennen heute, dass viele Jahrhunderte der Blindheit unsere Augen verhüllt haben, so dass wir die Schönheit Deines auserwählten Volkes nicht mehr sehen und in seinem Gesicht nicht mehr die Züge unseres erstgeborenen Bruders wiedererkennen. Wir erkennen, dass ein Kainsmal auf unserer Stirn steht. Im Laufe der Jahrhunderte hat unser Bruder Abel in dem Blute gelegen, das wir vergossen, und er hat Tränen geweint, die wir verursacht haben, weil wir Deine Liebe vergaßen. Vergib uns den Fluch, den wir zu unrecht an den Namen der Juden hefteten. Vergib uns, dass wir Dich in ihrem Fleische zum zweiten Mal ans Kreuz schlugen. Denn wir wussten nicht, was wir taten.

Der Weg in die Gegenwart

Wallfahrtskirche Ronchamp/Vogesen

Die Zeit fließt, nie bleibt sie stehen. Was heute gilt, ist vielleicht morgen ohne Interesse. Nachdem überall in Europa Barockkirchen standen, ihre Prachtentfaltung und Schmuckfreude nicht mehr gesteigert werden konnte, kam es um 1760 zu einem radikalen Bruch mit dieser Bauweise. Das Gefühl setzte sich durch, ganz neu, ganz von vorne wieder anfangen zu müssen. Der Begründer der Kunstwissenschaft, *Johann Joachim Winckelmann* (1717–1768), dessen Kunstinteresse in der Barockstadt Dresden erwachte, mochte alles, was um ihn herum gebaut, gemalt, gemeißelt und geschrieben wurde, nicht mehr sehen. Er warb für eine völlige Umkehr und lehrte als einzigen Ausweg die genaue Nachahmung der griechischen Kunst.

Klassizismus, etwa von 1770–1830. Orientierung von Architektur und bildender Kunst an Formen und Vorbildern der Antike und der italienischen Renaissance als Gegenbewegung zum Spätbarock.

Der Klassizismus

Auf den ersten Blick könnte man meinen, das sei doch schon da gewesen, die Renaissance habe ja bereits an die antike Kunst angeknüpft. Gewiss, aber nunmehr empfand man diesen Versuch der Re-

naissance als unbefriedigend. Er sei nicht gründlich und konsequent genug gewesen, auch habe er mehr die Römer als die Griechen studiert. So wandte sich nun das Interesse den griechischen Tempeln in Süditalien und den Bauten auf der Akropolis in Athen zu. Sie wurden vermessen und in Kupferstichen bekannt gemacht. Weil die Kunst von der griechischen Klassik ausging, heißt die neue Richtung *Klassizismus.* Sie setzte sich in fast allen öffentlichen Bauten durch. Für den Kirchenbau war die Zeit allerdings ungünstig. Die Französische Revolution war unter den Jakobinern christentumsfeindlich geworden, und in Metz wurde öffentlich angeschlagen: *Cathédrale de Metz à louer.* Viele alte Kirchen wollte man abreißen, und dies wäre in größerem Umfang auch geschehen, hätte ein Abriss nicht viel Geld gekostet. Nur in Berlin war kurz zuvor, 1773, und sogar mit Hilfe des Preußenkönigs *Friedrich II.*, die katholische St. Hedwigskathedrale gebaut worden (im Jahr der Französischen Revolution 1789 entstand das Brandenburger Tor).
Im Fortgang der Revolution machte sich in Frankreich *Napoleon* den neuen Baustil zu eigen. Er sah sich als Nachfolger der römischen Kaiser und feierte darum seine Herrschaft in den Formen der griechisch-römischen Baukunst. Deshalb nennt man in Frankreich die neue Kunst *Empire* (von lat. *imperium*: Reich, Herrschaft). In Amerika, dessen Bürger aus ihrer strengen reformierten Tradition niemals Zugang zum Barock hatten, sprach der Klassizismus ebenfalls an: In Washington wurden alle Gebäude im Stil des Klassizismus errichtet.

Akropolis (griech. »Oberstadt«), hochgelegener und befestigter Teil vieler griechischer Städte. Am bekanntesten ist die A. von Athen mit ihren Tempeln.

Hedwigskathedrale, als Rundbau entworfen, weil Friedrich II. ursprünglich wünschte, dass hier – wie im römischen Pantheon – die Altäre verschiedener Konfessionen und Religionen stehen sollten. Die H. wurde zwischen 1747 bis 1773 errichtet, aber erst um 1884 mit letzten Arbeiten abgeschlossen. Seit 1929 Bischofskirche. 1943 zerstört, nach 1952 wiederaufgebaut.

Das Brandenburger Tor von 1789 und die St. Hedwigskathedrale in Berlin.

Neue Begeisterung für die Gotik

Aber wenn man schon anfängt, einen vergangenen Stil bewusst nachzuahmen, dauert es nicht lange, bis andere fragen, warum es gerade die Griechen sein müssen, die man nachahmt. So gefiel es in England einem Lord, sein Landhaus im Stil einer gotischen Ritterburg zu bauen. Man hielt das zunächst für einen Spleen, aber wenige Jahrzehnte später kam die Schwärmerei fürs Mittelalter so sehr in Mode, dass nun alle Welt »gotisch« bauen wollte. Selbst der Baumeister *Karl Friedrich Schinkel*, der in Berlin bedeutende klassizistische Bauten errichtet hatte, entwarf einen gotischen Dom, und überall dort, wo man die gotischen Kathedralen und Kirchen halbfertig in den Städten liegen gelassen hatte, entstanden Dombauvereine, deren Begeisterung und Eifer tatsächlich groß genug war, die Turmstümpfe bis zum krönenden Abschluss weiterzubauen.
Dieser Rückgriff auf das Mittelalter gefiel dem kirchlichen Denken. Gerade weil die Welt sich ringsum stürmisch veränderte, beschwor die Christenheit inbrünstig ihre Tradition. Man pries die Gotik als idealen Kirchenbaustil.

Inzwischen hatte die Industrialisierung in Deutschland um sich gegriffen. Im Ruhrgebiet entstand ein Bergwerk neben dem anderen, während in benachbarten Fabrikanlagen die gewonnene Kohle Hochöfen heizte und Dampfmaschinen antrieb. Vom Lande drängten viele zu den neuen Arbeitsplätzen, Tausende kamen aus Polen, die Städte wuchsen weit über ihre alten Grenzen hinaus. Und so ging es nun in den Vorstädten und Bergwerkssiedlungen neugotisch zu: bescheidener als im Mittelalter, oft auch nur steif nachempfunden, aber doch hochgemut. Weil sich zur Nachahmung bald noch weitere Stile anboten, baute man nebenher auch neuromanisch und sogar wieder neubarock.
Aber was ist das für eine Kirche, die nicht mehr die Kraft hat, aus ihrer eigenen Zeit heraus eine neue Kunst zu entwickeln? Waren etwa die Baumeister der romanischen Dome, der gotischen Kathedralen, der barocken Kloster- und Dorfkirchen Imitatoren? Hatten sie nicht jedes Mal die Phantasie und Kraft zu einer ganz neuen Darstellung ihres Glaubens gehabt? Jetzt aber, im 19. und zu Beginn des 20. Jahrhunderts, ersetzte Nachahmung das eigene Gesicht. Die Sprache der kirchlichen Kunst erschöpfte sich in Wiederholungen.

Die liturgische Bewegung

Dennoch bereiteten sich im neuen Jahrhundert unbemerkt Veränderungen vor. Selbst die Beteiligten ahnten nichts von ihrer späteren Wirkung. Um 1910 war in Deutschland eine Jugendbewegung entstanden, »Wandervögel«-Vereine, die den Lebensstil der Gesellschaft ringsum ablehnten: steife Etikette und bürgerliche Spießigkeit. So oft sie konnten, verließen sie die Städte, zogen in die Natur und führten ein ungezwungenes Leben. Diese Bewegung veränderte auch junge Katholiken. Unter der Leitung von *Romano Guardini* (1885–1968) entfalteten sie sich im Jugendbund »Quickborn«. Auch sie suchten einen neuen Lebensstil und neue Ausdrucksformen für ihren Glauben. Wie aber Neues finden, wenn alles um sie herum so festgelegt war und als endgültig ausgegeben wurde? Verständnis und Anregung fanden sie in einigen Klöstern, insbesondere bei Benediktinern. Diese hatten schon früher erkannt, dass die Liturgie missverstanden wird, wenn sie bloß priesterliche Aktivität kennt, während die Gemeinde passiv bleibt und die Zeit mit privaten Gebeten ausfüllt.

Gewöhnlich nennt man eine Kirche »Gotteshaus«. Jetzt fragte man genauer nach: »Wohnt« Gott in diesem Haus? Apg 17,24 heißt es: »Gott wohnt nicht in Tempeln, die von Menschenhand gemacht sind.« Und man erinnerte sich der Anfänge: Solange das Christentum seine Versammlungen in Häusern abhielt (vgl. Religionsbuch 5/6, S. 100 f.) vermied man jeden Vergleich mit dem antiken Tempel. Nur der Mensch galt als Tempel Gottes; »Haus Gottes« aber hieß die Gemeinde. Das steinerne Gebäude hat diesen Namen erst von der Gemeinde her bekommen. Und »Kirche« heißt ein Bauwerk nur, weil die Menschen, die sich darin versammeln, Kirche sind. So ist die Gemeinde grundlegend. Von ihr her muss der Kirchbau gesehen werden, nicht von der Vorstellung her, »Wohnung Gottes« zu sein.

Das damalige katholische Gottesdienstverständnis zeigte sich auch in der Sprache: Wenn jemand ein besonderes Anliegen mit dem Gemeindegottesdienst verbinden wollte, ging er zum Pfarrer und »bestellte eine Messe« oder bat ihn, für einen verstorbenen Angehörigen »eine Messe zu lesen«. »Wer hatte die Messe?«, wurde gefragt, wenn jemand aus der Kirche kam. »Eine stille Messe« unterschied sich vom »Hochamt«, das gesungen wurde. Bereits diese Wendungen machen deutlich, wie wenig das liturgische Geschehen Ausdruck eines gemeinsamen Tuns war. Manchmal wird immer noch so gesprochen; wie ist es bei euch?

Auch Sprichwörter und Redensarten spiegeln das frühere Verständnis: »Die kürzesten Messen sind die besten.« – »Kurze Mess' und lange Bratwurst.« – »Wenn nur eine Messe bezahlt ist, liest der Pfarrer nicht zwei.« – »Er hört nur Messe, wenn's im Kalender rot geschrieben steht.« Könnt ihr »dahinter« sehen?

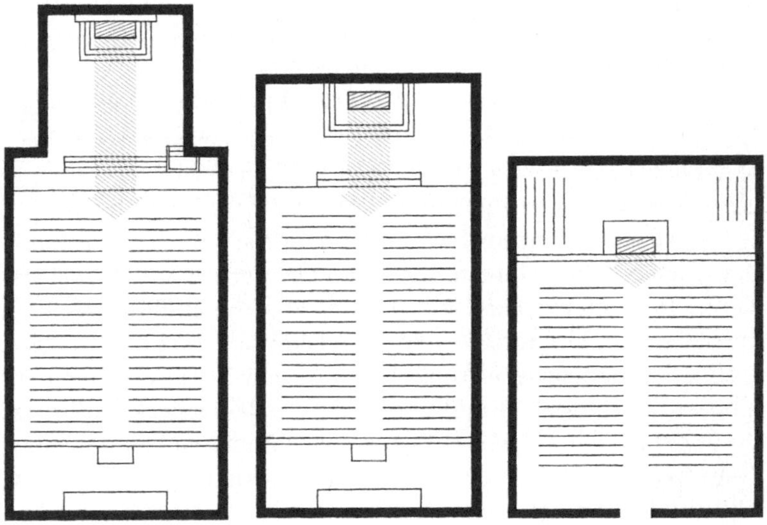

Links oben: St. Elisabeth, Düsseldorf-Flingern, 1909/10 erbaut.
Links unten: St. Peter, Düsseldorf-Friedrichstadt, 1895–98 erbaut.

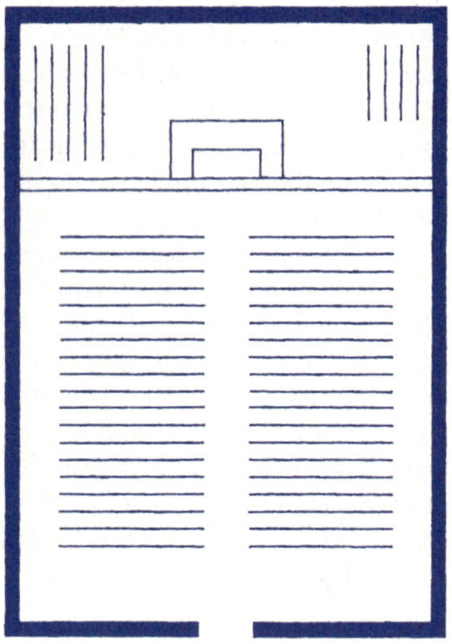

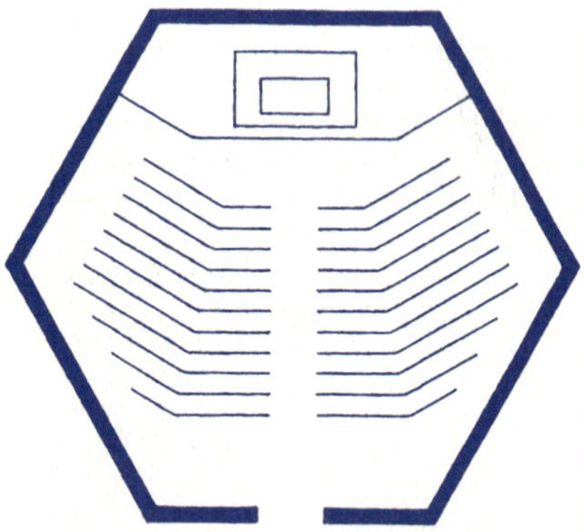

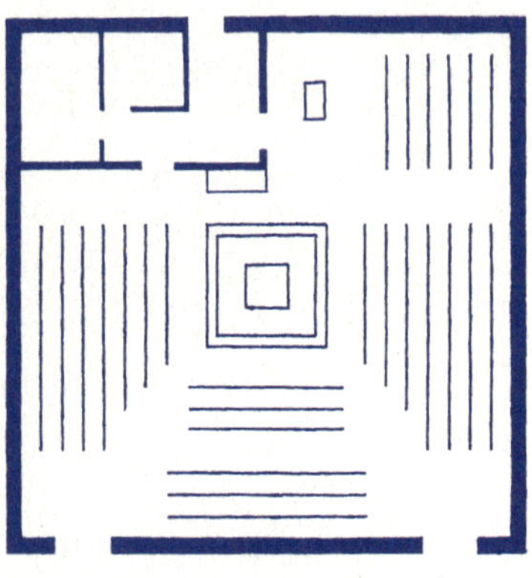

Während der Altar in alten Kirchen am Ende des Raumes seinen Platz hatte (→ S. 263), leitete die Liturgische Bewegung schrittweise ein Umdenken ein. Er rückte der Gemeinde immer näher und fand in manchen Kirchen schließlich in deren Mitte seinen Platz.

Zaghafter Neubeginn

Eine neue Sicht bahnte sich also an, aber der neue Baustil war damit noch nicht gefunden. Die ersten Veränderungen sind an den Grundrissen ablesbar. In den zwanziger und dreißiger Jahren des 20. Jahrhunderts wurden meist schlichte Raumanlagen gebaut, die den traditionellen Langhaustyp weiterführen. Allerdings holte man jetzt den Chor stärker in den Hauptraum hinein, der Altar rückte nach vorne. Er bekam eine erhöhte Stellung und wurde immer häufiger als Tisch ausgeführt, sodass der Priester sich wieder der Gemeinde zuwenden konnte – eine zunächst umstrittene Form. Gotische oder romanische Nachahmungen wurden von jetzt an abgelehnt. Die Konstruktionsprinzipien der eigenen Zeit sollten den Kirchenbau kennzeichnen. Man beschränkte sich auf klare Linien, versteckte nicht mehr die technischen Lösungen, sondern suchte in Material und Ausführung »ehrliche« Baulösungen. – Doch bevor der neue Stil sich klären konnte, machten der NS-Staat und der Zweite Weltkrieg seiner Entwicklung ein Ende.

Die jüngste Entwicklung

Nach 1945 hatten Kriegszerstörungen und Bevölkerungsverschiebungen großen Bedarf an neuen Kirchen geweckt. Nach den Jahren der Not begann wieder eine rege Bautätigkeit. Zunächst wurden großräumige Kirchen geplant, für 400 bis 600 Besucher, doch in den 60er Jahren begann ein gesellschaftlicher Umbruch, der zu genauerem Hinsehen zwang. Von jetzt an wurden die Bauprogramme konkreter auf die tatsächlichen Bedürfnisse ausgerichtet. Einzelne Merkmale verdeutlichen den Entwicklungsgang.

Grundrisse

Zunächst knüpfte der Kirchenbau wieder am Langhaus an. Der Wegcharakter der Kirche sollte betont werden: »Das Volk hat den Aufbruch vollzogen. Sein Dasein ist Weg, Reihe hinter Reihe zieht es zu Gott hin. Der Zug beginnt im Dunkel des Tores und endet im Licht«, deutete ein Architekt seine Bauten.
Dennoch befriedigte das lang gestreckte Kirchenschiff nicht mehr. Das neue Gemeindeverständnis wehrte sich dagegen. Wenn auch Langhäuser seit der frühchristlichen Basilika bevorzugt waren, so geht der Wunsch jetzt auf Räume, die der Gemeinde eine intensivere Gemeinschaftserfahrung bieten. Der Altar rückt noch deutlicher in den Gemeinderaum hinein. Alle sollen sich *um den Altar herum* versammeln können, sodass jetzt Formen zusammenführender Kraft entstehen. Die Grundrisse werden kreisförmig oder oval; bisweilen sechseckig, achteckig; erstmals in der Geschichte des Kirchenbaus gibt es trapezförmige Grundrisse, und sogar das Dreieck kommt vor. Besonders beliebt wird das Quadrat. Insgesamt wollen die neuen Grundrisse einem Gemeindeverständnis dienen, das sich um eine Mitte bildet und sich selbst als Träger des Gottesdienstes versteht.

Innen und Außen

Kirchen, die aus solchen Überlegungen entstehen, werden von innen nach außen gebaut. Der Altar als Mitte und die darum gescharte Gemeinde sind der Ausgangspunkt. Der Außenbau aber gerät zu einer bloßen Umhüllung des Inneren. Die Räume werden intimer, abgeschlossener. Manche Kirchen fügen sich jetzt so unauffällig in ihre Umgebung ein, dass sie immer weniger wahrnehmbar sind.

Eine berühmte Ausnahme ist die Wallfahrtskirche in Ronchamp, *die der französische Architekt Le Corbusier 1953–55 auf einer Bergkuppe errichtete (→ S. 260). Hier wird die Kirche in die Landschaft einbezogen, auf ihre Umgebung abgestimmt; ihr Innenraum nimmt kleinere Gruppen auf; in ihrer Außengestalt bietet sie großen Volksmengen raumbildende Möglichkeiten an.*

In anderer Weise leistet dies die Wallfahrtskirche von Gottfried Böhm in Neviges (1969). Auch hier verbinden sich Innen und Außen miteinander. Pflasterung und Beleuchtung des Außenraumes setzen sich in die Kirche hinein fort; der Weg von hier nach dort wird nicht unterbrochen. Selbst das Innere der Kirche nimmt Öffentlichkeit wahr: Es ist angelegt wie ein Versammlungsplatz, der sich zu wechselnden Zeiten und verschiedenen Anlässen immer neu nutzen lässt.

Die wuchtige Bauweise in Sichtbeton, wie sie die Kirchen in Ronchamp und Neviges zeigen, wird in den Jahren darauf verlassen. Statt massiger Betonburgen entstehen leichtere Gebilde, mehr dem Licht geöffnet, stärker farbig geprägt, öfter aus »wärmeren« Baustoffen wie Ziegel und Holz, aber auch aus Stahlkonstruktionen und Glas. Dahinter zeigt sich ein sich nochmals verändertes Kirchenbild. Monumentale Bauwerke als Ausdruck kirchlichen Machtanspruchs finden keine Resonanz mehr. Eine weniger auffällige Eingliederung des Gebäudes in die Umgebung wird gewünscht.

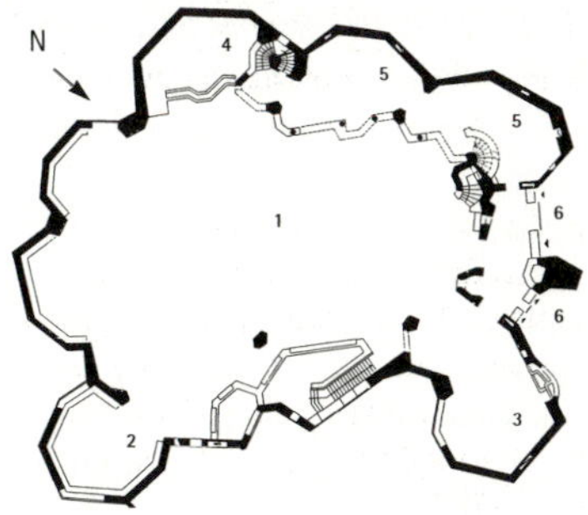

Grundriss des Mariendomes (Erdgeschoss):
1) Hauptraum,
2) Sakramentskapelle,
3) Marienkapelle,
4) Orgel- und Sängerempore,
5) Emporengeschosse,
6) Eingänge

Links: Kirchenzentrum München-Riem (2000–2005). Durch den Gesamtbau führt ein zentraler Gang. Rechts liegt der evangelische Gebäudeteil, links der katholische. Zu beiden Kirchengebäuden gehören weitere Einrichtungen wie Kindergarten, Gemeindesäle und Jugendräume. Der Glockenturm dient beiden Konfessionen.

Rechts: Inneres der Herz-Jesu-Kirche, München-Neuhausen (1996–2000). Der Innenraum ist klar auf den Altar ausgerichtet. Die Altarrückwand bildet ein Kreuz-Vorhang, der aus einer Messing-Kupferlegierung gewebt ist.

Rechte Seite: Die Eingangsfassade kann beinahe völlig geöffnet werden. Ein niedriger Durchgang führt von der Vorhalle in den Kirchenraum. Bei geschlossener Front spiegelt sich in den Scheiben der Himmel.

Nebenräume

Je weiter sich der moderne Kirchenbau entfaltete, umso öfter wurde versucht, den Gemeinderaum durch Anbauten und Nebenräume zu ergänzen. Es entstehen eigene *Taufkapellen*, bevorzugt im Eingangsbereich der Kirche, um die grundlegende Bedeutung dieses Sakramentes hervorzuheben. Auch der Tabernakel findet sich bisweilen in einen Nebenbereich versetzt, oder in eine *Sakramentskapelle*, die sich als Raum für stille Beter anbietet. Bisweilen wird die *Krypta*, über Jahrhunderte aufgegeben, wieder einbezogen, wahrscheinlich weil heutige Menschen das unterirdisch Bergende, höhlenartig Umschließende neu suchen. In der Autobahnkirche Baden-Baden (1976/78) heißt es dazu: »Hier geht man hinunter und kommt herauf. Der Besucher vollzieht es mit, ob er weiß oder nicht, um was es hier geht. Tod und Leben durchdringen sich und sind eins. Das Grab wird zum Uterus, zur Keimzelle des Unzerstörbaren.«

Der Kirchturm

Für viele ist der Turm immer noch das wichtigste bauliche Kennzeichen einer Kirche, aber der Zusammenhang ist deutlich unterbrochen. Die meisten neuen Kirchen lösen den Turm von der Kirche, geben ihm eine Einzelstellung, verstehen ihn gar nur noch als »Glockenständer«, aber nicht mehr als Symbol kirchlicher Ansprüche in der Öffentlichkeit. Viele wollen ihn auch nicht mehr als Krönung der Stadtsilhouette.

Das Gemeindezentrum

Die in den letzten Jahrzehnten entstandenen Kirchen vollziehen fast alle den Schritt von der Ein-Raum-Kirche zum Gemeindezentrum. Die ersten Schritte brachten die Angliederung von Gemeindesaal und Gruppenräumen, oft im Untergeschoss der neuen Kirche. Bald darauf meldete sich das Bedürfnis nach einer Teeküche, später sogar nach einer großen Küche, um den vielen Anlässen des Gemeindelebens gerecht werden zu können. Clubräume, Sitzungszimmer, ein Jugendzentrum erweiterten das Bauprogramm. Ein Beispiel für dieses neue Aufgabenverständnis der Kirche ist St. Ignatius in München-Kleinhadern (1974–1979): Der im Zentrum liegende Kirchenraum, aus einem Zwölfeck entwickelt, wird spiralförmig umgeben von Kindergarten, Wohnungen, Pfarrsaal, Clubräumen, Senioren- und Jugendräumen. Der mittige Kirchenraum hält den Gesamtkomplex zusammen.

Hinter den vielgestaltigen Gemeindezentren steht die Überzeugung, dass die Kirche sich heute neu verstehen lernen muss. Sie soll in zahlreiche Dienste eintreten, soziale Aufgaben erfüllen und den wachsenden Freizeitbedürfnissen der Menschen gerecht werden. Gefordert wird, dass sich die Kirche den offenen, aktuellen Fragen der Gesellschaft stellt. Damit werden jedoch auch neue Fragen und Probleme aufgeworfen. Die Kirche solle ein Ort des Gesprächs und der Begegnung werden, ein Zentrum für viele unterschiedliche Aktivitäten.

Der Architekt Lothar Kallmeyer sagt sogar, das Bedürfnis ziele auf »Kirchen, deren Bauherr nicht mehr die Liturgie ist, sondern das Leben der Gemeinde in seiner Vielfalt und in seiner Verzahnung mit der Öffentlichkeit«. Wenn das stimmt, wäre der Ausgangspunkt des neueren Kirchbaus bei der Liturgischen Bewegung bereits wieder verlassen.

Besucht die neu erbauten Kirchen eurer Heimat. Staffelt sie nach den Jahrzehnten ihrer Entstehung. Wie unterscheiden sie sich im Bauprogramm? Wie zeigen sich in der Entwicklung zum Gemeindezentrum die sich wandelnden Bedürfnisse heutiger Gemeindearbeit? Fragt die Pfarrer und andere Mitarbeiter, wie sie sich heute, mit zeitlichem Abstand, Kirche und Gemeindezentrum wünschen würden? Beschreibt eine »Wunschkirche«!

Als heftig umstrittene Positionen im modernen Kirchenbau galten folgende Thesen:

Der Kirchenbau darf im Stadtbild keine dominierende Stellung einnehmen (K. Ledergerber, 1961).
Die Kirche soll ihre Versammlungsräume in Hochhäuser und Ladenzentren integrieren (W. Förderer, 1964).

Was ist eure Meinung?

Mehrfachnutzungen

Tatsächlich wird von einigen die Frage diskutiert, ob der Kirchenbau als eine isolierte Bauaufgabe nicht überholt sei. Das für sich stehende Gebäude an hervorgehobener Stelle, das lediglich liturgischen Aufgaben dient, wird kritisch oder gar ablehnend gesehen. So heißt es, der Kirchenbau müsse das Verhältnis zwischen Raum und Gemeinschaft flexibel lösen, für gottesdienstliche *und* für gesellige Aufgaben. Das wechselnde Verhalten der Menschen brauche eine Baugestalt, die immer neu anpassungsfähig sei. Praktisch bedeutet dies die Preisgabe des Monumentalraumes, aber auch den Verzicht auf »sakrale« Räume überhaupt. Man verweist auf den Ursprung der christlichen Gemeinde in der Hauskirche, möchte hier erneut anknüpfen und darum den modernen Kirchenbau wieder Vorträgen, Diskussionen, Meditationen, Konzerten und Agapen öffnen. Gleichzeitig sollen derartige Gemeindezentren kein städtebauliches Gewicht mehr verlangen, also auf den Turm oder andere hervorstechende Merkmale verzichten. Die Offenheit für viele Zwecke gilt als wünschenswert, möglicherweise auch die wechselseitige Zusammenarbeit mit der je anderen Konfession, sodass sich bereits im Bauprogramm die christliche Ökumene beglaubige.
Diese Ziele haben aber auch Kritik gefunden: Räume, die jedem Zweck dienen könnten, seien »neutral« und weckten eher Unbehagen. Ihnen fehle die räumliche Erlebniskraft. Und ein Gottesdienstraum dürfe am wenigsten »ab- und zuschaltbar wie eine Glühbirne« sein. Das führe zur Gestaltlosigkeit der Kirche selbst. Außerdem solle die Kirche nicht im sozialen Engagement aufgehen, sondern ihre Gottesbeziehung als eine nicht zu ersetzende Instanz wahren.

Was macht eine Kirche zur Kirche?

Eine Kirche verkaufen?

Am heftigsten ist innerhalb des modernen Kirchenbaus die Frage umstritten, was eigentlich eine Kirche zur Kirche macht. Ein Architekt sagte, die neue Kirche müsse nicht mehr »sakral« (von lat. *sacer*: geweiht, heilig) sein. Es könne sich auch um Räume handeln, »in denen man sich sogar getrauen wird, Wurst zu essen«. Er folgert: »Einen modernen ›Kirchen‹-Bau dürfte es eigentlich gar nicht mehr geben.« Nun hat niemand etwas gegen Mitmenschen, die »Wurst essen«. Aber was den Gottesdienst angeht, so fragte schon Paulus: »Könnt ihr denn nicht zu Hause essen und trinken?« (1 Kor 11,22). Er meinte, dass nicht alle Dinge miteinander vermengt werden dürften.

Was ist von folgender Nachricht zu halten: Etwa um 1970 hat in Jugoslawien in der Nähe von Zagreb der Erzbischof Seper einen Stall für den Gottesdienst geweiht, »nachdem es von den jugoslawischen Behörden untersagt worden war, ein zu diesem Zweck erworbenes Haus dafür zu verwenden«. Ist dieser Stall eine Kirche geworden? Er ist es. Im katholischen Verständnis wird ein Bau zur Kirche nicht durch seine Architektur, sondern aufgrund seiner »Herausnahme« aus dem Alltagsgebrauch. Diese Herausnahme geschieht durch die Weihe des Gebäudes. Der Stall bleibt als Bauwerk das, was er auch vorher war, und dennoch wird er nicht länger mit einem wirklichen Stall zu verwechseln sein: Ein Altar steht im Raum, das Ewige Licht brennt, vielleicht sind ein paar Beter da. Selbst dem Hungrigen kommt es nicht mehr in den Sinn, hier »Wurst zu essen«.

Martial Leiter (geb. 1952), Moderne Welt.

Ein anderer Architekt sagte, für ihn sei »ein Kirchengebäude ebenso gut wie eine Zeitung ein Gebrauchsgut«. Wenn aber ein Raum dadurch »sakral« wird, dass er herausgenommen wird aus seiner Alltagsverwendung, dann ist er ziemlich genau das Gegenteil von einem Gebrauchsgut. Darum darf sich eine Kirche auch durch ihre architektonische Gestalt von ihrer Umgebung abheben, denn wenn »sakral« bedeutet, dem durchschnittlichen Gebrauch entzogen zu sein, dann ist gerade die Andersheit entscheidend. Diese Andersheit, die Nicht-Einfügbarkeit, gehört dann zur Sache selbst.

Das hat nichts mit der Bauform zu tun. Die kann sich immerfort ändern. Sie kann extrem einfach sein, sie kann der Prachtentfaltung Raum lassen. Für heutige Kirchen ist es bedeutsam, dass sie die Vielfalt gemeindlichen Lebens ermöglichen: als offene Häuser hoher Gastlichkeit, als Orte der Begegnung, des Dialogs, des sozialen Engagements und des Gottesdienstes.

Diese Welt:

Krieg und Frieden

Wassilij Wereschtschagin (1842–1904), Denkmal des Krieges, 1871/72.

Über einige Davongekommene

Als der Mensch
unter den Trümmern
seines
bombardierten Hauses
hervorgezogen wurde,
schüttelte er sich
und sagte:
Nie wieder.

Jedenfalls nicht gleich.

Günter Kunert

Ein zukünftiger Weltfrieden kann nicht allein Sache der Christen sein. Aber die Christen müssen wissen, was in der Vergangenheit ihr Verhältnis zum Krieg bestimmte. Das ist nicht einfach herauszufinden: die Verweigerung von Gedächtnis und Erinnerung in solchen Sachen hat Tradition. In den Geschichtsbüchern vieler Völker fehlen gerade die Kapitel, die zu Trauerarbeit und Umkehr führen könnten. Dennoch ist die Erinnerung eine Quelle der Moral für Gegenwart und Zukunft. Die Vergangenheit darf nicht, ohne dass sie Anlass zur Reue wird, auf sich beruhen. Wir müssen uns mit ihr auseinandersetzen.

Also fragen wir: Wie dachte denn die Kirche in ihrer Vergangenheit über Kriege? Und wie denken wir heute über Krieg und Frieden?

Kirche und Krieg

Jesus urteilt nirgendwo über Kriege, aber strikt lehnt er Gewaltanwendung, Hass und Rache ab. Seine Grundhaltung, wie sie die Evangelien spiegeln, lässt auf eine kriegskritische Einstellung schließen (vgl. Religionsbuch 5/6, S. 130-137). Darum herrschte in der Frühzeit der Kirche auch Distanz zu Militärwesen und Krieg. Zwischen 150

und 300 war es Christen verboten, Soldat zu *werden*. Soldaten, die sich taufen ließen, durften ihren Beruf beibehalten, waren aber verpflichtet, einen Tötungsbefehl zu verweigern. Beispiel dafür ist Martin von Tours (vgl. Religionsbuch 5/6, S. 109 f.).
Dennoch dachten nicht alle Christen so streng. Beispielsweise sagte der berühmte Theologe *Origenes*, die Christen kämpften zwar nicht mit Waffen, dennoch bildeten sie »ein Kriegsheer der Frömmigkeit« für den Kaiser. Er wollte dem römischen Staat versichern, dass auf die Christen Verlass sei und dass sie mit ihren Gebeten die kämpfenden Truppen unterstützen.
Nachdem Kaiser *Konstantin* die Kirche öffentlich anerkannte und in die politische Mitverantwortung nahm, wendete sich das Blatt. Die Kirche trat an die Seite der Herrschaft und gab die strenge Ablehnung des Militärwesens auf. Die christlichen Verweigerer, die ihre Standhaftigkeit mit dem Tod bezahlt hatten, wurden aus dem Gedenkkalender und damit aus dem Gedächtnis der Kirche gestrichen.

Der Kirchenlehrer *Augustinus* (354–430) hat für die folgende Zeit den größten Einfluss auf die kirchliche Einstellung zum Krieg genommen. Er beantwortete die Frage, ob Krieg dem biblischen Tötungsverbot entgegenstehe, mit einem Rückgriff auf die Lehre des römischen Politikers Cicero vom »gerechten Krieg«: Wenn es um die Abwehr von Unrecht und die Wiederherstellung eines gerechten Zustandes gehe, sei Krieg sittlich erlaubt. Für aufgezwungene und friedenssichernde Kriege forderte er eine Art »humane« Kriegsführung. Auch das dem Gegner gegebene Wort binde; Gefangene seien milde zu behandeln. Damit entwarf er die Grundzüge eines Kriegsethos, das sich bis in die heutigen völkerrechtlichen Abmachungen (Genfer Konvention) auswirkte.
Der Formel vom »gerechten Krieg« bediente sich fortan jeder. Damals wie heute sind die Menschen ja geneigt, ihre eigenen Interessen als »gerechte Sache« anzusehen. So lobte *Gregor I.* (590–604) den byzantinischen Exarchen Genadius von Nordafrika, dass dieser Kriege führe und Völker unterwerfe, denen dann das Christentum gepredigt werden könne. Gewaltanwendung für kirchliche Vorhaben wurde seitdem oftmals mit dem »Willen Gottes« gleichgesetzt.
So war es für Papst *Urban II.* kein großer Schritt mehr, die Kreuzzüge als den »Willen Gottes« auszurufen. Alle folgenden Jahrhunderte haben in dieser Sichtweise Krieg und Frömmigkeit verbunden. Nachdem die Christenheit aber einmal in große Feindbilder eingeübt war, gelang es ihr auch, den Todfeind in den eigenen Reihen auszumachen: der Albigenserkreuzzug (1208–1226) gegen ketzerische Katharer war ein Auftakt (vgl. Religionsbuch 7/8, S. 105 f.). Von hier über die späteren Religionskriege bis zur Bartholomäusnacht setzte sich das Morden unter Christen fort.
Die Geschichte der christlichen Völker nahm den Krieg bloß noch als ein Naturrecht oder gar Naturereignis wahr, auf das die Bergpredigt Jesu keine Anwendung mehr fand.

1 In welcher Hinsicht lassen sich Franz von Assisi, Bartolomé de Las Casas und Vinzenz von Paul als Friedensstifter bezeichnen?

2 William Wilberforce kämpfte für die Abschaffung der Sklaverei; Florence Nightingale wollte Menschen nicht zur Kriegsbeute werden lassen; Henri Dunant gründete das Rote Kreuz; Bertha von Suttner enttarnte den Krieg als höchste männliche Bewährungsprobe; Elsa Brandström diente Kriegsgefangenen und Flüchtlingen; Carl von Ossietzky warnte vor Militarismus; Janusz Korczak ging mit Kindern in den Tod, um sie nicht zu verlassen; Franz Jägerstätter verweigerte den Kriegsdienst: Könnt ihr diese Menschen einander in Kurzreferaten vorstellen?

3 Friedensstifter der jüngeren Zeit sind Mahatma Gandhi, Martin Luther King, Johannes XXIII., Mutter Teresa, Óscar Romero. Lässt sich eine Projektwoche dem Thema Frieden widmen? Wie könnt ihr das Lebenswerk dieser Menschen vermitteln?

1 Der Verherrlichung des Krieges dienen Kinderspielzeug, Kriegsliteratur, Filme, Ordens- und Waffenbegeisterung ... Wo ist in eurem Erfahrungsfeld dergleichen zu beobachten? Gibt es Möglichkeiten, dazu Stellung zu nehmen?

2 In jeder Gemeinde finden sich »Kriegerdenkmäler«. Schaut sie euch genau an, ihre bildliche und sprachliche Aussage, und fragt, welche Erinnerung sie stützen, wozu sie aufrufen. Überlegt: Verdient der Tod der Soldaten den rühmenden Nachruf, »dass sie ihre Pflicht getan haben«? Ehrt es ein Volk oder macht es ehrlos, wenn der fraglose Gehorsam infrage gestellt wird? Unterscheiden sich die Denkmäler des Ersten und Zweiten Weltkrieges? Wozu verpflichten uns die Kriegstoten?

3 Es gab Versuche, den Deserteuren und Verweigerern der Weltkriege ein Denkmal zu setzen. (Denkmal heißt: Denk mal!) Das wurde verboten. Viele erregten sich. Tragt Gründe und Gegengründe zusammen.

4 Das Schicksal der Kriegsdienstverweigerer in und nach dem Zweiten Weltkrieg bietet viel Stoff politischen und christlichen Lernens. Fragt nach Büchern über Franz Jägerstätter, Max Josef Metzger, Michael Lerpscher, Hermann Stöhr:
→ religionsbuch.de

Deutsche Feldpostkarten, um 1917.

Die Kirche und Hitlers Kriege

Die Tatsache, dass die Kirche *auf beiden Seiten* mit »Gottes Segen« in den Ersten Weltkrieg begleitet hatte, wurde nach diesem Krieg nicht zum Problem. Darum war es, als der Zweite Weltkrieg begann, auch zu keiner inneren Wandlung gekommen. Solange die Vergangenheit nicht erinnert und bereut wird, bestimmt sie die Zukunft.
Außerdem dachte die Kirche ganz in Gehorsamsstrukturen, so dass sie 1939, als Hitler den Krieg auslöste, den katholischen Soldaten gleich ihre Gehorsamspflicht einschärfte:

In dieser entscheidungsvollen Stunde ermuntern und ermahnen wir unsere katholischen Soldaten, im Gehorsam gegen den Führer opferwillig, unter Hingabe ihrer ganzen Persönlichkeit ihre Pflicht zu tun.

In den folgenden Kriegsjahren kamen weitere Motive hinzu:

> Schrecklich ist das Bild des Bolschewismus, wie es unsere Soldaten kennenlernen. Gewaltig und furchtbar ist das Ringen gegen diesen Weltfeind, und tiefsten Dank zollen wir unseren todesmutigen Soldaten für alles, was sie in diesem Kampf Großes leisten und Schweres dulden.

Weder 1939 noch im Verlauf des Krieges wurde die Frage, ob Hitlers Unternehmen als »gerechter Krieg« zu betrachten sei, jemals gestellt. Die bloße Tatsache, dass der Krieg im Gange war, so hatte es den Anschein, musste den deutschen Katholiken dazu verpflichten, sich bis zur Opferung seines Lebens an diesem Krieg zu beteiligen. Das NS-Regime wurde zur Verantwortbarkeit des gewollten Krieges nicht befragt. Der Widerstand beschränkte sich auf die Eigenrechte der Kirche. Die wenigen katholischen Kriegsdienstverweigerer, die später bekannt wurden, hatten weder damals noch nach dem Krieg eine Stütze an ihrer Kirche.
Dieses Bild wird nicht besser durch einen Blick auf die evangelische Seite. Auch hier Durchhalteparolen, Überhöhung des traurigen Kriegstodes als »Heldentod«, Verdrängung des Evangeliums.
Nur die »Zeugen Jehovas« pochten auf das Wörtlichnehmen der Bibel. Sie leisteten der Aufforderung zur Musterung keine Folge und versuchten, auch andere zur Verweigerung des Wehrdienstes zu verleiten. Darum ist die Zahl der hingerichteten Kriegsdienstverweigerer bei ihnen am höchsten.

Bernhard Heisig (geb. 1925), Der Befehl und das Lied von den morschen Knochen, 2002.

Sind gerechte Kriege heute noch möglich?

Die Problematik des Krieges hat sich seit dem Zweiten Weltkrieg fast grenzenlos verschärft. Schon die Bomben auf Hiroshima und Nagasaki zeigten die neue Dimension. Seitdem wurde durch immer neue Rüstung ein Over-kill-Potential angesammelt, das dem Leben auf unserer Erde vielfachen Garaus machen kann: atomar, bakteriell und mit Giftgas.

Hiroshima 1945.

Die erreichte Vernichtungskraft stellt Fragen:

Macht das Ausmaß an Tod und Zerstörung nicht jeden gerechten Anlass zur Ursache eines noch größeren Unrechts?

Sind hochentwickelte Industrienationen mit der Vielzahl ihrer Atommeiler und Chemiefabriken nicht derart empfindlich, dass sich von ihrer Zerstörung die Welt insgesamt nicht mehr erholen würde?

Brechen unter den ökologischen Folgen heutiger Kriege nicht alle Lebenskreisläufe zusammen?

Vernichten Kriege nicht gerade das, was sie schützen (oder erobern) wollen?

Die Lehre vom »gerechten Krieg« mochte für die Vergangenheit noch einen Maßstab bieten, wenngleich jede Kriegspartei nur ihre eigenen Interessen als »gerecht« ansah. Angesichts heutiger Vernichtungskraft aber haben bereits 1961 der Jurist *Ernst-Wolfgang Böckenförde* und der Philosoph *Robert Spaemann* Vorbehalte angemeldet:
Erstens halten sie kein absolutes Verteidigungsrecht mehr für gegeben und die Erlaubtheit der Verteidigungsmittel für eingeschränkt.
Zweitens folgern sie die Unzulässigkeit eines atomaren Gegenschlags bei einem konventionellen Angriff; sie schließen auch einen atomaren Vergeltungsschlag aus.
Drittens halten sie die Anwendung atomarer Kampfmittel insgesamt für sittlich fragwürdig: »Es muss die Möglichkeit ins Auge gefasst werden, dass … die Verteidigung des Gemeinwohls der Vernichtung anderer oder gar des eigenen Gemeinwohls gleichkäme.«
Sie meinen, in diesem Fall träte für Christen die Bergpredigt in einen Rang, der alle sonstigen Ansprüche überträfe. Nur mit heldenhaftem Gewaltverzicht könne dann noch geantwortet werden. »Die Logik der Christen, obgleich rettend für die Welt, würde für die Welt unfasslich.«

Für wen gelten solche Überlegungen? Gehören sie in die politische Gewissensbildung aller Völker?
Welche Informiertheit, welche Gewissensbildung braucht ein Befehlsempfänger an Abschussrampen oder in Fernbombern, um aus der Tiefe seines Gewissens handeln zu können? Darf er (weiterhin) darauf vertrauen, dass die eigene Seite genug Überblick und Verantwortungsbewusstsein hat, um – beispielsweise – Befehlen zu atomaren Einsätzen zu folgen?

Die Collage »Miss Amerika« (1968) von Wolf Vostell verbindet Pressefotos von Edward T. Adams, die die feige Erschießung eines gefesselten Vietcong durch den Polizeipräsidenten von Saigon zeigen, mit einem Modegeschöpf des westlichen Alltags. Die tänzelnde Frauengestalt über dem Todesopfer verweist auf eine Gesellschaft, welche ihre eigene Unmenschlichkeit mit Allotria verdrängt, während die gleiche Gesellschaft mal hier, mal da ihre (immer »friedens-sichernden«) Kriege führt.

Kriegsdienstverweigerer

Neben sechs exekutierten katholischen Verweigerern (Franz Jägerstätter, Michael Lerpscher, P. Franz Reinisch, Richard Reitsamer, Josef Ruf und Ernst Volkmann) und dem evangelischen Christen Hermann Stöhr sind drei Männer zu nennen, die hingerichtet wurden, weil sie den Dienst in der Waffen-SS verweigerten, wenngleich sie bereit gewesen wären, in der Wehrmacht zu dienen. Von diesen ist nur der Name des Tirolers Josef Mayer-Nusser bekannt, der 1945 auf dem Weg ins KZ Dachau verhungerte. – Man schätzt, dass von den etwa 25 000 Zeugen Jehovas, die sich 1939 zu dieser Gemeinschaft bekannten, ungefähr 10 000 von unterschiedlichen Verfolgungsmaßnahmen betroffen waren. 2 000 kamen ins KZ, 1 200 starben oder wurden ermordet. Unter ihnen wurden etwa 250 vornehmlich wegen Kriegsdienstverweigerung hingerichtet. Der hannoversche Landesbischof Hanns Lilje stellte 1947 fest, dass »keine christliche Gemeinschaft ... sich mit der Zahl ihrer Blutzeugen auch nur von ferne messen könne«.

Josef Schulz, 31,
Dekorateur aus Wuppertal.

Ein heißer Junitag im Kriegsjahr 1941 in Smederevska bei Belgrad. Vor einem Erschießungskommando der deutschen Wehrmacht stehen 16 junge Männer mit verbundenen Augen – gefangen genommene jugoslawische Partisanen. Kurz vor dem Feuerbefehl tritt ein deutscher Soldat aus der Reihe und sagt: »Ich werde nicht schießen.«
Es ist Josef Schulz, 31, von der 314. Division. Der Mann, ein Dekorateur aus Wuppertal, wird daraufhin sofort neben die Partisanen gestellt und zusammen mit ihnen erschossen.

Gefahrenherde

Die Konflikte in der Welt werden nicht weniger. Zündstoff für neue Gewalt unter den Völkern können sein:

Das (Un-) Verhältnis von Mensch und Natur. Alle heutigen Weltkonflikte sind eingebettet in die umfassende Krise des Verhältnisses von Mensch und Natur. Vorrangig ist die Klimaentwicklung (Kohlendioxidkonzentration und Erhöhung der mittleren Temperatur; vgl. Religionsbuch 7/8, S. 47 ff.; 224 ff.). Die Auswirkungen eines ungebremsten Klimaanstiegs – Zerstörung anderer Ökosysteme – werden katastrophal sein.

Regionalkonflikte in der Dritten Welt. Wo Hunger und Armut herrschen, können sich keine stabilen Verhältnisse entwickeln. Darum stecken viele Entwicklungsländer voll regionaler Konfliktherde. Es gibt kaum politische Strukturen und Mechanismen, um Spannungen gewaltfrei zu regeln. Aufbrechende Gegensätze treffen vor allem die Zivilbevölkerung. Ihre Kriegsopfer haben gegenüber militärischen Verlusten stetig zugenommen. Daneben wächst das Flüchtlingsproblem immer stärker an. Wirtschaftsungleichheit führt zu Wanderungsbewegungen. Der Druck auf die »Festung Europa« nimmt zu.

Der internationale Waffenhandel profitiert von regionalen Spannungen. 70% der Rüstung in der Dritten Welt stammt aus Industriestaaten. Die Bundesrepublik Deutschland zählt nicht zu den wichtigsten Exporteuren, aber gerade die »Nischen«, in die deutsche Lieferungen hineinstoßen, erregen besondere Aufmerksamkeit: Chemiewaffen; Technologien für Raketen, Flugzeuge, Hubschrauber. Fregatten und U-Boote. Der Wille zum radikalen Verbot des Waffenexports in Länder, die nicht dem Bereich des eigenen Verteidigungsbündnisses angehören, ist bei den Regierungen nur schwach entwickelt. Die Kriege von morgen werden mit heutigen Geschäften vorbereitet.

Frieden braucht Gerechtigkeit. Es gibt keinen Frieden um jeden Preis. Wo Menschen ausgebeutet und unterdrückt werden, entsteht Unfrieden. Zugleich stellt sich auch die Frage, ob es nicht (regional begrenzte?) Kriege geben kann, die um des Schutzes der Schwachen willen geboten sind – und die keiner mit weißer Weste besteht.

Nehmt Stellung zu folgenden Zitaten:

(1) »Man kann einer Regierung das Recht auf sittlich erlaubte Verteidigung nicht absprechen, wenn alle Möglichkeiten einer friedlichen Regelung erschöpft sind.«

(2) Es ist »in unserer Zeit sinnlos, den Krieg als geeignetes Mittel zur Wiederherstellung verletzter Rechte zu betrachten«.

(3) »Nicht einmal ein Verteidigungskrieg ist zu führen, wenn nicht die rechtmäßige Autorität, die darüber zu entscheiden hat, mit der Sicherheit des Sieges auch sichere Bürgschaften dafür hat, dass das durch den Verteidigungskrieg dem Volk erwachsende Gut die ungeheuren Übel überwiegt, die ebendiesem Volk und der ganzen Welt aus dem Krieg entstehen.«

Rechte Seite: René Magritte (1898–1967), Die große Familie, 1947.

Ist Frieden möglich?

Dem neuzeitlichen Denken liegt es nahe, Frieden fast ganz von der Sicherheit her zu verstehen. Dann muss der eigene Staat möglichst stark sein, um an seinen Grenzen durch Überlegenheit abzuschrecken. Nach innen aber soll der Staat jenen Frieden erzwingen, zu dem die Menschen ihrerseits nicht fähig sind.
Das deutsche Wort Frieden umfasst von seinem Ursprung her einen Doppelsinn. Im Althochdeutschen meint *fridu* eine Form des Zusammenlebens in Liebe und Schonung. Das verlangt eine positive Leistung: den eigenen Lebensraum durch gegenseitige Liebe und Freundschaft gestalten. Negativ verstanden ist Frieden ein Zustand bloß aufgehobener Gewalttätigkeit: »jemanden in Frieden lassen«.

Die Bibel spricht vom *Schalom.* Das ist ein Grundwort des Lebens, das aus der Erfahrung eines gelingenden Miteinanders kommt, aus einer Kultur der Gastfreundschaft, aus Fest und Feier. Schalom geht über Regeln, Gesetze und Verträge hinaus; er meint ein Heilsein und Wohlergehen, das alle Lebensbezüge in sich schließt.
Ursprünglich ist Schalom ein Gruß, also eine Form der Begegnung zwischen Menschen, die bewirkt, was sie besagt: Sie befreit von Furcht, gewährt Hilfe in Not, stiftet Gemeinschaft. Selbst Konflikte und Streit schließt der Schalom ein, denn er kennt das Verbindende, das über die Streitenden hinausgeht.
Der Schalom wird auch nicht an die Gewalt der Machthaber gebunden. Die prophetische Kritik an Gewaltlösungen steigert sich (z.B. Jes 30,15 ff.; 31,1 ff.). Sie erwartet schließlich einen weltumspannenden Frieden (Jes 9,1 ff.; 11,1 ff.), sodass Schwerter zu Pflugscharen und Spieße zu Sicheln umgeschmiedet werden. Der so verstandene Schalom ist ein Prozess. Er verlangt umfassende Anstrengungen.
Aber die Fülle des Friedens, den die Menschen ersehnen, überfordert sie auch. Letztlich ist der Friede daran gebunden, dass jeder Mensch mit sich selbst im Frieden ist. Dazu gehört eine Friedenskultur des zwischenmenschlichen Lebens und zugleich die Fähigkeit, die eigenen Grenzen wahrzunehmen. Dahinter kann sich dann ein Verständnis öffnen, das den Frieden auch als Gnade versteht, also als ein göttliches Geschenk, das bis an die innersten Wurzeln der eigenen Friedlosigkeit reicht, die Angst überwindet und zu Werken des Friedens befähigt.
An der Geschichte Jesu und der Praxis seiner Feindesliebe schließlich wird deutlich, dass Frieden selbst in äußerster Ohnmacht seine verborgene Macht entfalten kann.

Die Brüder Daniel und Philipp Berrigan machten den Widerstand gegen den Vietnamkrieg der USA zum Weltthema. »Lieber Einberufungsakten verbrennen als Kinder in Vietnam!« war ihr Motto. Als Daniel Berrigan SJ vor Gericht stand, weil er mit Hämmern zwei Sprengkopfhüllen in einer Atomwaffenfabrik beschädigt hatte, spielte sich folgender Wortwechsel ab:

Judge: Father Berrigan, regardless of the outcome of these hearings, will you promise the court that you will refrain from such acts in future?

Dan: Your honor, it seems to me that you are asking the wrong question.

Judge: OK, Father Berrigan, what do you think is the proper question?

Dan: Well, your honor, it appears to me, that you should ask President [George] Bush if he'll stop making missiles; and, if he'll stop making them, then I'll stop banging on them und you and I can go fishing.

Textverzeichnis

R = Randspalte

4 Christian Morgenstern, Die beiden Feste, zit. n.: Gesammelte Werke in einem Band, München 1965, S. 267.

5 Knud Rasmussen. Die Gabe des Adlers, Eskimoische Märchen aus Alaska, übers. u. bearb. v. Aenne Schmücker, Kurt Schütte Verlag, Frankfurt a. M., o.J., 11-17 (A.).

6R Erich Fried, Kleines Beispiel, in: ders., Das Nahe suchen, Gedichte, Klaus Wagenbach Verlag, Berlin 1982, S. 9.

7 Rose Ausländer, Vergiss, in: dies., Mein Atem heißt jetzt. Gedichte. S. Fischer Verlag, Frankfurt a. M. 1981, S. 109.

39 Mary Mc Carthy, Eine katholische Kindheit, übers. v. Maria Dessauer, Droemer/Knauer Verlag, München 1966, S. 34.
Simone de Beauvoir, Die Mandarins von Paris, aus dem Franz. v. R. Ücker-Lutz/F. Montfort, Rowohlt Verlag, Hamburg 1954, S. 28.
Jean-Paul Sartre, Die Wörter, aus dem Franz. v. Hans Mayer, Rowohlt Verlag, Reinbek b. Hamburg 1965, S. 77 f.
Albert Camus, n.: Selbstzeugnissen und Bilddokumenten, dargestellt von Morvan Lebesque, Rowohlt Verlag, Reinbek b. Hamburg 1960, S. 83.

40 Paul Tiry d'Holbach, zit. n.: Kurt Leese, Die Religionskrisis des Abendlandes und die religiöse Lage der Gegenwart, Hamburg 1948, S. 86.© beim Autor.

42 Jean Paul (Friedrich Richter), Rede des toten Christus vom Weltgebäude herab, dass kein Gott sei, aus: ders., »Erstes Blumenstück« aus dem Roman »Ehestand, Tod, Hochzeit des Armenadvokaten F. St. Siebenkäs« (1795/96). Sämtliche Werke, Berlin 1840/42, XI, S. 317 ff.

43-44 Friedrich Nietzsche, Die fröhliche Wissenschaft, Aphorismus 125.

45 Tilman Moser, Gottesvergiftung, Suhrkamp Verlag, Frankfurt a. M. 1976, S. 11; 16; 17.
Brigitte Schwaiger in einem Gespräch mit Karl-Josef Kuschel, Publik-Forum 17/1990, S. 21.

46 Luise Rinser, in: Karl-Josef Kuschel, Weil wir uns auf dieser Erde nicht ganz zu Hause fühlen. 12 Schriftsteller über Religion und Literatur, Kiepenheuer & Witsch Verlag, Köln 1985, S. 68.
Heinrich Böll, in: ebd., S. 68.

46R Joseph Ratzinger, Einführung in das Christentum, Kösel-Verlag, München 1968, S. 24.

47R Bertolt Brecht, Gesammelte Werke, Bd. 2, Suhrkamp-Verlag, Frankfurt a. M. 1967, S. 576 f.

49R Heinrich Buhr, Der Glaube – was ist das? Verlag Günter Neske, Pfullingen 1963, S. 11 f.

51R Günter Eich, Zitat aus der Büchner-Preis-Rede 1959.
Eva Zeller, Auf dem Wasser gehen. Ausgewählte Gedichte, Deutsche Verlagsanstalt, Stuttgart 1979, S. 62.

52R Brigitte Schwaiger, Mit einem möcht' ich leben, Heyne Verlag, München 1987, S. 20.

53R Josef Fink, Sammle mich ein, Styria Verlag, Graz 1984, S. 14.

54R Kurt Marti, Namenszug mit Mond. Gedichte, © 1996, Nagel & Kimche im Carl Hanser Verlag, München-Wien.
Peter Turrini, Ein paar Schritte zurück. Gedichte, Suhrkamp Verlag, Frankfurt a. M. 3/2007.

57R Josef Fink, Sammle mich ein, Styria Verlag, Graz 1984, S. 6. (i.A.)

60/62/ Marcelle Auclair, Herr Vincenz hat das Wort, Herder Verlag, Freiburg/Basel/Wien
63 1962.

76R Interview aus: Andreas Boueke, © Junge Welt, aus: Kirche intern Nr. 4, April 1999, S. 14.

77R Interview mit Erwin Kräutler von Isabella Campbell-Wessig, Jakob Mitterhofer, Rudolf Schermann, aus: Kirche intern Nr. 4, April 1999, S. 14, © ejw, chevara 28.11.2001.

82R Eric Hornung, Tal der Könige, Die Ruhestätte der Pharaonen, Artemis & Winkler, Zürich 3/1985, S. 76.

82 Erich Zenger, Der Gott der Bibel, Katholisches Bibelwerk, Stuttgart 3/1986, S. 94

83 Erich Zenger, a.a.O., S. 96f.

87 Coretta Scott King, Mein Leben mit Martin Luther King, Deutsche Verlagsanstalt, Stuttgart 1970, S. 252, 275 (Ü.: Christa Wegen).

87R Martin Luther King, Freiheit, Oncken Verlag, Wuppertal 1964 (Ü.: Ruth Rostock und Alfred Schmidt).

88-97 Manche Formulierung im Anschluss an: Karl Lehmann, Jesus Christus ist auferstanden, Meditation, Herder Verlag, Freiburg 1975.

98 Die Briefe des Francisco de Xavier, 11542-1552. ausgewählt, übertragen und kommentiert von Elisabeth Gräfin Vizthum, München 3/1950.

99 Helmut Höfling, ... geht hin und lehret alle Völker. Missionare von las Casas bis Albert Schweitzer, Econ Verlag, Düsseldorf und Wien 1982, S. 233.

100 Helmut Höfling, a.a.O., S. 276.

101 Duarte Lopez, zit. n.: Joseph G. Donders, Afrikanische Befreiungstheologie, Walter Verlag, Olten/Freiburg 1986, S. 189 f., O. Dapper, etc., n.: ebd.

103 Steve Biko, zit. n. ebd.

104 Anselme Sanon, Die universale Botschaft des Christentums und kulturelle Pluralität, in: Concilium. Internationale Zeitschrift für Theologie 1981, S. 363 f. (gek.).

105 Mahatma Ghandi, in: K. Klostermaier, Mahatma Ghandi, Freiheit ohne Gewalt, J. P. Bachem, Köln 1968, S. 118 ff. (i.A.).

106 Bede Griffith, aus: Kurt Bätz, Die katholischen Missionen, Herder Verlag, Nr. 1/1982, S. 48f (gek.).

111 Erich Fried, Lernfähigkeit, in.: ders., Am Rand unserer Lebenszeit. Gedichte, Klaus Wagenbach Verlag, Berlin 1987, S. 21.

117R Sören Kierkegaard, Der Augenblick, Nr. 5 (XIV, S. 198, XIV, S. 200).

118 P. Börger, Am Quell des Lebens, Lehrbuch für die ev. Unterweisung. Ausgabe für Realschulen, Bd. II, 15. Aufl. 1970, S. 112 f.

123R Katechismus der katholischen Kirche. Kompendium 322, 324, 336.

126-131 Astrid Lindgren, Das entschwundene Land, dt. v. Anna-Liese Kornitzky, Friedrich Oetinger Verlag, Hamburg 1977, S. 9-38 (i.A.).

132-138 Frei bearbeitet nach Paul Schwarzenau, Buddha. Einführung in die Geschichte und Lehre Siddhartha Gautamas. ZRP 4/1974, S. 209-230.

144R Lama Anagarika Govinda, Der Weg der weißen Wolken. Erlebnisse eines buddhistischen Pilgers in Tibet. Scherz Verlag, Bern/München/Wien 1973.

146R Romano Guardini, Der Herr, Pattloch Verlag, Aschaffenburg 1948, S. 384.

152 Die Schrift, 4. Bd., übers. v. Martin Buber und Franz Rosenzweig, Bd. I: Die fünf Bücher der Weisung.

159 Dorothee Sölle, Über die Unterdrückung des Mannes, in: Und ist noch nicht erschienen, was wir sein werden. Stationen Feministischer Theologie, dtv, München 1978, © Kreuz Verlag, Stuttgart 1978, 1987.

160, 161, 163, 165 Dorothee Sölle, »Das Eis der Seele spalten«. Theologie und Literatur auf der Suche nach einer neuen Sprache, in: Jahrbuch der Religionspädagogik (JRP), Bd. 4, Neukirchen 1988, S. 3-19 (gek.).

161 »Als Jakob«, Dorothee Sölle, fliegen lernen. Gedichte, Wolfgang Fietkau Verlag, Berlin 1979, S. 24.

162R »Wir gehen uns nicht verloren«, ebd., S. 37.

162 »Der Ofen«: Dorothee Sölle, »Das Eis der Seele spalten«. Theologie und Literatur auf der Suche nach einer neuen Sprache, in: Jahrbuch der Religionspädagogik (JRP), Bd. 4, Neukirchen 1988, S. 14. (= Sölle, »Verrückt nach Liebe«).

162-163 »Antwort auf die Frage ...«, Dorothee Sölle, Im Hause des Menschenfressers. Texte zum Frieden, Rowohlt Verlag, Reinbek b. Hamburg 1981, S. 87.

166 Fridolin Stier, Vielleicht ist irgendwo Tag, Kerle Verlag, Heidelberg 5/1986, S. 62 f.

171 Hilde Domin, Ecce Homo, in: dies., Ich will Dich. Gedichte, Piper Verlag, München 1970, S. 19, auch in: Gesammelte Gedichte (1987).
Paul Celan, Tenebrae, in: ders., Gedichte. Bd. I, Suhrkamp Verlag, Frankfurt a. M. 1967.

172 Erich Kästner, Dem Revolutionär Jesus ... in: ders., Ein Mann gibt Auskunft, © Atrium Verlag AG, Zürich.

174 Sören Kierkegaard, zit. n.: Harvey Cox, Stadt ohne Gott, Kreuz Verlag, Stuttgart 5/1969, S. 265.
Wilhelm Willms, ... »jesus, du hast alles ...«, in: ders., der geerdete himmel, Butzon & Bercker Verlag, Kevelaer 1974, Nr. 2.6 (gek.)

175 Friedrich Dürrenmatt, Aus den Papieren eines Wärters, Frühe Prosa, © Diogenes Verlag AG, Zürich.
Peter Huchel, »Weihnachtslied«, in: ders., Gesammelte Werke, Bd. I, Suhrkamp Verlag, Frankfurt a. M. 1984, S. 67 f.

176R Dorothee Sölle, Meditation und Gebrauchstexte, Wolfgang Fietkau Verlag, Berlin 1969, S. 13.
»Christus hat keine Hände«, Gebet aus dem 14. Jahrhundert.

177 Eva Zeller, Golgatha, in »Evangelische Kommentare 8 (1975), S. 173. © bei der Autorin.
Marie Luise Kaschnitz, Ein Leben nach dem Tode, in: dies., Kein Zauberspruch, Gedichte, Insel Verlag, Frankfurt a. M. 1972, S. 119 f.

182,185(u.) Óscar A. Romero, Für die Armen ermordet. Wie der Erzbischof von San Salvador das Evangelium verkündet hat, Herder Verlag, Freiburg i. Br. 1982.

183-185(o.) Plácido Erdozaín, San Romero de America, Das Volk hat dich heilig gesprochen. Die Geschichte des Bischofs A. Romero von San Salvador, Jugenddienst-Verlag, Wuppertal 1981.

185R Dorothee Sölle, Im Hause des Menschenfressers. Texte zum Frieden, Rowohlt Verlag, Reinbek b. Hamburg 1981.

186 Martin Walser, Halbzeit, Roman, Droemersche Verlagsanstalt, München.

187-191 Günter Eich, Allah hat hundert Namen, in: ders., Fünfzehn Hörspiele, Suhrkamp Verlag, Frankfurt a. M. 1973, S. 522 f.

187 Dietrich Bonhoeffer. Widerstand und Ergebung. Briefe und Auszeichnungen aus der Haft, hrsg. v. Eberhard Bethge, Christian-Kaiser-Verlag, München 1985.
Simone Weil, Schwerkraft und Gnade, Kösel-Verlag, München 1965, S. 210.
Adolf Muschg anlässlich einer Podiumsdiskussion: Ist »Gott« heute literarisch darstellbar?«, in: W. Jens/H. Küng/K.-J. Kuschel (Hg.), Theologie und Literatur. Zum Stand des Dialogs, Kindler Verlag, München 1986, S. 249.

191-191R Josef Quint, Meister Eckhart, Deutsche Predigten und Traktate, München 1962.

197 Joachim Ernst Berendt, Das dritte Ohr. Vom Hören der Welt, Rowohlt Verlag, Reinbek 1985, S. 144; 153f.

198R Lorenz Marti, Wie schnürt ein Mystiker seine Schuhe? Die großen Fragen und der täglich Kleinkram, Herder Verlag, Freiburg 2004.

198-199 Ohne Worte – ohne Schweigen. 101 Zen-Geschichten und andere Zen-Texte aus vier Jahrtausenden, hrsg. v. Paul Reps, Scherz Verlag (O. W. Barth), München 1976, Nr. 71, 1, 17, 3.

199R Zit. n. Lorenz Marti, Wie schnürt ein Mystiker seine Schuhe? Die großen Fragen und der täglich Kleinkram, Herder Verlag, Freiburg 2004, S. 45.

202R Isabel Allende, Eva Luna, Roman, aus dem Spanischen von Lieselotte Kolanoske, Suhrkamp Verlag, Frankfurt a. M. 1988, S. 45.
Ignazio Silone, Wein und Brot, aus dem Italienischen von Hanna Dehio, Kiepenheuer und Witsch, Köln 1984, S. 132.

204-205 Elisabeth Kübler-Ross, Befreiung aus der Angst, Berichte aus den Workshops, Leben, Tod und Übergang, übers. v. Susanne Schaup, Kreuz Verlag, Stuttgart 1983, S. 12 ff. (gek.).

205-208 Reinhard Tausch/Annemarie Tausch, Sanftes Sterben. Was der Tod für das Leben bedeutet, Rowohlt Verlag, Reinbek b. Hamburg 1985 (i.A.).

209R Katechismus der katholischen Kirche, Kompendium Nr. 315 f., 318 f.

211-212 Nach Reinhold Schneider.

214R Eugen Ansohn, Die Wahrheit am Krankenbett, Grundfragen einer ärztlichen Lebenshilfe, Salzburg/München 2/1969, S. 61.

225-226 Georgius Pachymeres, De Michaele et Andronico Palaeologis, hg. v. I. Bekker, Bonn 1835, S. 579 ff. Hier zit. n. Hans-Georg Beck (Hg.), Byzantinisches Lesebuch, C. H. Beck, München 1982, S. 249 ff.

232-233 Johann Konrad Friedrich, Als Soldat und Liebhaber durch Europa. Heidenheimer Verlagsanstalt, Heidenheim/Brenz 1970, S. 181 ff. (= »Vierzig Jahre aus dem Leben eines Todten« und »Noch fünfzehn Jahre aus dem Leben eines Todten«, Osiander, Tübingen 1848/49).

233 Wilhelm von Kügelgen, Jugenderinnerungen eines alten Mannes. Nachdruck Athena Verlag, Köln o. J., S. 173 f.

238-239 Nostra aetate 2.

239R Zitat (3) Ad gentes 7 f.

254 Zum Protest in der Rosenstraße: vgl. Nathan Stoltzfuss, »Jemand war für mich da«. Der Aufstand der Frauen in der Rosenstraße, in: Die Zeit, Nr. 26, 21.07.1989, S. 9-13.

257 Nostra aetate 4.
Das Schuldbekenntnis der katholischen Kirche, 12.03.2000.

259R Johannes XXIII., zit. n. Liturgisches Jahrbuch, Münster 1965, XV, 4, 249.

270R © Günter Kunert, Kaisersborstel.

272 Erklärung der deutschen Bischöfe zum Kriegsausbruch, September 1939, zit. n. Gordon Charles Zahn, Die deutschen Katholiken und Hitlers Kriege, übers. v. Elisabeth Schmitz, Styria Verlag, Graz 1965, S. 97.

273 Schrecklich ist das Bild des Bolschewismus, Amtsblatt für die Erzdiözese München und Freising vom 23.12.1941, S. 162 f.

276 Zitate: (1) Deutsche Bischofskonferenz, Gerechtigkeit schafft Frieden (1983), 35, 36f. (2) Johannes XXIII., Pacem in terris; Gaudium et spes 80. (3) Kard. Ottaviani, Institutiones Juris publici ecclesiastici I.

Abbildungsverzeichnis

Umschlag: Meister des Hildegardis-Codex, Die wahre Dreiheit in der wahren Einheit, um 1147, Benediktinerinnenabtei St. Hildegard, Eibingen bei Rüdesheim (s. S. 95).
1 Die Rettung des Jona, aus einer Bibel aus der Zisterzienserabtei Heisterbach, um 1240.
4 (o.), 5, 6 (u.), 7 Hartmut Vogler, Ratingen.
4 (u.) Gerhard Grimm, Kinderreigen, 1975, © Margret Grimm, Reutlingen.
6 (o.) HAP Grieshaber, Holzschnitt ohne Titel, aus: Drucken ist ein Abenteuer, Bibliothek S, Stuttgart 1987. © VG Bild-Kunst, Bonn 2008.
8 Foto: Wilhelm Kienberger, Lechbruck.
9 Fotos: Scala, Florenz.
10 (o.) Foto: Scala, Florenz.
11, 13, 14, 16 (u.), 18 Fotos: © Risch-Lau & Gebr. Metz.
15, 16 (o.), 17, 19, Bayerisches Landesamtes für Denkmalpflege, Foto: Achim Bunz.
20 Werner Tübke, Ausschnitt aus dem Bauernkriegspanorama, Bad Frankenhausen, 1976-1987. © VG Bild-Kunst, Bonn 2008.
24 (u.) Philippe de Champaigne (1602-1674), Kardinal Richelieu, um 1635.
30 Hyacinthe Rigaud (1659-1743), Ludwig XIV., um 1701/2.
31 (o.) Das Schloss von Versailles, um 1700.
(u.) Marie Antoinette, zeitgenössische Darstellung, um 1780.
38 Hans Erni, Pontius Pilatus, 1975. © Hans Erni Museum, Luzern.
39 René Magritte, Die Liebenden, 1928. © VG Bild-Kunst, Bonn 2008.
41 George Grosz, Sonnenfinsternis, 1926. © VG Bild-Kunst, Bonn 2008.
43 Marc Chagall, Der Engelsturz, 1923-1933-1947. © VG Bild-Kunst, Bonn 2008.
45 Jim Dine, Atheism No. 10, 1986. © VG Bild-Kunst, Bonn 2008.
47 René Magritte, Der Stuhl – Die Legende der Jahrhunderte, 1950. © VG Bild-Kunst, Bonn 2008.
48 René Magritte, Die unendliche Besichtigung, 1963. © VG Bild-Kunst, Bonn 2008.
53 (r.) Pablo Picasso, Die Liebenden, 1923. © Succession Picasso/VG Bild-Kunst, Bonn 2008.
58 Foto: Helmuth Nils Loose, Bad Krozingen-Hausen.
63 (o.) Foto: Helmuth Nils Loose, Bad Krozingen-Hausen.
66 Foto: Peter Menzel/Focus, Hamburg.
70 Foto: bpk, Karikatur Bruno Paul / Bruno Paul, Karikatur Spezialnummer Simplicissi. © VG Bild-Kunst, Bonn 2008.
71 (u.) Foto: bpk.
73 Afrika, Kulte - Feste - Rituale, Bd. 1, München 1999, S. 233, hg. v. Carol Beckwith/Angela Fisher. © bei der Fotografin.
76 (u.) © Steyl Bildarchiv, München.
77 © Haus Völker und Kulturen, Ethnologisches Museum St. Augustin.
86 (r.) © Keystone, Hamburg.
(r.) © dpa, Frankfurt.
90 (o.) Herzog August Bibliothek, Wolfenbüttel.
(u.) Auferstehender Christus (detail), Evangeliar aus Köln, um 1250. © ars liturgica, Buch- und Kunstverlag Maria Laach, Nr. 7684.
91 Kunsthalle, Hamburg.
92 Staatliches Russisches Museum, St. Petersburg.
93 (r.) Alfred Manessier, Auferstehung, 1949. © VG Bild-Kunst, Bonn 2008.
97 Jean Marie Pirot, Arcabas, Emmaus: Die Rückkehr der Jünger nach Jerusalem, 1994. © VG Bild-Kunst, Bonn 2008.
98 (l.) Engelbert Mveng, Kreuzigung, Fresko in der Apsis der Kapelle des Libermann College in Douala, Kamerun, 2. Hälfte d. 20. Jh.
(M.) Bagong Kussudiardja, Kreuzigung, Batik, 2. Hälfte d. 20. Jh., Yogyakarta, Indonesien.
(r.) Guido Rocha, Der gemarterte Christus, 1975. All Africa Conference of Churches Training Centre, Nairobi, Kenia.
103 (u.) Foto: bpk.
104 (o.) © image/imagebroker/giovannini.
(u.) © Panos Pictures/Crispin Hughes.
106 (o.) © Foto: Quelle unbekannt.
(u.) Foto: Roland R. Ropers.
107 (o.) Darstellung des heiligen Simon, Guatemala, San Andrés Itzapa, Foto: CIRMA.
(u.) Quelle unbekannt.
109 Alonso Rojas/Andes Press Agency, London.
110 Pablo Picasso, Das Atelier, 1925. © Succession Picasso/VG Bild-Kunst, Bonn 2008.
113 Jean-Marie Pirot, Arcabas – Der Engel spricht im Traum. © VG Bild-Kunst, Bonn 2008.
114 Quint Buchholz, Die Bücherwaage, 1957. © VG Bild-Kunst, Bonn 2008.
116 Salvador Dalí, Das Abendmahl (Ausschnitt), 1955, © VG Bild-Kunst, Bonn 2008.
120 © Pankok Museum, Hünxe.
122,123, 124 (o./u.) © Jules Stauber.
125 (o.) © Sigg /CCC, www.c5.net.
(u.) © Jupp Wolter (Künstler)/Haus der Geschichte, Bonn.
132, 141, 145 (u.r.) © Hans-Meyer-Veden.
136 (o.) © bpk/Museum für Asiatische Kunst, SMB/Iris Papadopoulos.
(u.) © bpk/Museum für Asiatische Kunst, SMB/Jürgen Liepe.
138 © Hitoshi Tamura.
139 (o.) Quelle unbekannt.
(u.) © Roloff/Beny.
142 (u.) © Georg Gerster.
143 (o.) Seattle Art Museum.
(u.) Foto: Jon Ortner.
144 Tiziana und Gianni Baldizzone/Archiv White Star.
145 (o.) Jaroslav Poncar, Köln.
(u.l.) Latiz Hamani.
149 Pierre-Yves Trémois, (geb. 1921), Naissance du surhomme. © VG Bild-Kunst, Bonn 2008.
152 © Achim Bednorz.
154 (l.) Fresko (Ausschnitt) nach 1550, Palazzo della Corgna, Castiglione del Lago, Italien.
(r.) © Barbara Klemm, Frankfurt.
156 Richard Seewald, Die Opferung der Iphigenie. © Richard und Ulli Seewald Stiftung Ascona.
160 Paul Klee, Vor der Stadt, 1915, 85, 22,5 x 29,8 cm, Aquarell auf Papier auf Karton, The Metropolitan Museum of Art, New York. © VG Bild-Kunst, Bonn 2008.
163 © dpa.
164 Andy Warhol, One hundred Campbells soup cans, 1962. © Andy Warhol Foundation/ARS, New York/Trademarks, Campbell Soup Company. All rights reserved.
165 Paul Klee, Städtisches Juwel, 1917, 4, 9,8 x 19,7 cm, Aquarell auf Bleistift auf Gipsgrundierung auf Papier auf Karton. The Metropolitan Museum of Art, New York. © VG Bild-Kunst, Bonn 2008.
166 René Magritte, Ewigkeit, 1935. © VG Bild-Kunst, Bonn 2008.
170 Foto: Walter Plümpe, Archivfoto aus Yad Vashem.
173 Michael Mathias Prechtl, Hermann Kesten im Café, 1979. © Fydl Zulegg.
174 Roland Peter Litzenburger, Christus der Narr – König der Juden, 1973. © Gretel Kunze, Markdorf.
176 Oskar Kokoschka, Christus hilft den hungernden Kindern, 1945. © VG Bild-Kunst, Bonn 2008.
179 (o.) Lucas Cranach, Christen segnet die Kinder, um 1540-1550, Kunstmuseum Winterthur.
(u.) s. S. 17.
180 (o.) Quelle unbekannt.
(u.) Ina Halbfas.
181 (o.l.) José Clemente Orozco, Jesus fällt sein Kreuz, 1932-34. © VG Bild-Kunst, Bonn 2008.
(o.r.) Arnulf Rainer, Christusbild, 1981-83. © beim Künstler.
183 Foto: CIRIC, Lausanne.
184-185 Juca Martins/Olhar Imagen.
186 M. C. Escher's »Bond of Union« © 2008 The M. C. Escher Company-Holland. All rights reserved. www.mcescher.com.
189 René Magritte, Das Fernglas, 1963. © VG Bild-Kunst, Bonn 2008.
191 René Magritte, Ceci n'est pas une pomme, 1964. © VG Bild-Kunst, Bonn 2008.
193, 196 (u.), 201, 203 Werner Oberle, Grafiken zu Texten von Angelus Silesius, Reihe »prise de position« (Bernsteinschule), hg. v. HAP Grieshaber, 1952. © Erbengemeinschaft Oberle.
194 Henri Matissé, Ikarus, 1947. © Succession Matisse/VG Bild-Kunst, Bonn 2008.
196 (o.) Steingarten in Ryogenin in Kyoto/Japan. Foto: Eberhard Grames, in: Zen, Eller & Richter Verlag, Hamburg.
198 Zeichnung: Klaus Bertelsmann, Lüneburg, aus: Karlfried Graf Dürckheim, Wunderbare Katze und andere Zen-Texte, Scherz-Verlag, Bern/München/Wien.
199 Aus: Spiegel Spezial III/1990.
200 Quangli Liang, Eine Frau Nr. 2, 1996. © beim Künstler.
202 Sebastian Stoskopf (1597-1657), Stillleben mit Korbflasche, Kelchglas und Brot, 1630-1633, aus: Im Kunst und Brot, Hirmer Verlag, München 2005, S. 95.
203 (o.) Robert Delaunay, Kreisformen, Sonne Nr. 2, 1912/13. © L & M Services, B. V. The Hague 20080513.
204 Edvard Munch, Das kranke Mädchen, 1885/86. © The Munch Museum/The Munch Ellingsen Group/VG Bild-Kunst, Bonn 2008.
208 Edvard Munch, Tote Mutter und Kind, 1987/99. © The Munch Museum/The Munch Ellingsen Group/VG Bild-Kunst, Bonn 2008.
211 François Barraud, Selbstbildnis, 1931. © nicht zu ermitteln.
214, 215 Fotos: Ass, Aachen.
216 Bettina Rheims, Jesus und die Apostel, 1998. © Bettina Rheims/Serge Bramly/Kehayoff Verlag, München.
220 Volker Stelzmann, Petrus, 1988. © VG Bild-Kunst, Bonn 2008.
223 Samuel Bak, Die vier Evangelisten. © beim Künstler.
224 Foto: Photo Associates, New Haven, Connecticut.
226 Fotos: Norbert Kuchinke, Unkel.
230 (u.) Giuseppe Pennasilico, Die Heilsarmee, London. © unbekannt.
231 Grant Wood, Amerikanische Gotik, 1930. © Art Institute of Chicago.
232 Nach J. K. Friedrich – als Soldat und Liebhaber durch Europa/Heidenheimer Verlagsanstalt, Heidenheim an der Brenz 1970. Ölgemälde aus dem Besitz von Dr. M. Soeder, Reutlingen.
238-239 © KNA, Frankfurt.
251 (o.) Ullstein Bilderdienst.
(u.) Bayerische Staatsbibliothek München/Fotoarchiv Hoffmann.
253 Samuel Bak, Study I, 1995. © beim Künstler.
254 (o.l.) Foto aus: Ernst Klee, »Die SA Jesu Christi«. Die Kirche im Banne Hitlers, Fischer Taschenbuch Verlag, Frankfurt/Main 1989, S. 105.
(o.r.) Otto Weber, Tausend ganz normale Jahre: ein Fotoalbum des gewöhnlichen Faschismus. 99 Aufnahmen in Kupfertiefdruck ausgewählt von Hildegard Weber, hrsg. v. Hans Magnus Enzensberger, Greno, Nördlingen 1987. Fotografien aus den Jahren 1932-1945 (Kleve), S. 23.
(u.r.) Brennende Synagoge in Frankfurt, 1938. © KNA.
255 (o.l.) Foto aus: Ernst Klee, »Die SA Jesu Christi«. Die Kirche im Banne Hitlers, Fischer Taschenbuch Verlag, Frankfurt/Main 1989, S. 105.
(o.r.) Boykott jüdischer Geschäfte, 1935.
(u.l.) Selektion in Auschwitz.
(u.r.) Nach der Befreiung 1945.
256 Otto Dix, Die sieben Todsünden (Ausschnitt), 1933. © VG Bild-Kunst, Bonn 2008.
257 Foto: Adam Bujak, Krakau, aus: Auschwitz. Birkenau, Herder Verlag, Freiburg 1989.
258 Bettmann-Corbis, New-York.
259 Quelle unbekannt.
260 Foto: B. Oehmen/Laenderpress, Düsseldorf.
261 (r.) © imago/F. Berger.
(l.) Foto: Klaus Frahm, Hamburg.
262 Foto: Walter Klein, Düsseldorf.
265 (o.) Dirk Nothoff, Gütersloh.
(u.) Karl Karrenberg, Velbert.
266 (l.) © Stefan Müller-Naumann, München.
(r.) © Florian Holzherr.
267 © Florian Holzherr.
269 Martial Leiter, Moderne Welt. © 1989 by Limmat Verlag, Zürich.
273 Bernhard Heisig, Der Befehl und das Lied von den morschen Knochen, 2002. © VG Bild-Kunst, Bonn 2008.
274 Quelle unbekannt.
275 Wolf Vostell, Miss Amerika, 1968. © VG Bild-Kunst, Bonn 2008.
276 Gertrude Degenhardt, Soldat-Soldat, Illustration zu einer Ballade von Wolf Biermann, 1967. © Gertrude Degenhardt, Mainz.
277 René Magritte, La grande famille, 1947. © VG Bild-Kunst, Bonn 2008.

Zugelassen als Lehrbuch für den katholischen Religionsunterricht von
den Diözesanbischöfen von Aachen, Berlin, Dresden, Erfurt, Essen,
Görlitz, Hamburg, Hildesheim, Köln, Limburg, Magdeburg, Mainz,
Münster, Osnabrück, Paderborn, Speyer und Trier.

12 11 10 09 08/5 4 3 2 1

Zeichnungen/Karten: Annemarie und Josef Schelbert, Olten
Layout: Ina Halbfas, Köln
Printed in Germany

ISBN 978-3-491-75732-5

www.religionsbuch.de
www.patmos.de